北京大學國學研究院中國傳統文化研究中心

國學研究
第三十四卷

主　編

袁行霈

編委（按姓氏筆畫排列）

王小甫　王邦維　吴同瑞　袁行霈
陳　來　高崇文　張學智　程郁綴
董洪利　趙匡華　趙爲民　鄧小南
蔣紹愚　樓宇烈　閻步克　錢志熙
嚴文明

特約編委

許逸民

北京大學出版社

二〇一四年·北京

圖書在版編目(CIP)數據

國學研究.第34卷/袁行霈主編.—北京:北京大學出版社,2014.12
ISBN 978-7-301-25105-8

Ⅰ.①國… Ⅱ.①袁… Ⅲ.①國學—中國—文集 Ⅳ.①Z126.27-53

中國版本圖書館CIP數據核字(2014)第272048號

封面刊名:集蔡元培先生手迹

書　　　名:國學研究(第三十四卷)
著作責任者:袁行霈　主編
責 任 編 輯:徐　邁
標 準 書 號:ISBN 978-7-301-25105-8/Z·0123
出 版 發 行:北京大學出版社
地　　　址:北京市海淀區成府路205號　100871
網　　　址:http://www.pup.cn　新浪官方微博:@北京大學出版社
電 子 信 箱:pkuwsz@126.com
電　　　話:郵購部 62752015　發行部 62750672　編輯部 62756467
　　　　　　出版部 62754962
印　刷　者:北京大學印刷廠
經　銷　者:新華書店
　　　　　787毫米×1092毫米　16開本　24.75印張　377千字
　　　　　2014年12月第1版　2014年12月第1次印刷
定　　　價:60.00圓

未經許可,不得以任何方式複製或抄襲本書之部分或全部內容。
版權所有,侵權必究
舉報電話:010-62752024　電子信箱:fd@pup.pku.edu.cn

本刊之出版,先後承蒙南懷瑾、查良鏞、駱英、林振芳等先生暨全國高等院校古籍整理研究工作委員會慷慨資助,特此致謝。

目　　錄

海曲鹽官兩千年史事八議 …………………………………… 張傳璽（1）
中國古代禮制文明的考古學觀察 …………………………… 高崇文（25）
宋代侍從官的範圍及相關概念 ……………………………… 張　禕（83）
《遠遊》非屈原作以及《遠遊》創作史實新論 ………………… 常　森（109）
二《雅》所反映的宣王時代與漢代"宣王中興"説探析 ……… 莊　芸（167）
三曹、七子《詩經》學背景考 ………………………………… 張　燕（185）
《金剛般若經靈驗記》的故事流傳與初唐教化之關係 ……… 季愛民（223）
《公孫龍子》別解 …………………………………………… 楊菊生（245）
《周易補疏》辨正 …………………………………………… 谷繼明（271）
黄道周《三易洞璣》的成書與版本 …………………………… 翟奎鳳（287）
《明儒學案・姚江學案》的文本問題 ………………………… 朱鴻林（305）
試論章學誠在"漢學""宋學"之間的處境與應對 …………… 祁　梁（363）
北京大學國學研究院大事記（2014年1—6月）……………… （381）
徵稿啓事 ……………………………………………………… （385）
來稿書寫格式 ………………………………………………… （386）

海曲鹽官兩千年史事八議

張傳璽

【提要】 本文是對海曲鹽官設置兩千餘年來歷史上的八大問題的探討和論述。一、或云海曲鹽官的駐地在海曲縣城內，我認爲是在城南之濤雒鎮。二、或云"海曲鹽官"是該鹽官的專有名稱，我認爲當是"琅琊左鹽官"。三、傳世銅印"海右鹽丞"當是"西海右部鹽丞"的省文。四、海曲鹽官駐地的本名，可能原叫"濤落"，後改寫作"濤洛""濤雒"。五、商、周之際的姜太公和春秋時期的管仲是中國早期鹽業史上的功臣。六、宋金元明清五代，濤雒鹽法的發展概况。七、民國時期是濤雒鹽法的規範化、生產技藝進步化時期。八、濤雒地區歷史發展的基本規律是：以鹽興商，以商興學，以學回報。

西漢元狩四年（前119），漢武帝爲了改善國家的財政窘况，決定實行鹽鐵國營政策，在全國設鹽官三十七處，由中央大司農直接領導，以壟斷鹽業的產與銷。海曲鹽官爲三十七鹽官之一。海曲是琅邪郡的一個縣，即今山東省日照市東港區，鹽官是鹽政官署。這個官署設在哪裏？大約設在今天的濤雒。近年，山東省爲貫徹落實胡錦濤同志"打造和建設好山東半島藍色經濟區"，將日照濱海地區劃出一百六十平方公里之地，用以建設日照國際海洋城。濤雒這個千年古村又有幸被劃爲海洋城的中心區。這是幸中之大幸。我生在濤雒，長在濤雒，自幼就熟愛濤雒的一草一木、一史一事。在這個人人歡慶的日子裏，我想就自己對故鄉設置海曲鹽官兩千年以來的八個重要問題談點個人的認識。不妥之處，請鄉親和同好們批評指正。

張傳璽　北京大學歷史學系

一 海曲鹽官駐地不在海曲縣城內

　　説海曲鹽官駐地在今天的濤雒，肯定有不少人反對。他們認爲海曲鹽官一定是在海曲城內。理由是：一、《漢書·地理志》曰："海曲有鹽官。"① 二、光緒《山東通志·鹽務職官》曰："濤雒聲大使。本注：署在日照城內。"② 我認爲説者對這兩條都有誤解。第一條，原是一句完整的敘述語，主謂賓齊全。表述意義在於"有""無"，主語未含表示方位之意，就不應强改原意。又此句亦不宜簡單視作官署名稱。第二條，《通志》所言，是清代的濤雒場在清代的日照縣城內，其時限再擴大，也只能擴到明代，不可能擴至西漢。況且西漢時的海曲城在今城之西五公里之古城村，此事已爲文獻和考古工作所證實。不過説者雖有此城即彼城之誤，但討論一下，弄弄清楚也有好處。其可取之處在於當年選建鹽官官署駐地的原則是重政治中心，還是重鹽區中心。我認爲不是前者，而是後者。

　　《通志》所著録，爲山東當時的八大鹽場及其場署駐地，所記大體明確。其中有六場在鹽區，爲永利、永阜、王家岡、官臺、西繇、石河。兩場在"縣城內"，爲昌邑縣的富國場和日照縣的濤雒場。應當指出的是《通志》所記："富國場大使康熙十六年裁併利國場，署在昌邑縣城內"，事實準確，行文簡要。但要從中得出以"政治中心"爲選建場署駐地的原則之一就屬錯誤。因爲元朝當年在山東霑化縣開設富國場時，是遵循了以鹽區中心爲建場署駐地的原則，所以場署建在"海濱之野"，而不是縣城之內。直到清朝中期，未曾遷動。乾隆時雖將此場署移駐昌邑縣，但仍建在瓦陳村，亦未進縣城。直到近代，捻軍焚燒了場署，場署官員們逃進昌邑縣城避難，不得不就地辦公，未再遷回。固然此事與海曲鹽官的駐地在哪裏並無直接關係，但對明確選建鹽官駐地的原則很有幫助。

　　《通志》所記"濤雒場大使署在日照城內"，則嚴重失實。早於《通志》的康熙《日照縣志·公署》曰："濤雒場鹽課司在城南四十里濤雒店。"③ 光緒《日照縣志·營建志·公廨》曰："鹽大使署在濤洛（雒）鎮十字街東南隅。久圮。"④ 我在上小學時，常從十字街口東邊經過，老人們曾指説那些瓦礫成堆的地方是老"場衙門"舊址。不過已多爲民居佔用，惟尚存有一小石碑記其事。碑高約1米，寬約0.5米。其南20多米,當屬"東南隅"。此時,新的場衙已遷到濤雒北門裏路西,大門向東,時稱鹽務局。兩代縣志所記及老人們的親眼目睹,自是無可爭辯。反觀《通志》,其錯當無可懷疑。錯就錯在"內"字上。如其《鹽法·場界》介紹濤雒場的四至曰:"濤雒場在日照縣……南至江南贛榆縣界四十五里……東至海。"[5]這分明說濤雒場是在濤雒。因爲日照縣城"東至海岸石臼所二十里——南至江南贛榆縣界分水嶺九十里"。[6]濤雒場和日照城的兩個"東至""南至"不大一樣。把濤雒場署套進"日照城內",《通志》本身上也不能自圓其説。一言以蔽之,《通志》所言"城內"當是"城南"之誤。

關於西漢時的海曲鹽官設在濤雒之説,我並非信心十足,原因是直到今天,我還不掌握確鑿有力的證明資料。但我相信,此説的前途光明。今談兩點已有的看法:

一、地理優勢。濤雒東臨大海,東、南、北三面都有廣闊平整的灘塗,港汊溝渠相接,便於潮水進退。此外,自濤雒向南和北各有一百公里之內,海灘連片,都是產鹽寶地。如在其中選建場署,以居中者爲上。又濤雒具有天然的交通條件:其正東一公里處,有海港名濤雒口;稍向東南四公里處,又是一處海港名張雒(洛)口。由於濱海有魚鹽之利,自古以來,就是本地區的土特産集散港和以有易無的樞紐要地。濤雒建署,頗有借重必要。

二、歷史優勢。古人爲鹽官選址,早已看上了濤雒。如《宋史》曰:"煮海爲鹽,曰京東、河北、兩浙、淮南、福建、廣南,凡六路……其在京東曰密州濤洛(雒)場。"[7]此後,自金、元、明、清至民國時期,濤雒一直是鹽場。濤雒能爲千年鹽場,自有其地理和歷史的時空優勢。根據以上兩個方面,我推斷西漢在爲海曲鹽官選址時,濤雒可能中選。

二 海曲鹽官的專有名稱不叫"海曲鹽官"

海曲鹽官的官署如果設在濤雒,那麼這個官署有沒有專有名稱呢?肯定是有的,但問題在於其説不一。據我所知,至少有三種説法:

一、"海曲鹽官"説——這是想當然的一種説法。其來源就是《漢書·地理志》的"海曲有鹽官"那句話。這樣説並不算錯,人們也都能理解,但因没有法律依據,只能説是"非正式的名稱",最好的評價不過是"約定俗成"而已。二、"濤雒鹽場"説——這是近年的新説。其根據是來自《宋史》和《金史》等文獻。《宋史》稱"濤洛場",《金史》亦稱"濤洛場"⑧,外加其他已由村落升格爲"濤洛鎮"⑨。此後,歷元、明,至近現代,相沿未改。因之上推漢、魏,認爲可能皆如此。雖然道理不少,但並無事實依據。三、"琅琊左鹽官"説——在我查閲古代的印章和封泥時,發現有一方傳世的漢代封泥,文曰"琅琊左鹽"⑩,這是海曲鹽官官印的封泥。據此,我推定海曲鹽官的官署名稱應當稱作"琅琊左鹽官"。"琅琊左"是"琅琊郡左部"的地區省稱,其轄下包括海曲縣等。還有一方傳世的漢代銅印,文曰"琅左鹽丞"⑪。這是毫無疑問的琅琊左鹽官的主管長官的官印。當時鹽官的官職多爲長或丞,止一人;或長、丞兼有,以長爲主,以丞爲輔。也許與此印同時並存的還另有一方"琅左鹽長"。至於是有還是没有,問題並不大,主要的問題在於爲什麽地區名"琅琊郡左部"或"琅琊左部"不僅未省縮成"琅琊左",而是更進一步省縮成"琅左"了。所以這樣,有其制度上的原因。原來,西漢朝廷曾有縣令、長、丞以上的官吏刻用四字印的傳統。如"上由陽縣左尉"之印,將"上曲陽"省作"上曲"。其印文四字作"上曲左尉"。再如"犍爲郡左部鹽丞"之印,"犍爲郡左部"省作"犍左",印文四字作"犍左鹽丞"⑫。這都是同一制度下的相同事例。"犍"是"犍"的俗體。《漢書·地理志》犍爲郡屬下十二個縣,其中的南安禄"有鹽官"⑬。南安縣,今四川樂山市。根據以上的考察,可以確定西漢海曲鹽官官署的全稱應是"琅琊左鹽官"。

三 "海右鹽丞"不是齊郡的鹽官

東漢改海曲縣爲西海縣,其鹽官官署的名稱叫什麼呢?此"改"不是僅將縣名更换一下那樣簡單,而有行政體制、鹽業政策、領導系統等許多全國性問題與之有密切關係。一、東漢廢止鹽業國營政策,改歸民營。各郡原設鹽官不再直屬中央的大司農,而是改歸所在縣道。如《後漢書·百官五》曰:"其郡有鹽官、鐵官、工官、都水官者,隨事廣狹,置令、長及丞,秩次皆如縣、道,無分士,給均本吏。"本注曰："凡郡縣出鹽多者,置鹽官,主鹽稅……在所諸縣均差吏更給之。置吏隨事,不具縣員。"⑭二、地方行政改西漢所行的郡、縣兩級制爲州、郡、縣三級制;三、撤銷琅邪郡,將其原轄的51縣劃出13縣建立琅邪國,琅邪郡的其他各縣劃歸附近的郡、國管轄;四、廢昆山侯國,併入海曲縣,改海曲爲西海縣,屬徐州琅邪國⑮。在這樣一系列的政區和專業歸屬系統的大變動之後,原海曲鹽官的官署有無新名稱,文獻無考。我發現,在傳世的漢代銅印中,有一方文曰"海右鹽丞"的官印⑯,應是西海縣鹽官的官印。其官署全稱,應作"西海右部鹽官",其長官應爲"西海右部鹽丞"。由於受"限刻四字"的影響,因之出現了"海右鹽丞"印,道理亦同上述。

可是,傳統的觀點認爲,"海右鹽丞"銅印是西漢時期青州地區所高鹽官的遺物,不可能屬於東漢時期的西海鹽官。其主要根據有二:一、此物大約是在臨淄一帶收集所得;二、"海右"歷來是指濟南地區,如濟南城內大明湖心的歷下亭有楹聯曰:"海右此亭古,濟南名士多。"我認爲這兩條證據並不有力。如第一條之"臨淄所得"問題。臨淄爲齊郡的首縣,西漢時只有服官和鐵官,而無鹽官,全郡十二個縣都無鹽官。與之相鄰的濟南郡、平原郡及菑川國均無鹽官。只有在其東的北海郡和東萊郡共有鹽官七處,爲北海郡的都昌、壽光兩處,東萊郡的曲成、東牟、中弦、昌陽、當利五處。但縣名仍舊,看不出與"海右鹽丞"這方銅印的名稱有什麼重要聯繫。再談第二條之"海右"問題。歷下亭的這幅楹聯來自唐代杜甫在濟南會友時作的一首詩,題爲《陪李北海宴歷下亭》,注"天寶初,李邕爲北海太守。歷下亭在齊州,以歷山得名。"⑰原詩錄下:

　　東藩駐皂蓋,北渚凌青荷。(一作清河,一作清荷)
　　海內(一作右)此亭古,濟南名士多。(原注:時邑人蹇處士在座)
　　雲山已發興,玉佩仍當歌。
　　修竹不受暑,交流空湧波。
　　蘊真愜所遇,落日將如何?
　　貴賤俱物役,從公難重過。

詩很好,感情深切,景物廣麗。但從小注來看,似杜甫詩中的關鍵詞"海內"還是

"海右",後人已說不準了。"海内"與我們所議的主題無涉,暫就"海右"談談意見。清康熙時的杜詩名家仇兆鰲注引趙汸注曰:"海在東,州在西,故云海右。"可是杜甫詩的"海右"實在太晚。找一個早一些的,那就是南朝梁人江淹的《恨賦》,有句曰:(秦始皇)"方架黿鼉以爲梁,巡海右以送日。"[18] 江淹賦的"海右"上距漢武帝設鹽官時,至少也有六百年之差,似也難成西漢命名的依據。因此,我對"海右鹽丞"是"西海右郡鹽丞"或"西海右鹽丞"的觀點要再堅持一下,直到另有可信的新說出現爲止。

四　海曲鹽官駐地的本名或叫"濤落"

這裏還有兩個新的問題與海曲鹽官駐地有關。一、海曲鹽官駐地設在今天濤雒的前身,那麼當時這個駐地的本名叫什麼? 二、北宋至明朝,爲什麼稱這個鹽官駐地爲"濤洛"? 在什麼時間、由什麼人士、依據什麼原因,將"濤洛"改爲"濤雒"的?

關於第一個問題,一時很難確切回答,只能參考民族學或文化人類學的一般理論,提出個假說。人類爲了生活或生產的需要,對他們的住處和活動之地,起一些地名,以幫助識記。起這些地名的依據往往與此地的自然景觀或生態特徵有關係。較大的地區名稱,如雲南傣族的"西雙版納"(漢譯"十二千稻田"),內蒙古自治區的"烏蘭察布"(漢譯"紅色的裂口",大青山的南北通道)。較小的地點名稱,如雲南武定縣彝族的"萬德"(漢譯"養豬的坪子"),內蒙古自治區大興安嶺鄂倫春族的"加格達奇"(漢譯"有樟樹的地方")等都是如此。如海曲鹽官駐地本名叫濤洛,也有依據。濤,《說文解字》:"濤,大波也。"《篇海類編·地理類·水部》:"濤,海中大波,亦曰潮頭。"洛,《說文解字》:"洛水,出左馮翊歸德北夷界中,東南入渭。"洛與落音同形近。落,《說文·草部》:"落,凡草曰落,木曰落。"[19] 東臨大海的濤雒人雖"靠海吃飯",但卻很怕驚濤駭浪。他們不僅在下海勞作時如此,就是在平時也常爲此而擔心憔悴。尤其在聽到發海(海水因大風浪而發聲)、海嘯時,更是膽戰心驚。總希望"海濤常落"。例如,明朝時的濤雒人在村東一公里的東海岸大沙嶺上修建了一座龍王廟,時稱"海龍廟"[20]。

因採用了一些鯨魚骨爲構件,亦稱"魚骨廟"。大殿有楹聯如下:

> 海朝朝,朝朝朝,朝朝朝落(第2、4、5、7、9字讀招,第3、6、8字讀潮)
> 水長長,長長長,長長長消(第2、4、5、7、9字讀常,第3、6、8字讀漲)

這十分明確地反映了濤雒人對"朝潮朝落""長長長消"的殷切心情。我想濤雒人的祖先在爲本村起名號時,已有這樣的一種心情存在。於是,以"濤落"爲村名,進而雅化爲"濤洛"。我希望我的這一假設能爲未來的學術研究所證實。當然如爲新的發現所否定,我也歡迎。

第二個問題是北宋至明用"濤洛",清代以後改用"濤雒"。其中的主要原因並不複雜,已如上述。起關鍵性作用的人物是丁允元。他是濤雒人,明崇禎四年(1631)辛未科進士,清朝初年任蘇州知府。具體事例是,他在康熙七年(1668)爲濤雒所撰的《關聖帝君廟碑記》,其首句徑書作"濤雒店"[21]。當然丁允元的倡議絕非他個人行爲,除有群情作基礎外,他身邊定有不少具有見解和社會影響力的士人。例如:他的長子丁泰,順治十四年(1658)進士,曾任吏部給事中;三子丁豈,康熙五年(1666)年進士,曾任內閣中書。還有一些"釋褐登朝""鹿鳴式燕""入太廟而觀上國之光"的同鄉[22]。這群文化人不僅知曉民情,且能在理論上、歷史上找到有力的證據:那就是兩漢改"洛陽"爲"雒陽"之事例。史載:戰國末年,思想家鄒衍倡"五德終始"說,或五行相勝,或五行相剋,用以附會王朝的興衰、更替。漢朝的統治者自認爲其國運爲"火"德。火忌水,所以改"洛陽"爲"雒陽",改"洛水"爲"雒水"[23]。後來,三國時的曹丕篡漢,改國號魏,仍以"雒陽"爲國都。但以其國運爲"土"德,土宜得水,因之又將"雒"之"隹"旁去掉,仍用"水"旁,即改"雒陽"爲"洛陽",改"雒水"爲"洛水"[24]。此事具於文獻,比比皆是。

丁允元之後,有人仍在用"濤洛",亦有作"濤灘"者,但絕非主流,而且"濤雒"之書寫,漸盛行於官民之間。如雍正七年(1729),清理山東鹽法欽差刑部左侍郎繆沆等條奏:"永阜、永利、濤雒三場灘廣鹽豐,率皆露積。"[25]這屬於朝廷要件徑用"濤雒"者。又如濤雒人、道光十五年(1835)進士,曾任湖北督糧道、署按察使加布政使銜的丁守存撰《濤雒築圩(圍)記》和應日照知縣之請,撰《重修縣城記》等文,都徑用"濤雒"之名㉖。此後,濤雒人,主要是商人,雖偶用"濤洛"書寫,但皆被視爲俗體,或怪異不經,而以"濤雒"爲其正字。

五　姜太公是海曲萊人最早制鹽的見證者

關於兩漢以前濤雒的鹽況,學術界也很關注。尤其是近年有人在爲鹽尋祖求宗時,上溯到黄帝時代的名臣、齊人夙沙氏。尊奉他爲"鹽宗",認爲他是製海鹽的首創者㉗。此事於理亦通。當時,齊地爲東夷人的主要生息繁衍地區之一,在考古學上,這裏屬於新石器時代後期的大汶口文化與龍山文化。這樣説,夙沙氏當爲東夷的頭人之一。東夷人已開始食鹽。稍晚,堯、舜時已有"四嶽十二牧"的建製。所謂"四嶽"㉘,都是民族頭人,或有民族頭人。"掌四時者也,因主方嶽巡守之事。"方嶽後稱方國,是四方的民族組織。其中負責東夷事務或來自東夷之人是有的。他們或其子孫後代在鹽業上的事蹟或功績也許有其可觀,當發掘一下,爲早期的鹽史增添點篇幅。其中姜太公即可入選。司馬遷曰:"太公望吕尚者,東海上人。其先祖嘗爲四嶽,佐禹平水土甚有功。虞夏之際,封於吕,或封於申,姓姜氏。夏商之時,申、吕或封枝庶子孫,或爲庶人,尚其後苗裔也。本姓姜氏,從其封姓,故曰吕尚。"同篇又説:"吕尚處士,隱海濱。"㉙戰國末年的秦國相國吕不韋著《吕氏春秋》説:"太公望,東夷之士也。"㉚魏晋之際學者張華著《博物志》亦説:"西海乃太公望所出。今有東吕鄉,又釣於棘津,其浦今存。"㉛西海縣爲東漢改西漢之海曲縣所置,張華時猶稱之。西晋撤縣後,併入莒縣。北宋樂史撰《太平寰宇記》亦説:"海曲縣有東吕鄉東吕里,太公望所出也。"東吕鄉之名和地至今猶存,在濤雒正北二十公里。姜太公可能是東夷人或其後裔,曾有相當長的時間居於"海曲",應當吃過海鹽或見過海鹽的生産。他後來受周武王之封,在營丘當上了齊國的國君。司馬遷説:姜太公初來時,"萊侯來伐,與之争營丘。營丘邊萊。萊人,夷也"。可是,姜太公是有備而來的,而且他又出身於東夷。在他爲本地居民認同並接受後,於是"便魚鹽之利,而人民多歸齊,齊爲大國"㉜。海曲東夷人出身的姜太公比之夙沙氏,屬於晚輩,但其對於鹽的功業來説,應當承認其貢獻巨大。在上古鹽業史上給予一個相當的地位還是必要的,此事也關係到海曲鹽史的開端。

至春秋前期,齊桓公作用管仲為卿,復興齊國。管仲在中國鹽業史上也是一位重要人物。他首倡"海王之國,謹正鹽策"[33]。從而使中國古代的鹽業的產銷走向正規化和制度化。從《管子》一書可以看出,管仲已制定並付之施行的鹽業政策主要有四個方面:

一、資源國有制——當時,周朝的土地所有制的普遍原則是:"溥天之下,莫非王土。率土之濱,莫非王臣。"[34]反映在齊國的資源控制政策方面,則為:"山林之木,衡鹿守之;澤之萑蒲,舟鮫守之;藪之薪蒸,虞候守之;海之鹽蜃,祈望守之。"[35]管仲對鹽業資源是這樣説的:"夫海,出沸(滷)無止;山,生金、木無息。草木以時生,器以時靡弊。沸水之鹽以日消,終則有始。"[36]

二、產銷制度——夏商西周時期,對鹽業經管,國家没有明確的制度,比較自發放任。國家、諸侯等在其區内實行貢納政策。如《禹貢》所説:"海、岱惟青州……厥貢鹽、絺。"[37]絺是細的葛布。這種居民或地方上向統治者貢納土特產的情況,史稱"土貢",這是實物税制的萌芽,也是鹽税的萌芽,所徵數量不大。至春秋時,列國爭霸,要富國强兵。管仲幫助齊桓公,實行鹽業由國家專營政策。其生產,由官產和民產兩制並行。官產鹽由國家直銷。民產主要是實行包商制度。私商或個體户生產的鹽品則由國家統購統銷。關於前者,如《管子·地數》曰:"君伐菹薪,煮沸水為鹽。"關於後者,同書又曰:"陽春,農事方作……北海之衆毋得聚庸而煮鹽。"[38]這是為了保證農業生產"不誤農時"而採取的對民間鹽商的限制性措施。關於銷售,文獻亦有記載,如説銷於齊、魯,西通黄河、濟水,南輸梁、趙、宋、衛、濮陽等地,東輸萊人地區。

三、對家户人口用鹽的估算——這樣的估算,極有利於對鹽業市場的測算與經銷。《管子·海王》曰:"十口之家,十人食鹽;百口之家,百人食鹽。終月,大男食鹽五升少半,大女食鹽三升少半,吾子食鹽二升少半。此其大曆也。"[39]管仲還主張向有鹽之國買進,向無鹽之國賣出。

四、關注鹽與人體健康的關係——同書《地數》曰:"惡食無鹽則腫。"[40]

管仲以鹽策興國,行之有效。司馬遷説:"(齊桓公)修齊國政,連五家之兵,設輕重魚鹽之利,以贍貧窮,禄賢能,齊人皆説。"[41]他又説:"九合諸侯,一匡天下"㊷。齊桓公無可爭議地當上了首位中原諸侯的霸主。

上述管仲在齊國有關鹽的理論、政策及其所行情況,應當對後來名叫海曲的鹽業有所影響。因爲海曲當時屬於莒國,莒與齊比鄰而居,唇齒相依,官方民間的往來很多。據《左傳》記載,魯昭公三年(前539),齊景公曾因打獵到了莒國㊸。昭公十年(前532),齊國權力世家陳桓子還想到莒國養老㊹。由此可以推知,以濤雒爲基地的海曲鹽業的發展受惠於齊國是肯定的。在此後的數百年間,海曲之鹽業已爲漢武帝設置鹽官、壟斷產銷奠定了基礎。

漢武帝設鹽官時,大司農鄭當時起了關鍵性的作用。他向漢武帝推薦了三個得力的人物。司馬遷記其事説:"以東郭咸陽、孔僅爲大農丞,領鹽鐵事;桑弘羊以計算用事,侍中。咸陽,齊之大煮鹽;孔僅,南陽大冶,皆致生累千金。故鄭當時進言之。弘羊,雒陽賈人子,以心計,年十三侍中。故三人言利事,析秋豪矣。"㊺就是他們,爲漢武帝策劃在全國二十七郡中的主要產鹽區,設置鹽三十七處,其中十一處設在今山東境内四郡的八縣中,爲千乘郡一處,在千乘縣(今高青縣);北海郡二處,在都昌縣(今昌邑市)、壽光縣(今壽光市);東萊郡五處,在曲成縣(今萊州市)、東牟縣(今文登市)、惤縣(今龍口市)、昌陽縣(今萊州市)、當利縣(今萊州市);琅邪郡三處,在海曲縣、計斤縣(今膠南市)、長廣縣(今萊陽市)。這十一處鹽官各有領域,將青、徐兩州的臨海地區劃分爲萊州灣沿岸、膠東半島兩岸和黃海灣沿岸三大鹽產基地,鼎足而立,兩千餘年間,未有大的變化。其製鹽的主要方法是"煮海爲鹽",幾千年亦無變化。鐵釜、陶罐等當是主要生產工具。漢武帝設鹽官時,大約對生產鹽的工具有所改進。《史記·平準書》曰:"募民自給費,因官器作煮鹽,官與牢、盆。"《集解》引如淳曰:"牢,廩食也……盆者,煮鹽之盆也。"此"募民"如同後代的"灶民";"牢"如同後代的"灶糧"。惟"盆"尚不得而知。1993年夏,我到煙台博物館參觀,承王館長接待,指導參觀了兩件同樣大小的銅盆,每件的廣口直徑約1米,平底直徑稍短,深約30釐米,盆壁厚約2釐米,狀似養蠶的竹簸籮,完整無缺。王館長介紹説:是煙台本地出土。據考古專家鑑定,是漢代的煮鹽用具。可能就是"牢盆"之"盆"。

東漢時,原來的海曲縣改名爲西海縣。西海的鹽官不再執行專賣任務,而是就場徵税。西晉時,西海廢縣,併入莒縣。此後,社會長期戰亂,政權更迭頻仍,鹽事雖仍爲各方關注,但情況如何,文獻闕載。惟至北魏分裂後,東魏在鄴(今河北臨漳縣)建立,高歡主政,整頓鹽法。"於滄、瀛、幽、青四州之境,傍海煮鹽。滄州置灶一千四百八十四,瀛州置灶四百五二,幽州置灶百八十,青州置灶五百四十六。又於邯鄲置灶四,計終歲合收鹽二十萬九千七百八斛四斗,軍國所資,得以周贍矣。"㊻此"青州置灶"事,爲《山東通志》著録,當包括了舊時的海曲鹽區。唐朝的統治時間近三百年,朝廷對鹽事頗多關注。但朝臣中的能人太多,時而主張榷賣,時而主張徵税,其相應的官府機構亦時有變化。文獻多記上層言行,涉及基層者極少,研究濤雒更無從説起。

六　宋金元明清五代濤雒鹽法的發展

北宋至明清時期,文獻關於濤雒鹽事的記載甚多,資料豐富。惟明以前,濤雒皆寫作"濤洛",清以後,即以寫作"濤雒"爲主爲正,其演變情況已如上述。本文至此,只好逢"洛"用"洛",逢"雒"作"雒",請讀者諒解。

北宋文獻最早記濤雒鹽事的爲《宋史·食貨下·鹽上》。文曰:"煮海爲鹽,曰京東、河北、兩浙、淮南、福建、廣南,凡六路。其煮鹽之地曰亭場,民曰亭户,或謂之灶户","其在京東曰密州濤洛場,一歲煮三萬二千餘石,以給本州及沂濰"。㊼密州爲今山東高密、膠南及日照地區,沂州爲今臨沂地區,濰州爲今濰坊地區。三州佔今山東省的四分之一强。惟當時的日照地區尚未恢復縣制,所幸北宋的統治者們還有眼力,竟看上了這片土地。哲宗元祐二年(1087),將這片土地劃出,升格爲"鎮"。雖説鎮的行政級尚不入流,但它在"錢"的問題上已受到當局的關注。宋高承在他所著的《事物紀原》七《庫務職局》中是這樣説的:"民聚不成縣而有税課者,則爲鎮,或以官監之。"㊽"税課"爲封建王朝的命脈所繫,濤雒的鹽税當佔本地區税課的大宗。於是,宋朝的大皇帝不再考慮這裏曾有"海灣曲曲"之舊名,毅然採用了當地民諺"日出初光先照"説,賜名爲"日照鎮"。在行政上,仍屬莒縣。1141年,宋金達成"紹興和議",以東自淮水,西至大散關一線爲界,線以南屬於南宋,以北屬於金國。今山東全境盡爲金地。金是十分重視海鹽生產的新興國家,金世宗大定二十四年(1185),又升格日照鎮爲"日照縣",我的老家濤雒也升格爲"鎮"。此後,濤雒鎮之名相沿不改,直到今天。濤雒鹽場之名自北宋至今,亦不曾改動。從文獻記載來看,金之鹽法更加細密而規範。如《金史·食貨·鹽》曰:"其行鹽之界,各視其地宜……莒之場十二:濤洛場行莒州。"又曰:"濤洛等五場止行於沂、邳、徐、宿、滕、泗六州,各有定課。"這個行銷範圍包括了今之魯南和蘇北的廣大地區。

　　宋、金時期,濤雒鹽場的長官不可考。元朝在濤雒鹽場的長官同全國一樣,稱"司令"。《元史·食貨·鹽法》曰:"山東之鹽,(蒙古)太宗庚寅年(二年,1230),始去益都課稅所……至大(元年,1308)之後,歲辦正餘鹽爲三十一萬引。所隸之場凡一十有九。"[49]元朝有三位日照人任職鹽官:鄭泉授山東都轉鹽運使司劄付招户使,鄭敏任海滄場司令,鄭通任濤洛場司令。[50]這也是日照人任濤雒場長官僅有的事例。關於鹽場吏員的編制,《元史》記載甚詳。如曰:"(至元)三十年(1293),悉罷所轄鹽司,以其屬置場官……鹽場二十九所,每場司令一員,從七品;司丞一員,從八品;管勾一員,從九品;辦鹽各有差。"[51]濤洛場產的鹽專銷莒縣(州),其北相臨的信陽場(在今膠南市)產的鹽專銷密州(今高密一帶)。"元大德九年(1305),濤洛場曾併入信陽場,延祐六年(1319)復置。"[52]明朝初年,沿用元制。後改"司令"稱"鹽課司大使、副使"。[53]濤洛設"場大使正、副二員。"[54]至清朝,雖沿明制,但濤洛場止設大使一員,不設副使。今將清朝自順治至同治二百餘年間已知的歷任大使姓名計三十四員錄下,簡記其籍貫、民族(漢人不注)、出身、到任時間、德政等,以資參考。

	姓　名	籍貫、民族、出身	到任時間	德　政
1	趙隆興	富平(今屬陝西)人	順治六年(1649)任	
2	董國泰			
3	方　震	宛平(今北京)人	順治十三年(1656)任	
4	朱斗山	昌平(今北京昌平)人	順治十七年(1660)任	
5	吳邦寧	大興(今北京)人	康熙元年(1662)任	
6	陳　言	慈溪(今屬浙江)人	康熙三年(1664)任	
7	祝　悦			
8	胡一麟			

續表

	姓　名	籍貫、民族、出身	到任時間	德　政
9	陳師禾	泰州(今屬江蘇)人	雍正十一年(1733)任	
10	黄　鐘	錢塘(今浙江杭州)舉人	乾隆元年(1736)任	
11	周在圖	湖南寧鄉舉人	乾隆四年(1739)任	
12	張　稽	滿洲副榜(55)	乾隆七年(1742)任	
13	聞　韶	大興(今北京)監生	乾隆九年(1742)任	
14	趙全慶	南豐(今屬江西)人	乾隆三十四年(1669)任	
15	蕭履臺	建陽(今屬福建)人	乾隆四十六年(1681)任	
16	全　材	涿州(今屬河北)人	乾隆五十二年(1687)任	
17	丁毓瑾	武進(今屬江蘇)人	乾隆五十六年(1691)任	
18	錢萬選	太倉州(今上海太倉市)人	嘉慶二年(1797)任	
19	胡　晋	大興(今北京)人	嘉慶五年(1800)任	
20	章慶槐	會稽(今浙江紹興)人	嘉慶九年(1804)任	
21	李　曇		嘉慶二十五年(1820)任	
22	王思齊	寶坻(今屬天津)人	道光元年(1821)任	
23	朱清泰	金匱(今江蘇無錫)人	道光六年(1826)任	
24	文　麟	滿洲	道光十七年(1837)任	
25	張　蕙	束鹿(今河北辛集市)人	道光十七年(1837)任	
26	朱善驥	平湖(今屬上海市)舉人	道光二十六年(1846)任	時銀價湧貴,捐廉墊解灶糧(56)。
27	蔣恩溥	長洲(今江蘇蘇州)人	咸豐元年(1851)任	
28	沈文潮	浙江山陰(今紹興)舉人	咸豐二年(1852)任	
29	楊蔭文	獻縣(今屬河北)監生	咸豐四年(1854)任	
30	陳本立	大興(今北京)人	咸豐十年(1860)任	
31	程椿壽	大興(今北京)監生	咸豐十年(1860)任	嚴禁酒徒,市井肅然。捻軍往來,督率鄉團嚴守圩牆,居民恃以無恐。丁守存《濤雒築圩記》還記曰:濤雒築圩時,“監場大使程(椿壽)與四方賈客之久於此者,皆與有勞焉”。
32	定　泰	漢軍附生(57)	同治十年(1871)任	
33	韓培德	宛平(今北京)人,附生	同治十年(1871)任	
34	清　廉	滿洲	同治十一年(1872)任(58)	

上述34位鹽場大使以漢人爲最多，有少數滿人。其籍貫可謂來自"五湖四海"。北至京、津乃至東北，南至福建、江西，東至河北，西至陝西。出身都是有功名的階層。《日照縣志·鹽法》記載："大使，嚮以三考未入流充選。雍正元年（1728）定例：揀選貢、舉人員，給與正八品職銜，與縣丞、知事一體較俸升轉。八年（1730），又定催徵鹽課錢糧之例，與州縣地丁同處分，重其任也。"[59]《日照縣志》將本縣的重要官吏按其職位的高低排了一個名次，對研究鹽場大使有參考作用。前四名依次是知縣、教諭、訓導、鹽場大使，以下爲巡檢、典史、安東營都司、千總、把總等。

關於產鹽的管理，明朝以前比較自由放任，如官府之對農戶種田種地，不問耕耘，只管徵稅。如在行專賣時，情況有所不同。但仍缺乏有效的章法。常常是"餘鹽超標"，私鹽氾濫。清初沿用明制，仍管理不力。至雍正時，濤雒場始建鹽坨，分散生產的鹽斤由鹽場集中保管。[60]銷售時由場方監督過秤開票放鹽。關於此事，《日照縣志》記載曰："雍正四年（1726），鹽運使鄭禪寶來相地勢，建乾、元、利、貞伍坨，復增副坨拾有肆。由是，鹽必歸坨，易於稽察。乾隆二年（1737），設巡役三十五人。十六年（1751），復於巡役中選五人令執鳥鎗，以守坨垣。"[61]濤雒場銷鹽方式多變，時而私商包銷，官方就場徵稅。如若鹽商無著，改由官辦。每年鹽課、銀票、課銀，俱有定額。其上報的納稅名目，主要有四種：一、灶丁稅；二、灶地稅；三、蕩灘稅；四、鹽鍋稅。濤雒場的行鹽地區，主要爲沂州府七屬：費、莒、蘭、郯、沂、蒙、照。[62]有時蒙陰、沂水行官臺場鹽，但基本情況穩定。

七　民國時期濤雒鹽法走上規範

辛亥（1911）革命，民國肇始，人們普遍期望中國的鹽政也隨著國家政府的制度及其機構的鼎革而實現現代化。可是在民初，由於袁世凱竊國，不得人心，上下不能統一，地方各行其是。省級鹽官機關雖都以廢除舊的鹽運司爲前提，但仍是各立名號。或稱鹽政局、鹽運局、鹽政處、鹽政部等，山東與長蘆、河東及東三省"仍沿清舊，暫維現狀，無有變更"[63]，"或主徵稅制，或主專賣制"，莫衷一是。袁世凱爲了解決財政困境，募借外債，擬以鹽稅爲擔保，換得洋人的信任。於是創行鹽務管理雙軌制。即在中央的財政部內設鹽務署,由財政總長兼任鹽務署督辦,財政次長兼任鹽務署署長。鹽務署專管政務。又在財政部內設立鹽務稽核總所,由財政總長兼任總辦,任用洋員一人充當會辦,專管鹽稅。此制在國民黨於南京成立政府後,大致沿用。"中央設鹽政署及稽核總所,直隸於財政部,各產鹽場區設鹽場公署及稽核分所,隸屬於鹽政署及稽核總所。鹽政署及所屬機關掌理鹽務行政、場警編制、倉坨管理,及鹽之檢驗收放事宜。稽核總所及所屬機關管理鹽稅徵收、稽查鹽斤收入,及編造報告事宜。"[64]1936年,南京政府又改鹽政署爲鹽務總局,其下屬鹽場公署改稱鹽務管理局,再下之鹽場署爲鹽務公署。場設長一人,兼稽核支所負責。總的説來,爲兩塊招牌,一套人馬。權力在向稽核所過渡。1933年,濤雒場由山東區劃歸淮北鹽務管理局管轄,與蘇北的臨興場合併。臨興場在東海縣與贛榆縣之間,場駐青口鎮。合併後,稱"濤青鹽場"。另一招牌稱"財政部淮北鹽務稽核分所濤青支所"。濤青場屬區分佈於日照、贛榆、東海三縣,與濟南(漣水、灌雲縣屬)、板浦、中正(均灌雲縣屬)併稱淮北四大鹽場。

此時,濤青場制鹽的方法比較舊時已有很大的發展變化。總的説來,有三種:日照地區以曬土與池曬結合爲主,簡稱"曬土法";東海和贛榆以曬水與田曬結合爲主,簡稱"曬水法";還用"煮海爲鹽"的舊法制滷塊,稱"澆滷綱"。

曬土法可行於一年中的春夏秋三季中。每月大汛潮進,海水灌滿港汊河溝,猛灌備曬的泥灘,漲潮泡,退潮晾曬。大汛十五天,日夜如此。至小汛時,潮水小,又有十五天不能登岸。在這期間,原灌海水的泥灘已含很高的鹽分,在泥灘皮日曬風吹數日之後,灶民用木耙破土一寸,全部耙起暴曬,約曬五至七天,已成鹹乾碎土,推之堆於較高的乾地。土堆旁有淋池數座。每座形似大鍋臺,中間有一凹形大平底淋池,口徑約4米,深約1米,底由高粱桿或蘆葦編成淋算,上鋪鹹乾碎土約半米厚,淋地附近即有備用的海水塘,灶民挑海水以滿灌淋池,海水下滲,自然成滷,從算底下匯入小溝外流,注入滷池。如適逢天暖,風和日麗,只要將滷水灌入曬池,滷到鹽成,不待分秒。曬池面積不大,隨處可砌,狀如棋盤,可高出地面半米,1塊約5米見方,用磚或石片砌底,四週用灘泥圍起,或4塊一片,或6塊、8塊一片。每年農曆三月、十月天暖雨少,是曬鹽的旺季。一名壯年灶丁，每夫最多可曬純鹽千斤。淋池在用一年之後，在嚴冬將至時挖掉，將已失去鹽份的老土撒到泥灘上，去接迎明年的海潮，吸納潮水中的鹽份，以備爲製新鹽做出貢獻。濤雒場曬鹽可能始於元朝初年。光緒《山東通志·鹽法》引元至元"二十九年（1292），中書省奏煎鹽灶户在先一引鹽賣三十兩，時給工本鈔五兩。今賣五十兩，應增爲中統鈔八兩六錢。曬鹽不用柴薪，嚮給四兩，今增六兩四錢。從之。"曬鹽法不普遍，是以曬土爲主。有用盆碗曬水成鹽者，非正式生産。

曬水法是稽核所成立後自西方引進的先進技藝，始於淮北大場。其法宜於春秋兩季。夏季雨水太多，冬季海水不易引入。曬水區要海灘平整寬廣，將備用鹽灘整理爲相連而略有高低的曬水池，一連三方，名大高、二高、三高。每高約有200 平方米，深如稻田。大高與海水溝渠相連，用強力風車引海水入大高。海水在大高中蒸發數日；增加了海水的含鹽濃度，由小口放入二高，又蒸發數日；再放入三高，即成滷水。必須立即放入曬田成鹽，否則，滷已老化，不能結晶，名叫老滷，將成廢物。所用風車爲風力龍骨水車，用松木、杉木做成，粗鐵絲綑綁，並撑拉强力新布風扇。提水槽很長，伸入水中半米，龍骨光滑堅固。曬田大如籃球場，收鹽時如置身於銀的世界。

燒滷綱之事已非重要生産。是灶民將滷水用鐵鍋煎熬之後，灌到木桶、鐵桶中蒸發冷卻而成的大鹽塊，用於醃製肉類或作手工原料。

濤雒地區没有專業鹽村，總的特點是地瘠民貧，因之産鹽賣鹽長期官私兼有，不合理的"緝私"時有發生。官民之間矛盾嚴重，民間視巡役如敵讎，農村青年暗襲巡役之事時有發生。民國時期，群衆稱巡役爲"鹽巡"，爲了阻止"走私""販私"，各坨都駐有鹽巡，日夜站崗放哨。民間忿怒，秘密結社性質的大刀會、紅槍會也在西北山區興起，與僧道結合，以寺廟爲據點而迅速發展。北洋軍閥統治的後期，日照發生大刀會夜襲王家灘、橋西頭鹽坨之事，鹽巡有死有傷。鹽務人員都往濤雒奔逃，濤雒的城門緊閉，城内各路軍警登上城牆警戒守衛，大刀會會衆竟有數千人包圍了濤雒城。手持砍刀和紅纓槍、木棍等，口喊"（吃了符子）刀槍不入！"據説還有來自四鄉的獨輪車參戰，準備打開濤雒，横搶一陣。這時的濤雒官民十分緊張。時任濤雒公安分局局長的丁惟瑞是濤雒人，他在巡查到北門城樓時,有軍警大喊:"大刀會快爬上城牆了!"丁惟瑞抽一手攀雲梯、才要登城的大刀會衆打了一梭子盒子炮(匣子槍),那會衆應聲跌落梯下,當場斃命。城上槍聲大作,城外大刀會衆四散奔逃。一場爲追殺鹽巡而攻打濤雒之事就此告一段落。此後不久,在日照民間流傳有一首歌謠:

  大刀會,砍鹽巡。

  鹽巡第一也不賴,一拍跑到濤雒街。

  濤雒街,把門鎖。

  丁惟瑞,開了火。

  國民黨南京政府成立後,鹽務系統大改組。先後任淮北鹽務管理局長的人選都屬於新派,先後有繆秋傑、徐開第、費文堯到任。他們到任後,一路作風是除舊布新,加強稽核所,被喻爲"淮北鹽務三把刀"。尤其是費文堯,外號"費大刀"。⑥這三人還以其特殊的力量竟將全國性的"稅警學校"辦在淮北地區的海州(今屬江蘇連雲港市),以改善、加強其屬下的警力。濤青場場長王子弓就是他們選派的。王到任之後,劃一濤青場的制度和人事。每一鹽坨派"場務員"駐守,一般是二人:一爲司秤員,負責具體的收鹽歸坨和開堆放鹽並過秤。二爲鹽秤員,負責檢查、監督和爲放鹽開小票。(以小票到鹽場換正票)另派武裝鹽警約十人左右(一個班),負責守衛鹽坨,站崗放哨,亦管"緝私"。濤青場有鹽警一個大隊,約500人,下分中、小隊若干。有專職小隊,負責"緝私"。

八 濤雒的歷史規律——
以鹽興商,以商興學,以學回報

  濤雒地方雖小,也有自己的歷史規律。如從宋朝在舊海曲設日照鎮,金朝又升日照鎮爲日照縣並升濤雒爲鎮。從此時算起,已顯示出了濤雒歷史發展的新開端——以鹽興商。後歷經了九百餘年,清朝末年,《日照縣志·疆域·海口》曰:"濤雒口,估客雲集,南連棧子新口(本注:即舊張洛口),貨船萃焉。"⑥這雖只言濤雒口岸,亦見其盛。至於濤雒之盛的具體情況,這裏且引當代日照文化學人田文閣之言：“清咸豐年間，當地人丁開軒立'廣記'商號，主要收購土物產品，如花生米、生油、皮豬等運往上海，再運回大米、糖、茶和各種洋貨。當時'廣記'有四支大風船、25000畝土地，成爲濤雒最大的商號兼地主。與此同時，清咸豐六年（1856）開張的'裕源'商號的名牌產品'裕源'京冬菜，暢銷北京、上海及東南亞各地，僅上海即年銷500多壜（每壜80公斤）。清同治、光緒年間，又興起'協記''同生''益昌'等商號外運土特產品，進口布、米、麪、糖等日用百貨。”⑰不僅這樣，濤雒人還於民國九年（1920）自開私營銀行，名“匯昌銀號”，在本縣巨峰鎮和原沂州府治之臨沂縣設分號，並發行紙幣。

濤雒在當時，已被喻爲“生意興隆通四海，財源茂盛達三江”。可是從商者、老闆到夥計，都比較重視唸書，熟讀“五經”“四書”的大有人在。這在春節過年所貼的門對、春聯上可以看出。如居家的大門所貼對聯，多爲“忠厚傳家久，詩書繼世長”，“耕讀爲我業，勤儉是家風”。商店的大門對聯，多爲“陶朱事業，端木生涯”，“則財恆足矣，以義爲利也”，“洪範五福先言富，大學十章半理財”。正是這些儒商把濤雒的歷史與他們的發家史及其對晚輩的期望結合在一起，形成了一條所謂“濤雒史發展規律”——以鹽興商——以商興學——以學回報。意思是回報家鄉和國家。我當年聽説此事，並不在意。後來研究歷史，特別是在考慮“海曲鹽官兩千年”時，深知其中所含的奧意。大致說來，自西漢至五代，海曲一帶長期處於地瘠民貧的境況之下，連個縣的名號都保持不住，遑論其他。可是到了金朝，情況已大不同。濤雒升鎮，這是“以鹽興商”的標誌。情況雖在繼續發展，但畢竟太慢。直到三百年後的明朝正統八年（1443），在濤雒“重修關聖帝君廟碑”上所著錄的頭面人物，除“官吏外，止有商若干名、耆若干名，所謂四民之首缺焉不載”⑱。也就是尚無讀書人士能出面。濤雒的歷史還停留在“以鹽興商”的階段，並無新的進展。可是又過了二百多年，在丁允元撰寫再次重修《關聖帝君廟碑記》時，濤雒的歷史已開始進入“以商興學”的階段。相繼出現的標誌性事件有兩例：一、丁允元和長子丁泰、三子丁岂先後中進士；二、丁守存和長子丁鳳年、次子丁麟年也先後中進士。這兩家“一門三進士”，比鄰而居，世間稱奇。李鴻章還爲丁守存大書貼金紅匾“一門三進士”，高懸於“曠視山房”府第正門之上⑲。自云“曠視”，人云“傲視”。丁氏兩家代有飽學之士。丁允元所撰

《碑記》,是濤雒歷史進入"以商興學"的標誌。

清末民初,是中國的思想文化發展的轉型時期,也是中國社會由封建階段向近代資本主義過渡的時期。進士丁麟年和小他一歲的本家進士丁惟魯的思想和學術是濤雒人在這一轉型時期的代表。丁麟年是維新派人物,曾任陝西省興安府、同州府知府,民國初年長期擔任山東省圖書館館長,著有《柊林館吉金圖錄》等名著十多種,是著名的金石學家。著名考古學家王獻堂是他的學生㉗。丁惟魯也是維新派人物,被欽點爲翰林院庶吉士,曾任直隸省學校司總辦、北洋大學堂(今天津大學)總辦、直隸山東留日學生監督、山東濟南知府㉑。他家居濤雒北門裏,街道名至今猶稱"翰林院",是中國農村中唯一的一條街道稱"翰林院"的事例。

標誌著濤雒人進入"以商興學,以學回報"歷史階段的事例應以"三洋狀元、一洋醫生"爲代表。三洋狀元的第一位名宋遂昌,留學義大利,航空學家,曾任同濟大學教授,是中國第一位航空氣氧製造廠廠長。第二位名丁履德,留學德國,內燃機專家,曾任山東大學教授兼工學院院長,1952年後任山東工學院院長。第三位名丁觀海,留學美國,數學家,曾任山東大學、臺灣大學教授,長子丁肇中是著名的物理學家,諾貝爾獎獲得者。一洋醫生名尹莘農,同濟大學醫科畢業,曾任青島普濟醫院(今青島市立醫院)院長。後在濟南創辦山東醫學院,任校長兼附屬醫院院長,爲山東省現代醫學教育的奠基人。

民國時期,濤雒人大學畢業生20餘人,其中留學歐、美、日本的居其半數。從他們的學路和後來的表現來看,大致可分兩類:一類是學習努力,志圓行方,在後來的事業中熱情奔放、勤勞建樹,鄉親稱道,人以爲榮。另一類的情況則大不相同,自幼嬌生慣養、好吃懶做,或中途輟學,或惰於就業,一心想早日回家娶妻生子,爭當老爹老娘的接班人。可是衆目睽睽,無以爲"報"地日子也不好過。優秀傳統有無窮的力量。"以鹽興商,以商興學,以學回報",是濤雒兩千年歷史發展的規律,形成了濤雒人的思想傳統,在指示、引導、教育濤雒的子孫後代,枝繁葉茂,葉落歸根。

歷史還在發展。新中國建立以後,濤雒的教育事業在黨的統一領導下,日新月異,不再贅述。山東《大衆日報》和《中國日報》及中央電視台等重要媒體已多次以"著名的狀元鎮"爲中心内容,向國内外介紹濤雒教育事業的歷史、現實及其人才輩出的情况。

注　釋

① 《漢書》卷二八上《地理志上·琅邪郡》,中華書局點校本第六册,第1585頁。以下引用二十四史不再注版本。

② 清光緒《山東通志》卷八六《田賦志第五·鹽法·鹽務職官》,第2635頁。以下引本《通志》不再注版本。

③ 清康熙《日照縣志》卷四《公署·濤雒場鹽課司》,第30頁下。以下引本《縣志》不再注版本。本文用"(濰)字。"

④ 清光緒《日照縣志》卷二《營建志·公廨》,以下引本《縣志》不再注版本。

⑤ 《山東通志》卷八六《田賦志·鹽法·場界》,第2637頁。

⑥ 《日照縣志》卷一《疆域志·縣境》,第359頁。

⑦ 《宋史》卷一八一《食貨下·鹽上》。以下,"濤洛"或"濤雒"隨文。

⑧ 《金史》卷四九《食貨·鹽》。

⑨ 《金史》卷二五《地理中·山東東路·莒州》。

⑩ 羅振玉《齊魯封泥集存》。"琅琊"或"琅邪"隨文。

⑪ 《上海博物館藏印選》。

⑫ 參看趙平安《秦西漢印章研究》第三章《秦西漢官印的省略》,上海古籍出版社2012年版,第57—60頁。"上曲左尉"印收入羅福頤《秦漢南北朝官印徵存》。上曲陽縣(今河北曲陽西)屬常山郡。

⑬ 《漢書》卷二八上《地理志上·犍爲郡》:"南安,本注:有鹽官。"

⑭ 《後漢書·志第二十八·百官五·縣鄉》第十二册,第3625頁。

⑮ 《漢書》卷一五下《王子侯表下·昆山節侯光》。

⑯ 羅福頤《秦漢南北朝官印徵存》,文物出版社1987年版。

⑰ 《全唐詩》卷二一六《杜甫》,岳麓書社1998年版,第三册,第2—3頁。

⑱ 《文選》卷一六,中華書局1977年影印本,上册,第235頁。

⑲ 依次見《説文》卷一一上《水部二十八·濤》《水部三·洛》,《説文》卷一下《草部十八·落》。

⑳ 約略同時,濤雒人在濤雒南門外又修了一座略小一些的龍王廟,時稱小龍王廟。可見濤雒人對於龍王老爺多麽重視。河北省秦皇島另有一座孟姜女廟,據説始建於北宋,不可確考。

今廟爲明萬曆二十二(1594)年重建。有楹聯與濤雒之海龍廟聯字句相近,句讀相同,用詞略異。但其用意牽強,文采不高。上聯:海水朝,朝朝朝,朝朝朝落;下聯:浮雲長,長長長,長長長消。

㉑《日照縣志》卷一〇《藝文志·關聖帝君廟碑記》。

㉒同上。

㉓《漢書·地理志第八上》"河南郡·雒陽",師古曰:"魚豢云:漢火行,忌水,故去'洛''水'而加'隹'。如魚氏説,則光武以後改爲'雒'字也。"

㉔《三國志》卷二《魏書二·文帝紀》裴注引《魏略》曰:"詔以漢火行也。火忌水,故'洛'去'水'而加'隹'。魏於行次爲土。土,水之牡也。水得土而乃流,土得水而柔,故除'隹'加'水',變'雒'爲'洛'。"

㉕《山東通志》卷八六《田賦志·鹽法·國朝》。

㉖《日照縣志》卷一〇《藝文志》。《濤雒築圩記》的題目徑書"濤雒"。《重修縣城記》的首句亦書:"予既於濤雒勸築圩之甫畢。"

㉗《世本》,商務印書館《叢書集成初編本》。

㉘《史記》卷一《五帝本紀·帝堯》:"堯又曰:'嗟,四嶽。'"《集解》鄭玄曰:"四嶽,四時官,主方嶽之事。"《詩·大雅·崧高》:"崧高維嶽",箋:"四嶽,卿士之官,掌四時者也,因主方嶽巡守之事。"

㉙《史記》卷三二《齊太公世家》。

㉚《呂氏春秋·孝行覽第二·首時》,亦作《胥時》。

㉛張華撰,范甯校證《博物志校證·〈後漢書·郡國志·琅琊國〉劉昭注引〈博物記〉》。

㉜《史記》卷三二《齊太公世家》,第1480頁。

㉝《管子》卷二二《海王》第七十二,商務印書館"國學基本叢書"本。以下引《管子》不再注版本。

㉞《詩》卷一三《小雅·北山》,中華書局《十三經注疏》影印本,上册,第463頁。以下引《十三經注疏》不再注版本。

㉟《左傳》昭公二十年引晏嬰語。

㊱《管子》卷二四《輕重乙》第八十一。

㊲《尚書》卷六《夏書·禹貢》,上册,第147—148頁。

㊳《管子》卷二三《地數》第七十七。

㊴同上書,卷二二《海王》第七十二。

㊵同上書,卷二三《地數》第七十七。

㊶《史記》卷三二《齊太公世家》。

㊷同上書,卷六二《管晏列傳·管仲傳》。

㊸《左傳》昭公三年曰:"齊侯田於莒。"杜注:"莒,齊東竟。""竟"與"境"通。

㊹《左傳》昭公十年曰:"桓子盡致諸公,而請老於莒。"杜注:"莒,齊邑。"

㊺《史記》卷三〇《平準書》。鄭當時奉黃老,時任大司農,清廉自恃,薦人用吏不拘一格,甚爲世人稱道。《漢書》卷一九上《百官公卿表上》言武帝太初元年(前104)改大農令爲大司農。

㊻唐杜佑著《通典》卷一〇《食貨·鹽鐵》,岳麓書社1995年版,第118頁。

㊼《宋史》卷一八一《食貨下·鹽上》。

㊽明王三聘輯《古今事物考》卷一《地理·鎮》曰:"《通典》曰:鎮周後周之通班也。隋亦曰鎮。唐分上、中、下三等。歷代未聞。疑鎮始於宇文周代也。宋制:民聚不成縣而有稅課者,則爲鎮。或以官監之。"上海書店1987年影印商務印書館1937年"國學基本叢書"版,第6頁。

㊾太宗,窩闊臺。蒙古大汗,成吉思汗第三子。至大,元武宗海山年號。正鹽,已納稅之鹽;餘鹽,未納稅之鹽。

㊿《日照縣志》卷六《選舉志·徵辟·鄭泉》本注並引《鄭氏祖塋碑》。

㉛《元史》卷九一《百官志七》。

㉜《日照縣志》卷三《食貨·鹽法》引《濤雒場天齊廟碑》。

㉝《明史》卷七五《職官四》,第1847頁。

㉞《日照縣志》卷五《秩官》。

㉟科舉考試於正榜之處,另取若干名爲副榜。此制始於元朝,清朝只限於鄉試,副榜可入國子監肄業。

㊱捐廉:捐出自己的"養廉銀"。清朝官員除正俸外,另有養廉銀,簡稱"廉",爲薪俸的一部分。灶糧,官府或鹽商發給灶民的應得口糧。此處當是官府的灶糧不繼,朱善驥場大使捐廉墊助,以解窘迫。

㊲漢軍附生:漢軍,清自崇德七年(1642,清愛新覺羅皇太極年號1636—1643),將漢族士兵編爲軍隊,稱漢軍八旗。附生,科舉制度中生員名目之一。明正統時,於府、縣學外,有取附學生員之制。清代相沿,生員亦稱附生。

㊳《日照縣志》卷五《秩官·大使》,原文照錄。人頭加編號,年代加公元對照,程椿壽條改"匪"爲"軍",加丁守存《濤雒築圩記》文。

㊴《日照縣志》卷三《食貨·鹽法》。未入流:明王三聘輯《古今事物考》卷四《爵祿·未入流》:"《通典》曰:唐有流外勳品,自諸錄事及五省內史始焉。國朝,九品之外,雜職官員謂之未入

流,即流外也。"三考:元馬端臨著《文獻通考》卷三九《選舉考十二·考課》:南宋孝宗乾道八年(1172)"詔:臧否爲三等:治效顯著爲臧,貪刻庸繆爲否,無功無過爲平。"此處言"三考未入流",當謂"雜職官員"。

⑩ 《日照縣志》卷三《食貨·鹽法》。鹽斤,大宗鹽的統稱。自唐宋以來,對鹽的各種包裝或計算,都以斤爲重量的基本單位。

⑪ 《日照縣志·食貨·鹽法》。鳥槍,舊式火槍。坨,蓄鹽的土圩子。

⑫ 沂州府屬:費縣、莒州、蘭山縣(今臨沂)、郯城縣、沂水縣、蒙陰縣、日照縣。官臺場在今壽光市東北。

⑬ 曾仰豐《中國鹽政史》第三章《鹽官》第三節《民國鹽官制》,《中國文化叢書》第一輯,上海書店1984年據商務印書館版重印。

⑭ 同前注。

⑮ 費文堯,1946至1947年任淮北鹽務管理局長。後調任長蘆鹽務管理局長,1948年冬在天津參加起義。

⑯ 《日照縣志》卷一《疆域·海口》,第9頁。

⑰ 田文閣《老家日照》第6頁《千年大波匯濤雒》,内部印制。

⑱ 《日照縣志》卷一〇《藝文志·關聖帝君廟碑記》。

⑲ 李鴻章書金字大匾懸掛在大門閣上方;"曠視山房"四字鐫刻在大廳屏風正面;另有堂號"觀瀾堂"印於書札。

⑳ 丁惟彭《丁麟年》,收入政協日照市委員會編《日照進士錄》第一編,中國文史出版社2010年版。鄭玉霞主編《日照歷史文化名人·一代國學大學王獻唐》,山東大學出版社2009年版。

㉑ 東港政協《丁惟魯》,收入政協日照市委員會編《日照進士錄》第一編,中國文史出版社2010年版。

中國古代禮制文明的考古學觀察

高崇文

【提要】 夏商周三代之所以用禮來治理國家,是因爲這種禮具有一定的約束性、權威性的特質。只有古代的神權和祖權才具有絶對的權威性、約束性,而這種神權和祖權的權威性,又是原始先民在長期與自然界、與各族群的奮鬭中,通過祭祀的形式逐漸樹立起來的。三代的統治者正是利用祭祀中出現的神權和祖權的權威性制定了禮儀制度,形成了夏商周三代獨特的禮制性社會。大量的考古資料可以印證中國古代禮制文明起源及形成的過程。

夏商周三代是一種禮制性的社會,三代的禮制既是生活習俗,又是思想信仰,更重要的還是政治制度,三代的統治者正是憑藉禮制來保證等級關係、維繫社會秩序的,"禮,經國家,定社稷,序民人,利後嗣者也"[①]。禮成了治國安民之根本,形成了中國古代獨特的禮儀制度與禮制文明之模式。在世界古代史中,夏商周三代的禮制性社會是獨一無二的,顯示了中華古代文明有别於其他古代文明的獨特性。因此,研究三代的文明史,不能不涉及當時的禮制文明。爲什麽夏商周三代會形成禮制性社會?這種獨特的禮制文明又是怎樣形成的?這是學術界長期以來認真探討的問題。以往研究者多根據文獻來研究禮制文明的起源,雖各有所據,自成一説,但對於夏禮、殷禮或更早的禮來講,畢竟如孔子所言"文獻不足故也"[②]。由於考古資料的大量發現,從考古學遺存中來探討禮制文明的起源及形成過程,也應當是一個有效的途徑。

高崇文　北京大學歷史學系

一　夏商周三代禮制文明的特質

近現代學者對於古代禮與禮制文明的起源提出了許多不同的觀點，歸納起來主要有以下幾種：（1）禮起源於祭祀說。郭沫若認爲："大概禮之起，起於祀神，故其字後來從示，其後擴展而爲人，更其後擴展而爲吉、凶、軍、賓、嘉的各種儀制。"[③]（2）禮起源於風俗說。認爲俗先於禮，禮本於俗。劉師培認爲："古代禮制悉賅於祭禮之中，舍祭禮而外，固無所謂禮制也。"然在考察冠、婚、喪、祭等禮之後則稱："觀此四端，足證上古之時禮源於俗。"[④]（3）禮起源於人情說。李安宅提出："禮的起源，自於人情。"[⑤]何聯奎也認爲："禮的來源，是出於人類一種自然的表示，如叩頭跪拜，打恭作揖，對神表示崇拜及對人表示敬意。"[⑥]（4）禮起源於禮儀說。楊寬認爲："禮的起源很早，遠在原始氏族社會中，人們已慣於把重要行爲加上特殊的禮儀。原始人常以具有象徵意義的物品，連同一系列的象徵性動作，構成種種儀式，用來表達自己的感情和願望。這些禮儀，不僅長期成爲社會生活的傳統習慣，而且常被用作維護秩序、鞏固社會組織和加强部落之間聯絡的手段。進入階級社會後，許多禮儀還被大家沿用著，其中部分禮儀往往被統治階級所利用和改變，作爲鞏固統治階級內部組織和統治人民的一種手段。"[⑦]（5）禮起源於古代人的交往説。楊向奎認爲，原始社會的"禮尚往來"實際上是貨物交易。中國封建社會初期的交換帶有濃厚的禮儀性質，自周公、孔子始，禮的涵義才完全擺脱了原來的意義，去掉了"禮儀"中的商業性質[⑧]。另外，還有禮起源於"巫術""父權制""階級壓迫"等觀點[⑨]。

以上諸觀點都是從某一方面或某一形式來談禮的起源，只是觀其形，而没有探其實。考察上述所舉的某些方面或祭祀或習俗或形式或信仰，亦或是階級分化等，在世界大多地區的古代民族、古代國家都是普遍存在的，但都没有形成禮制性的社會，唯獨中國的夏商周三代形成了禮制性的社會，爲什麽？只能是有其特殊原因和發展路徑，這就需要從夏商周三代禮制的特質中探討其來源及形成過程。

夏商周三代之所以用禮來治理國家，形成一種獨特的禮制性社會，是因爲這種禮具有一定的約束性、權威性的特質,三代的統治者正是利用這種禮的特質制定了禮儀制度,來維護統治秩序的。而一般的禮俗、人情、禮尚往來等,没有産生約束性、權威性的特質,只有古代的神權和祖權才具有絶對的權威性、約束性,而這種神權和祖權的權威性,又是原始先民在長期與自然界、與各族群的奮鬥中,通過祭祀的形式逐漸樹立起來的。從這一角度講,禮源於祭祀,只是説對了一部分,如果没有三代統治者對祭祀中所逐漸形成的神權用在對國家的治理上,也不會形成三代獨特的禮制性社會。三代的統治者正是利用祭祀中出現的神權和祖權的權威性來維護社會秩序,實現了神權、祖權與政權緊密結合的國家體制,這樣就形成了夏商周三代獨特的禮制性社會。

我們先從文字資料來探討三代禮制的特質。

(一) 夏代禮制的特質

對於夏禮,古代文獻有記載。孔子在談及三代禮時曾說:"夏禮吾能言之,杞不足徵也。殷禮吾能言之,宋不足徵也。文獻不足故也。足,則吾能徵之矣。"⑩ 又曰:"吾説夏禮,杞不足徵也。吾學殷禮,有宋存焉。吾學周禮,今用之,吾從周。"⑪ 春秋時期的孔子對於夏禮、殷禮還是瞭解一些,只是没有充足的文獻材料,即使有夏族之後杞,殷族之後宋,也不能完成夏禮和殷禮的整理。這説明夏代是有夏禮的存在。並且文獻記載,夏代有行禮的主要場所廟和社。夏商周三代對廟祭和社祭是非常重視的。社是祭祀土地神的地方,後來又與五穀之神連稱爲社稷,象徵整個國家。廟是祭祀祖先的地方。《左傳·莊公二十八年》記:"凡邑,有宗廟先君之主曰都,無曰邑。"《禮記·曲禮下》載:"君子將營宫室,宗廟爲先,廄庫爲次,居室爲後。"這説明,作爲國都,宗廟是不可或缺的主要祭祀場所。《墨子·明鬼下》也明確記載,夏商周三代建國營都必須先築社壇和宗廟:"昔者虞夏商周三代之聖王,其始建國營都,曰必擇國之正壇,置以爲宗廟,必擇木之修茂者,立以爲叢社。"《尚書·甘誓》記禹子啓征伐有扈氏,"威侮五行,怠棄三正,天用勦絶其命,今予惟恭行天之罰……用命賞于祖,弗用命戮於社。"孫星衍《尚書今古文注疏》云:"祖者廟主,社者社主。"顧頡剛、劉起釪對《甘誓》考證説:"大概在夏王朝是作爲重要祖訓歷世口耳相傳,終於形成一種史料流傳到殷代,其較穩定地寫成文字,大概就在殷代,所以用了在殷代後期已出現的'五行''三正'字樣。"認爲"這件歷史故事當然是夏代的","到西周可能寫成基本定型的定本"⑫。《墨子·明鬼下》對此解釋得更清楚:"是以賞于祖而僇於社。賞於祖者何也? 言分命之均也;僇於社者何也? 言聽獄之事也。故古聖王必以鬼神爲賞賢而罰暴,是故賞必於祖,而僇必於社。"據這些史料可證,夏代的國都應當有進行祭社、祭祖之禮的社壇和宗廟等禮制建築。《甘誓》還表明,夏啓伐有扈氏是"天用剿絕其命,今予惟恭行天之罰。"這就是説,夏啓是遵照上天之命率軍討伐有扈氏的,完成此天命的,在宗廟中得以封賞,沒有完成此天命的,則在社壇中將其處死。因古聖王是依照天神、祖神的旨意來處理國之大事的,所以,國之大事均要在祖廟和社壇中進行。這就很明顯地透露出夏代神權、祖權與政權的關係,夏王是靠神權、祖權來進行統治的。這也説明三代的都城中首先建社壇和宗廟的原因所在。

這些雖都是傳統文獻的記載,但這些記載並不是無稽之談,應有所據,這些記載還可利用考古的實際資料來印證。

(二) 商代禮制的特質

由殷墟甲骨文記載可以看出,殷人的祭祀禮制文化是非常豐富的,也逐漸系統起來。甲骨文的内容是商王進行占卜、貞問和祭祀天帝諸神和祖先神的原始記録,這即是商王祭祀檔案,又是商王施政檔案,因殷人凡事都要貞問天帝諸神和祖先神,征得它們的同意才能施行。

從甲骨文的内容看,殷人將天帝奉爲最高主宰,信仰天帝,崇信天命,一切都要遵從上天的旨意。甲骨文中有大量的祭天卜辭:

庚午卜,内,貞王乍邑帝若。八月,二告。(《合集》14201)⑬

壬子卜,争,貞我其乍邑,帝弗佐若。三月。

癸丑卜,争,貞我宅兹邑大(甲)賓帝若。三月。

癸丑卜,争,貞帝弗若。(《合集》14206)

殷人爲了建邑造房屋反復貞問天帝,徵得天帝同意才能動工興建。

辛亥卜,内,貞帝于北方曰(夗)風曰(役),秦年。

辛亥卜,内,貞帝于南方曰微,風夷,秦年。

  貞帝于東方曰析,風曰劦,秦年。
  貞帝于西方曰彝,風曰彝,秦年。
  辛亥卜,内,貞今一月帝令雨,四日甲寅夕(雨)。
  辛亥卜,内,貞今一月(帝)不其令雨。(《合集》14295)

這是貞告天帝降雨、祈求豐年等内容的卜辭。

  辛未卜,㱿,貞王勿逆伐舌方,上下弗若,不我其受又。(《合集》06203)
  丁巳卜,㱿,貞王叀沚馘从伐土方。(《合集》06416)
  辛巳卜,賓,貞口燎。貞王叀沚从伐巴方,帝受我又。(《合集》06473)

這是出兵征伐之前告祭於天帝的卜辭。

殷人祭地與祭天一樣,同樣非常重視,殷墟卜辭中關於祭"土"即祭"社"的内容頗爲豐富[14],説明商代祭社是一項經常的禮儀活動。

  壬戌卜,争,貞既出炘燎于土宰。
  貞燎于土一牛俎宰。(《合集》14396)
  癸未卜,争,貞燎于土,秦于岳。(《合集》14399)
  戊子卜,其有歲于亳土三小宰,十小宰。(《合集》28109)

還有大量祭祀山、岳、河、洹、泉等山川諸神的卜辭。

通過諸多學者對甲骨文卜辭研究,説明商人對先祖的祭祀更加規範化和制度化,是用周祭制度[15]。所謂周祭,是指殷商王室用五種祭奠方式輪流且周而復始地祭祀成系列的先公先王先妣。除周祭外,還有一些對祖先的不成系統的祭祀典禮,被稱爲"特祭"或"選祭"。卜辭中還記載,商王祭祀祖先主要是在"宗"或"宓"中進行。從字形上分析,"宗"上面寶蓋是屋宇之形,"示"則是神主的象徵。故《説文》云:"宗,尊祖廟也。"于省吾考證"宓"爲"祀神之室"[16]。"宗"和"宓"正是商代祭祀祖先的宗廟。除宗、宓外,也有學者認爲,甲骨文中的"囗"或"匚"就是後世"廟"字的初形,因在這些方框内往往還有"甲""乙""丙""丁"等商王廟號詞,此也是商王之廟[17]。據研究,殷墟卜辭所見商先王宗廟有:大乙宗、大丁宗、大甲宗、大庚宗、大戊宗、中丁宗、祖乙宗、祖辛宗、祖丁宗、小乙宗、武丁宗、祖甲宗、康丁宗、武乙宗、文丁宗⑱。從直系先王湯至文丁，幾乎都立有宗廟。這是否也反映了殷商時期没有遷廟、毁廟制度，也就説没有"殷六廟"之制⑲。殷墟卜辭中，不但記有商代各王的廟，而且還記有王后的廟，如有"妣庚宗""妣庚䒸""母辛宗"等，這應當是商王大庚的王后廟和祖辛王后的廟。

陳夢家根據甲骨文歸納出殷人祭祀的對象並分爲三大類：

　　天神：上帝、日、東母、西母、雲、風、雨、雪；
　　地祇：社、四方、四戈、四巫、山、川；
　　人鬼：先王、先公、先妣、諸子、諸母、舊臣。⑳

我們從甲骨文卜辭中可以看到，商王凡事都要貞問天地諸神和祖先神，對天地神、祖神進行祭祀之禮以取得行政之命，充分體現了神權、祖權與政權緊密結合的政體形態。

（三）西周禮制的特質

西周王朝祭祀的主要對象與商類似，還是天神、地神和祖神，其祭祀的目的更爲明確，即借用神權來治理國家。《周禮·春官·大宗伯》："大宗伯之職，掌建邦之天神人鬼地祇之禮，以佐王建保邦國。"周人認爲，天神、地神、祖神（人鬼）是立國之本，對其進行虔誠地祭祀，才能安邦治國。

文獻中較多地記載了周人對天、地、祖神的祭祀。

　　"已！予惟小子，不敢替上帝命。"㉑
　　"今天其命哲，命吉凶，命歷年。"㉒
　　"維此文王，小心翼翼，昭事上帝，聿懷多福。"㉓

以上引文均是記載周王崇信天命。

《詩·大雅·雲漢》載："王曰：於乎！何辜今之人！天將喪亂，饑饉薦臻。靡神不舉，靡愛斯牲。圭璧既卒，寧莫我聽？……不殄禋祀，自郊徂宫，上下奠瘞，靡神不宗……祈年孔夙，方社不莫。昊天上帝，則不我虞。敬恭明神，宜無悔怒。"毛傳云："上祭天，下祭地，奠其禮，瘞其物。宗，尊也。國有凶荒，則索鬼神而祭之。"鄭箋云："言王爲旱之故求於群神，無不祭也。無所愛於三牲，禮神之圭璧又已盡矣，曾無聽聆我之精誠而興雲雨。"又云："宫，宗廟也。爲旱故潔祀不絶,從郊而至宗廟,奠瘞天地之神,無不齋肅而尊敬之。"此是頌揚周宣王爲了禳除特大旱災,在都城之郊、宗廟、社壇舉行祭祀天神、地神、祖神之禮,祈求降雨之事。

《尚書·召誥》載:"越三日丁巳,用牲于郊,牛二。越翼日戊午,乃社於新邑,牛一、羊一、豕一……旦曰:'其作大邑,其自時配皇天,毖祀於上下。'"此是周公作新邑於洛邑,在洛邑的"郊""社"舉行祭天神、地神之禮。

西周的甲骨文與銅器銘文也屢記周王祭天之禮,與文獻記載可相互印證。

周原甲骨文記載了周人祭天之禮:

  川告于天,囟亡咎。
  燎于口。
  其微、楚厥燎,師氏受燎。㉔

燎,是一種祭天的方式,積柴焚燒牲體或玉帛以達於天。周原甲骨文所記的"燎"祭,即是周王所進行的祭天之禮。

西周銅器銘文記載了周王舉行祭天之禮:

  天王簋:"乙亥,王有大禮。王汎三方,王祀于天室,降,天亡佑。王衣祀于王丕顯考文王,事喜上帝。"(《集成》4261)㉕

  何尊:"隹武王既克大邑商,則廷告于天,……爾有唯小子,亡識視于公氏,有毖于天,徹命,敬享哉!"㉖

  大盂鼎:"文王受天有(佑)大命……盧酒無敢酘,有㽎烝祀,無敢䣄,故天翼臨子,法保先王。"(《集成》2837)

上述西周銅器銘文均是記錄的周王祭天之禮。

周人對天的信仰比起商人來似乎有些變化,從甲骨文中可以看出,商人無論何事都要占卜,貞問上帝,篤信上帝的旨意,唯上帝之命是從,聽天由命。而周人對天地神、祖先神的祭祀更具實際意義,強調周王受命在天,是上天之子,是直接替天行命,這比商代王權與神權的關係更進了一步。《詩·大雅·大明》:"有命自天,命此文王。"《詩·周頌·昊天有成命》:"昊天有成命,二后受之"(二后即文王、武王,言二王受天命而王天下)。《尚書·康誥》:"天乃大命文王,殪戎殷,誕受厥命。"大盂鼎銘文:"文王受天有(佑)大命。"遂盤銘:"文王、武王達殷,膺受天魯命,匍有四方,並宅厥勤疆土,用配上帝。"㉒史牆盤銘:"曰古文王,初戮龢于政,上帝降懿德大甹,匍有上下,迨受萬邦。"(《集成》10175)這實際上是周王首創"王權神授"的思想觀念,以此來加強周王的統治權力。周王成了上天的兒子,稱爲"天子",即"周天子"。並且只有周天子才有祭天的資格,也就是只有周天子才有替天行命的權力。《禮記·喪服小記》云:"禮,不王不禘。"孔穎達疏云:"禮,唯天子得郊天,諸侯以下否,故云:'禮,不王不禘。'"《禮記·王制》曰:"天子祭天地,諸侯祭社稷,大夫祭五祀。"因此,祭天成爲周天子受天命的特權,假借天命來表明周王政權的神聖性和絕對的權威。

因爲周王是受天命而王天下,是上天之子,所以,周王室對受命於天的先王祭祀更是隆重備至,將受命於天的先王神靈配祀於天神,以進一步加強周天子的神聖地位。《詩·大雅·文王》:"文王在上,於昭于天……文王陟降,在帝左右。"《詩·大雅·下武》:"三后在天,王配于京。"毛傳云:"三后,太王、王季、文王也。王,武王也。"言死後的先王神靈已達於天,所以周王室祭天要以祖配祀。南宮乎鐘銘:"天子其萬年眉壽,畯永保四方,配皇天。"(《集成》181)《禮記·喪服小記》云:"王者禘其祖之所出,以其祖配之。"鄭玄注:"禘,大祭也。始祖感天神靈而生,祭天則以祖配之。""禘"本是祭天之大祭祀,周人對祖神的祭祀與對天神、地神同樣,均行禘祭。鄭玄注《周禮·大司樂》云:(天神、地祇、人鬼)"三者皆禘,大祭也。"西周銅器銘文多有對祖先進行禘祭的記錄。如小盂鼎銘文:"用牲,禘周王、武王、成王。"(《集成》2839)剌鼎銘文:"王禘用牡于太室,禘卲王。"(《集成》2776)"燎祭"原本也是祭天之儀式,周人多在宗廟用"燎祭"祭祀祖先。《逸周書·世俘》:"武王在祀……燎于周廟。"西周銅器銘文中多有用"燎祭"祭祀祖先的記錄。小盂鼎銘文記盂伐鬼方凱旋向周天子告捷,並燎祭于周廟:"王呼賡伯令盂,以人馘入門,獻西旅。以(馘)入燎周廟。"表明周王相信自己的祖先也在天上,在上帝左右,顯示出先祖與天神的密切關係。

陳來根據《周禮》等文獻記載,將周人祭祀的諸神也分爲三大類:

天神:天、昊天、上帝、帝、五帝、日月、星辰、司命、司中、風師、雨師;
地祇:地、社稷、四望、五祀、五嶽、山林、川澤、四方四物、群小祀;

人鬼:先王、先公、先妣、先祖、祖廟。㉘

可以看出,周人祭祀的對象仍然是天神、地祇、人鬼三大類,周人之所以虔誠地對天神、地神、祖神進行祭祀,是認爲此三者是周王朝長治久安的根本保證。利用天神、地神、祖神來統治天下,此正是周代禮制之根本性的特質。

(四) 東周時期對禮制起源及特質的研究

東周時期的研究者就非常明確地指明了禮與政的關係:

"禮,國之幹也。"㉙

"禮,政之輿也。"㉚

"夫禮,國之紀也。"㉛

"禮以體政,政以正民,是以政成而民聽,易則生亂。"㉜

"禮者,政之輓也。爲政不以禮,政不行矣。"㉝

"見其禮而知其政,聞其樂而知其德,由百世之後,等百世之王,莫之能違也。"㉞

"禮典,以和邦國,以統百官,以諧萬民。"㉟

"禮者,君之大柄也,所以別嫌明微,儐鬼神,考制度,別仁義,所以治政安君也。"㊱

"爲政先禮,禮其政之本與。"㊲

可以看出,三代之"禮"與一般的禮俗習慣、人情世故等尋常之禮不同,有其特定的内涵,是一種治國安邦的制度,具有有效治理國家的政治功能和協調等級的整合功能。這才是三代禮制之真諦。

東周時就有人非常透徹地指出三代禮制的特質。《荀子·禮論》云:"禮有三本:天地者,生之本也;先祖者,類之本也;君師者,治之本也。"《大戴禮記·禮三本》也有如是説:"禮有三本:天地者,性之本也;先祖者,類之本也;君師者,治之本也。無天地焉生? 無先祖焉出? 無君師焉治? 三者偏亡,無安之人。故禮上事天,下事地,宗事先祖,而寵君師,是禮之三本也。"此是講,萬物本於天地,人本于先祖,遵從君師事天神、事地神、事先祖,此謂禮之三本。此也説明禮是人類對天地間的自然現象、人類的繁衍和社會發展的認識中逐漸產生形成的。在原始社會，由於人們對自然的變化不可理解而產生敬畏，便進行祭祀，以求禳災致福。《左傳·昭公元年》載："山川之神，則水旱癘疫之災，於是乎禜之。日月星辰之神，則雪霜風雨之不時，於是乎禜之。"當人類發展到分爲社會群體，形成部落，爲了本部落群體的繁衍生存，於是乎便開始進行祭祀先祖，乞求先祖保佑子孫的繁昌。到社會分爲階級、出現國家、出現君王之後，爲維護統治、維護等級關係的禮儀制度也就應運而生了，禮也就成了治之所本。

孔子對禮的特質講得更清楚："夫禮，先王以承天之道，以治人之情，故失之者死，得之者生……是故夫禮必本於天，殽於地，列於鬼神……故聖人以禮示之，故天下國家可得而正也。"鄭玄注："聖人則天之明，因地之利，取法度於鬼神以制禮，下教令也。既又祀之，盡其敬也，教民嚴上也。"孔穎達疏："孔子乃答以禮所用，既上以承天之道，下以治民之情……聖人既法天地鬼神以制禮，本爲制禮以教民，故祀天禋地，享宗廟，祭山川，一則報其禮之所來之功，二則教民報上之義。"[3]這就是說，禮是憑藉天地鬼神之權威而制定的，其目的是以"神"來"治"民，"禮制"即"以禮來治"，這就是三代"禮治"之由來。

所謂"禮之三本"，實際上就明確地指出了中國古代禮制發展的大體路徑及特質，禮起源於對天地諸神及祖先神的祭祀，國家產生後，統治者借助天地神和祖先神來維護統治，將對天地神、祖先神的祭祀與政權統治緊密結合，制定了維護統治秩序的禮儀制度，成爲三代王朝"經國家、定社稷、序民人、利後嗣"的治國安邦根本之策，這就形成了夏商周三代獨特的禮制性社會。

二　禮制文明的考古學觀察

關於"禮之三本"的神權、祖權、政權之形成過程，此乃史前禮制文明之發端，僅憑文獻難以闡明，畢竟"文獻不足故也"。我們可以利用考古資料來分析和印證，從而揭示三代禮制文明形成的實際發展軌跡。

（一）新石器時代祭祀文化的出現

從目前發現的新石器時代考古學文化看，在全國呈現出幾個最爲突出而集中的文化中心區域。至新石器時代後期，各區域內紛紛出現了以祭祀爲特徵的禮制文化,尤其以江浙文化區、兩湖文化區和燕遼文化區最爲顯著。

江浙文化區是發現祭祀性遺址最多的一個區域,最爲突出的是良渚文化(距今約5300—4300年)祭壇墓地的發現。1987年,在浙江餘杭瑤山遺址最早發現此類祭壇㊴。瑤山是一座人工堆築的土山,在其頂部築邊長約20米的方形祭壇。祭壇中央是方形紅土臺,四週是回字形灰土溝,灰土溝外側是黃褐土築成的土臺,上鋪礫石,形成了不同顏色對比的三重臺面(圖一)。在祭壇的南半部,有規律地排列著12座大墓,墓中隨葬品豐富而精美,以玉器爲大宗。1991年,在餘杭縣瓶窰鎮匯觀山又發現一座良渚文化祭壇㊵,其形制與瑤山祭壇非常相似。祭壇也是建于土山頂部,壇面由內外套合的三重土色構成。祭壇東、西兩側由壇面至底部形成三層臺階。祭壇的西南部分佈有4座大墓,其中4號墓隨葬品尤爲豐富,僅石鉞就有48件之多。類似的祭壇在上海福泉山、浙江餘杭反山、盧村、江蘇

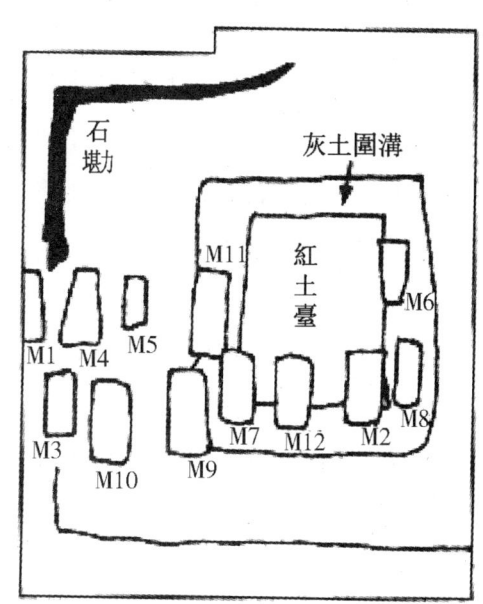

圖一　瑤山祭壇與墓地平面圖

吳進寺墩、海寧大墳墩、崑山趙陵山等地均有發現㊶。實際上,在此區域內早于良渚文化的崧澤文化時期(距今約5900—5300年)此類祭壇墓地就出現了。浙江嘉興南河濱遺址崧澤文化祭壇㊷,是用不同顏色的土分塊壘疊築成的方形土壇,南邊略遭破壞,保留面積約100平方米,垂直高度約90釐米。經勘察,該土壇分三次築成,並在第一次建築的土臺中發現動物肢骨。值得注意的是,在祭壇使用時和廢棄後兩個時期都埋有墓葬,且出土有陶龜等明顯具有宗教意義的隨葬品及玉鉞、玉璜等器物。

這些人工修築的祭壇之功用,應當與祭天有關。祭壇均築在山頂之上,壇面上多發現火燒痕跡及灰燼,有的還有動物肢骨等,被認爲是進行"燎祭"的遺跡。如在上海福泉山良渚文化祭壇就發現明顯的燎祭遺跡,祭壇呈三層臺階狀,經過

大火燒烤，並撒有介殼屑。在祭壇北側臺地上有一灰坑，長約19米、寬約7米、深1米多，内填純淨的草灰。因坑壁、坑底皆無火燒痕跡，可以斷定是在祭壇上舉行燎祭後，把燃燒柴草留下的灰燼清掃至坑内。在黄土層第一期墓群的東西兩側，各見一大片經過火燒的地面，其上有一層灰燼、介殼屑、紅燒土塊和陶鼎殘塊等[43]。《禮記·祭法》載："燔柴於泰壇，祭天也。"孔穎達疏："燔柴於泰壇者，謂積薪於壇上，而取玉及牲置柴上燔之，使氣達於天也。"《周禮·春官·大宗伯》："以禋祀祀昊天上帝；以實柴祀日月星辰；以槱燎祀司中、司命、風師、雨師。"鄭玄注："三祀皆積柴實牲體焉，或有玉帛，燔燎而升煙，所以報陽也。"這些雖是後期文獻所記，但根據良渚文化祭壇的考古資料，説明燎祭祭天的禮俗由來已久。

我們還可利用祭壇上墓葬的隨葬品推測祭壇的功用。考古發掘證實，祭壇上的墓葬與祭壇是緊密相關的，尤其葬於祭壇頂部的大墓，一般只隨葬玉石器，很少有陶器。玉石器中以玉璧、琮、冠狀飾、三叉形飾和玉石鉞等爲大宗，這些器物被研究者認定爲祭祀用的禮器。《周禮·春官·大宗伯》載："以玉作器，以禮天地四方，以蒼璧禮天，以黄琮禮地。"《周禮》是東周時期成書的，所記載用玉器進行祭祀更加專門化、制度化，但這種禮俗的產生應有更早的來源。鄧淑萍指出，"中國的古代人相信天圓地方，天蒼地黄，所以用'蒼'璧來禮拜天神，用'黄'琮來禮拜地祇。但是這種宗教儀式究竟始於何時，卻始終未有田野考古的現象可以加以證實，而今良渚文化中，璧、琮的伴隨出土，大量且集中地出土於特殊墓葬中，尚遺留特殊儀式如火燒等的痕跡，使吾等不免考慮，這個深植于後世民心的宇宙觀，或創始於良渚的居民"[44]。張光直認爲，"把琮的圓方相套的形狀用'天圓地方'的觀念來解釋，由來已久"，"内圓象天，外方象地，這種解釋在琮的形象上説是很合理的"，"琮的實物的實際形象是兼含圓方的，而且琮的形狀最顯著也是最重要的特徵，是把方和圓相貫串起來，也就是把地和天相貫通起來。專從形狀上看，我們可以説琮是天地貫通的象徵，也便是貫通天地的一項手段或法器"[45]。從大宗的璧、琮等玉器多集中在祭壇頂部的大墓之中，祭壇上又多有燎祭的痕跡來看，學者們推斷這些璧、琮等是祭天禮地的法器不無道理。此正是"禮之三本"中"天地者生之本"思想觀念在考古遺存中的實際體現。

關於良渚祭壇大墓墓主的身份，有認爲是巫師，有認爲是部族首領，還有認爲是巫師兼酋長。從這類墓均葬於祭壇之上,隨葬品主要是祭祀用的玉禮器來看,墓主肯定與祭祀有著密切的關係,他們生前應是執掌祭祀儀式的巫師。在原始社會,人們普遍認爲萬物均本於天地諸神的情況下,這些能貫通天地的巫師也應是這一地域或者部族的最高首領,他們既執掌祭天禮地的祭祀權,又握有這一地域或部族的領導權,是集神權與領導權於一身的首領。

在安徽巢湖地區凌家灘文化(距今 5500 年左右)中也發現了類似的祭壇墓地[46]。含山凌家灘祭壇位於一丘陵的最高處,面積約 600 平方米,上下分三層,最下部系以純淨黃斑土鋪底,然後以較大石塊和石英、硅質巖類的小石子與黃沙鋪設,最上面的一層用大小不等的鵝卵石與黏土攪拌鋪設而成,形成中間高四週低的土壇。在祭壇的第一層表面,發現有 3 處祭祀坑和 4 處積石圈。在祭壇的東南角有一片紅燒土遺跡,局部似是焚燒後的灰燼堆積所致,應是祭壇使用時的遺留。祭壇也埋有墓葬,大型墓都排列在祭壇的南部和西部,祭壇南端的大墓出土大批精美的玉器、石器和陶器,隨葬玉器有玉人、玉璧、玉璜、玉龍、玉豬、玉蟬、玉龜、玉鷹等,這些多是具有宗教意義和用於祭祀的器物。特別是 2007 年發掘的 23 號墓共出土 200 件玉器,其中有 3 件用於占卜的玉龜,龜腹中還裝有玉籤,顯示了當時占卜、祀神等儀式已比較完備(圖二)。出土於 4 號墓的玉龜腔體之內的玉版,更顯示出當時的祭祀觀念(圖三、圖四)。玉版中心刻有一個內含八角形的正圓形,週邊大圓形內的四個正方向和四角刻有八個"樹葉形"圖案,大圓

圖二　凌家灘 07M23 出土帶玉籤的玉龜

 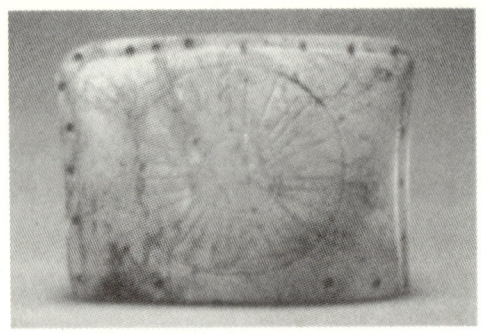

圖三　凌家灘87M4出土玉龜　　圖四　凌家灘87M4出土玉龜腔內玉版

外四角又刻有四個"樹葉形"圖案。俞偉超先生認為，中間圓形是太陽的象徵，週邊八個"樹葉形"應當是社神的象徵，社是土地崇拜的場所。他認為這是表示文獻中記載的"八極，八方之極也"，"是一種把大地分為八方的觀念"。並指出，"玉牌上的整個圖案是在表現天地的總體，即是宇宙的象徵"；"在那信仰萬物有靈的時代，這個宇宙之神或天地之神，無疑具有至高無上的地位，是諸神信仰中的主神"[47]。當然，俞先生將八個"樹葉形"圖案認定為社神的象徵還可再研究。不過，這件極特殊的玉版是放置在玉龜腹腔中，而後來發掘的23號墓所出3件玉龜的腹腔中則裝有占卜用的玉籤。從這種情況來看，是否此種圖案的玉版也是用於占卜，玉版上的所謂"樹葉形"圖案，與所出玉籤形狀非常相似，有可能是刻畫的玉籤圖案，用以表示天地間的四面八方，玉龜、玉籤用於搖卦，對照玉版上所示方向來占吉凶，實際上也是占問天地神祇的一種方式。這與商代用龜卜的方式來貞問天地神祇有些類似，止是用具與形式不同，但二者似乎應有某些淵源關係。由此看來，此又是一處體現"天地者生之本"思想觀念的典型考古實例。俞先生還進一步指出，"從上述玉牌、玉龜同出一墓的現象看，墓主在生前不僅對這兩件玉器有使用的特權，而且還有佔有的特權。就使用的特權而言，其身份應當是專職的巫師。就佔有的特權而言，則恐怕還是具有某種世襲特權的氏族、部落的首領"。此亦集神權與領導權於一身的人物。

長江中游地區的原始文化中，也發現了祭祀遺跡。如湖北天門石家河城址中[48]，發現了許多塔形陶器和缸形陶器，器形特異，有時各器相套排列成弧形，有些陶器上刻畫有符號。另有幾千件陶塑動物集中出土，有豬、狗、牛、羊、雞、猴、象、鳥、魚等,還有成百件人抱魚陶塑,大量的紅陶杯,有數十萬之巨。杯子十分粗糙,顯然不是實用器。這些都被推測爲宗教用品,陶杯可盛酒以祭,人抱魚陶塑也可能是獻祭之狀。另外,塔形器和缸形器或被認爲是陶祖之形。據此分析,這些宗教之器也應是祭祀神的祭器。

湖南澧縣城頭山城址內發現了大溪時期(距今約6400—5300年)的祭壇遺址[49]。祭壇平面呈橢圓形,中間高四週底,面積約250平方米。經發掘得知,祭壇有兩次大的修築過程。第一次建造的祭壇是圍繞一座屈肢葬墓修築,在其東西兩側還各有兩座墓。在祭壇使用過程中,其南部邊緣之外留下了大量的祭祀坑,坑內有與祭祀有關的遺物多種。第二次修築主要是進行加固和擴大,早期的祭坑均被疊壓。在祭壇的邊緣及坡面上均有大量與祭祀有關的遺跡。祭壇的東坡面有大量灰燼層,包含許多獸骨和一具人骨殘肢,此應是祭祀用火所致。在祭壇的南側,有一批修造規整的祭祀坑,坑內多有陶器、獸骨、石塊和紅燒土塊等。在祭壇的東北也有一批祭祀坑,有一方坑內全是稻葉和稻米。在祭壇的壇面上有兩組圓形坑,都比較淺,有的坑內放置石塊。所有這些遺跡肯定與祭祀有關,至於祭祀的是何神,還要進一步研究。

在遼寧西部凌源與建平交界處,發現紅山文化時期(距今約6000—5000年)的牛河梁大型壇、廟、冢統一整體規劃的遺址群[50]。遺址分佈在南北走向的山梁上,女神廟遺址位於北部近山梁頂處,主體部分是由大型山臺和南北各一座廟組成。對南區的女神廟進行了局部發掘,其主體部分是半地穴式土木結構七室佈局。廟內發現大量的祭器、泥塑動物,最主要的發現則是人物塑像,已清理出可辨認形狀的有上臀部、腿部、肩部、乳房、手部、眼球等,都不同程度表現出女性或孕婦特徵。從規模大小看,可分屬三個等級,相當於真人3倍的只見一尊,另有相當與真人2倍和原大者。從出土位置看,2倍者和原大者均出土於主室四週各室,唯有真人3倍巨大者一尊出土於主室中央。這是一尊較完整的女性頭像,大鼻、大耳,眼眶內嵌入圓形玉片爲睛,使眼睛炯炯有神,形象逼真而神化。郭大順先生認爲,"這表明,在多層次的眾神中有一尊主神,這尊主神個體最大,位置在廟的中心部位,是整個神廟所要突出的主要對象,也是被崇拜的偶像群中最主要的崇拜對象";"這樣的女神塑像,應是被神化了的祖先形象"[51]。許倬雲指出，"紅山神廟的女神，爲孕婦的造型，自然是生產力的象徵。女神廟地居禮儀中心遺址的最高處，具有君臨禮儀中心的氣勢"②。如果如前所述，良渚文化祭壇墓地是"天地者生之本"思想觀念的體現，那麼，此紅山文化女神廟遺址則是"先祖者類之本"思想觀念的反映。

在女神廟遺址北約 8 米處，有一南北、東西各約 200 米的巨大山頂平臺，由東西並列的兩座臺址和北部的一座臺址組成。臺址週邊多以人工石砌邊牆，方向與女神廟完全一致，臺面則高出女神廟地面近 2 米。在山臺址的北牆外，散佈有大面積紅燒土堆積，出有人塑像殘件、陶祭器和各類建築構件等。從山臺位置、構築形式及遺跡來看，肯定是一處祭祀遺址，其地勢高於女神廟又處於山梁頂處，女神廟是祭祖神之處，此山臺就有可能是祭天神、地神之處。

在牛河梁地區內已發現 20 多處遺址點，其中有編號的 16 個地點中 13 個都是積石冢，經過發掘的第二、三、五地點位於女神廟遺址正南約 1 公里處。每一地點積石冢數量不等。第二地點由一石築的三層圓形祭壇和東西兩側的 4 座大型積石冢組成，1、2 號冢在圓壇之西，3、4 號冢在圓壇之東。每冢內墓葬數量不一，1 號冢在東西軸線上發現 2 座並列的大型石棺墓，其南爲 4 排共約 20 餘座中、小型石棺墓。2 號冢在正中心部位有一座大型石槨石棺墓，遭嚴重盜擾，其南也有等級較低的墓葬。4、5 號冢的形制與前述兩冢有異，4 號冢平面呈前方後圓形，5 號冢則呈南北長、東西寬的橢圓形，兩冢內墓葬數量不詳。第三地點位於第二地點正北，相距約 200 米，僅發現一冢，冢的中心部位有一座土壙石棺墓，其南有 8 座小墓。第五地點在第三地點之西 882 米處，中間是一石砌方形祭壇，東、西兩側各有一冢。東側一冢經發掘，中心位置是一座土坑豎穴石棺大墓。從第二、五地點墓地的佈局看，一般是祭壇居中，積石冢分居兩側，以突出祭壇的重要位置。積石冢中墓葬大小有別，但各冢至少有 1 座主墓居中，規模大且隨葬品豐富，墓內一般止隨葬玉器。由這些現象來看，墓地中間的祭壇應是墓祭之處，後世子孫在此祭壇祭祀其祖神。研究者多認爲大墓的墓主應是執掌祭祀的巫師，這一推斷是有道理的。積石冢各墓隨葬品佔主流的是玉器，主要有馬蹄狀箍、勾雲形佩、豬龍、龜、鳥、蟬、鼉及神獸、神人像等一批充滿神秘意味，且與宗教祭祀活動密切相關的玉器。關於馬蹄狀玉箍的功用說法不一，有認爲是臂飾或腕飾,也有認爲是舀米用的實用器,還有推測其功用與束髮有關。我們還可對其形制與安徽含山凌家灘07M23出土的玉龜進行比較,此墓所出玉龜爲扁圓形,一端爲平口,另一端爲斜口,上腹面平口一端兩邊及中間各有一個對鑽圓孔,腹腔內置玉籤。此形制與紅山文化的馬蹄狀玉箍非常相似,張敬國先生指出,"紅山文化出土的斜口箍形玉器與07M23的玉龜形器相似,可能也是與占卜有關的用具,這有助於解決紅山文化斜口箍形器的功能和作用問題,爲研究紅山文化增添了新的內容,凌家灘遺址和紅山文化出土的玉人都是雙手置於胸前,表示一種信仰儀式。凌家灘文化和紅山文化出土器物表明,距今5300多年前相距遥遠的兩種文化存在某種相通性,反映出中國文明起源具有多源一體的發展趨勢"[53]。這種馬蹄形玉箍是牛河梁發掘出土最多的一種典型玉器,多放置於墓主的頭下,可見其重要性,其應爲祭祀通神用的一種法器。墓中多出土的玉雕龍和玉龜,顯然也是祭祀用的神器。牛河梁第五地點1號冢M1"雙玉龜出土時握在墓主人手中,更是神權具體而形象的象徵"[54]。郭大順先生引用《越絕書》有關記載以及《說文·玉部》對"靈"字下部之"巫"字及王國維對"禮"字的解釋,認爲:"古人一直是把玉器作爲通神工具來對待的。掌握通神權力的巫者也以玉示名。紅山文化墓葬隨葬玉器的情況對此有很好的説明。"[55]李伯謙先生指出:"對紅山文化玉器分類及其具體功能的認識,也許會有不同意見,但没有人否認其與通神有關。可見在紅山文化時期,特别是它的晚段,當時社會雖已發生分化,凌駕於社會之上的所謂'公共權力'已經存在,但掌握、行使這種'公共權力'的並非世俗的'王',而是這些掌握著通神權力的巫師或曰'神王',神的權力高於一切,神的威望高於一切,社會的運轉、社會矛盾的調解都靠神來解決,而神的意志和命令則統統要有能與神溝通的巫者來傳達來貫徹。"[56]這些研究已將專門隨葬玉神器墓主的身份、等級及職能講得很清楚,他們是執掌祭祀權、能與神溝通的巫者,也是集神權與部族領導權於一身的人物。

在其他新石器時代文化區域內,目前還没有發現如上述規模宏大的祭祀遺址,但建築遺址中的奠基坑、墓地中的祭祀臺以及墓中隨葬的祭祀、占卜器具等屢有發現[57],充分反映了這一時期人們對自然神或祖先神崇拜和祭祀風俗的盛行,從考古學的角度反映了"天地者生之本""先祖者類之本"思想觀念產生和發展的軌跡。

(二) 史前城址反映出王權的出現與神權的集中

城市是人類社會發展到一定階段的產物,是伴隨著人類文明社會的形成、國家的出現而產生和發展的。因此,城市文明能夠比較集中地體現社會進化的程度及特點。中國古代城市文明有其自身的發展特點,是以一種禮制性的城市文明不斷發展和完善的。這種禮制性的城市文明既是物象的行政規劃形式,又體現了政治的和意識的形式,通過這種形式承載複雜的國家機器,來處理人與人、人與神、國與國等關係,維護統一的社會秩序。這就構成了中國古代城市文明的顯著特色,形成了典型的中國古代城市禮制文明之模式。

新石器時代後期,幾大文化區內都明顯地出現了較爲集中的聚落群,各聚落群中往往有規模巨大的中心聚落,這些中心聚落中的居住區、公共活動區、祭祀區、埋葬區及手工業區等,佈局分明,排列有序。一些中心聚落遺址中,多發現有數百座房子有規劃地安排,分爲若干組並圍成一圈,門向中心,中心爲廣場,有的週邊還有壕溝圍繞,是一種向心式的大型聚落。以向心式的大型聚落爲中心,在其週圍數十公里甚至上百公里範圍內又有眾多中小型聚落,形成一個大的聚落群整體。生活在這一範圍內的人們便成爲一個有聯繫的相對穩定的社會群體。這種聚落形態及社會體系爲史前城市的產生奠定了基礎。

目前發現最早的史前城址,有屬於仰韶文化(距今約7000—5000年)晚期的鄭州西山城址[58],屬於大溪文化的湖南澧縣城頭山城址[59],各地發現的龍山時期(距今約5000—4000年)的城址就比較多了。這些史前城址大小相差懸殊,有的只有一二萬平方米,有的則達二三百萬平方米。一些小城的性質還不會達到政治上的最高層面,充其量止是發揮軍事城堡作用,或爲了防止洪水等自然災害而築。而那些二三百萬平方米的大城,如中原文化區的陶寺古城、兩湖文化區的石家河古城、江浙文化區的良渚古城等[60],從規模、佈局、文化內涵及所在聚落群中的位置來看,應當是當時一定區域的政治經濟文化中心所在。

陶寺古城位於山西省襄汾縣汾河東岸的塔爾山西麓(圖五)[61]。該城屬於龍山時期的城址,其年代上限約在公元前2500年至公元前2400年間,下限不晚於公元前2000年。陶寺古城分爲早期城址與中期城址兩個階段,城牆均是用夯土

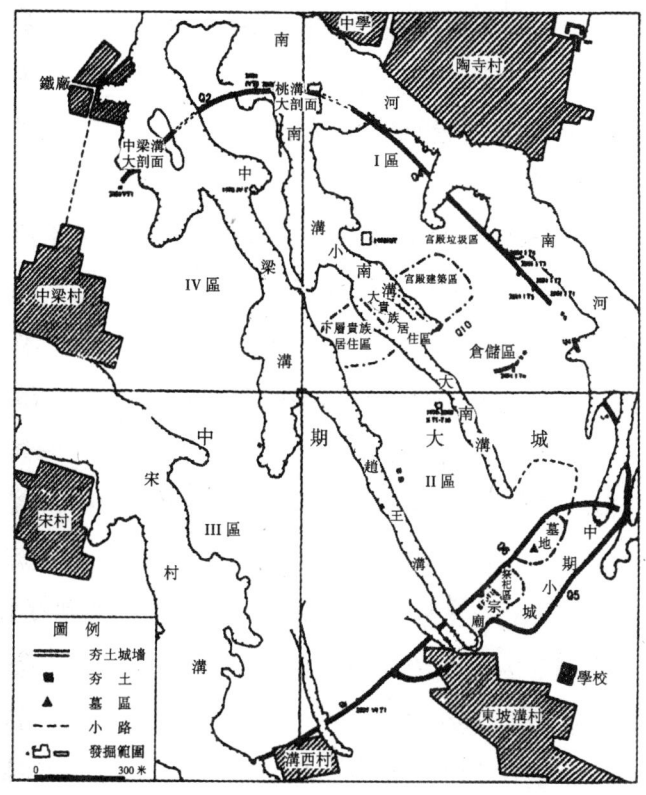

圖五　陶寺城址平面圖

夯築而成，週邊有壕溝。早期城址南北長約1000米，東西寬約560米，面積約56萬平方米[62]。在城內發現上層貴族居住區（發掘者稱"宮殿區"）、下層貴族居住區、生活垃圾區等。在城外東南部發現較爲集中的窖穴，可能是倉儲區。城東南近600米處，是陶寺文化早期的墓地。

陶寺文化中期城址是在早期城址的基礎上向南、向西擴大而成，中期大城南部又擴出一小城，形成大小兩城相連的形式，總面積爲280萬平方米，是目前發現的黃河流域史前最大的城址。原早期"宮殿區"繼續使用，已是處於大城的東部中間的顯著位置，並發現有高規格的大型夯土建築基址。已發掘的主體殿堂的臺基達1萬餘平方米，臺基夯土層中發現多處以人牲、玉器奠基的遺跡[63]。說明這一殿堂不但工程巨大，而且在構築過程中進行過多次以人牲等進行隆重祭祀的儀式，是城中最爲重要的宮殿，應是陶寺古城的權力中心所在。其西側仍是一般貴族居住區。南部的倉儲區繼續使用。南部小城是專門用於埋葬和祭祀的特定區域。

小城中部是祭祀區,右邊是墓地區,左邊是宗廟區。中部的祭祀區發現被認爲是觀象授時與祭祀爲一體的多功能大型建築遺址[64]。該遺址已發掘部分爲半圓形,由三道圓弧形夯土牆築起上下三層夯土臺基。最下部第一道夯土臺基的邊緣距圓心半徑 25 米,臺基正東築有"品"字形三級臺階,東南角築有角門。第二層臺基的邊緣距圓心半徑 22 米,臺基正東有一生土半月臺,其方向正對第一級臺基的正東"品"字形臺階。第三層臺基的邊緣距圓心半徑 12.25 米,由夯土牆、夯土柱、生土臺心組成。夯土柱緊挨夯土牆內側,已發現 11 個,排列成圓弧狀,距圓心半徑 10.5 米。11 個夯土柱之間形成 20—30 釐米左右的縫隙,各縫之間縫中心線夾角多爲 7.5 度。發掘者根據週圍遺留有碎石片的現象,認爲夯土柱基礎之上原來可能豎立有石柱。發掘者根據天文學家的建議,由臺基圓心通過夯土柱縫進行了觀日的模擬觀測,從而推測此臺基可能是"兼觀天象授時與祭祀功能爲一體的多功能建築"[65]。

在墓地區已發掘墓葬 22 座,其中 M22 規模巨大,隨葬品豐富[66]。此墓經過特殊的構築和裝飾,墓室四壁底部發現壁龕 11 個,均放置隨葬品。在墓口內填土中發現一具被腰斬的男性人牲骨架。此墓被陶寺文化晚期偏早的擾坑打破,已將墓主骨骸擾亂,擾坑中有人骨殘肢碎片及小的飾物,坑底還有隨意拋棄的人顱骨 5 個,此有可能也是該墓所用的人牲。從此墓的規模及用人牲情況看,墓主絕非一般貴族。這還可從隨葬品來判斷,此墓被擾亂後殘餘隨葬品還有 118 件,有彩陶器、漆木器、石廚刀、骨鏃以及 10 頭豬骨等,還有多件玉器,其中玉鉞 5 件,玉戚 3 件,玉琮、玉璧各 1 件,玉璜 3 組,獸面玉 1 組。有研究者認爲,這類墓的墓主已經不是部落的首領,也不是酋邦的酋長,而是階級社會裏早期國家的最高統治者[67]。"此類墓墓主似乎同時擁有了軍權、神權和族權,這類墓的墓主當爲'王者'"[68]。

宗廟區的詳細考古資料還沒見報道,發掘者將此區域定位宗廟區應有所據,肯定此處有大型宗廟建築遺址。由此看來,此小城是專門用於埋葬和祭祀的特定區域,凸顯神權之重要地位,同時也反映出,是古城的"王者"將神權、祖權緊緊掌握。

在陶寺古城週圍數十公里範圍內,有數十個大中小型聚落拱衛,它們都屬於同一個文化體系,是以陶寺古城為中心分佈的。這凸顯了陶寺古城的重要地位,是這一區域政治經濟文化的中心。從社會學的角度來分析,這就形成了最初期的國家形態,陶寺古城內握有神權、祖權和軍權的"王者"成為這個初期國家的最高統治者。

石家河古城位於江漢平原東部的天門縣,是在 8 平方公里範圍內分佈約 30 多處遺址群的中心部位建起的(圖六)⑲。該城始建于屈家嶺文化時期,沿用至

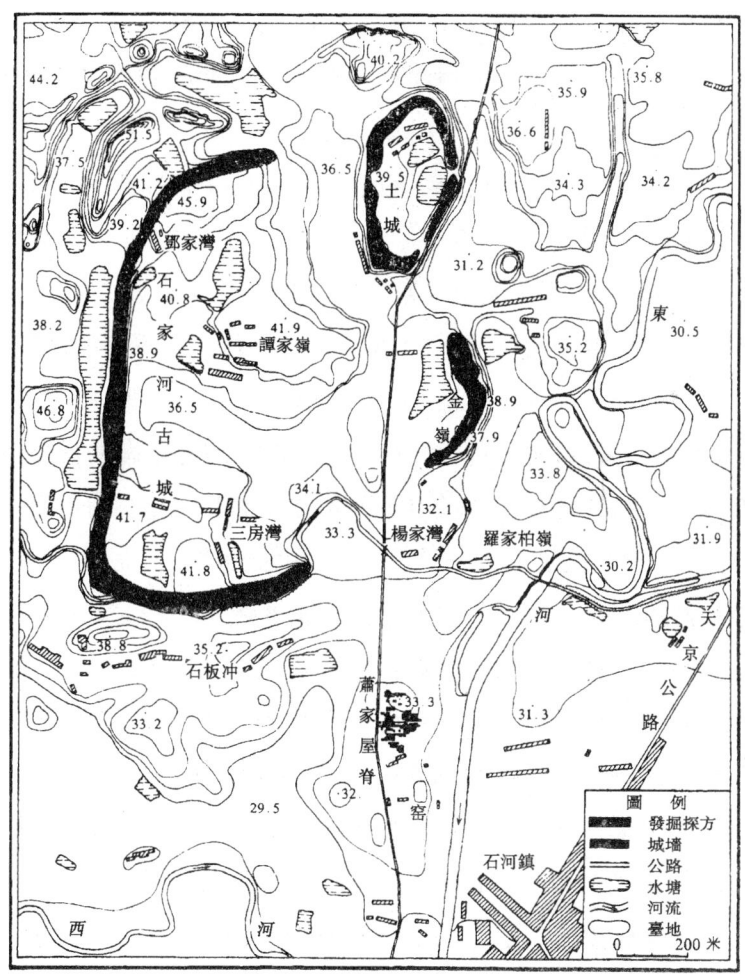

圖六 石家河城址平面圖

石家河文化的中期,其年代約在公元前2600年至公元前2000年期間。城址平面呈不規則的四邊形,每邊長1100—1200米,總面積120萬平方米。城牆均是用夯土夯築而成,現存牆段底部寬達50餘米,有些地段的牆高尚存5—6米。緊靠城垣的外側環繞一周溝壕,主要是人工開挖而成,局部也利用了自然沖溝加以連通。城壕週長4800米左右,一般寬80—100米。通過對城內外遺址的調查和發掘可以看出,一些遺址的佈局、構成及所反映的功能有所不同。譚家嶺遺址位於城內中央,面積約20萬平方米,存在著屈家嶺、石家河文化時期的大批平地起建的單間式或分間式的房屋遺跡,此應是居住區。用直徑達40釐米的柱子構建的大型房子位於居住區的中心位置,此也可稱之爲"宫殿"。城內西北部鄧家灣遺址出土石家河文化時期的大量陶塑小動物約二十餘種和跪坐抱魚的陶塑像,此可能爲專業生產地。另外還發現屈家嶺文化時期和石家河文化時期的用多節特異形陶筒形器或陶缸套接長達數米的遺存。這些特殊的遺存可能與原始宗教信仰有關,或爲進行祭祀活動的場所。城內西南部三房灣遺址發現有石家河時期的房址,特別是集中出土了大量非日常實用的粗泥質紅陶小杯,形制相近,製造粗糙,並成層堆積,數量之巨,以數十萬計。此很可能是專用的宗教祭祀用具,此處也可能是一個經常性的宗教活動場所。城的西北角是一片墓地,墓葬的規模不大,隨葬品也不豐富,應是普通居民的墓葬區。城外東南的肖家屋脊地點發現另一處墓地,一些規模較大的墓葬中隨葬品達上百件之多。有的墓中出土玉器多達50餘件,除一部分是裝飾玉外,還有玉人頭像、玉鷹、玉虎、玉蟬等,這其中應蘊含著宗教信仰的内涵。可以看出,石家河古城也應是這一區域初期國家之都。

良渚古城位於浙江省杭州市餘杭區瓶窯鎮,平面略呈圓角長方形,正南北方向。古城東西長約1500—1700米,南北長約1800—1900米,總面積達290多萬平方米(圖七)[70]。城牆底部普遍鋪墊石塊作爲基礎,寬度約40—60米,石頭基礎以上用較純淨的黃土堆築,部分地段地表還殘留4米多高城牆。根據城牆外側疊壓的堆積中出土的陶片判斷,良渚古城使用的下限不晚于良渚文化晚期。古城的中心是莫角山遺址,是一座人工築成的長方形土臺,東西長約670米,南北長約450米,高5—8米,面積約30萬平方米。其上有大莫角山、小莫角山、烏龜山3個人工堆築的土堆,呈三足鼎立之勢。通過對大莫角山南側考古發掘證

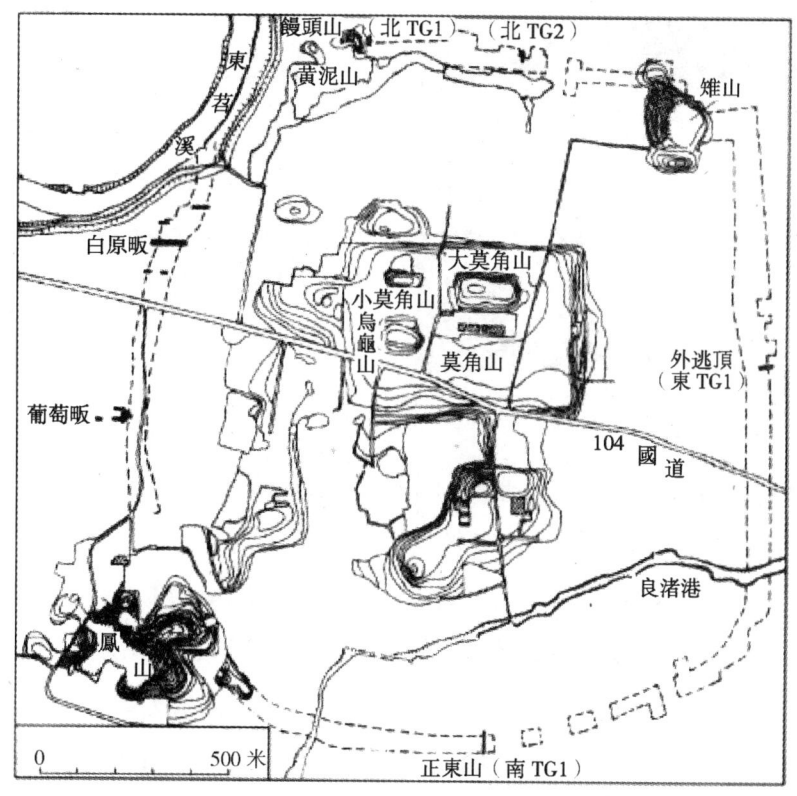

图七　良渚城址平面图

实,这是一处用大木柱、大木枋及数以万计的土坯构筑成的大型建筑群,其面积不少于3万平方米。据此推测,莫角山遗址上的大莫角山、小莫角山、乌龟山3个人工堆筑的土堆可能是祭坛,其侧的大型房屋很可能是用于祭祀、聚会等活动的礼制性建筑。

在莫角山遗址西北不足200米处是反山墓地,是一座人工堆筑的坟山,面积约3000平方米,高约6米㉑。在已发掘的三分之一面积内发现11座墓葬,随葬品以玉器为大宗,还有象牙器、漆器、石器、陶器等,仅玉器就出土了1100余件组,其中有用作仪仗的斧、钺,有用于宗教法事的琮、璧等,有用于装饰的璜、珠、项饰、佩饰、手镯等。M12仅出土玉器就有647件之多,号称"琮王"的玉琮和"钺王"的玉钺就出在此墓。玉琮高8.8厘米,射口直径17.1—17.6厘米,重达6.5公斤(图八),上面雕刻了8个神人兽面纹图案,神人头戴羽冠,身披皮甲,并

圖八　反山 M12 出土玉琮　　　　圖九　反山 M12 出土玉琮上所刻神人徽像

帶一獸面護胸，顯得十分威嚴神聖（圖九）。這種圖案在玉鉞、柱形器、三叉形器、璜等玉禮器上也有雕刻。這說明，這一神像是良渚文化居民所集中崇拜的圖騰神，是整個良渚社會統一的宗教信仰。有研究者認為，這類"神像最顯著的特徵是神人頭戴大羽冠，這種大羽冠應即是古代的'皇'，帶著大羽冠的神人應即為當時的皇王。……所以，良渚文化的神人徽像應是良渚人始祖的神像。"[72]在古代，鉞是兵權的象徵，也是王權的象徵[73]。該墓出土的"鉞王"之上也刻有神徽圖像，說明此兵權、王權也由神權來統帥。李伯謙先生指出，"良渚文化中玉石鉞大量而普遍的存在，表明當時凌駕於良渚社會之上的權力中樞中，軍權、王權和神權是合為一體的，軍權、王權已佔有一定的地位，但權衡起來，神權仍高於王權和軍權，餘杭反山 M12 出土的玉鉞上、瑤山 M7 出土玉鉞柄端飾上也雕有神人獸面紋即可為證，它不僅說明在舉行盛大祭典時要充當儀仗，即使在刑殺和征伐等活動時也要聽命於神的指揮，而更為重要的，則是證明了能行使軍權和王權的也正是能交接人神、溝通天地掌握祭祀大權的巫師本人，巫師既握有神權，也握有軍權和王權"[74]。由此看來，反山墓地的墓主應是集神權、軍權和王權於一身的"王者"，生前應是莫角山大型禮制性建築的主人，也就是說，是這座良渚古城的最高統治者。李伯謙先生進一步指出，"良渚文化古國是神權、軍權、王權相結合的以神權為主的神權國家"。

據調查，在莫角山遺址西南約 200 米的桑樹頭遺址，曾出土過大型玉璧等物，可能也是一處貴族墓地。莫角山遺址東北約 500 米處的馬金口遺址，有許多紅燒土塊和良渚文化的陶片,還曾出土過大木柱或橫樑等建築材料,應是一處重要的建築遺址。莫角山遺址東南約500米處的鐘家村遺址也發現過玉器和石築牆基等,也是一處重要的遺址[75]。可以看出,這些遺址、墓地,均以莫角山禮制建築群爲中心,拱衛其週圍,凸顯莫角山禮制建築群的神聖位置。

在良渚古城週圍約40公里的範圍內發現各類遺址百餘處[76],有瑤山、匯觀山、盧村、子母墩等構築規整的祭壇遺址,有構建複雜的卞家山碼頭遺址,有塘山蘆村段、長墳、文家山等玉器、陶器與石器製作的手工業作坊遺址,有姚家墩、廟前等僅次於莫角山大型聚落而自成格局的聚落遺址,有瑤山、匯觀山、盧村、文家山等數十處貴族墓地,在這些集中遺址之西北部有長4.3公里的塘山土垣防洪工程遺址。可以看出,這一地域良渚時期的各類遺址分佈密集,規模宏大,分佈有序,呈現出以良渚古城爲中心的一個龐大聚落群體系。良渚古城應是這一地域最高統治集團的權力機構所在地,從考古學方面呈現出早期國家的政治組織形態。

約在公元前3000年前後,中國史前社會進入龍山時代,也即進入發生巨大變化的時代。由於社會生產力的發展,財富的分配逐漸失衡,社會成員開始出現等級的分化,各成員、各群體之間的利益衝突變得複雜而激烈。這就需要有一種權勢來協調、處理這些複雜的矛盾,這種權勢最初可是氏族長或部落酋長,隨著地域的擴張,部族的加盟,這種權勢逐漸成爲凌駕於各部族之上的專門權力組織,也可稱之爲某一地域初期國家機器的雛形。龍山文化時期,各大文化區之所以比較普遍地出現城址,正是上述社會發展的產物,各地的大中型古城應是各地區初期邦國機器的載體。

通過對史前城址的考察,可以展現出一系列史前古城文明的特質:

1.古城是一定地域的政治經濟文化中心。龍山時期各大中型古城的出現,標誌著以地域爲基礎的政治經濟文化中心的形成。目前發現的各大中型古城,其週圍數十公里範圍內都分佈著比較密集的中小型聚落,它們是互有聯繫的統一集聚區域。從社會學的角度分析,古城肯定是這一地域居民的政治經濟文化的中心。

2.古城內有強勢的權力機構。目前發現的大中型城址,均工程巨大,修築這樣的巨大工程,如果沒有強勢的權力機構來統一組織是不可能完成的。而城內那些精心規劃、居於突出位置的巨大"宮殿",即是這一權力機構所在之處。城內的佈局已擺脫以血緣氏族組織原則規劃的聚落形態,而按功能、按等級進行規劃。如良渚古城,莫角山巨大臺基位於古城中央,上面建有大型宮殿及祭壇,應是最高的權力機構所居之地;與其緊鄰的反山墓地出土有表示宗教權力的"琮王"和表示軍事權力的"鉞王",其墓主應是此城的最高統治者;莫角山宮殿區週圍分佈有不同級別的貴族居住區和墓地。可以看出,此古城是專爲這一權力機構而築的。

3. 社會結構出現了等級分化。這一時期墓地可按規格區分成不同等級的墓地,墓葬的大小、隨葬品的多寡也明顯地呈現出不同等級。如陶寺墓地存在明顯的金字塔式等級結構,專門的高級貴族墓地隨葬品極其豐富,有帶彩繪柄的玉鉞、衆多石鏃、骨鏃等,可能表示墓主生前是握有軍權的人物;而隨葬品中的鼉鼓、特磬、蟠龍陶盤、彩繪木案、彩繪木俎等禮器,應是墓主社會地位和特權的象徵。有學者研究認爲,陶寺文化時期社會的上、中層已普遍使用了禮器,並已形成按貴族的等級身份依次有序地成套使用禮器的制度[77]。絕大多數小墓,墓壙僅能容身,止隨葬幾件陶器或根本無隨葬品,墓主應是社會的平民階層。這些現象反映出當時社會的等級分化已很明顯,充分說明了社會的複雜化程度和文明化進程。良渚古城除了有反山的可能是王者墓地外,瑤山、匯觀山也是高級貴族的祭壇墓地[78],瑤山的7號墓出土679件隨葬品,其中玉器多達667件。這一切都反映了這是一個等級分明、結構嚴謹的社會。考古還發現,在一些大的建築工程中出現了人祭現象。如仰韶文化晚期鄭州西山古城址內房基下以幼童爲奠基的犧牲[79],河南登封王城崗城址發現人祭坑[80],山東壽光邊綫王龍山城牆的基槽填土中也發現有完整的人骨架以及豬、狗骨架[81],山西陶寺古城發現多處被處死的人骨。這說明,最高統治者不僅擁有大量的財富,而且擁有剝奪他人生命的權力。種種現象都表明,此時期已經形成等級性的社會,極少數上層人物成爲擁有各種特權的最高統治者。

4. 神權成爲意識形態領域最爲神聖的權威,也就成了王者用以治理初期國家的最爲得力的手段。文獻記載,原始社會早期,"民神雜糅","夫人作享,家爲巫史"，因而"民匱於祀，而不知其福。烝享無度，民神同位。民瀆齊盟，無有嚴威"。顓頊"乃命南正重司天以屬神，命火正黎司地以屬民……是謂絕地天通"[82]。這就是說，自顓頊開始，將祭天禮地的祭祀權力集中在少數人手裏。徐旭生將此文獻解釋得更清楚："人人祭神，家家有巫史，是原始社會末期，巫術流行時候的普通情形……'天地'可以相通，在當日人的精神裏面，是一種非常具體的事實，絕不止是一種抽象的觀念……帝顓頊出來，快刀斬亂麻，使少昊氏的大巫重為南正'司天以屬神'……說只有他同帝顓頊才管得天上的事情，把群神的命令會集起來，傳達下來，此外無論如何巫全不得升天，妄傳群神的命令。又使'火正黎司地以屬民'，就是說使他管理地上的群巫，使他們好好地給萬民治病和祈福。"並進一步指出，顓頊"把宗教的事業變成了限於少數人的事業"[83]。當社會發展出現國家，出現王者，這種祭祀權力便逐漸為王者所壟斷。正如陳夢家指出的："由巫而史而為王者的行政官吏，王者自己雖為政治領袖，同時仍為群巫。"[84]這就實現了世俗王權與神權的緊密結合。新石器時代後期，各地古城紛紛出現，大中型城址中，祭祀性遺跡均處於重要位置，各大墓中以祭祀性遺物為大宗，所有這些重要的考古現象，正反映了王權的出現與神權的集中。各地的大中型古城，不僅是政治經濟文化的中心，同時也是宗教信仰中心。表明當時是一種神權與王權緊密結合且神權至上的社會形態。李伯謙先生將此時期出現的一些古國認定為"神權國家"是有道理的[85]。

（三）夏商周都城所體現的禮制文明

文字資料強調了夏商周三代帝王對天神、地神、祖神進行祭祀之禮的重要性，這也可從三代都城考古發現的祭祀遺址得以印證。

1. 二里頭遺址的禮制文明

在豫西晉南地區考古發現的二里頭文化是夏文化，在這一考古學文化中心地區發現的河南偃師二里頭遺址被確認為夏後期都城遺址，這基本上已是學術界的共識。二里頭遺址之所以能確定為夏都，除了時代合適、規模龐大、有宏偉的宮殿建築群址外，還體現了中國古代都城所特有的禮制建築規劃和禮制文化。

二里頭遺址的宮城為縱向方形，東西寬約292—295米，南北長約359—378米，是一座非常正規的宮城，週邊是否有郭城目前還沒有發現[86]。宮城內主要發

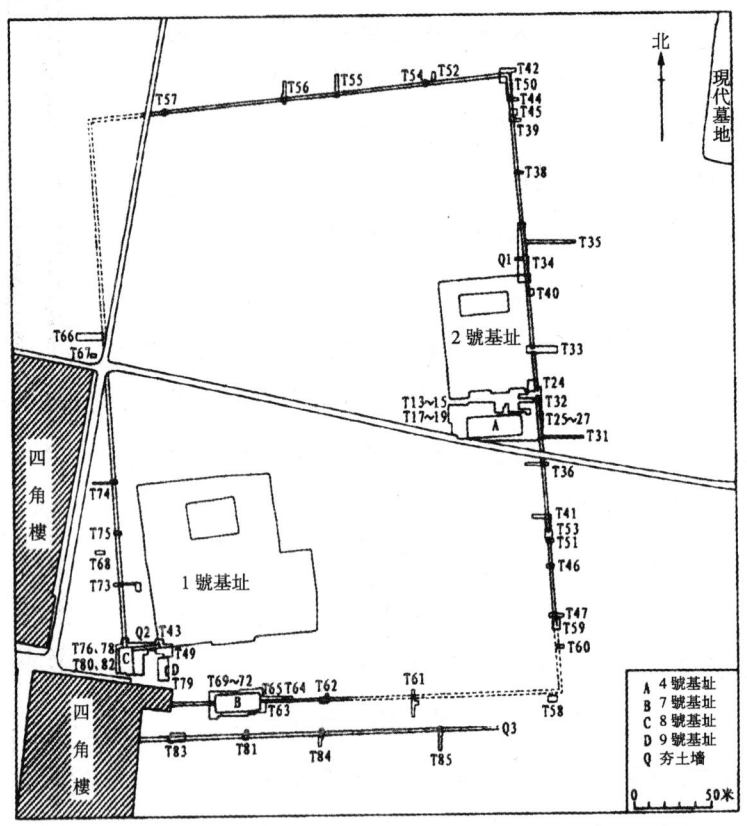

圖十　二里頭遺址宮城平面圖

現東、西兩組宮殿遺址及宮城北部大規模祭祀遺址（圖十）。1號宮殿基址坐落在宮城內西南部位置，略呈方形，長、寬各約100米，臺基底座高出當時地表0.8米，是一座四週築有廊廡的封閉式庭院。南部廊廡正中闢一大門，北部廊廡偏東處和東部廊廡偏北處各闢一小門。主殿址坐落在庭院的北部正中處，坐北朝南，臺基東西長36米，南北寬25米，在殿基上發現兩圈柱洞。在庭院內及主殿基邊緣、廊廡邊緣發掘出許多祭祀坑和墓葬。2號宮殿基址坐落在宮城內東部，其與南部的4號宮殿組成一組建築。2號宮殿址整體佈局也是一座四週築有廊廡的封閉式方形庭院，南北長約73米，東西寬約58米。南部廊廡正中闢一大門。主殿堂坐落在庭院北部正中處，坐北朝南，臺基東西長約33米，南北寬約13米。在臺基四週有一圈柱洞。臺基中央用木骨泥牆築成東西相連的三個大房間。在庭院中部有一燒土坑，主殿北部有一"大墓"。在2號宮殿基址的南部發現同時期的 4 號宮殿基址,與 2 號宮殿基址方向一致,建在南北同一中軸線上,也是由主殿、東西廊廡、庭院組成的方形建築[87]。

關於西部 1 號主體宮殿的性質,學術界有不同的認識,有認爲是進行政治活動的場所,即朝堂或前朝後寢的施政宮殿[88],有認爲是宗廟或廟寢合一的建築[89],還有認爲是夏社遺址[90]。1 號遺址除了設計規整、規模宏大外,在庭院內還發現與該遺址同時的許多墓葬和祭祀坑,這也是其最爲顯著的特徵之一(圖十一)。

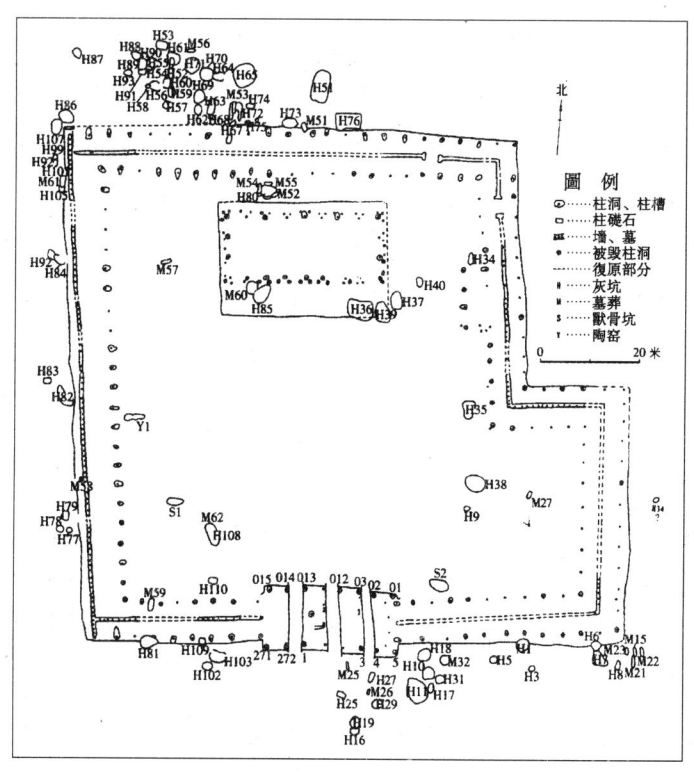

圖十一　二里頭遺址 1 號宮殿基址平面圖

在庭院內發掘出 6 個 "灰坑"(即祭祀坑)、8 座墓葬和 2 個獸骨坑。這些 "灰坑" 中,多埋有被捆綁處死的人骨,有的還與獸骨埋在一起。所謂 "墓葬" 中,也是埋的被處死的人骨,死者多俯身,兩臂屈折於背後,似被綑綁而處死。有的手、足、腿被砍斷,呈跪姿埋葬。比較特殊的是主殿後面的一大圓坑,上口直徑 2.25—3 米,向下先增大又逐漸縮小,深至 3.9 米見地下水。在坑口四週邊緣有 3 座墓葬和 1 座疑似墓葬的空坑。其中兩座墓內死者似被綑綁狀,頭骨均面下。另一座死者下肢作折跪狀。上述庭院内的這些"灰坑""墓葬"及"獸骨坑",杜金鵬先生認爲均是祭祀遺跡,1號宫殿應當是一座舉行祭祀活動的禮儀建築。並根據《考工記》中"左祖右社"的記載,推測此坐落於宫城右方的1號建築是夏社遺址。

將此遺址推定爲用於祭祀的禮制建築是正確的,也有可能是夏社遺址,社是專門祭祀地神之所,並且東周文獻中也記載夏王朝有"社"的存在。前引《尚書·甘誓》曰:"用命賞于祖,弗用命戮於社。"《尚書·書序》曰:"湯既勝夏,欲遷其社。"漢代文獻則記載自夏禹時開始有社祀,《史記·封禪書》曰:"自禹興而後有社祀。"《淮南子·氾論訓》載:"禹勞天下,而死爲社。"從人類早期的祭祀活動看,人們最早是從對地神、天神的祭祀開始的。地能生萬物,認爲是地神主宰,所以要祭祀地;天有雷雨風雪之變化,認爲是天神所爲,所以要祭天。祭社的目的很廣泛,祈求風調雨順、五穀豐登、征戰得勝、辟除災疫等等,均祈禱於社,社祀具有很廣泛的社會性。二里頭遺址1號宫殿後部深3.9米還没到底的祭祀坑,可能就是爲祭祀地神所設。社的形狀是封土成壇,《管子·輕重戊篇》載:有虞氏"封土爲社"。商代甲骨文有祭土的記録,祭土即祭社。《公羊傳·僖公三十一年》:"諸侯祭土。"何休注:"土爲社也。"到後來,還在壇上或立石、或立木、或植樹爲社神。1號宫殿的主殿臺基高於庭院地面10—20釐米,臺基上没有發現隔牆遺跡,只發現四週的柱洞,這説明,這是一座上有大屋蓋而四面通透的土壇建築。此種形制與文獻講的社無屋蓋有别,而有似於有屋蓋、四面無壁的堂。也有可能,在夏代祭祀建築的專門分野還没有形成,凡國之大事,均在此進行祭祀,以祈禱於天地諸神,這正反映了其還爲原始祭祀的一方面。其祭祀遺址四週用廊廡組成封閉式的庭院,這與原始社會衆人參與的祭祀廣場不同,進入此庭院參與祭祀天地諸神的只能是有一定地位的人。這正反映了祭祀權的集中,通過祭祀權的集中以加強行政權的權威。這大概也反映了早期國家產生的一個特點。

關於東部2號宫殿的性質,學術界也有不同的認識,或認爲是宗廟[⑪]、陵寢[⑫]、夏社者[⑬]。從建築結構和佈局看,2號宫殿與1號宫殿最大的不同是,主殿基上築有三間大房間,庭院内没有那麽多的祭祀遺跡,庭院中央只有一個燒土坑,從其所處位置看,此也可能是祭祀遺跡(圖十二)。主殿後面有一座所謂"大

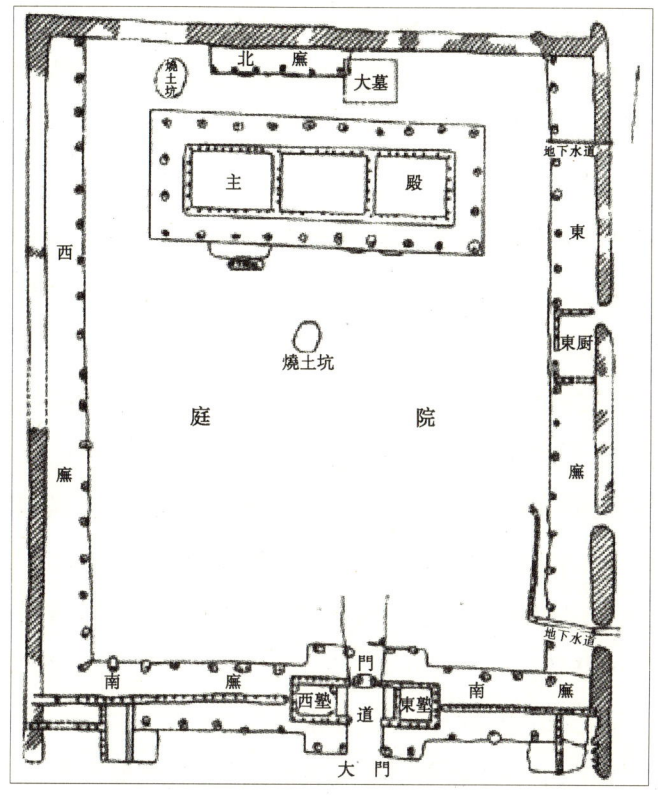

圖十二　二里頭遺址 2 號宮殿基址平面圖

墓",上口較大,東西長 5.2—5.35 米,南北寬 4.25 米,深 6.1 米,但底部較小,長 1.85 米,寬 1.3 米。在"大墓"内發現一具裝於紅漆木匣中的狗骨架,在填土中出土 1 件沾染朱砂和紅漆的陶龍頭,在盜洞中發現少量朱砂、漆皮和蚌飾片等。在坑口還出土 1 塊卜骨。根據此種現象,又有報道此墓爲"遷骨葬"或"衣冠葬",墓中所葬是當時統治者的始祖或高祖(遺骸或其象徵物)[94]。雖然此遺跡究竟屬何性質還難以確定,但屬於祭祀性的遺跡則可確定。1 號宮殿既然是用於祭祀天地諸神的,2 號宮殿則可能是用於祭祀祖神的,因此,學者推定其爲宗廟遺址則是可能的。4 號宮殿在其南,向北的一面不設北圍牆,而有通向 2 號宮殿的踏步,説明 4 號宮殿與 2 號宮殿是建在同一軸線上的統一建築,也屬廟的附屬建築。2 號宮殿是祖神所在之處,4 號就有可能是議政之所。此佈局是否也反映了當時的意識形態和政權的組織形式:政權的鞏固需要祖神的保佑,所以夏王在議政後,要到後面的廟中貞詢祖神和祭祀祖神,以求護佑。

研究者多認爲二里頭宮城已形成"左祖右社"的佈局,並依此推測,在宮城中部還可能有大型宮殿,即"朝"之所在。僅從1號宮殿和2號宮殿在宮城內的位置看,也可以説是"左祖右社",同時也可印證文獻所記"用命賞于祖,弗用命戮於社"的夏王施政制度。前引文獻已表明,夏王的行政權力是在宗廟和社壇中通過神權進行的,宗廟和社壇的庭院既是"朝",在此貞詢天地神或祖先神來處理國之大事,真正獨立的施政建築"朝"還没有從宗廟、社壇建築中獨立出來。並且,經多年的考古調查與勘探發現,在中部區域也有一些建築臺基,但没見報道有類似於1號、2號規模的大型基址,而多見路土及廣場⑥。此處有可能是類似於原始社會大型聚落中用於公共集會的廣場。這説明,二里頭宮城作爲國家都城的雛形,處於由大型原始聚落發展到完整禮制都城佈局的過渡階段。

在宮城之北發現的東西兩處祭祀區,東部遺跡的主要特徵是凸出地表的圓形土壇。《禮記·祭法》云:"天下有王,分地建國,置都立邑,設廟、祧、壇、墠而祭之。"鄭玄注:"封土曰壇,除地曰墠。"孔穎達疏:"起土爲壇,除地曰墠。"此應是祭壇。西部遺跡的主要特徵是半地穴式的祭祀坑,此似乎是"除地曰墠"的墠類祭祀遺址。以上東西兩種祭祀遺跡,究竟是祭祀何神靈?據《禮記·祭義》云:"郊之祭,大報天而主日,配以月。夏后氏祭其闇,殷人祭其陽,周人祭日以朝及闇。祭日於壇,祭月於坎,以別幽明,以制上下。祭日於東,祭月於西,以別外内,以端其位。"這兩種一東一西的祭祀遺跡,可能如學者指出的,是與祭日祭月有關的遺跡⑥。

從上述分析可以看出,二里頭宮城主要是以祭祀性建築爲主的格局,正反映了夏王朝是依靠神的權威來施政的國家統治形態。

2. 商代都城的禮制文明

據《史記·殷本紀》記載,自商先祖契至成湯凡八遷其都,大體範圍在豫東、魯西、冀南區域内。自商湯居亳至盤庚即位,又五遷其都:仲丁即位,"自亳遷于囂";"河亶甲整即位,自囂遷于相";"祖乙勝即位,是爲中宗,遷于庇";"南庚更自庇遷于奄";"盤庚自奄遷于殷"⑥。商王朝自滅夏立國後共有六都。從考古發現看,目前學術界較普遍認同的商都有四處,即鄭州商城、偃師商城、洹北商城和殷墟。

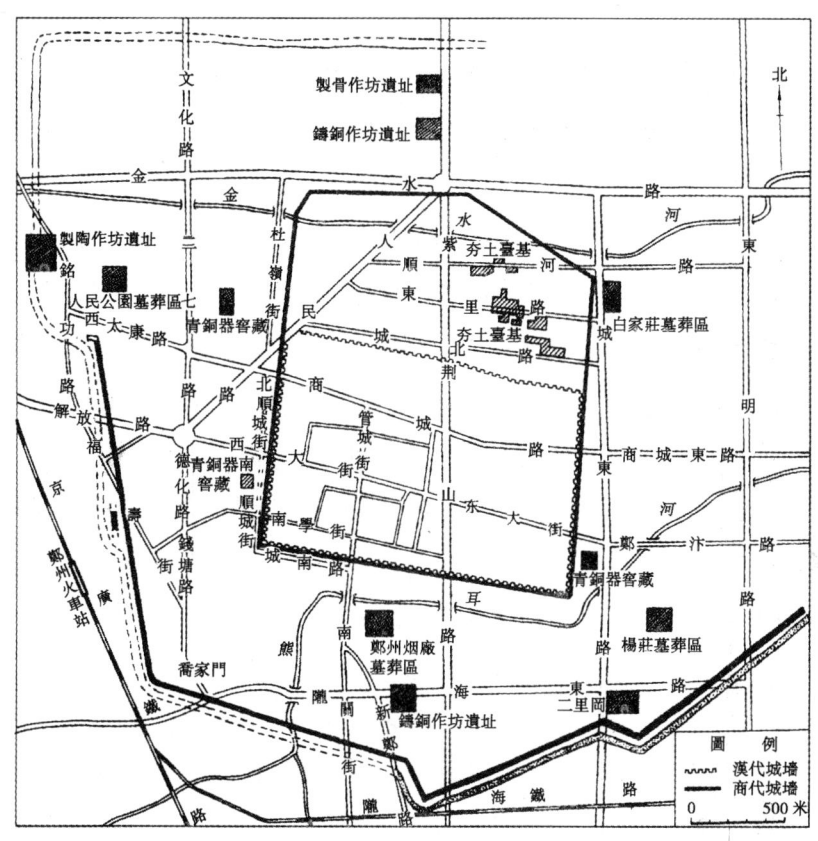

圖十三 鄭州商城平面圖

鄭州商城遺址位於今鄭州市區,始建于商代前期,即二里崗下層文化時期。城址平面近方形,東西約1700米,南北約1870米,週長6960米,面積約300萬平方米。在其南、西、北三面發現有週邊的外城城牆和壕溝。⑧(圖十三)城址內東北部分佈有密集的大型夯土建築基址,應屬於商王朝的大型宮殿區。在宮殿區的中部曾發掘過一條壕溝的局部,在發掘的長15米、寬2米的範圍內發現近百個經切割、加工的人頭蓋骨杯。如此之多的人頭杯出現在宮殿區內,說明其使用者不是一般平民,應是商王室貴族。在緊鄰宮殿區的北部發現祭祀遺跡,在一平坦的高地上,發現埋石六塊,其中三塊埋在祭祀區中部,有一塊最高,另三塊埋在東南部附近。還發現燒土坑1個,燒土面一片,殉狗坑8個,殉人坑14座。這些殉狗、殉人坑,似乎是以埋石爲中心而分佈的。在此祭祀遺址的西部,靠近西城牆的一處高地上,也發現了一處祭祀遺址,目前止發掘了一個方形的祭祀坑,東西殘長約 2.6 米,南北寬約 2.3 米,深約 0.75 米。坑內南、西、北壁有二層臺,二層臺四角各埋一隻狗,東、西兩邊的狗狗頭相對,説明這四隻狗在坑內的位置是精心安排的。其南部約 100 米處,還發現殉人坑。

鄭州商城將祭祀性建築與宮殿建築有序地規劃在一起,也表現出與夏都二里頭遺址相似的信息,即政權、神權、祖權緊密結合的統治形態。尤其是宮殿區北部以石爲主的祭祀遺址,研究者認爲可能是"亳社"遺址,此也爲鄭州商城內出土的文字資料所證實。李維明對 1953 年在鄭州二里崗遺址出土的牛肋骨刻辭重新進行研究,新發現"毛"字,整個釋文則爲:"又毛土羊乙丑貞從受七月"。"毛土"即"亳土",也即"亳社"⑨。常玉芝進一步研究認爲,這是上、下兩辭,下辭爲:"乙丑貞:及孚。七月";上辭爲:"□□[貞]:又毛土羊"。指出,"鄭州出土的牛肋骨上的兩條刻辭,一條辭卜問"及孚",即抓捕敵人作祭牲,一條辭卜問用羊侑祭亳社,很顯然,抓捕人牲也是爲了祭祀'毛土'即亳社的。"⑩此既證實商湯所居之亳即是鄭地,同時也表明湯都亳城內設有亳社。《淮南子·齊俗訓》載:"殷人之禮,其社用石。"鄭州商城宮殿區北部的以石爲主的祭祀遺址正可謂"亳社"。祭社的禮儀活動殷墟甲骨文已有記録,卜辭中"土"即"社"字。"貞,勿秦年於亩土。"王國維釋"亩土"爲"邦社"⑩。陳夢家釋"亩土爲亩地之社",正如"亳土即亳地之社"⑩。在殷墟卜辭中關於祭"土"即祭"社"的內容頗爲豐富,説明商代祭社是一項經常的禮儀活動。商王之所以在都城內置社以祭,是認爲"社者,土地之主。土地廣博,不可遍敬,故封土以爲社而祀之"⑩;"社者,土地之神也,土生萬物,天下之所主也,尊重之,故自祭也"⑩。商人祭社,正反映了"禮之三本"中的地之所本。

20 世紀 80 年代末,距鄭州商城西北 20 公里的小雙橋發現一處二里崗上層文化時期的遺址⑩,發現數座大型夯土臺基和大小各異的祭祀坑等,有人牲祭祀坑、獸牲祭祀坑及人獸合祭坑等,還有只用人頭的祭祀坑。人祭坑内的人牲少則 1 個,最多的達 60 餘個。有的大型祭祀坑內分三層堆放大量牛頭骨,較小的坑內也有牛骨、馬骨、豬骨及其他遺物。出土有陶器、原始瓷器、石器、玉器、青銅建築構件、銅禮器殘片、卜骨、朱書陶文等。有學者認爲此遺址是仲丁所遷之隞都⁽¹⁰⁶⁾。另有學者認爲,此遺址沒有發現明顯的居住生活跡象,看不出有大量人群長年在此居住過,表明小雙橋遺址不是一座王都,止是一處商王室祭祀的場所⁽¹⁰⁷⁾。此遺址距鄭州商城只相隔20公里,在時間上又與鄭州商城後期並存,很可能是爲了適應商王朝大型祭祀活動的需要,在都城之外又新開闢的祭祀場地。這種新辟祭祀場地的現象,在偃師商城和殷墟也有類似的情況。

偃師商城位於二里頭宮城之東6公里處的洛河北岸,是一座商代早期的城址。該城由宮城、郭城組成,宮城內發現多處祭祀遺址和宮殿建築基址,研究者將其分爲三期七段⁽¹⁰⁸⁾。第一期宮城內的主要遺址分佈是,西部的7號、9號(9號東部有1號附屬建築)、10號宮殿基址由南而北呈南北縱軸線排列,再往北是C祭祀區。東部是4號宮殿基址,再往北部偏西是B祭祀區。祭祀區之北是一人工水池(圖十四)。祭祀區規模比較大,位於宮城北部的大部區域,東西綿延達

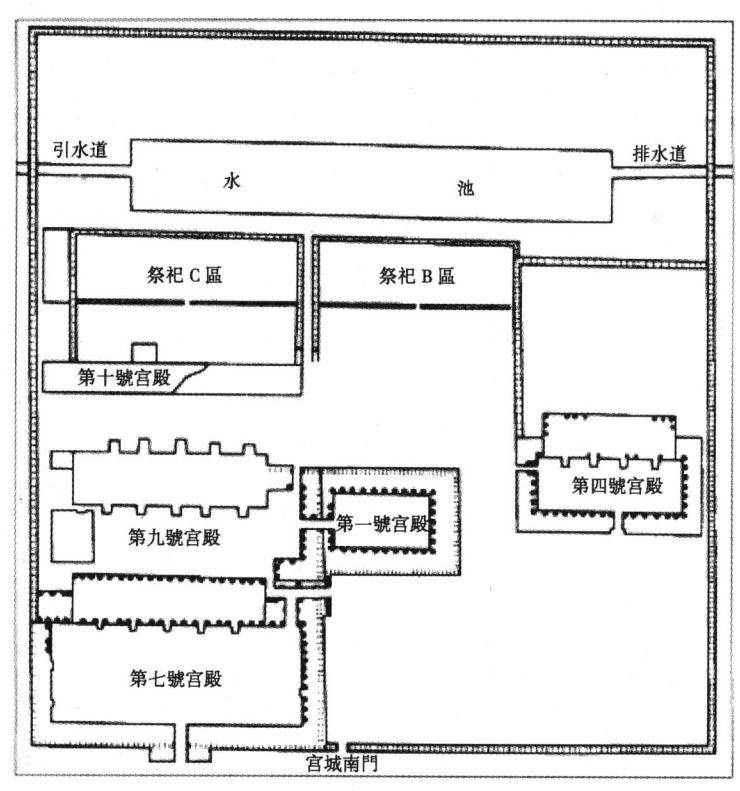

圖十四　偃師商城第一期宮城平面圖

200米,主體部分由東往西可分A、B、C三個區域。A區的面積近800平方米,由若干"祭祀場"和祭祀坑組成。B區和C區是兩處精心設計、規模龐大的"祭祀場"。B區總面積約1100平方米,C區總面積約1200平方米。兩區的佈局、形制和結構等方面基本一致,東西並列,平面形狀爲長方形,四週築有夯土圍牆,在南面夯土圍牆中部闢有一門,圍牆內分佈密集的祭祀溝和祭祀坑。用以祭祀的犧牲多是豬、牛、羊等,有的是被殺死,有的是活埋,有的是單獨掩埋,有的是多個個體一起掩埋,有的犧牲還可能放置在漆案上。從使用時間看,B、C兩區與整個城址相始終,A區開始使用的時間要晚。所以發掘者認爲,B、C區經長期使用已經飽和,又開闢了新的A區祭祀場地[109]。宮殿遺址在第二、三期有所改建,第二期時,1號建築廢除,在9號基址之上新建2號宮殿,在10號基址之上新建8號宮殿,在4號之南新建6號宮殿。第三期時,在7號基址之上建3號宮殿,在6號基址之上建5號宮殿[110]。

研究者對於宮城内建築的佈局、功能及性質等進行了較詳細的研究,認爲"偃師商城宮城内的建築,大體上分作東、西兩區,對稱佈局。東區建築大概主要屬於宗廟建築,其中四號宮殿可能分別是供奉祖先神主的廟堂、收藏祖先衣物的寢殿。六號宮殿建築結構與一號宮殿幾乎完全相同,性質當屬於庖廚。西區建築主要是舉行國事活動、處理政務的場所,即所謂'朝',主要包括二號宮殿、三號宮殿、七號宮殿和九號宮殿等。朝堂後面的八號和十號宮殿等則是'寢',爲商王及其王后嬪妃居住之所。"並認爲"七號和三號宮殿,是先後建造的'外朝',而九號宮殿、二號宮殿則爲'内朝'的早期建築和晚期建築"[111]。也有研究者認爲,宮城的中間位置有主體宮殿,東組爲宗廟,西組爲社稷,呈朝政之殿居中、左祖右社的佈局[112]。究竟宮城内的這些建築屬何性質,還可從商代的思想觀念來分析。

夏、商、周三族群均是由原始部落聯盟進入最初國家文明的,強勢的政權還不十分牢固,往往沿襲先前的思維邏輯和運轉模式,依靠天帝諸神、祖先神來運轉和維護政權,所以將神權和祖權奉爲最高權力。文獻對此也有記載。《尚書·湯誓》載:"有夏多罪,天命殛之……予畏上帝,不敢不正……爾尚輔予一人致天之罰。"此是記載商湯遵照天命伐夏桀。《論語·堯曰》:"予小子履,敢用玄牡,敢昭告於皇皇后帝。"何晏《集解》:"孔曰:履,商湯名。此伐桀告天之文。殷家尚白,未變夏禮,故用玄牡。皇,大;后,君也。大大君帝,爲天帝也。《墨子》引《湯誓》,其辭若此。"《墨子·兼愛下》:"湯曰:'惟予小子履,敢用玄牡,告於上天后。'"商湯在伐夏桀前進行誓師,用玄牡祭天,遵照天命旨意伐夏桀。商王凡事都要祭告於天。《尚書·盤庚》:"先王有服,恪謹天命。"當然,這些記載均是後期文獻的追述,但前文已闡述,商代的甲骨文如實地記錄了商王的祭祀活動,凡國之諸事,均要祭告於天神或祖先,可證明傳世文獻所記載的商王祭天、祭祖之禮是存在的。郭沫若曾指出:"殷人之所以要卜,是嫌自己的力量微薄不能判定一件行事的吉凶,要仰求比自己更偉大的一種力量來做顧問。"[113]這就要凡事必卜,祭告于天神或祖神,遵照天命、祖命行事。如根據商代的這種思想觀念來分析偃師宮城的功用,可能會更確切。研究者已指出:"宮城最初確立的佈局始終也未被突破,這一定程度上也説明肇始於第一期的城址佈局制度和嚴格的宮室制度始終得以遵從。"[114]因此,我們可以從第一期的宮殿佈局來分析其性質。從已發現的第一期遺跡現象來看,北部的祭祀場是最早建成使用的,並且規模龐大,一直使用到商城廢棄之時,表明此祭祀場是該宮城的最爲主要的組成部分。祭祀場的B、C兩區東西並列,其門向南。"祭祀C區東、西兩側的圍牆皆往南延伸,與第十號宮殿建築相連,從而在其南部形成寬闊的封閉性比較強的廣場";祭祀B區"從其東、西兩側也有往南延伸的夯土圍牆判斷,祭祀B區南部也應是相對封閉的廣場"[115]。另有研究者指出,既然祭祀C區南部與10號建築形成封閉性的廣場,那麼就應當有進入這個廣場的門,認爲10號建築北緣處的31號方形基址"很可能是十號基址的組成部分,也許與進入祭祀C區有關。"[116]也就是説,10號建築中部應有進入廣場的門,不然就無法進入此廣場及祭祀C區。祭祀B區也應是這樣的佈局。由此看來,祭祀場地之所以分爲東、西兩區,應當與其南部的東、西兩區建築是對應的。根據商代的思想觀念,國之大事,均要先貞問天帝諸神和祖先神,所以在建國營都時,必須先築祭祀天帝諸神廟和祖先廟[117]。那麼,東區的4號宮殿就有可能是研究者多認可的祖先宗廟。4號建築的庭院除有南門外,其西側還有一側門,正好與祭祀B區的廣場南門就近,在宗廟中進行占卜,貞問祖先神,然後到後部祭祀B區進行對祖先的祭祀。而西區的7

號、9號大殿可能是天帝諸神廟。7號宮殿南部設有五個臺階,9號宮殿的南、北均設有五個臺階,其北部五個臺階直接面向祭祀C區。兩宮殿的南部是由廊廡圍成寬闊的庭院,北廊廡東端都設有通往北部的通道,此有可能是專爲通往祭祀C區而設。可以看出,7號宮殿、7號宮殿與祭祀C區應當是統一規劃的整體。研究者推定西區建築主要是舉行國事活動、處理政務的場所"朝",但這時所謂的"朝"是指廟中的庭院,宮殿中有可能供奉的是天帝諸神,在廟中庭院進行占卜、貞問天帝諸神,然後到後部對應的C祭祀區進行對天帝諸神的祭祀。因此,7號、9號宮殿更可能是天帝諸神之廟。

殷墟卜辭載:"貞咸賓於帝。貞咸不賓於帝。貞大甲賓於帝。貞大甲不賓於帝。貞下乙賓於帝。貞下乙不賓於帝。"(《合集》1402)《漢書·律曆志》引《世經》曰:"《伊訓》篇曰:'惟太甲元年十有二月乙丑朔,伊尹祀于先王,誕資有牧方明。'言雖有成湯、太丁、外丙之服,以冬至越茀祀先王于方明以配上帝。"這是甲骨文及文獻明確記載商代實行以先王配祀上帝的祭祀制度,將上帝和先王奉爲最高權威,凡國之大事均要貞問上帝和先王。從形式上看,這是進行占卜、貞問、祭祀活動,實際上也是施政活動,是王權通過神權和祖權實現其權力的運轉。這正反映了初期的國家文明中,政權與神權、祖權緊密結合的組織形式,還保留著國家產生之前的部落聯盟或酋邦社會的遺風。

洹北商城是20世紀90年代末剛發現的一座城址,基本可以確定,這是一座晚於偃師商城而早於安陽殷墟的商代中期都城,即盤庚始建之殷都[119]。此城位於安陽殷墟洹水以北,故名"洹北商城"(圖十五)。城的形制呈方形,南北長約2200米,東西長約2150米,面積約470萬平方米,僅次於鄭州商城,是偃師商城的兩倍多。宮殿區位於洹北商城南北中軸線南段,發現1、2號建築基址南北縱列。1號建築的整個平面佈局呈"四合院式",東西長約173米,南北寬約90米,總面積達16000平方米。1號基址的中、西部已經發掘,據發掘資料及鑽探勘查資料可知,此建築的主殿坐北朝南,東、西側設有兩廂建築,南面築有廊廡,中部形成寬闊的庭院,主殿正對的南廊廡中部闢二門,門側築有門塾。在主殿址、西廂、門塾處發現祭祀遺跡40餘處,所祭用牲多人、羊、狗等。這些祭祀坑多被當時的活動面所疊壓,因此,這些祭祀坑應是宮殿建築過程中或落成時舉行的祭祀

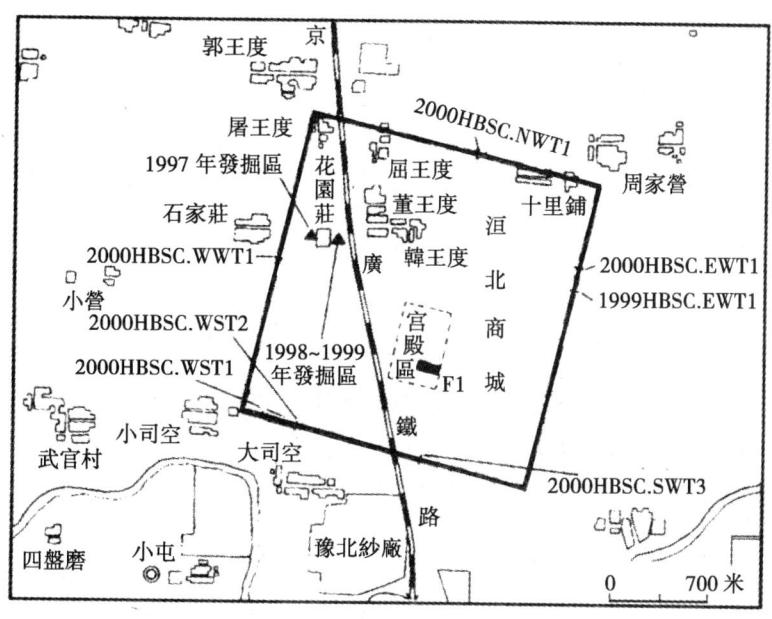

圖十五　洹北商城平面圖

儀式形成的。前引述甲骨文中多有建造房屋要祭告於神的卜辭，爲了作邑、建房，商王反復貞問天帝，請求天神的同意。所以，1 號建築基址中的這些祭祀坑，應當是在占卜貞問上帝時進行祭祀之禮所形成的。

學者根據 1 號基址的形制特點並與偃師商城同類建築進行比較認爲，此基址可能是宗廟遺址，這一推測是可信的[⑲]。除洹北商城的 1、2 號基址與偃師商城的 5、4 號基址所處的位置、佈局形制及結構幾乎相同外，洹北商城 1、2 號基址之北約 160 米處有一大型灰坑，南北長 12 米，東西長度還不清楚，坑内發現成堆的牛骨及陶器。從此坑所處的位置看，與偃師商城建築基址之北的 B、C 區祭祀坑相若，此坑也可能是祭祀坑，與前面的 1 號宗廟建築有關。1 號宗廟用於占卜，諸事貞問先祖，然後到後部的祭祀場地進行祭祀。洹北商城可能與偃師商城的宮廟佈局相似，在 1 號基址之西還應有與之規模相當的建築，即天帝諸神之廟。兩座東西並列的龐大建築，既可稱之爲廟，也可稱之爲朝，因國之大事均要在廟中貞問天神和祖先，廟即是貞問祭祀之所，又是治事之所。甲骨文中多有商王在"大室"中進行占卜、貞問的紀錄。陳夢家指出，"室爲廟中之一部分"，"除小室外都是祭祀所在的宗室，大室則以兼爲治事之所"[⑳]。如此，洹北商城的廟、朝合一，同樣反映了商時期政權靠神權來運轉的政治模式。

從20世紀30年代開始，對河南安陽殷墟進行了考古發掘，目前已基本勘清殷墟各類遺跡的分佈情況。主體遺址位於洹河南岸的小屯村一帶，至今沒有發現城牆，止是在宮殿區的西、南兩面發現有壕溝，西壕溝長1050米，南壕溝長650米；北、東兩面鄰洹水，這應當是代替宮城牆的防禦設施。在這一區域內已發現建築基址近60處。幾批重要的甲骨文主要發現在宮殿區內。從殷墟遺址的佈局看，不像鄭州商城、偃師商城及洹北商城那樣規整，但宮殿區以壕溝圍成中心區，居住、手工業作坊區分佈四週，這些也體現了以王權爲中心的設計理念。尤其是宮殿區大量祭祀坑的發現，更反映了商代濃厚的祭祀禮制文化和尊神敬祖的思想意識。

殷墟甲骨文卜辭所記載的殷人祭祀天神、地神、祖神等禮制文化內容，在殷墟考古中得到了證實。殷墟宮殿區的建築基址自北向南分爲甲、乙、丙三組，石璋如推定，甲組爲宮室遺址，乙組爲宗廟遺址，丙組爲祭壇遺址（圖十六）[121]。乙組建築基址規模龐大，在乙七、乙八建築基址週圍有成行密集排列的祭祀坑，所用犧牲爲大量的馬、羊、狗及人等，此建築基址應爲商王祭祖的宗廟遺址（圖十七）。在乙組建築基址以南，又發現了大型建築基址，與乙組建築基址是有密切關係的。其中1號房是主要建築，南邊至少有6處門道，門道兩側有排列規則的祭祀坑，坑內多數埋人架3具，其中各有1具跪狀人架。從房"內無隔牆、無居住痕跡、門外有祭祀坑等現象分析，這座基址大概是用於祭祀的宗廟性建築"[122]。在乙組建築西南部的丙組建築，石璋如推測爲祭壇遺址。丙1是一大的祭臺，祭臺之上又有三個祭壇，分別是丙2、丙3、丙4，在祭壇週圍分佈衆多祭祀坑，有的埋人，有的埋羊、狗等（圖十八）。另有研究者認爲，丙組建築遺址應是殷社遺址，丙3、丙4是東西並列的方壇，其上沒有柱洞及牆基，應是社壇，即受祭之神主所在之處。丙2是長方形土臺，上面有成排的木柱，但沒有牆的遺跡，上面可能是只有頂棚，認爲此臺基是祭臺，即祭祀者在此進行祭祀。認爲殷墟的宮廟建築的佈局是按"前朝後寢""左祖右社"來設計的，甲組建築是後寢，乙組建築是前朝，丙組建築是社壇，新發現的位於乙組建築右前方的建築遺址是宗廟。這樣正是"前朝後寢""左祖右社"之佈局[123]。

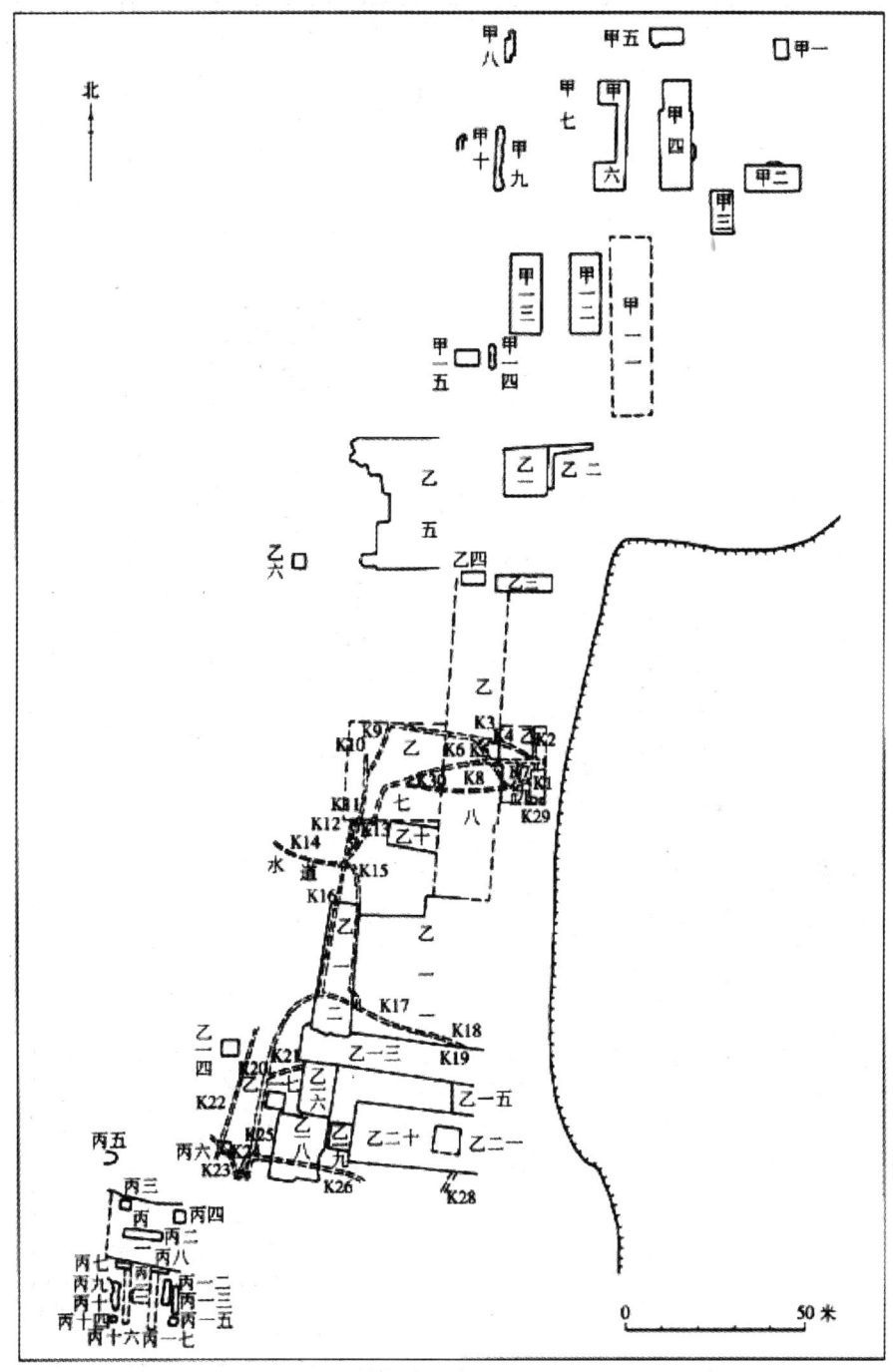

圖十六　安陽殷墟宗廟宮殿區甲、乙、丙三組基址位置圖

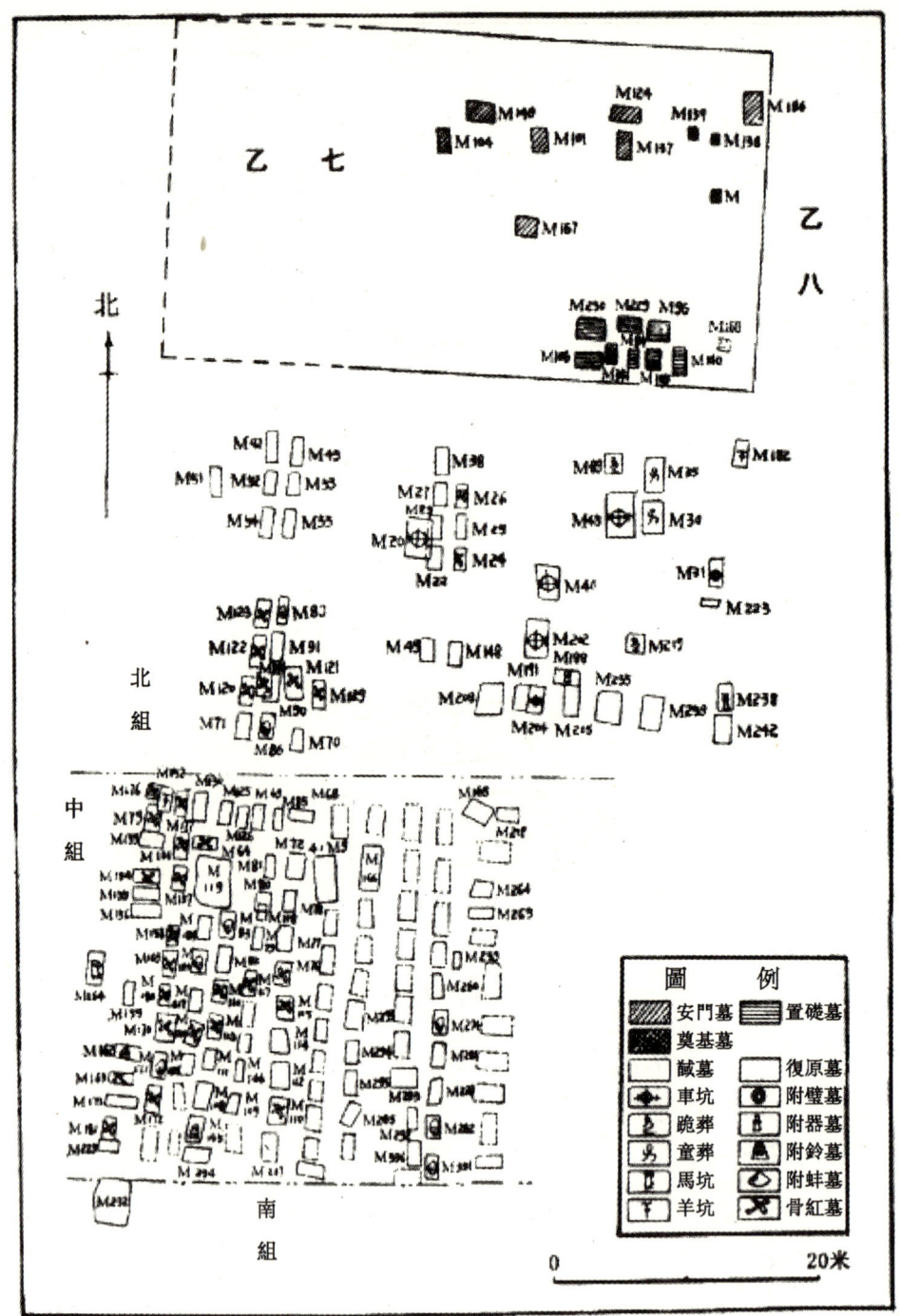

圖十七　安陽殷墟乙組宗廟基址及祭祀坑平面圖

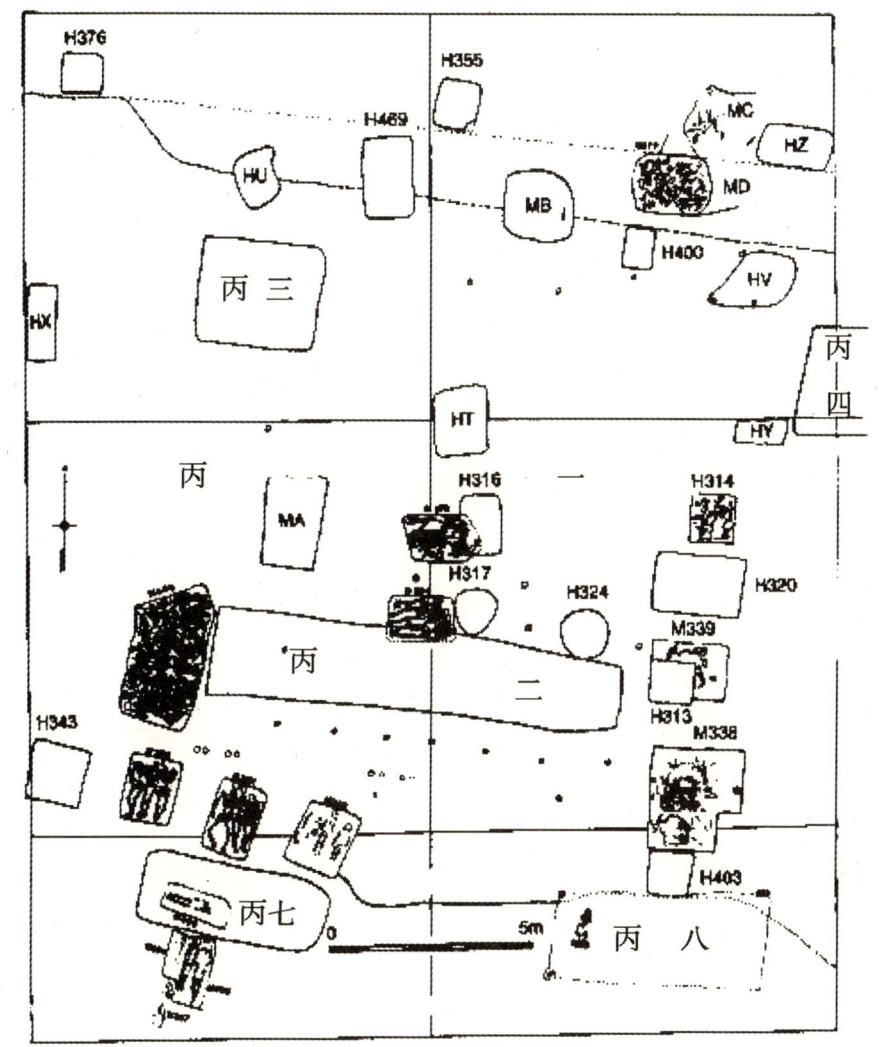

图十八　安阳殷墟丙组祭坛基址及祭祀坑平面图

殷墟宫殿建筑是否是"前朝后寝""左祖右社"之佈局，还有待进一步研究。殷墟甲骨文中有关建筑的名称有"宫""室""庭""寝"等；专门的祭祀建筑名有"宗""必""口""亡"，是指宗庙建筑；"土"，是指社祀建筑。但甲骨文中没有发现名"朝"的建筑名，也没发现有用以表示"朝政"建筑的专用名。据甲骨文所记，商王的一些祭祀礼仪活动多是在宗庙等礼制建筑的庭院中进行。如："贞，惠多子饗于庭"(《合集》27467)；"王其饗于庭"(《屯南》2276)[124]；"甲午卜，王其侑祖乙,王饗于庭"(《屯南》2470)。于省吾先生指出,"庭"即爲宗廟太室之中庭[125]。實際上,甲骨文中的"庭"即"朝",是指祭祀建築前的庭院。《説文》云:"廷,朝中也。"《周禮·夏官·太僕》鄭玄注:"燕朝,朝于路寢之庭。"許慎、鄭玄均將宫殿建築前的"庭"解釋爲"朝",當有所據。清戴震對此解釋的更清楚:"凡朝君,臣咸立於庭,朝有門而不屋,故雨霑衣失容,則輟朝。"[126]焦循《群經宫室圖》亦云:"凡朝皆廷也,其堂爲路寢,其廷爲燕朝。"陳夢家認爲:"古文字'廟'從朝,朝廷之朝當源自大廟朝見羣臣。"[127]《説文·广部》:"廟,尊先祖貌也。從广,朝聲。"《白虎通·闕文·宗廟》:"廟者,貌也。象先祖之尊貌也。所以有室何?所以象生之居也。"甲骨文中没有"廟"字,"廟"字始出現于西周金文。從字形上分析,"朝"上蓋屋爲"廟",説明即使是在西周時期,依然是"朝有門而不屋","朝"即是庭院,凡國之大事,均是在庭院中祭告屋中神主。商代也應如此,甲骨文中"宗""祕""囗""匸"是神主所在的有屋建築,"庭"是這些神主建築前的庭院,在此祭告神主,即後來名"朝"之地。以此觀之,在商代並没有專門用於"朝"的獨立宫殿建築,也就不存在商代都城中"大朝"之殿居中、"前朝後寢""左祖右社"之佈局。

殷墟宫殿區中乙組建築規模龐大,在其前面考古發掘了189個祭祀坑,分佈密集,排列有序,應是多次祭祀時分組埋入的,所用牲除了馬、羊、狗牲外,還有大量的人牲,在已發掘的這些祭祀坑内,共用人牲641人[128]。石璋如將其推測爲宗廟建築是可信的。丙組遺址是由多組祭壇組成,此也可能是甲骨文中的社壇所在,在此祭祀天地諸神。

卜辭中大量有關商王祭天、祭社、祭祖的紀録,在殷墟考古中得以印證。商王之所以對天帝諸神和先祖神進行祭祀,從思想觀念上講,是相信萬物有靈,極度崇信神靈,借用神靈的權威來治理國家,這正是商代禮制之特質。

3. 西周都城的禮制文明

據文獻記載,周人的都邑先後有豳邑、岐邑周原、豐邑、鎬京、洛邑成周。考古工作者對周原遺址、長安豐鎬遺址都作了許多考古工作,並有大量的考古發現,證實這兩處遺址是周人的都邑所在。此兩處遺址羣至今未發現城址,卻發現數處大型宫殿基址。其中的周原鳳雛甲組大型建築遺址,南北長45.2米,東西

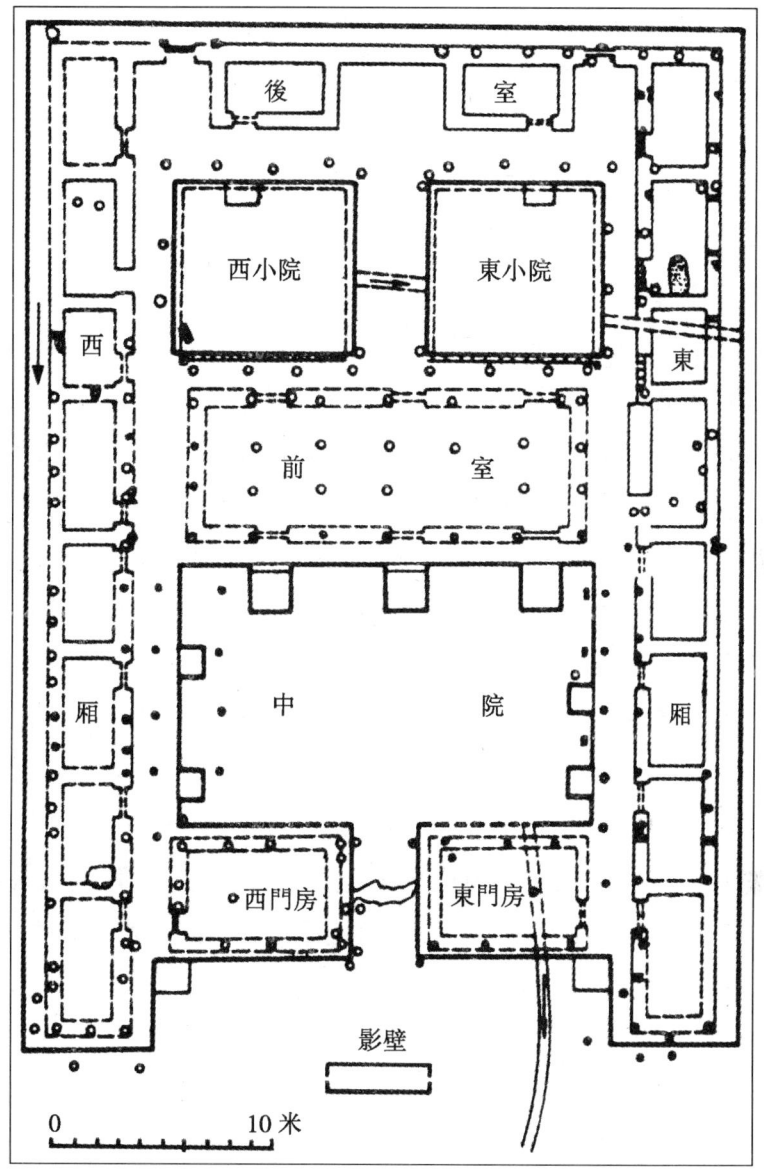

圖十九　周原鳳雛甲組建築基址平面圖

寬32.5米,坐北朝南(圖十九)⑳。整個建築佈局由南而北爲影壁、門道、前堂、過廊居中,後邊爲後室,南北構成一中軸線;東西兩側配置門房、廂房、左右對稱;由前至後又形成前院、中院和東西小院,中院和兩小院四週有回廊,佈局井然有序。

據研究,鳳雛甲組建築始建于文王時期,廢棄于康王之世[130]。對此建築的性質,有認爲是王宮,有認爲是宗廟,還有認爲是寢廟相連的祭祀性建築。《爾雅·釋宮》云:"室有東西廂曰廟,無東西廂有室曰寢。"又此遺址西廂房内2個窖穴中,出土了大量周王室占卜用的甲骨,有字者293片,分屬文王、武王、成王和康王時期[131]。這可能就是文獻所記設在廟中的"龜室"。《周禮·春官·龜人》:"龜人掌六龜之屬……凡取龜用秋時,攻龜用春時,各以其物入於龜室。上春釁龜,祭祀先卜。若有祭事,則奉龜以往。"此謂,將龜版攻制好後放入宗廟中的龜室,祭祀時從龜室中取出龜版進行占卜。又所出甲骨上刻有"祠,自蒿于周",學者認爲此内容是武王自鎬京前往周原祀周宗廟之事[132]。由此證明這組建築是文王至康王時期周王室的宗廟。

鄭玄注《周禮·隸僕》云:"《詩》云寢廟繹繹,相連貌也,前曰廟,後曰寢。"此是説西周時期的"寢"與"廟"是相連的建築。王國維對西周金文中時常出現的"王在某宮,旦,王格太室"進行研究後指出:"古者寢廟之分蓋不甚嚴",認爲廟堂之後"王亦寢處焉",銘文"皆云'旦,王格太室',則上所云'王在某宮'者,必謂未旦以前王所寢處之地也"[133]。這與鄭玄對《詩》云"寢廟繹繹"的解釋是一致的。前引小盂鼎銘文,盂入南門"即大廷",入二門"燎周廟",入三門"即立中廷"向北朝天子以告,周天子應即位于路寢。實際上,"庭"即"朝",是指禮制建築前的庭院。依此來分析鳳雛甲組建築的格局,似乎是門内的庭院曰"大廷",即"大朝"或曰"前朝";"大朝"正北的主體建築曰"周廟";後部的小院曰"中廷",即"中朝";"中朝"面對的後部建築曰"路寢"。此正是"朝""廟""寢"相連的一體建築。

由於西周王朝是假借上天之命、依靠宗法制度來進行統治的,所以宗廟是其"行政"的重要場所,凡國之大事均要在宗廟中舉行。如周天子的"即位禮",各地諸侯朝見周天子的"覲禮",周天子對臣下的任命及賞賜的"册命禮",出兵征伐的"授兵禮",凱旋歸來的"告捷禮""獻俘禮"等,均要在宗廟中進行。並且要定期在宗廟決定治理國家的一些政務,叫做"告朔""視朔""聽朔"。西周銅器銘文中,屢見記録周王在宗廟中舉行"册命禮""告捷禮""獻俘禮"等内容。如:

卌三年逨鼎:"隹卌又三年六月既生霸丁亥,王才周康宫穆宫,旦,王各周廟即位,司馬壽佑吳逨,入門,立中廷,北向,史淢授王命書。王呼尹氏册命逨。"⑬

南宮柳鼎:"唯五月初吉甲寅,王在康廟,武公佑南宮柳即立中廷,北向。王呼作册尹册命柳。"(《集成》2805)

大克鼎:"王在宗周,旦,王格穆廟,即位,申季佑膳夫克,入門,立中廷,北向,王呼尹氏册命膳夫克。"(《集成》2836)

可以看出,西周王朝作爲行使政權的活動是在宗廟中進行,表明政權是在神權的護佑之下進行的,宗廟禮儀即國家的政治禮儀。從建築形式上看,是"朝(廷)""廟""寢"一體的建築格局,真正象徵政權所在的建築"朝",還沒有從體現神權的建築中獨立出來。

4. 東周各國都城佈局體現的集權制產生

東周列國都城佈局特點與夏商西周都城相比較,既有繼承沿襲,又有創新。東周都城佈局的新特點,可從一個方面反映出當時政權形式及意識形態方面的新變化。

東周列國都城雖各式各樣,但均是由宮城和郭城組成,並且明確宮城是爲"君"而建。《吳越春秋》曰:"築城以衛君,造郭以守民。"這就非常清楚地説明,宮城的建造首要的是爲了守衛國君,與夏商周三代始建國營都首先置宗廟、立社稷不同,而是將築宮城守衛國君作爲第一要事。

列國宮城内最突出的是高臺式宮殿建築,成爲整個都城的制高點,是國君處理政務的"大朝"所在。從建築形式上顯示了國君政權至高威嚴之地位,反映了國君"政權至上"的思想意識。如秦國都城咸陽的宮城内,已發現8座夯土臺基。對宮城内的1、2、3號宮殿基址已進行發掘⑬,1號基址東西長60米,南北寬45米,高出地面6米。據發掘的遺跡現象進行復原得知,這是一座建在高大夯土臺基上的上下錯落的大型高臺式宮殿建築,下層有回廊環繞,中層有不同層次的宮室,頂部是大型的主體建築大殿。這一建築組群將各種用途不同的單元緊湊地結合在一起,成爲一個整體的多層建築,構成了秦宮建築的獨特風格。2、3號宮殿基址與1號之間以走廊相連接,構成了一組宏偉壯觀的建築群。此宮城即文獻所記秦王朝處理政務的"咸陽宮"所在。其他如山西侯馬晉都新田故城、山東臨淄齊都故城、河北邯鄲趙都故城、河北易縣燕下都等,其專爲國君而築的宫城内均有雄偉的高臺式宫殿建築,其即國君的"大朝"政殿所在。

東周時期,凡國之大事,已不像夏商周那樣在宗廟或社中首先貞問、祭祀祖神、天地神,而是在"大朝"政殿中由大臣議政,最後由國君裁决,形成了一種新的集權政體,爲維護這種集權政體便制定"大朝"禮儀。如文獻記載,秦始皇三十四年(前213),"始皇置酒咸陽宫,博士七十人前爲壽",並議定了"焚書坑儒"之動議[136]。又記,秦始皇恐其行蹤及言語洩密,規定"聽事,群臣受決事,悉於咸陽宫"。燕國使者荆軻至秦,秦王於咸陽宫接見,"秦王聞之,大喜,乃朝服,設九賓,見燕使者咸陽宫"[137]。趙國也同樣有"大朝"禮儀,趙武靈王元年(前325)"梁襄王與太子嗣、韓宣王與太子倉來朝信宫";趙武靈王十九年"春正月,大朝信宫,召肥義與議天下,五日而畢";趙武靈王二十七年"五月戊申,大朝於東宫,傳國,立王子何以爲王。王廟見禮畢,出臨朝,大夫悉爲臣";趙惠文王四年(前295)"朝群臣,安陽君亦來朝,主父令王聽朝,而自從旁觀窺群臣宗室之禮"[138]。可以看出,東周時期,國之大事多是在"大朝"中議决,各諸侯國的朝覲、聘問、賜命等重要禮儀均是在"大朝"宫殿中進行。清秦蕙田指出:"三代盛時無所謂朝賀也,每日則有視朝之儀,月朔則有聽朔之禮。聽朔者,天子於明堂,諸侯於祖廟行之,故亦謂之朝廟,不於朝也……古者於廟行告朔之禮,所以尊祖;後世於朝舉賀歲之禮,乃以尊君。"[139]對東周時期出現的這種"大朝"之禮,楊寬指出:"到戰國時代,由於社會經濟的變革,中央集權的政治體制的確立,朝廷的重要性開始超過宗廟,許多政治上的大典逐漸移到朝廷上舉行,開始出現對國君'大朝'的禮制。"[140]

東周時期各國宫城内的祭祀遺跡已很少見,社祀、宗廟等祭祀性、禮制性建築仍然存在,但已不在宫城之内,而是移出宫城之外。《史記·秦始皇本紀》載:"諸廟、章臺、上林皆在渭南。"秦咸陽宫在渭北,宗廟則離開咸陽宫而遷至渭南。其實,秦國早在都雍時期,雍城内的宗廟與宫寢就已分離,成爲東西兩處獨立的建築[141]。又如侯馬晋都新田故城發現衆多祭祀遺址[142],但從整體佈局看,國君宫城居中,内築高臺建築宫殿,是"大朝"所在,處於整個都城的最爲顯著位置。衆多的祭祀遺址則比較集中地分佈在宫城之南的東、西兩側(圖二十)。有學者根據侯馬盟書中所記内容,認爲處於東部的盟誓遺址可能即是晋宗廟所在之處[143];

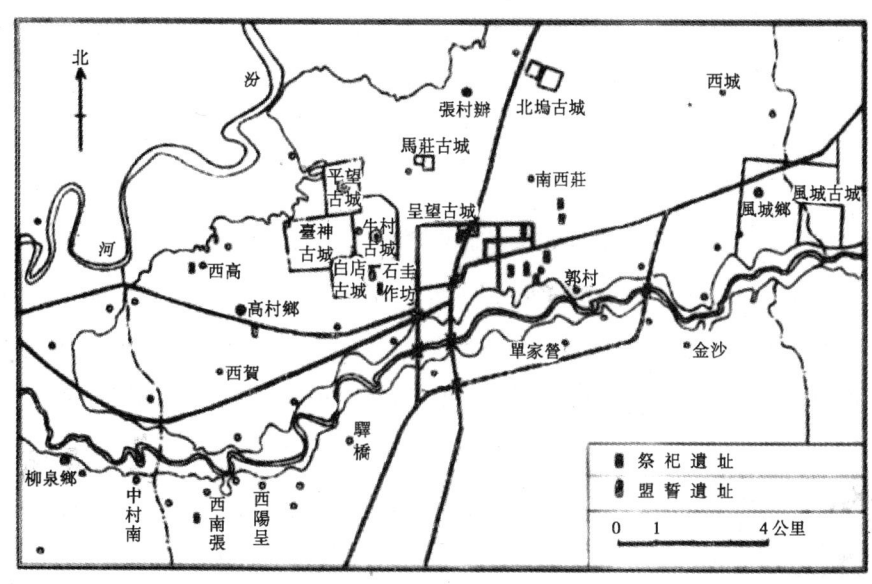

圖二十　侯馬晉都新田故城平面圖

還推測,故城西南部西南張祭祀遺址可能是社祀遺址⑭,其與東部的宗廟遺址正呈"左祖右社"之佈局。東周時期的魯國都城也呈"大朝"居中、"左祖右社"之佈局。《左傳・閔公二年》記季文子出生時卜人占卜曰:"男也,其名曰友,在公之右,間於兩社,爲公室輔。"杜預注:"兩社,周社、亳社,兩社之間,朝廷執政所在。"孔穎達疏:"《穀梁傳》曰:'亳社者,亳之社也。亳,亡國也。亡國之社以爲廟屏,戒也。'則亳社在宗廟之前也。"孔氏又曰:"鄭玄考校禮文,以爲魯制三門,庫、雉、路,天子諸侯皆三朝與。宗人之嘉事則有路寢庭朝;日出視朝則在路門之外;其詢國危,詢國遷,詢立君,周禮朝士所掌外朝之位者,乃在雉門之外耳。雉門之外,左有亳社,右有周社,間於兩社,是在兩社之間朝廷詢謀大事則在此處,是執政之所也。"根據鄭玄、孔穎達的考證,魯宮城爲"三門三朝"之制,路門內路寢庭朝是行嘉事的內朝,也曰燕朝;路門外是日聽政事的治朝;雉門外是詢謀大事的大朝所在。大朝之左有宗廟,右有周社,如此佈局正符合"大朝"居中、"左祖右社"之制。

由東周時期各國都城新格局也可以看出,《考工記》所記以"朝"居中心,"祖廟""社壇"分置左右的都城設計理念,實際上是集權制政體下理想的設計規劃,突出政權所在"大朝"建中立極的絕對權威,"大朝"之外的"左祖右社"則成了附屬建築。這種宮、廟分離之格局,朝、廟獨立之變化,正反映了集權制政權權威的上升,神權則處於輔佐的地位。如果説,夏商西周時期,神權高於一切,國家政權完全籠罩在神權的護佑之下,處於初期的國家形態階段;而至東周時期,各諸侯大國已步入成熟的國家形態,集權制的政治體制逐漸確立。

從意識形態領域來看,夏商西周時期,篤信天命,聽命於天,而至東周時期,人們開始認識到神是依人行事,神聽命於人。《左傳》講述了隨侯與其臣季梁的對話,反映了當時對祀神的看法。"(隨)公曰:'吾牲牷肥腯,粢盛豐備,何則不信?'(季梁)對曰:'夫民,神之主也,是以聖王先成民而後致力於神……今民各有心,而鬼神乏主,君雖獨豐,其何福之有?君姑修政而親兄弟之國,庶免於難。'隨侯懼而修政。"[145]季梁認爲,民是神之主,親民、修政比祀神更爲重要。春秋時期的虢君欲祀神以求賜土田,其臣大史嚚曰:"虢其亡乎?吾聞之,國將興,聽於民;將亡,聽於神。神,聰明正直而壹者也,依人而行。"[146]季梁提出神依人行事、神聽命於人的觀點,不能不説是思想認識的一大進步。正是由於對神權權威的動摇,借助神權維護統治的禮儀制度也隨之發生動摇,即"春秋之世,禮崩樂壞,文武之政,漸滅幾盡"[147]。夏商周禮制性社會政體也就逐漸退出歷史舞臺,代之而來的則是集權制政體的興起。

三 結 語

通過對大量考古資料的梳理,基本可以釐清中國古代禮制文明產生和發展的大體脈絡。

新石器時代最初出現祭祀性遺跡,規模都比較小,墓葬中所出祭祀用具也比較簡單。反映了當時人們最爲樸素的宗教信仰,相信萬物有靈,認爲一些事物的發生都是神的旨意,於是就出現了對天地諸神的崇拜,出現了對諸神進行祭祀的禮俗。祭祀的目的也比較單純,祈求天地諸神保佑風調雨順,生活平安。

發展到新石器時代後期,各地發現的祭祀遺址的規模龐大,並且集中,尤其是各地發現的大中型城址内,祭祀遺址是最爲突出的建築,祭祀用的法器也多集中在最主要的大墓之中。這一切都表明，祭祀的性質發生了質的變化，由原來樸素的宗教信仰演變成了特權，即神權。掌握這一特權的應是氏族、或部落、或部落聯盟的首領，他們在利用神權來行使領導權，神權高於一切，這樣逐漸形成了最初的國家，也即"神權國家"。

夏、商、周三族群均是由原始部落聯盟進入最初國家文明的，強勢的政權還不十分牢固，往往沿襲先前的思維邏輯和運轉模式，依靠天地諸神、祖神來運轉和維護政權，所以將神權和祖權奉爲最高權力。這在夏都二里頭、商代四座都城遺址中以祭祀建築爲中心的佈局得以充分反映，也由殷墟發現大量祭神、祭祖卜辭得以印證。西周王朝在夏、商王朝的基礎上對神權的進一步實際運用，創造了王權神授的統治模式，強調周王受命在天，是上天之子，是直接替天行命，並制定了維護統治的更加系統的禮儀制度，進一步將神權、祖權與政權緊密結合，形成了獨特的禮制性社會形態。

三代的禮制在考古學中得到了充分反映，形成了中國古代獨特的考古學禮制文化。中國古代各區域的文化，正是在這種禮制文化的强烈影響下，進行著大融合、大統一。這不僅是物質文化的融合和統一，而且是思想觀念上的融合和統一。夏、商、周三代集中統一的政治格局的形成，禮制文化發揮了非常重要的作用。

東周時期，社會處於大動盪、大分化、大改組的時期，各階層重新分化，世襲制度得以動搖，周天子的權力衰落，各諸侯國的集權制政體逐漸形成。這樣，維護舊政體的禮制也就成了社會發展的桎梏，出現了"禮崩樂壞"的局面。最終，夏商周禮制性社會政體退出歷史舞臺，代之而來的則是集權制政體的興起。

當然，夏商周三代所創造的獨特的禮制文明並沒有就此消失，在中央集權制社會中，始終是意識形態領域的精神支柱。而廣義的禮儀文明則成了人們的道德規範和行爲準則，"不學禮無以立"[148]，這是中國古代禮儀文明的重要社會價值所在。

注　釋

① 《左傳·隱公十一年》。
② 《論語·八佾》。

③ 郭沫若《十批判書》第 96 頁，東方出版社 1996 年版。

④ 劉師培《劉申叔遺書·禮俗原始論》第 678—683 頁，江蘇古籍出版社 1997 年版。

⑤ 李安宅《〈儀禮〉與〈禮記〉之社會學的研究》第二章，載《國學小叢書》，商務印書館 1931 年版。

⑥ 何聯奎《中國禮俗研究·導言》，臺灣中華書局 1973 年版。

⑦ 楊寬《"冠禮"新探》，載《古史新探》第 234 頁，中華書局 1965 年版。

⑧ 楊向奎《禮的起源》，載《孔子研究》，1986 年創刊號。

⑨ 郭建敦、郭江珍《近代以來禮制起源研究的回顧與展望》，《平頂山學院學報》第 20 卷第 6 期，2005 年 12 月。

⑩ 《論語·八佾》。

⑪ 《禮記·中庸》。

⑫ 顧頡剛、劉起釪《〈尚書·甘誓〉校釋譯論》，載《中國史研究》1979 年第 1 期。

⑬ 郭沫若《甲骨文合集》，中華書局，1978 年—1982 年。凡引用此書均簡稱《合集》。凡《合集》釋文參照胡厚宣主編《甲骨文合集釋文》，中國社會科學出版社 1999 年版。

⑭ 《詩·大雅·緜》："乃立冢土"毛傳云："冢土，大社也。起大事，動大眾，必先有事乎社而後出謂之宜。"鄭箋："大社者，出大眾將所告而行也。"載《十三經注疏·毛詩正義》；陳夢家："亳土即亳地之社。"載《殷墟卜辭綜述》第十七章，中華書局 1988 年版。

⑮ 常玉芝《商代周祭制度》，中國社會科學出版社 1987 年版。

⑯ 于省吾《甲骨文字釋林·釋必》，中華書局 1979 年版。

⑰ 李立新《甲骨文囗字考釋與洹北商城 1 號宮殿基址的性質探討》，《中國歷史文物》2004 年第 1 期。

⑱ 王貴民《商周制度考信》，第 61 頁附"商代宗廟宮室表"，臺灣，明文書局 1989 年。

⑲ 《禮記·王制》"天子七廟"鄭玄注云："此周制……殷則六廟，契及湯與二昭二穆。夏則五廟，無大祖，禹與二昭二穆而已。"

⑳ 陳夢家《殷墟卜辭綜述》第 562 頁，中華書局 1988 年版。

㉑ 《尚書·大誥》。

㉒ 同上。

㉓ 《詩·大雅·大明》。

㉔ 曹瑋《周原甲骨文》，世界圖書出版公司 2002 年版。

㉕ 中國社會科學院考古研究所編：《殷周金文集成釋文》4261 號器，香港中文大學中國文化研究所出版，2001 年版。凡引此書均簡稱《集成》。

㉖ 李學勤《何尊新釋》，《中原文物》1981 年第 1 期。

㉗ 鍾柏生等《新收殷周青銅器銘文暨器影彙編》757 號器，藝文印書館 2006 年版。

㉘ 陳來《古代宗教與倫理》，三聯書店 1996 年版。

㉙ 《左傳·僖公十一年》。

㉚ 《左傳·襄公二十一年》。

㉛ 《國語·晉語四》。

㉜ 《左傳·桓公二年》。

㉝ 《荀子·大略》。

㉞ 《孟子·公孫丑上》。

㉟ 《周禮·大宰》。

㊱ 《禮記·禮運》。

㊲ 《禮記·哀公問》。

㊳ 《禮記·禮運》。

㊴ 浙江省文物考古研究所《餘杭瑤山良渚文化祭壇遺址發掘簡報》，《文物》1988 年第 1 期。

㊵ 浙江省文物考古研究所、餘杭市文物管理委員會《浙江餘杭匯觀山良渚文化祭壇與墓地發掘簡報》，《文物》1997 年第 7 期。

㊶ 黃宣佩《福泉山遺址發現的文明跡象》，《考古》1993 年第 2 期；浙江省文物考古研究所反山考古隊《浙江餘杭反山良渚墓地發掘簡報》，《文物》1988 年第 1 期；浙江省文物考古研究所等《浙江餘杭匯觀山良渚文化祭壇與墓地發掘簡報》，《文物》1997 年第 7 期；費國平《浙江餘杭良渚文化遺址群考察報告》，《東南文化》1995 年第 2 期；陳麗華《江蘇武進寺墩遺址的新石器時代遺物》，《文物》1984 年第 2 期；《海寧清理良渚文化祭壇和墓葬》，《中國文物報》1993 年 9 月 19 日；《趙陵山遺址發掘獲重大成果》，《中國文物報》1992 年 8 月 2 日。

㊷ 劉斌等《嘉興南河濱遺址發掘取得豐碩成果》，《中國文物報》1996 年 12 月 15 日。

㊸ 黃宣佩《福泉山遺址發現的文明跡象》，《考古》1993 年第 2 期。

㊹ 鄧淑萍《新石器時代的玉璧》，引自國際良渚學中心編《良渚學文集》（玉器一）。

㊺ 張光直《談"琮"及其在中國古史上的意義》，文物出版社編《文物與考古論集》，文物出版社 1986 年版。

㊻ 安徽省文物考古研究所《安徽含山凌家灘新石器時代墓地發掘簡報》，《文物》1989 年第 4 期；張敬國《安徽含山凌家灘遺址第二次發掘主要收穫》，《文物研究》第七輯；安徽省文物考古研究所等《安徽含山縣凌家灘遺址第三次發掘簡報》，《考古》1999 年第 11 期；安徽省文物考古研究所《安徽含山縣凌家灘遺址第五次發掘的新發現》，《考古》2008 年第 3 期。

㊼ 俞偉超《含山凌家灘玉器反映的信仰狀況》，載俞偉超《古史的考古學探索》，文物出版社2002年版。

㊽ 北京大學考古系等《石家河遺址群調查報告》，《南方民族考古》第5輯（1992年）；石河考古隊《湖北省石河遺址群1987年發掘簡報》，《文物》1990年第8期。

㊾ 湖南省文物考古研究所《澧縣城頭山古城址1997～1998年度發掘簡報》，《文物》1999年第6期。

㊿ 遼寧省文物考古研究所《牛河梁紅山文化遺址與玉器精粹》，文物出版社1997年版。

(51) 郭大順《中華五千年文明的象徵——牛河梁紅山文化壇廟冢》，載遼寧省文物考古研究所編《牛河梁紅山文化遺址與玉器精粹》，文物出版社1997年版。

(52) 許倬雲《神祇與祖靈》，費孝通主編《玉魂國魂——中國古代玉器與傳統文化學術討論會文集》，北京燕山出版社2002年版。

(53) 安徽省文物考古研究所《安徽含山縣凌家灘遺址第五次發掘的新發現》，《考古》2008年第3期。

(54) 郭大順《中華五千年文明的象徵——牛河梁紅山文化壇廟冢》，載遼寧省文物考古研究所編《牛河梁紅山文化遺址與玉器精粹》，文物出版社1997年版。

(55) 郭大順《從"唯玉爲禮"到"以玉比德"——再談紅山文化的"唯玉爲葬"》，費孝通主編《玉魂國魂——中國古代玉器與傳統文化學術討論會文集》，北京燕山出版社2002年版。

(56) 李伯謙《中國古代文明演進的兩種模式——紅山、良渚、仰韶大墓隨葬玉器觀察隨想》。《文物》2009年第3期。

(57) 王芬《中國新石器時代的宗教遺跡》，《四川文物》2004年第4期；井中偉《我國史前祭祀遺跡初探》，《北方文物》2002年第2期。

(58) 國家文物局考古領隊培訓班《鄭州西山仰韶時代城址的發掘》，《文物》1999年第7期。

(59) 湖南省文物考古研究所《澧縣城頭山屈家嶺文化城址調查與試掘》，《文物》1993年第12期；湖南省文物考古研究所《澧縣城頭山古城址1997～1998年發掘簡報》，《文物》1999年第6期。

(60) 解希恭主編《襄汾陶寺遺址研究》，科學出版社2007年版；高江濤《陶寺遺址聚落形態的初步考察》，《中原文物》2007年第3期；石家河考古隊《石家河遺址調查報告》，《南方民族考古》第五輯，1992年；浙江省文物考古研究所《杭州市餘杭區良渚古城遺址2006～2007年的發掘》，《考古》2008年第7期。

(61) 解希恭主編《襄汾陶寺遺址研究》，科學出版社2007年版；高江濤《陶寺遺址聚落形態的初步考察》，《中原文物》2007年第3期。

㊌ 中國社會科學院考古研究所山西工作隊等《山西襄汾陶寺城址 2002 年發掘報告》,《考古學報》2005 年第 3 期。

㊍ 中國社會科學院考古研究所山西工作隊等《山西襄汾縣陶寺城址發現陶寺文化中期大型夯土建築基址》,《考古》2008 年第 3 期。

㊎ 中國社會科學院考古研究所山西工作隊等《山西襄汾縣陶寺城址祭祀區大型建築基址 2003 年發掘簡報》,《考古》2004 年第 7 期。

㊏ 同前注。

㊐ 中國社會科學院考古研究所山西隊等《陶寺城址發現陶寺文化中期墓葬》,《考古》2003 年第 9 期。

㊑ 李學勤主編《中國古代文明與國家形成研究》,第 49 頁,雲南人民出版社 1998 年版。

㊒ 高江濤《陶寺遺址聚落形態的初步考察》,《中原文物》2007 年第 3 期。

㊓ 石家河考古隊《石家河遺址調查報告》,《南方民族考古》第五輯,1992 年。

㊔ 浙江省文物考古研究所《杭州市餘杭區良渚古城遺址 2006～2007 年的發掘》,《考古》2008 年第 7 期。

㊕ 王明達《浙江餘杭反山良渚墓地發掘簡報》,《文物》1988 年第 1 期。

㊖ 杜金鵬《良渚神祇與祭壇》,《考古》1997 年第 2 期。

㊗ 林澐《說王》,《考古》1965 年第 6 期。

㊘ 李伯謙《中國古代文明演進的兩種模式——紅山、良渚、仰韶大墓隨葬玉器觀察隨想》,《文物》2009 年第 3 期。

㊙ 嚴文明《良渚隨筆》,《文物》1996 年第 3 期。

㊚ 浙江省文物考古研究所《餘杭良渚遺址群調查簡報》,《文物》2002 年第 10 期。

㊛ 高煒《中原龍山文化葬制研究》,載《中國考古學論叢》,科學出版社 1993 年版。

㊜ 浙江省文物考古研究所《瑤山——良渚遺址群考古報告之一》,文物出版社 2003 年版;浙江省文物考古研究所等《浙江餘杭匯觀山良渚文化祭壇與墓地發掘簡報》,《文物》1997 年第 7 期。

㊝ 國家文物局考古領隊培訓班《鄭州西山仰韶時代城址的發掘》,《文物》1999 年第 7 期。

㊞ 河南省文物研究所《登封王城崗與陽城》第 38—42 頁,文物出版社,1992 年版。

㊟ 張學海《壽光縣邊線王龍山文化城堡遺址》,《中國考古學年鑒》(1985),文物出版社 1985 年版;佟佩華《壽光縣邊線王龍山文化城堡遺址》,《中國考古學年鑒》(1987),文物出版社 1988 年版;杜在忠《邊線王龍山文化古城堡的發現及其意義》,《中國文物報》1988 年 7 月 15 日第 3 版。

㉒《國語·楚語下》。

㉓ 徐旭生《中國古史的傳說時代》第79—83頁，文物出版社1985年版。

㉔ 陳夢家《商代的神話與巫術》，載《燕京學報》第20期，1936年。

㉕ 李伯謙《中國古代文明演進的兩種模式——紅山、良渚、仰韶大墓隨葬玉器觀察隨想》，《文物》2009年第3期。

㉖ 中國社會科學院考古研究所二里頭工作隊《河南偃師市二里頭遺址宮城及宮殿區週邊道路的勘察與發掘》，《考古》2004年第11期。

㉗ 中國社會科學院考古研究所二里頭工作隊《河南偃師市二里頭遺址4號夯土基址發掘簡報》，《考古》2004年第11期。

㉘ 楊鴻勳《初論二里頭宮室的復原問題》，載楊鴻勳《建築考古學論文集》第78頁，文物出版社1987年版。

㉙ 北京大學歷史系考古教研室商周組《商周考古》第27—28頁，文物出版社1979年版；杜正勝《古代社會與國家·宮室·禮制與倫理》，允晨文化公司1992年版。

⑳ 杜金鵬《二里頭遺址宮殿建築基址初步研究》，《考古學集刊》第16集，科學出版社2006年版。

㉑ 中國社會科學院考古研究所二里頭隊《河南偃師二里頭二號宮殿遺址》，《考古》1983年第3期。

㉒ 張國碩《夏商時代都城制度研究》第173—174頁，河南人民出版社2001年版。

㉓ 趙芝荃《夏社與桐宮》，《考古與文物》2001年第4期。

㉔ 中國社會科學院考古研究所《中國考古學·夏商卷》第129頁，中國社會科學出版社2003年版。

㉕ 許宏、陳國良、趙海濤《二里頭遺址聚落形態的初步考察》，《考古》2004年第11期。

㉖ 中國社會科學院考古研究所《中國考古學·夏商卷》第129頁，中國社會科學出版社2003年版。

㉗ 方詩銘、王修齡《古本竹書紀年輯證》，上海古籍出版社1981年版。

㉘ 河南省文物考古研究所編著《鄭州商城》上冊，文物出版社2001年版。

㉙ 李維明《鄭州出土商代牛肋骨刻辭新識》，《中國文物報》2003年6月13日。

⑩⓪ 常玉芝《鄭州出土的商代牛肋骨刻辭與社祀遺跡》，《中原文物》2007年第5期。

⑩① 王國維《殷卜辭中所見先公先王考》，載《觀堂集林》卷九。

⑩② 陳夢家《殷墟卜辭綜述》第十七章，中華書局1988年版。

⑩③《風俗通義·祀典》。

⑩④《白虎通義·德論上》。

⑩⑤ 河南省文物考古研究所《1995 年鄭州小雙橋遺址的發掘》,《華夏考古》1996 年第 3 期。

⑩⑥ 陳旭《商代隞都探索》,《鄭州大學學報》1991 年第 5 期。

⑩⑦ 許俊平、李鋒《小雙橋商代遺址性質探索》,《中原文物》1997 年第 3 期。

⑩⑧ 中國社會科學院考古研究所編《中國考古學·夏商卷》第 129 頁,中國社會科學出版社 2003 年版。

⑩⑨ 中國社會科學院考古研究所《河南偃師商城商代早期王室祭祀遺址》,《考古》2002 年第 7 期。

⑩ 王學榮、谷飛《偃師商城宮城佈局與變遷研究》,《中國歷史文物》2006 年第 6 期。

⑪ 同前注。

⑫ 楊鴻勳《宮殿考古通論》第 45—49 頁,紫禁城出版社 2001 年版。

⑬ 郭沫若《先秦天道觀之進展》,載《郭沫若全集歷史編·青銅時代》,人民出版社 1982 年版。

⑭ 王學榮《偃師商城第一期文化研究》,《三代考古》(二),科學出版社 2006 年版。

⑮ 王學榮、谷飛《偃師商城宮城佈局與變遷研究》,《中國歷史文物》2006 年第 6 期。

⑯ 劉緒《夏末商初都邑分析之一——二里頭遺址與偃師商城遺存比較》,《中國國家博物館館刊》2013 年第 9 期。

⑰《墨子·明鬼下》:"昔者虞夏商周三代之聖王,其始建國營都,日必擇國之正壇,置以爲宗廟,必擇木之修茂者,立以爲叢社。"

⑱ 中國社會科學院考古研究所安陽工作隊《洹北商城的發現與初步勘探》《洹北商城宮殿區一號基址發掘簡報》,《考古》2003 年第 5 期;杜金鵬《洹北商城一號宮殿基址初步研究》,《文物》2004 年第 5 期。

⑲ 杜金鵬《洹北商城一號宮殿基址初步研究》,《文物》2004 年第 5 期。

⑳ 陳夢家《殷墟卜辭綜述》第 471、477 頁,中華書局 1988 年版。

㉑ 石璋如《小屯·殷墟建築遺存》,臺北,歷史語言研究所出版 1959 年版。

㉒ 中國社會科學院考古研究所安陽工作隊《河南安陽殷墟大型建築基址的發掘》,《考古》2001 年第 5 期。

㉓ 杜金鵬《殷墟宮殿區建築基址研究》,科學出版社 2010 年版。

㉔ 中國社會科學院考古研究所編《小屯南地甲骨》,中華書局 1980 年版。

㉕ 于省吾《甲骨文字釋林》第 85—86 頁,中華書局 1979 年版。

㉖ 戴震《考工記圖》。

㉗ 陳夢家《西周銅器斷代》(四),《考古學報》1956 年第 2 期。

㉘ 石璋如《小屯·殷墟墓葬之四·乙區基址上下墓葬》,臺灣,歷史語言研究所1976年版。
㉙ 陝西周原考古隊《陝西岐山鳳雛村西周建築基址發掘簡報》,《文物》1979年第10期。
㉚ 龐懷靖《鳳雛甲組宮室年代問題再探討》,《考古與文物》2001年第4期。
㉛ 曹瑋《周原甲骨文》,世界圖書出版公司2002年版。
㉜ 徐中舒《周原甲骨初論》,《四川大學學報叢刊十》,《古文字研究論文集》1982年版。
㉝ 王國維《明堂廟寢通考》,載《觀堂集林》卷三。
㉞ 陝西省文物局等《盛世吉金——陝西寶雞眉縣青銅器窖藏》,北京出版社2003年版。
㉟ 秦都咸陽考古工作站《秦都咸陽第一號宮殿建築遺址簡報》,《文物》1976年11期;秦都咸陽考古工作站《秦咸陽宮第二號建築遺址發掘簡報》,《考古與文物》1986年4期;咸陽市文管會等《秦都咸陽第三號宮殿建築遺址發掘簡報》,《考古與文物》1980年12期。
㊱ 《史記·秦始皇本紀》。
㊲ 《史記·刺客列傳》。
㊳ 《史記·趙世家》。
㊴ 秦蕙田《五禮通考》卷一三六。
㊵ 楊寬《中國古代都城制度史》第181頁,上海人民出版社2006年版。
㊶ 韓偉《秦宮朝寢鑽探圖考釋》,《考古與文物》1985年第2期;陝西省雍城考古隊《鳳翔馬家莊一號建築群遺址發掘簡報》,《文物》1985年第2期;韓偉《馬家莊秦宗廟制度研究》,《文物》1985年第2期。
㊷ 山西省考古研究所侯馬工作站《晋都新田》,山西人民出版社1996年版。
㊸ 山西省考古研究所侯馬工作站《侯馬呈王路建築群遺址發掘簡報》,《考古》1987年第12期;田建文《新田模式——侯馬晉國都城遺址研究》,載《山西省考古學會論文集(二)》,山西人民出版社1994年版。
㊹ 山西省考古研究所侯馬工作站《晋都新田》第四章第二節,附《侯馬東周社祀遺址的探討》,山西人民出版社1996年版。
㊺ 《左傳·桓公六年》。
㊻ 《左傳·莊公三十二年》。
㊼ 張次仲《周易玩辭困學記·繫辭上傳》,載《四庫全書》。
㊽ 《論語·季氏》。

宋代侍從官的範圍及相關概念

張 禕

【提要】 宰輔大臣之外,宋代有一個稱之爲"侍從官"的清望臣僚群體。他們是君主選任兩府宰執的後備隊伍,朝廷賴以議政、治國的中堅力量。本文著重辨析了宋代侍從官的涵括範圍以及與之相關的一些概念。北宋前期,侍從官通常概稱爲"兩制以上",主要包括廣義"兩制"與本官階在兩省給舍、諫議以上的官員。元豐改制後,總的説來,其範圍應包括職事官諫議大夫或權侍郎以上、職名待制以上和寄禄官太中大夫以上的官員。

宰輔大臣之外,宋代有一個稱之爲"侍從官"的清望臣僚群體。他們是君主選任兩府宰執的後備隊伍,也是朝廷賴以議政、治國的中堅力量。對於這一官員群體,學界以往關注不足,研究較少,一些基礎性問題尚缺乏清晰、準確的説明[①]。本文致力於辨析宋代侍從官的範圍及相關概念,以便將來展開深入研討。

一 區別於"庶官"的"侍從官"

"侍從官"是宋代概括兩府宰執以外清望臣僚群體的一種泛稱,文獻中有時簡稱爲"侍從""從官""侍臣"等。關於這一概念,有以下兩點需要首先指出:

其一,宋代的"侍從官"概念主要側重於文臣而言。儘管武臣序列中也有相應高級臣僚群體,文獻中"文武侍從官"的提法也偶或一見[②],但宋人關注、熱議的通常止是文臣侍從官。本文討論的"侍從官"也專指清望文臣群體。

張禕 首都師範大學歷史學院

其二，宋代關於這批臣僚的概稱方式頗爲繁亂，"侍從官"是其中比較簡明通用的一種，尤以元豐改制後更加常見。儘管兩宋詔令奏議中經常使用這一稱謂，但實際找不出明確的制度條文作爲界定依據。終宋之世，關於這批臣僚也始終没有形成一種定義明確且比較正規的概稱方式。

雖然没有正式、固定的稱謂，但兩宋確實存在這樣一個清望臣僚群體，區別於人數衆多的普通官員，則是毫無疑問的。與"侍從官"相對，其他普通官員經常泛稱"庶官"或"庶僚""群吏"，兩者之間區分明確。如洪邁《容齋三筆》指出"國朝優待侍從，故事體名分多與庶僚不同"③，宋高宗曾表示"若遇從官無異庶官、宰執無異從官，則非朝廷之體"④云云。

侍從官地位介於兩府宰執與普通臣僚之間，三者構成選任擢升序列。北宋崇政殿説書趙師民上疏建言"簡侍從"，就提到"近臣之任，必取於群吏，宰輔之任，亦取於近臣；前日之群吏，今兹之近侍，今兹之近侍，將來之宰輔也"⑤。此處的"近臣""近侍"就指代侍從官。南宋殿中侍御史周葵也説過"侍從官號爲論思獻納之臣，異時宰輔從此其選"⑥。可見，侍從官是選拔宰輔大臣的後備儲材之地。

制度上，侍從官的選任擢升須由皇帝親自掌控。元祐元年（1086），殿中侍御史吕陶概括稱：

> 伏謂朝廷差除之法，大別有三，自兩府而下至侍從官，悉稟聖旨，然後除授，此中書不敢專也。自卿監而下及已經進擢，或寄禄至中散大夫者，皆由堂除，此吏部不敢預也。自朝議大夫而下，受常調差遣者，皆歸吏部，此中書不可侵也。法度之設，至詳至密，所以防大臣之專恣，革小人之僥倖也。⑦

在這個三等格局中，侍從官的除授和宰執一樣，是皇帝直接過問、操控著的，宰輔大臣無權自行裁定，可見其地位重要。

宋代的"侍從官"主要體現爲一種身份。顧名思義，"侍從官"本義是指親近君主、隨侍扈從的官員。但宋代的"侍從官"概念，與"隨侍扈從"的本義已有一定程度的剥離。文獻中常常可見所謂"在外侍從"，指在地方任職的侍從官，與中央的"在内侍從"相對⑧，兩者可合稱"内外侍從"或"中外侍從"⑨。由此可知，宋代的"侍從官"並不強調在空間距離上與皇帝的親近。同時,宋代的"侍從官"也没有固定對應於一些特定的差遣職位。例如,一路的安撫司長官既可以是侍從官,也能用"庶官"充任,其職權大小並無差別。但從官員個人待遇等方面來說,則有一些等級區分,最明顯的比如前者結銜爲"安撫使",而後者通常只能稱"主管某路安撫司公事"[10]。轉運司及中央的銀臺司等也有類似情況[11]。可見,"侍從官"主要標識一種身份,臣僚可以帶著出任中央或地方的不同職位,而與其他官員有所區別。

不過,分居中外、充任各種差遣的侍從官也有他們的共通職能,這就是所謂的"論思獻納"與"顧問應對"。南宋周必大指出:"本朝置侍從官,特異前代,蓋欲其精白一心,論思獻納,增重王國,非專使治有司之事而已。自元豐改官制,雖稍循周唐舊典,分治六曹,然班列浸高,職業猶簡,委用之意,夫豈徒然?"[12]大多數侍從官都身居中央或地方要職,委任頗重;在倚賴他們辦理具體差事的同時,宋廷還期待借重其學問、識見與治事經驗來謀議國事,並備君主諮詢顧問。

在宋代,除臺諫專以言事爲責外,侍從官也享有不受具體職務約束的廣泛的議論之權。這一點,甚至優於分工明確的宰執。熙寧(1068—1077)初,翰林學士司馬光激烈反對新法,神宗擢其爲樞密副使,希望他止就本職工作言事,但他堅辭不受,並說:

> 李舜舉傳聖旨,諭臣以樞密院本兵之地,各有職分,不當更引他事爲辭。臣今若已授樞密副使敕告,即誠如聖旨,不敢更言職外之事。今未授恩命,猶是侍從之臣,于朝廷闕失無不可言者。[13]

宋代兩府制格局下,中書(三省)、樞密"各有職分",一般謹守界限,不會侵越干預對方事務,不像翰林學士等侍從官那樣,"既無同對之拘,又無越職之禁"[14],縱論漫議,少有限制。

元修《宋史》論曰:"宋之立國,元氣在臺諫。"[15]侍從官"以論思獻納爲職"[16],"於朝廷闕失無不可言","自祖宗以來……仍以侍從近臣爲耳目,請問論事,殆無虛日"[17],實際上是臺諫之外一條更爲重要的"言路"。況且,他們多身居要職,負責具體政務。趙宋一朝"聲容盛而武備衰,論建多而成效少"的政治風貌[18],很大程度上也是侍從官群體共同養成的。

侍從官在兩宋政治生活中如此重要，其概念所指、範圍界定卻仍是一個懸而未決的難題。南宋趙昇編有一部辭書式的筆記《朝野類要》，現今工具書中關於宋代典章制度、習慣用語的解釋大量沿用該書的記載[19]。《朝野類要》對"侍從官"的界定是：

> 翰林學士、給事中、六尚書、八侍郎是也。又中書舍人、左右史以次謂之小侍從。又在外帶諸閣學士、待制者，謂之在外侍從。[20]

《中國歷史大辭典》關於宋代"侍從""侍從官"的解釋，就是參考該條材料寫成的[21]。龔延明先生《宋代官制辭典》在《朝野類要》界定之外，主要參據元豐改制後的其他記載，也作了一個概括，即所謂"四品以上清要官"[22]。類似解釋都有所疏略，清晰、準確尚嫌不足。下文將以元豐改制爲界，著重辨析宋代侍從官的涵括範圍與相關概念，期待能在上述研究的基礎上有所推進。

二　北宋前期侍從官的概稱與範圍

宋代的侍從官群體及相關制度，大約在太宗、真宗時醖釀形成。不過，北宋前期的文獻中，確定把"侍從官"用作這批清望文臣群體概稱的情況，尚不多見。仁宗時，臣僚論及這一群體，各種提法五花八門。

例如慶曆五年（1045），針對朝廷"委待制以上"薦舉省府判官、轉運使副等官員，有臣僚持反對意見，稱"今若令兩制以上保舉，不唯上侵宰執之權，又下長奔競之路"，並質疑說"且待制以上僅五十人，若歲舉三人，每歲當及一百五十人，數年之後，人數倍多，何以處置"[23]。當時，歐陽修針鋒相對，逐條反駁，指出："臣算一人有三人舉主，方敢望差遣……今兩制不及五十人，使人人歲舉三人，即纔各是一人舉主……況有不曾舉人者，或舉不及三人者。乞賜檢會去年終兩制以上舉到人數，便可知其恣情欺妄也。"[24]以上辯論中，"待制以上""兩制以上""兩制"其實都是可以互換的概念，指代同一批臣僚，也就是本文討論的侍從官。

又如,慶曆六年權御史中丞張方平上疏稱:"臣向在翰林充學士,見本院天聖中具員,兩制兩省官不及三十員,今五十餘員。"㉕八年,他再次指出:"臣勘會學士院兩省已上官具員,景祐中四十餘員,今六十餘員。"㉖學士院具員册中登載的所謂"兩制兩省官""兩省已上官"也是指侍從官,這兩種提法也可以等同互换。

這種紛繁的狀態使得北宋前期的侍從官範圍頗難把握。綜合來説,各種概念和提法中,"兩制以上"意涵相對穩定且較爲常見。本節就從"兩制"入手,著重辨析所謂"兩制以上"概念,進而總結元豐改制以前侍從官的涵括範圍。至於意涵相對模糊或使用較少的"待制以上""兩制兩省官""兩省已上官"之類,則隨文附及,不作重點討論。

(一)"兩制"及"待制以上"

"兩制"是"兩制以上"概念的核心,且又關涉所謂"待制以上"的提法,需要首先作出明確界定。宋代"兩制"的概念也頗爲複雜,若指稱官員群體,則至少包含兩個層次:狹義的"兩制"主要指内外制詞臣;廣義的"兩制"則除内外制詞臣以外,還包括殿閣學士、直學士、待制之類,而殿閣學士等職銜亦可概括爲"待制以上"職名。以下分别解説:

1. 指内外制詞臣

若指代官員群體,"兩制"本是内外制詞臣的合稱。内制指以翰林學士爲代表的學士院官員,外制則是指中書舍人或他官知制誥等舍人院官員,他們分工負責朝廷制詔文辭的起草工作,故稱"詞臣"。這兩套詞臣班子的區分起源於唐代,將其合稱爲"兩制"的情形也出現較早,後晉開運元年(944)詔敕就提到"翰林學士與中書舍人,舊分爲兩制,各置六員"㉗。宋代文獻中,通常意義上的"兩制"仍然指稱這一範疇。例如,《朝野類要》對"兩制"的界定就是:

> 翰林學士官,謂之内制,掌王言大制誥、詔令、赦文之類。中書舍人謂之外制,亦掌王言凡誥詞之類。㉘

這一界定,爲現今的歷史辭典與研究論著所沿用㉙。學界熟知,不必贅言。

2. 包括内外制詞臣和殿閣學士、直學士、待制等

實際上,北宋前期的"兩制"概念,除内外制詞臣外,常常還包括殿閣學士、直學士和待制之類。歐陽修《又論館閣取士劄子》附注指出:"翰林學士謂之内制,中書舍人、知制誥謂之外制,今並雜學士、待制,通謂之兩制。"㉚例如,皇祐三年(1051)九月,宋廷下詔"三司河渠司與兩制、臺諫官同議塞商胡、郭固決河"。之後,由觀文殿學士丁度領銜,奏上議定方案㉛。嘉祐四年(1059)六月,觀文殿學士兼侍讀學士、禮部尚書王舉正陳請:"朝廷每有送兩制詳定事,亦須臣預議。念臣常參重任,乞今後免預。"㉜待制位次低於知制誥,宋代文獻中的"兩制以上"官員,實際是從待制算起,而不是從兩制詞臣中地位較低的知制誥算起㉝。由此可見,這幾則材料中所謂的"兩制",都是包括殿閣學士、直學士、待制在内的廣義範疇。

"兩制"的廣義用法出現稍晚,但大概也可以追溯到宋太宗時期。李燾《續資治通鑑長編》記載,太平興國八年(983)十一月:

> 壬申,以翰林學士李穆、呂蒙正、李至並爲左諫議大夫、參知政事,樞密直學士張齊賢、王沔並爲右諫議大夫、同簽署樞密院事……穆等對于玉華殿,上謂之曰:"朕爲官擇人,惟恐不當。今兩制之臣十餘,皆文學適用,操履方潔。穆居京府,尤號嚴肅,故兹奬擢,蓋惟公也……"穆等咸再拜謝。㉞

李穆等自翰林學士拜參知政事,張齊賢等自樞密直學士入樞密院供職。太宗講述升遷緣由,褒奬衆人,説到"今兩制之臣十餘,皆文學適用,操履方潔"云云,將諸位樞密直學士也包括在内。

此次除授之時,學士院另有扈蒙、宋白、賈黄中在職㉟,舍人院大概僅有蘇易簡、韓丕、徐休復三位㊱,合計不過九人。北宋前期,兩制詞臣各以六員爲限額,除授滿編的情況較爲少見㊲,足額設置,亦不過十二人。可見,此處"兩制之臣十餘"應該不限於内外制詞臣。太宗朝,殿閣學士等職銜設置極少。當時尚無待制,除了宰相加官的昭文館大學士、集賢殿大學士外,僅有文明殿學士(原端明殿學士)、樞密直學士、集賢院學士和直學士,除授員額也相當有限。與内外制詞臣相加,大概就是十餘人的規模。太宗所謂的"兩制之臣",應該是用其廣義,將殿閣學士等全部涵括在内了。

殿閣學士等號稱文學之選,待詔内廷,與兩制詞臣頗多類似之處,太宗時設置又少,大概因此附麗於"兩制"而概稱之。但真宗以後,此類職銜越來越多,有殿閣學士、直學士、待制、直閣等,與三館秘閣的修撰、校理、校勘之類,逐漸構成爲一個名目繁多而又上下有序的職名系統。其中殿閣待制以上,包括待制、直學士、學士等,一直涵括在"兩制"的範疇之内,屬於高級職名;其餘各種直閣、修撰、校理、校勘等則不在其列,屬於低級職名。因此,概括說來,廣義的"兩制"包括内外制詞臣與帶待制以上職名的官員。

不過,殿閣學士、直學士、待制等雖可概稱爲"待制以上"職名,但宋代文獻中的各種"待制以上"未見得就僅指殿閣學士等高級職名。前文提及,在一些場合下,"待制以上"其實指代侍從官全體,與"兩制以上""兩制"之類是可以等同互换的概念。這樣推算起來,文獻中"待制以上"可指代的層次頗爲複雜。它既可以僅指帶有待制以上職名的官員,也可能對應於整個侍從官群體,或許還會泛泛等同於廣義"兩制"的範疇。概念本身的涵義非常模糊,頗多歧義。結合後文討論可以明確的是,兩宋時期"待制以上"官員一直屬於侍從官群體,但文獻中的"待制以上"概念並不總是等同於"侍從官",前者的外延通常要小一些。

(二) 兩制兩省官

辨析"兩制"的基礎上,再來看所謂的"兩制兩省官"。"兩制兩省官"或"兩制兩省",有時又表述爲"兩省兩制官""兩省兩制"等,是元豐改制前關於侍從官的一種概稱方式。南宋趙汝愚編集的《宋朝諸臣奏議》分門别類收録北宋臣僚的奏議文字,其中卷四九百官門侍從類收有十一篇關於侍從官的議論。這些奏議中,年代最早的是余靖《上仁宗乞令侍從與聞邊事》和何郯《上仁宗乞許兩制兩省上章論事》兩篇,均爲慶曆(1041—1048)年間奏上[38]。後者標題中直接點明"兩制兩省"名目,前者則在正文中提到"兩制、兩省、御史中丞已下雖名侍從供奉之官"云云。可見,"兩制兩省"或"兩制兩省官"確是北宋前期指代侍從官的一種概稱方式。

"兩制兩省官"的提法,大概也可追溯至太宗時期。《續資治通鑑長編》記載,淳化四年(993)九月:

> 丙午,詔翰林學士承旨蘇易簡、給事中陳恕、左諫議大夫魏庠寇準、右諫議大夫趙昌言、起居舍人知制誥吕祐之等,于幕職州縣官中各舉堪任京官者

二人;左司諫吕文仲等九十七人,各舉堪任五千户以上縣令者二人。時天下富庶,上勵精求治,聽政之暇,盡索兩省兩制清望官名籍,閱朝士有德望者,悉令舉官。㊴

上引材料最後一句,太宗"聽政之暇,盡索兩省兩制清望官名籍……悉令舉官"云云,《文獻通考》卷三八《選舉考》、《宋史》卷一六〇《選舉志》也有提到,表述雷同㊵。可見,這一句應該並非李燾的概括,而是沿自舊史原文,與《文獻通考》《宋史》相關表述同出一源。若該推斷不誤,則很可能太宗時期就已出現"兩省兩制"的提法了。

不過,上引材料中的"兩省兩制清望官"大概還不能等同於侍從官的範疇。從字面來看,"兩制兩省官"主要包括"兩制"和中書、門下二省官員,實際並不這麼簡單。"兩省兩制官"的大體範圍,可以根據學士院具員册的著錄資料推知。所謂具員册,即現任官員名册。宋代宰相、樞密使等的任免詔令須由學士院秉承皇帝旨意起草擬定,侍從官是選任宰執的後備隊伍,北宋前期已形成"擇兩府大臣必於兩制兩省之官"的制度㊶,因此學士院經常保存著這部分官員的名籍資料備用。前引張方平奏議稱"臣向在翰林充學士,見本院天聖中具員,兩制兩省官不及三十員"云云,就是相關例證。

江少虞《宋朝事實類苑》卷二八《官職儀制·具員》記錄了北宋前期學士院具員册的大體內容㊷:

  具員用小方册子,可五六寸(蓋置於懷袖也),每官位以黄紙幖格之。一親王,二中書,三樞密院,四使相、節度使,五僕射、尚書,六三司使,七翰林侍講侍讀、密直、龍圖閣學士,八中丞、丞郎、給舍、諫議、待制,九留後、觀察、防禦使。㊸

將其中收錄的官員剔除武臣、親王、兩府宰執之後,餘下的使相、節度使(文臣)、僕射、尚書、三司使、翰林學士、侍講學士、侍讀學士、樞密直學士、龍圖閣學士、御史中丞、左右丞、侍郎、給事中、中書舍人、諫議大夫、待制等,大概就是所謂"兩制兩省官"的涵括範圍了。由此可見,"兩制兩省官"絕不等同於"兩制"和中書、門下二省官員:一方面,"兩制兩省官"中的"兩制"是取其廣義,並且"兩制"、兩省官員之外,它還包括一些帶有高級加官或尚書省職銜的臣僚,還包括充任三司使、御史中丞等重要差遣的臣僚;另一方面,兩省系統級別較低的官員,如起居郎、起居舍人、司諫、正言卻不在其列。

換言之,"兩制兩省官",準確說來,其實是廣義"兩制"與"大兩省以上"的合稱。《續資治通鑒長編》卷一〇二記載,天聖二年(1024)正月:

> 甲寅,詔兩制、大兩省以上,正刺史、閤門使以上,並聽受命日告謝。先是,臣僚告謝或自外代還,上欲盡知其姓名,故令前一日先以名聞。閤門不喻上意,而侍從官亦須奏。至是,翰林學士李諮建言而釐正之。㊹

"正刺史、閤門使以上"屬於武臣序列。所謂"兩制、大兩省以上"相當於"兩制兩省官",才是文臣侍從官的範疇。前文提及,北宋前期的侍從官有時可概稱爲"兩省已上官",其實質應該也是"大兩省以上"的略稱。

(三) 兩制以上

北宋前期有關"兩制兩省官"的材料很少,文獻中更爲常見的侍從官概稱是"兩制以上"。兩者涵括範圍一致,"兩制以上"概念的興起可能稍晚於"兩省兩制官"。《續資治通鑒長編》卷六二,景德三年(1006)三月丁未條提到,大臣劉綜建議"三院御史員數至少,每奉朝請,劾制獄,多以他官承乏,甚紊彞制,望詔兩制已上各舉材堪御史者充"㊺。如果該記載是沿用舊史或劉綜奏議原文寫成,那麼真宗初年已開始使用這一概稱。

司馬光《涑水記聞》中抄錄了一份"慶曆五年正月一日,見任兩制以上官"的詳細名單。關於北宋前期侍從官的涵括範圍,可依據這份名單加以說明,其內容如下:

> 慶曆五年正月一日,見任兩制以上官:
>
> 同中書門下平章事(賈昌朝、陳執中),樞密使、同中書門下平章事(王貽永),參知政事(工部侍郎丁度,給事中宋庠),樞密副使(諫議大夫龐籍,諫議大夫吳育);
>
> 節度使、中書門下平章事(軍知陳州章得象,軍知澶州王德用,軍北軍留守夏竦,王貽永見上),尚書(刑部晏殊),節度使(軍知永興軍程琳),資政

殿大學士(知並州鄭戩),端明殿學士(翰林學士承旨兼龍圖閣學士王堯臣,李淑),翰林學士(王堯臣見上,判官院孫抃,同判楊察,三司使張方平),資政殿學士(侍郎、西京留守張觀,給事中、知揚州韓琦,諫議大夫、知鄧州范仲淹,知曹州任師中,南京留守王舉正,知鄆州富弼),翰林侍讀學士(判農寺楊偕,知青州葉清臣,判三班院柳植,知秦州梁適,知鄭州王拱辰,提舉京百司宋祁),龍圖閣學士(王堯臣、宋祁並見上),樞密直學士(知鎮州明鎬,知杭州蔣堂,知益州文彥博,知許州李昭述),龍圖閣直學士(知蔡州孫祖德,知徐州張奎,給事中、知開封府張存、劉沆,知滑州張錫,田況居憂),御史中丞(高若訥),尚書左丞(知杭州徐衍),給事中(知亳州高覿),諫議大夫(知廣州魏瓘,知江寧李宥),知制誥(知滁州歐陽修,國信使王琪,同判楊偉、彭乘、趙㮣,判流內銓錢明逸),天章閣待制(知處州張昷之,知杭州方偕,知渭州程戡,知延州孫沔,知慶州沈邈,知河中府王子融,知蘇州滕宗諒、楊安國,陝西都轉運使夏安期,河北都轉運使魚周詢);

前兩府致仕(太傅張士遜,太子太師張耆,太子太傅李迪,太子少傅李若谷,太子少保任布),前兩制致仕(侍郎郎簡)。⁴⁶

這份資料有一些問題。最明顯的是名單所署時間有誤。慶曆五年正月,宰相是章得象、杜衍,而非賈昌朝、陳執中。根據名單所列二府官員來看,"慶曆五年"應該是"慶曆七年"之誤⁴⁷。此外,還有一些其他錯訛,如"知杭州"凡三見,其中尚書左丞"知杭州徐衍"當爲"知兗州杜衍"之誤,知曹州"任師中"當作"任中師"等⁴⁸。脫漏訛誤之處不少。本文討論止就其大體而言,爲避免枝蔓,具體細節不再一一考辨。

這份慶曆七年"見任兩制以上"官員名單由三部分内容組成:(1)從"同中書門下平章事(賈昌朝、陳執中)"到"樞密副使(諫議大夫龐籍,諫議大夫吳育)"爲第一部分,這是目前在位的兩府宰執;(2)其後"節度使、中書門下平章事"至"天章閣待制(……河北都轉運使魚周詢)"爲第二部分,這是宰執之外目前在位的"兩制以上"官員;(3)最後是已致仕的兩制以上官員,包括"前兩府"與"前兩制"兩類。

從名單來看,司馬光《涑水記聞》該條所謂的"兩制以上"概念,是包括兩府宰執在内的。無論就職位重要程度還是臣僚身份級別而言，總的來説，兩府宰執都要超過"兩制"，自然應屬於"兩制以上"的範疇。不過，宋代文獻中的"兩制以上"概念，其實往往特指宰執之外的"兩制"以上官員。例如至和二年(1055)九月丁卯，朝廷下詔，"令兩制以上、臺諫官與河渠司同詳定開故道、修六塔利害以聞"。甲申，翰林學士承旨孫抃等上奏，建議採納"修六塔"方案[49]。領銜建言的臣僚止是翰林學士承旨，而非宰執，可見此"兩制以上"並不包括宰執。又如嘉祐六年司馬光建議"於舊官九品之外，別分職任差遣爲十二等之制，以進退群臣"，他所謂的"十二等"依次指"宰相第一，兩府第二，兩制以上第三，三司副使、知雜御史第四。"[50] 此處"兩制以上"也將兩府宰執排除在外。看來，即便司馬光使用"兩制以上"概念，有時也並不包括宰執。因此，宋代的"兩制以上"概念同樣具有廣狹二義，其狹義特指宰執之外的"兩制"以上官員。就筆者掌握的資料來看，宋代文獻中提到的"兩制以上"通常使用其狹義，特指侍從官，不包括宰執。爲使行文簡潔，若非特別説明，以下本文所用的"兩制以上"概念也都專就其狹義而言。

狹義"兩制以上"的涵括範圍，可以參照上引名單中的第二部分來加以討論。這裏有以下三點值得依次指出：

首先，"兩制以上"範疇包含帶各種不同性質職銜的官員，其中有使相(節度使、中書門下平章事)、節度使之類加官，尚書、給事中、諫議大夫之類階官，資政殿大學士、端明殿學士之類職名，翰林學士、御史中丞之類差遣，與前述"兩制兩省官"基本一致。這種種職銜主要屬於文官系統，使相、節度使也僅列舉帶有該頭銜的文臣。

其次，各種職銜的排列大體符合雜壓次序[51]。這部分官員之所以被概括爲"兩制以上"，可能與其職銜雜壓在"兩制"之上有關。這裏所謂的"兩制"，應該是用其廣義。因爲，名單第二部分官員中以天章閣待制級別最低，兩制詞臣中地位較低的知制誥雜壓還在待制之上。不過，雜壓在待制以上的文臣職銜，並不都屬於"兩制以上"範疇。比如太子賓客、太常卿、宗正卿等，就未能列入，在宋代這些職銜也並非侍從官的標誌性頭銜。所以，"兩制以上"還不能簡單等同於雜壓待制以上官員。

最後,"兩制以上"或北宋前期侍從官的涵括範圍,可以根據司馬光抄錄的這份名單,並參照前引"兩制兩省官"相關記載,在北宋前期官、職、差遣分離的框架下進行總結。具體説來,這部分官員主要包括:(1)本官階在中書門下兩省給舍、諫議以上和尚書省丞郎以上的官員——就階官序列而言,尚書省丞郎級別高於兩省給舍、諫議,故而這部分官員也可簡單概括爲本官階在給舍、諫議以上者;(2)帶有待制以上職名——殿閣學士、直學士、待制等頭銜的官員;(3)充任三司使、御史中丞等重要差遣的官員以及帶有使相、節度使等高級加官的文臣——至於翰林學士、知制誥等職銜,既是差遣,又可以歸入待制以上職名,具有雙重屬性[52]。

進而言之,上述三類官員還能繼續歸併爲兩部分,即廣義"兩制"與本官階在兩省給舍、諫議以上者。這是因爲充任三司使、御史中丞等重要差遣的官員和帶有使相、節度使等高級加官的文臣,其本官階必定在給舍、諫議以上,否則至少會帶"兩制"頭銜。使相、節度使等地位尊崇,不待贅言。以第三類官員中級別較低、任職資歷要求較淺的御史中丞爲例,北宋前期制度規定,"中丞除正員外或帶他官者,尚書則曰'某官兼御史中丞',丞郎則曰'御史中丞兼某官',給事中、諫議則曰'某官權御史中丞事'",又"凡除中丞而官未至者,皆除右諫議大夫權"[53],可見御史中丞職位必須階官在諫議大夫以上方可出任。元豐改制前,神宗朝鄧綰、徐禧等階官未至而出任中丞,但他們同時都帶待制或知制誥銜[54]。御史中丞如此,級別更高的三司使等就無須多言了。既然,"兩制以上"臣僚可歸併爲廣義"兩制"與本官階在兩省給舍、諫議以上的兩部分官員,那麼北宋前期的侍從官又概稱爲"兩制兩省官",就很容易理解了。

前文提及,指稱侍從官群體的情況下,北宋前期文獻中"兩制以上"與"兩制"也可以等同互換。其緣由大概有兩方面:一則,大體上,可將"兩制"泛泛理解爲"兩制以上"的簡略表達。從慶曆七年"見任兩制以上"官員名單來看,其第一、二部分與第三部分"前兩府致仕""前兩制致仕"兩項屬於對應關係,所謂"前兩制致仕"其實就是指已經致仕的狹義"兩制以上"官員。名單中,"前兩制致仕"官員只列出郎簡,郎簡以工部侍郎致仕,故稱"侍郎郎簡"。從本傳來看,仕宦期間他既不曾出任内外制詞臣,似乎也從未得過學士、待制之類職名[55]。"侍郎郎簡"被歸入"前兩制致仕",正説明此"兩制"既非用其狹義,也不是僅僅包括殿閣學士、直學士、待制在内的廣義,它屬於一個更爲寬泛的範疇。

再則,北宋前期的侍從官——即"兩制以上",以廣義"兩制"爲主體和核心。"兩制以上"主要包括廣義"兩制"與本官階在兩省給舍、諫議以上兩部分官員。隨著職官制度的歸併、整理,元豐改制前兩省給舍、諫議以上本官階基本固定爲廣義"兩制"官員敘遷專用的階官。制度規定,文臣磨勘轉官,帶兩制頭銜者"至前行郎中即超轉諫議大夫"[56],沿著兩省系統升遷;其他官員則走卿監系統,"自光禄卿轉秘書監,繼歷太子賓客,遂得工部侍郎。蓋以不帶待制以上職,不許入兩省給諫耳"[57]。兩者之間判若涇渭。這樣一來,但凡階官在兩省給舍、諫議以上的官員,基本都會帶有"兩制"頭銜。換言之,隨著制度演進,北宋前期廣義"兩制"與"兩制以上"範疇有逐漸趨於重合的傾向。保守來説,廣義"兩制"至少也是"兩制以上"的主體部分。因此,以"兩制"代指"兩制以上",也可能是以主體概稱整體的緣故。

"兩制以上"或説"兩制兩省官"後來被概稱爲"侍從官",與這部分官員的共通屬性有關。中書、門下二省及御史臺官員本來就屬於所謂"侍從供奉之官"[58],廣義"兩制"官員號稱"承宴間,備顧問"[59],更是擁有"侍從"之名。例如,仁宗時,殿中侍御史何郯稱"今國家設侍從之官,自翰林學士至天章閣待制,皆取文學極選"[60],權御史中丞王疇也提到"兩制侍從之臣,皆國之選"[61]云云。熙寧二年,范純仁《上神宗乞降詔督責侍從論朝廷闕失》指出"本朝自兩府之下亦設侍從之官,自待制、諫議已上,學士、舍人,皆是古來九卿之職"[62]。其中所述"侍從之官"的涵括範圍,與"兩制兩省官""兩制以上"一致。可見,將宋廷倚重的這批清望文臣概稱爲"侍從官"的提法,在元豐改制前就已經明確出現了。

綜上,北宋前期的侍從官在文獻中曾用過"兩制兩省官""兩制以上""兩制"等多種概稱方式。在指稱侍從官的情況下,這些概念大體上是可以等同互換的。簡單説來,北宋前期的侍從官主要包括廣義"兩制"與本官階在兩省給舍、諫議以上兩類官員。

三 元豐改制後侍從官的範圍及相關概念

元豐(1078—1085)年間,宋神宗推動官制改革,重建實有職掌的職事官系統,另造寄禄官階,同時對各種職名也加以整頓。表面看來,元豐改制"使臺省寺監之官實典職事"[63],似乎在向唐前期的制度回歸;實際上,官制改革將此前逐漸形成的官、職、差遣三套職銜系統加以整理改造,正式固定下來,仍屬於北宋前期制度的發展與完善。元豐以後侍從官的涵括範圍與北宋前期大體一脈相承,其概念範疇也因此頗多糾纏。以下簡要辨析北宋後期以至南宋侍從官的涵括範圍及相關概念問題。

(一) 元豐改制後侍從官的範圍

元豐以後,"兩制兩省官""兩制以上"等概稱極少使用,而"侍從官"的出現頻率大大提高,經常與"庶官"對舉,用作本文討論的清望文臣群體的最主要概稱。但元豐改制後"侍從官"概念涵括的官員範圍,基本上仍然是帶有"兩制兩省官""兩制以上"相關頭銜的官員,主要包括中書、門下兩省諫議以上和帶待制以上職名者。

不過,因爲官制改革的緣故,這一範圍内的職銜有因有革,性質也發生了一些變化,比如:(1)原兩省諫議以上、尚書省丞郎以上本官階調整爲實有職掌的職事官;(2)職名系統有所整頓,一些職名取消,"翰林學士""知制誥"的職名屬性消失;(3)"三司使"差遣廢除,職事併歸三省六部,使相頭銜改爲"開府儀同三司",用作寄禄官階等等。

這樣一來,元豐改制後侍從官的範圍大體可以概括爲職事官兩省諫議以上和職名待制以上的官員——就品級高低而言,尚書省丞郎以上和翰林學士、御史中丞等可以涵括在職事官兩省諫議以上的範疇之内。元祐二年,六部侍郎資歷不足者職銜帶"權"字[64],雜壓在諫議大夫之下,但官品與之相同,於是職事官諫議以上又可擴展爲權侍郎以上。洪邁《容齋三筆》卷一二《侍從兩制》提到"今盡以在京職事官自尚書至權侍郎及學士待制均爲'侍從'"[65],反映的就是北宋後期至南宋的制度。

此外,元豐改制後的文獻中又可看到寄禄官"金紫至太中爲侍從官"⁶⁶"太中大夫以上爲侍從官"之類説法⁶⁷。這種説法的實際含義是寄禄官太中大夫以上是侍從官專用的遷轉官階,所謂"自太中以上,惟宰執、侍從得遷"⁶⁸"若太中大夫,非侍從官不得轉行"的意思⁶⁹,而不是説侍從官就是帶太中大夫以上寄禄官階者。從文獻記載來看,元豐改制以後許多被看作侍從官的臣僚,其寄禄官都要低於太中大夫,甚至一些執政也不過中大夫而已。所以,寄禄官在太中大夫以上的臣僚,無疑已躋身侍從之列,但並不是所有侍從官的寄禄官都已達到如此高階。

同樣,職事官諫議或權侍郎以上和職名待制以上,作爲侍從官標誌,這兩套職銜系統的地位也不一樣,躋身侍從的關津在於前者。臣僚若非曾任諫議或權侍郎以上職事官,都極難得到待制以上職名⁷⁰。因此,想要進入侍從官行列,首先必須在中央擔任到特定的職事官。

而充任諫議或權侍郎以上職事官的臣僚卸任之際,由於有升遷、調職、降黜以及滿任與否等多種情形,也不一定就能獲得待制以上職名,這實際意味著退出侍從官行列。元祐元年,劉摯總結元豐官制説:"待制、學士職,給諫以上補外則除之。亦繫一時恩旨,非有必得之理。"⁷¹李心傳《建炎以來朝野雜記》甲集卷九《前從官許服紅帶》"故事,從官不帶待制已上職名而罷者,止服黑帶佩魚……〔淳熙〕十年十月,始有旨:權侍郎以上罷任不帶職,許服紅鞓排方黑犀帶,仍佩魚。自是遂爲定制"云云⁷²,就是在討論諫議或權侍郎以上職事官卸任,卻不帶待制以上職名,相關待遇的安排問題。

這樣,制度運作中就有可能會出現某些官員寄禄官已至太中大夫以上,卻並没有充任諫議或權侍郎以上職事官,也不帶待制以上職名的情況。因此,元豐改制後文獻中概括侍從官群體,有時會兼顧職事官、職名、寄禄官三套系統。祝穆《古今事文類聚·續集》卷一一"狨毛爲坐"條引《紹興令》:"諸狨毛坐,職事官諫議大夫、寄禄官太中大夫以上及學士、待制或經恩賜者許乘。"⁷³《慶元條法事類》也沿用該規定,不同之處是"職事官諫議大夫"以上改作"職事官權六曹侍郎"以上⁷⁴,這是由於兩宋之交權侍郎職位一度廢而復置的緣故⁷⁵。乘用狨座,是北宋前期以來優待侍從官的一項特權,所謂"故事,兩制以上方乘狨座,餘不預也"⑯。《紹興令》等沿襲這一傳統規定,條文縷舉"職事官諫議大夫"或"職事官權六曹侍郎"以上、"寄祿官太中大夫以上及學士、待制",其實就是致力於對當時的侍從官範圍進行明確界定。或者也可以說,這種三套職銜系統兼顧的界定方式,才是對元豐改制後侍從官範圍的完整概括。

（二）元豐改制後"侍從官"相關概念辨析

元豐改制後,關於侍從官的概稱不再像北宋前期那樣繁複。"侍從官"基本就是宋廷倚重的這批清望文臣最爲常見的概稱方式。不過,圍繞這一範疇仍然有許多容易帶來誤解的問題,以下稍作辨析。

1. 觀文殿大學士至待制爲"侍從官"

元豐改制後形成一項正式的制度規定,將待制以上職名定義爲"侍從官",而將其餘職名合稱爲"貼職"⑰。孫逢吉《職官分紀》卷一五《觀文殿大學士學士》記載:"《元祐令》:觀文殿大學士至寶文閣待制爲侍從官。"⑱該規定此後一直延續,影響久遠。例如,徽宗朝以"觀文殿大學士至徽猷閣待制爲侍從官"⑲,孝宗時淳熙（1174—1189）重定官稱又以"觀文殿大學士至敷文閣待制爲侍從官"⑳,寧宗朝《慶元條法事類》作"觀文殿大學士至華文閣待制爲侍從官"㉑,隨著殿閣學士、直學士、待制職銜的增設而不斷延展重申。這個所謂的"侍從官"要比本文討論的"侍從官"群體範圍狹窄一些。這兩種"侍從官"概念在北宋後期以至南宋的政治生活中一直並存著。

2. 仍以"兩制"泛稱侍從官

元豐改制後,仍沿襲北宋前期習慣,以"兩制"泛稱侍從官。例如,《續資治通鑒長編》卷四九九,元符元年（1098）六月己丑條記載:

> 是日,三省、樞密院……又呈高陽帥闕,上曰:"誰可?"（章）惇曰:"盛陶或張商英。"上曰:"高陽須兩制。"（曾）布曰:"若差,即須與待制。"㉒

其中提到的"兩制",顯然不是指內外制詞臣,甚至也不是包括殿閣學士、直學士、待制等在內的廣義,而應該理解爲相當於"兩制以上"的概念,指代侍從官而言。這種用法一直延續到南宋。程大昌《雍錄》卷八《職官·侍從一》提到"今時侍從又名兩制"㉓,陸游《老學庵筆記》卷八也說"今言侍從官也,俗又謂之兩制"⑧。

類似提法引起一些臣僚的不滿,如周必大在《淳熙玉堂雜紀》中辨析説:

> 北門掌内制,西掖掌外制,是謂兩制。又著令,自觀文殿大學士至敷文閣待制爲侍從官。朝廷或詔近臣舉賢、議事,多云"兩省諫議大夫以上、尚書省侍郎以上",而別言"御史中丞、學士、待制"乃爲詳備。近世相承,通稱侍從固已疑混,若泛言兩制則非矣。⑧

這一段話集中體現了當時"兩制""侍從"的多重涵義和概念混用問題。元豐改制後,宋廷倚重"舉賢、議事"的"近臣"——本文所討論的侍從官,主要包括"兩省諫議大夫以上、尚書省侍郎以上"和"御史中丞、學士、待制"。然而,這部分臣僚卻没有正式、專用的概稱方式,只能約定俗成、沿襲慣例泛泛稱爲"兩制"或"侍從"。由此,朝廷下詔通常不得不羅列相關人員,時或有所漏略,而泛稱"兩制"或"侍從"還容易和指代内外制詞臣的"兩制"概念、指代待制以上職名的"侍從官"概念混淆。

3."小兩省"與"侍從官"

"小兩省"職銜——左右史(起居郎、起居舍人)、左右司諫(補闕)、左右正言(拾遺),既不屬於北宋前期的"兩制以上",也不在元豐改制後"侍從官"的範圍之内。"小兩省"官員不屬於宋廷最爲倚重的清望文臣群體,即本文所謂的"侍從官"。這一點毫無疑問。

然而,"侍從"一詞本來是親近君主、隨侍扈從之義。從這一本義出發,宋代文獻中有時也可以看到將"小兩省"稱作"侍從"官員的例子。如太宗時,右補闕、知睦州田錫上疏論及"今遺、補是侍從之臣,而不得在左右"云云⑧;真宗時,起居舍人、知制誥李宗諤聲稱"中書、門下兩省,自正言以上,皆天子侍從之官,立朝叙班,不與外司爲比",朝議也予以認同⑧。以上例證集中於北宋初期,相關提法主要是沿用前代典故而來⑧。隨著本文討論的"侍從官"群體及相關制度形成,這類表述漸趨湮滅。

元豐改制後,由於工作性質特殊,圍繞左右史,類似提法又能看到一些。比如,元豐期間宋廷改革朝會制度,確立起所謂"日參、六參、望參、朔參"之制⑧。

其中，"門下省起居郎以上，中書省起居舍人以上，尚書省侍郎已上，御史中丞已上，爲日參官"⑩，日參官又稱常參官。對此，葉夢得《石林燕語》表述爲"元豐官制行，始詔侍從官而上，日朝垂拱，謂之'常參官'"⑪。此外，宋廷下詔"侍從、臺諫"或"侍從、臺諫、禮官"議事，左右史雖非臺諫、禮官，有時也得以廁身其中⑫。

但是，上述事實並不意味著左右史已能與大兩省官員、"尚書省侍郎已上，御史中丞已上"並列，屬於同一等次。元祐年間，蘇轍上疏提到"如左右司、吏户禮郎官、左右史、臺諫官，皆用人之津梁，侍從近臣之所從出"⑬，中書舍人韓川指出"左右史職清地峻，次補侍從"⑭。可見，左右史與本文討論的"侍從官"之間仍有一條非常明確的界線。南宋趙鼎説得很中肯，"起居郎雖日侍清光，終非兩制"⑮。左右史雖然能夠每日面見皇帝，隨侍在側，但身份、地位畢竟不及侍從官。總之，元豐改制後左右史所謂的"侍從"，只能理解爲對於其工作性質的描述。

在此基礎上，可以對《朝野類要》《宋代官制辭典》關於"侍從官"的解説稍加評析。這兩種界定反映的主要是元豐改制以後的制度。《朝野類要》羅列的"侍從官"並不全面，漏略了御史中丞、諫議大夫等重要職位。而"中書舍人、左右史以次謂之小侍從"，將中書舍人與左右史並列，恐怕也有問題。"小侍從"該如何理解，還需再作探究。元豐改制後，諫議大夫、權六部侍郎、待制、太中大夫均爲從四品。《宋代官制辭典》將侍從官概括爲"四品以上清要官"⑯，大體不錯，但稍嫌簡略。一則，宋代的"侍從官"側重指文臣；再者，從四品以上職銜中，太子賓客和卿監職位等都不屬於侍從官範疇。

結　語

本文著力辨析了宋代侍從官的涵括範圍以及與之相關的一些概念問題。就宋廷倚重的清望文臣群體而言，兩宋時期基本是穩定存在的，相關制度一脈相承。北宋前期的侍從官主要包括廣義"兩制"與本官階在兩省給舍、諫議以上者。元豐改制後的侍從官基本仍是帶有上述職銜的官員，但由於職官制度經過一番整理，嚴格説來，兼顧三套職銜體系，表述爲職事官諫議大夫或權侍郎以上、寄禄官太中大夫以上和職名待制以上官員，才更爲完整。

　　大致釐清侍從官的涵括範圍之後，就可以對這一官僚群體展開較爲深入、綜合的研究了。侍從官是宋代士大夫群體的"翹楚"與核心，許多精英人物都曾位列侍從。作爲宋廷倚重的清望臣僚，他們分據內外要職，且有從容議論、越職言事之權，在當時具有非常重要的政治影響力。關注侍從官群體，有助於突破以往政治史研究聚焦個別頭面人物、政治派系的討論方式，對兩宋時期高層政治動向的演變、政治文化氛圍的營造等課題，能夠從更爲寬廣的視角切入、把握，不僅可以深化既有認識，也可能引出一些有價值的新議題。

＊本文爲中國國家社科基金青年項目"文書制度與北宋中樞政務運行"（12CZS026）成果之一。文章修改過程中，得到北京大學中國古代史研究中心鄧小南教授和華中科技大學歷史研究所陳文龍、蘇州大學社會學院歷史系丁義珏等師友中肯而富於啓發性的批評指正，在此謹致謝忱。

注　釋

① 除一些歷史學工具書中有簡略的辭條解釋外，筆者注意到的專論僅有王宇《試論宋代"侍從"內涵與外延的變化》（《浙江學刊》2011 年第 2 期，第 109—116 頁）一篇。文章主要著眼於討論"侍從"概念，雖然涉及職官制度上的一些重要內容，但相關問題仍有另作梳理的必要。

② 例如，李心傳《建炎以來繫年要錄》（景印文淵閣四庫全書本）卷七〇，紹興三年十一月乙亥條："詔復司馬光十科舉士之制，令文武侍從官歲各舉三人，用宰相朱勝非請也。"又如，徐松輯《宋會要輯稿·選舉》（中華書局 1957 年版）三四之一〇載紹興二十九年七月四日高宗詔曰："今一二大將子弟皆已除遷至文武侍從，而〔張〕俊之子猶在庶僚，非朕襃有禮、獎元功之意也。"（可參見李心傳《建炎以來繫年要錄》卷一八三，紹興二十九年七月乙酉）

③ 洪邁《容齋隨筆·三筆》卷四《從官事體》，孔凡禮點校，中華書局 2005 年版，第 466 頁。

④ 李心傳《建炎以來繫年要錄》卷一一八，紹興八年正月癸巳。

⑤ 李燾《續資治通鑒長編》卷一四六，慶曆四年二月丙辰，中華書局 2004 年版，第 3545 頁。

⑥ 《宋會要輯稿·職官》六〇之三〇。周葵原作"周英"，據李心傳《建炎以來繫年要錄》卷一二八紹興九年五月壬寅條校改。

⑦ 李燾《續資治通鑑長編》卷三七〇,元祐元年閏二月紀事,第8964—8965頁。
⑧ 例如蔡絛《鐵圍山叢談》卷二,"國朝垂拱殿常朝班有定制"條,馮惠民、沈錫麟點校,中華書局1983年版,第25頁;周必大《廬陵周益國文忠公集》卷一四四《參知政事劄子十首·論檢舉諸軍磨勘》,影印傅增湘校清歐陽棨刻本,四川大學古籍整理研究所編《宋集珍本叢刊》第52冊,綫裝書局2004年版,第452頁。
⑨ 例如蘇轍《欒城集》卷三九《論差除監司不當狀》,曾棗莊、馬德富校點,上海古籍出版社1987年版,第873頁;徐夢莘《三朝北盟會編》卷一四九,紹興元年十二月"詔百辟卿士各舉所知"條,上海古籍出版社2008年版,第1084頁。
⑩ 參見李心傳《建炎以來朝野雜記·乙集》卷一三《庶官結銜稱安撫使》,徐規點校,中華書局2000年版,第732—733頁。
⑪ 參見韓元吉《南澗甲乙稿》卷九《看詳都轉運使申狀》,《景印文淵閣四庫全書》本;《宋會要輯稿·職官》二之三七至三八。
⑫ 周必大《廬陵周益國文忠公集》卷一二二《淳熙二年·辭免兵部侍郎奏狀》,四川大學古籍整理研究所編《宋集珍本叢刊》第52冊,第287頁。
⑬ 司馬光《上神宗辭免樞密副使(係第五狀)》,趙汝愚編《宋朝諸臣奏議》卷七五《百官門·辭免》,北京大學中國中古史研究中心校點整理,上海古籍出版社1999年版,第820頁。該辭免事件原委,可參看蘇軾《蘇軾文集》卷一六《司馬溫公行狀》,孔凡禮點校,中華書局1986年版,第487頁;徐自明《宋宰輔編年錄校補》卷七,熙寧三年二月壬申,王瑞來校補,中華書局1986年版,第412頁。
⑭ 《宋會要輯稿·儀制》六之三〇。
⑮ 《宋史》卷三九〇,中華書局1977年版,第11963頁。
⑯ 歐陽修《歐陽修全集》卷一一一《乞定兩制員數劄子》,李逸安點校,中華書局2001年版,第1684頁。
⑰ 蘇軾《蘇軾文集》卷二九《述災沴論賞罰及脩河事繳進歐陽修議狀劄子》,第825—826頁。
⑱ 阿圖魯等《進宋史表》,《宋史》附錄,第14255頁。
⑲ 參見王瑞來爲點校本《朝野類要》(趙昇編,王瑞來點校,中華書局2007年版)撰寫的前言。
⑳ 趙昇《朝野類要》卷二《稱謂·侍從》,第45頁。
㉑ 參見《中國歷史大辭典·宋史卷》,上海辭書出版社1984年版,第294頁;《中國歷史大辭典》,上海辭書出版社2000年版,第1856—1858頁。
㉒ 龔延明《宋代官制辭典》,"侍從官"條,中華書局1997年版,第664頁。
㉓ 李燾《續資治通鑑長編》卷一五四,慶曆五年二月紀事,第3750頁。

㉔ 歐陽修《歐陽修全集》卷一〇七《論兩制以上罷舉轉運使副、省府推判官等狀》，第1624頁。參見李燾《續資治通鑒長編》卷一五四，慶曆五年二月紀事，第3752頁。

㉕ 張方平《樂全先生文集》卷二五《論事·請議吏員事》，影印宋刻本，四川大學古籍整理研究所編《宋集珍本叢刊》第5冊，第525頁；李燾《續資治通鑒長編》卷一五八，慶曆六年四月壬子，第3824頁。

㉖ 張方平《樂全先生文集》卷一八《對詔策·對手詔一道》，四川大學古籍整理研究所編《宋集珍本叢刊》第5冊，第458頁；李燾《續資治通鑒長編》卷一六三，慶曆八年三月甲寅，第3924頁。奏上時間，《樂全先生文集》附注繫於慶曆七年二月，今從《續資治通鑒長編》。

㉗ 王溥《五代會要》卷一三《翰林院》，上海古籍出版社2006年版，第228頁。

㉘ 趙昇《朝野類要》卷二《稱謂》，第44頁。

㉙ 參見《中國歷史大辭典·宋史卷》"兩制"及"知制誥"辭條（第168、293頁）、楊果《宋代"兩制"概說》（《秘書之友》1989年第4期，第34—36頁）、張東光《唐宋時期的中樞秘書官》（《歷史研究》1995年第4期，第135—150頁）等。

㉚ 歐陽修《歐陽修全集》卷一一四，第1727頁。

㉛ 李燾《續資治通鑒長編》卷一七一，皇祐三年九月己未、壬申，第4109頁。

㉜ 《宋會要輯稿·儀制》八之一六。

㉝ 參見司馬光《涑水記聞》卷三，鄧廣銘、張希清點校，中華書局1989年版，第52—53頁。

㉞ 李燾《續資治通鑒長編》卷二四，太平興國八年十一月壬申，第558頁。

㉟ 佚名《學士年表》，洪遵《翰苑群書》卷下，知不足齋叢書本。

㊱ 參見李之亮《宋代京朝官通考》第二冊，巴蜀書社2003年版，第7—8頁。

㊲ 參見楊果《兩宋外制官考述》，鄧廣銘、漆俠主編《中日宋史研討會中方論文選編》，河北大學出版社1991年版，第233頁；顧宏義《北宋學士院若干制度考辨》，《華東師範大學學報》1994年第6期，第56—57頁；楊果《中國翰林制度研究》，武漢大學出版社1996年版，第139—145頁。

㊳ 參見趙汝愚編《宋朝諸臣奏議》卷四九《百官門·侍從》，第527—528頁。

㊴ 李燾《續資治通鑒長編》卷三四，淳化四年九月丙午，第753頁。

㊵ 參見馬端臨《文獻通考》卷三八《選舉考十一·舉官》，影印萬有文庫十通本，中華書局1986年版，第358頁；《宋史》卷一六〇《選舉六·保任》，第3740頁。

㊶ 蔡襄《端明集》卷九《箴·（蕭庌箴）別疏》，"去邪勿遲"條，《景印文淵閣四庫全書》本。

㊷ 相關辨析參見張禕《麻制草擬與宋代宰相任免》，鄧小南等主編《文書·政令·信息溝通：以唐宋時期爲主》，北京大學出版社2012年版，第527—528頁。

㊸ 江少虞《宋朝事實類苑》卷二八《官職儀制·具員》，上海古籍出版社 1981 年版，第 358—359 頁。

㊹ 李燾《續資治通鑒長編》卷一〇二，天聖二年正月甲寅，第 2349 頁。

㊺ 李燾《續資治通鑒長編》卷六二，景德三年三月丁未，第 1391 頁。

㊻ 司馬光《涑水記聞》卷三，第 52—53 頁。

㊼ 慶曆五年、七年宰執名單可參看梁天錫編《宋宰相表新編》（"國立"編譯館 1996 年版，第 74—76 頁）和《兩宋樞密表》（梁天錫《宋樞密院制度》，臺灣，黎明文化事業股份有限公司 1981 年版，第 971—972 頁）。

㊽ 上述錯訛承西南民族大學旅遊管理與歷史文化學院張衛忠提示，特此致謝。

㊾ 參見李燾《續資治通鑒長編》卷一八一，至和二年九月丁卯、甲申，第 4371、4377 頁。

㊿ 參見司馬光《溫國文正司馬公文集》卷一九《章奏四·十二等分職任差遣劄子》，《四部叢刊初編》本；司馬光《傳家集》卷二一《章奏四·乞分十二等以進退群臣上殿劄子》，《景印文淵閣四庫全書》本。

㉛ 宋代職銜體系繁複冗雜，爲便於朝會、集議等公務交往，朝廷建立起一套雜壓序班之制，將不同性質的職銜納入統一的序列之中，較量高下（關於北宋前期雜壓序班之制的研究，可參看李昌憲《略論北宋前期官制中的比品和序班》，《中山大學學報》2010 年第 6 期，第 104—113 頁）。北宋前期雜壓的具體序列，大致可參照《宋史·職官八》"建隆以後合班之制"（《宋史》卷一六八《職官八》，第 3987—3991 頁）。從其所列職銜中有觀文殿大學士、天章閣待制而無寶文閣待制來看，所謂"建隆以後合班之制"應該是仁宗、英宗時期的制度。觀文殿大學士始置於皇祐元年，寶文閣待制始置於治平四年（1067），該合班之制大體確立於這一時限之內，與慶曆七年"見任兩制以上官"名單的時間較爲接近。兩相比較，名單中狹義"兩制以上"部分的職銜排列基本符合這一合班次序。

㉜ 北宋前期，知制誥與翰林學士職銜也帶有不同程度的職名性質。知制誥在大多數時候都是標識外制詞臣的差遣名，但在帶赴外任等情況下，其實就僅同於職名。至於翰林學士，也有元豐改制以前"學士兼領他司，止與職名同"的說法（林駉《古今源流至論·續集》卷六《翰苑》注文，《景印文淵閣四庫全書》本。類似說法又見於《宋會要輯稿·職官》六之五三、章如愚編《群書考索·後集》卷七《官制門·翰苑類》引據《孝宗會要》等）——有學者認爲這一說法並不準確，然而相關記載見於宋代官書會要，制度運作中又確實存在通常不必入院供職、不需草制的翰林學士，例如兼領三司使或知開封府的學士，則上述說法不宜簡單否定。

㉝ 馬端臨《文獻通考》卷五三《職官考七·御史臺》，第 483 頁；《宋史》卷一六四《職官四·御

史臺》,第 3870 頁。

㊴ 參見《宋會要輯稿·職官》一七之二三至二四;《宋史》卷一六四《職官四·御史臺》,第 3870 頁。

㊵ 參見《宋史》卷二九九《郎簡傳》,第 9926—9927 頁。

㊶ 參見《宋會要輯稿·職官》一一之二〇;李燾《續資治通鑒長編》卷三一〇,元豐三年十二月甲子,第 7523 頁。

㊷ 洪邁《容齋隨筆·三筆》卷三《侍從轉官》,第 459 頁。

㊸ 張洎《上太宗論入閣圖》指出:"臣竊按舊史,中書、門下、御史臺謂之三司,爲侍從供奉之官。今常朝之日,侍從官先入殿廷,東西立定,俟正班入,一時起居,其侍從官則東西對拜,甚失北面朝謁之禮。"(見趙汝愚編《宋朝諸臣奏議》卷九二《禮樂門·朝會》,第 992 頁)。又如李燾《續資治通鑒長編》卷五乾德二年八月戊申條,也提到"故事,臺省官、金吾將軍俱爲侍從班"云云(第 131 頁)。

㊹ 歐陽修《歐陽修全集》卷一一一《乞定兩制員數劄子》,第 1684—1685 頁。

㊺ 何郯《上仁宗乞許兩制兩省上章論事》,趙汝愚編《宋朝諸臣奏議》卷四九《百官門·侍從》,第 527 頁。

㊻ 李燾《續資治通鑒長編》卷一九三,嘉祐六年正月紀事,第 4662 頁。

㊼ 范純仁《上神宗乞降詔督責侍從論朝廷闕失》,趙汝愚編《宋朝諸臣奏議》卷四九《百官門·侍從》,第 532 頁。

㊽ 李燾《續資治通鑒長編》卷三〇七,元豐三年八月乙巳,第 7462 頁。

㊾ 李燾《續資治通鑒長編》卷四〇三,元祐二年七月癸丑,第 9801 頁。

㊿ 洪邁《容齋隨筆·三筆》卷一二《侍從兩制》,第 572 頁。

66 岳珂《愧郯錄》卷四《執政階官封爵》,《知不足齋叢書》本。

67 馬端臨《文獻通考》卷六四《職官考·文散官·光祿大夫以下》,第 576 頁。另參見《宋史》卷一六九《職官九》,"紹興以後階官",第 4065 頁。

68 林駉《古今源流至論·前集》卷六《階官沿革圖》。參見馬端臨《文獻通考》卷六四《職官考·文散官·光祿大夫以下》附注,第 576 頁。

69 張綱《華陽集》卷一八《奏狀·繳趙令廳轉行太中大夫詞頭狀》,影印清鈔本,四川大學古籍整理研究所編《宋集珍本叢刊》第 38 册,第 506 頁。參見李心傳《建炎以來繫年要錄》卷七七,紹興四年六月癸未。

70 參見李心傳《建炎以來朝野雜記》甲集卷一二"庶官除次對""外官除次對",第 242—243 頁。

(71) 李燾《續資治通鑒長編》卷三七三,元祐元年三月乙酉,第 9038—9039 頁。

(72) 李心傳《建炎以來朝野雜記·甲集》卷九《前從官許服紅帶》,第 188 頁。

(73) 祝穆《古今事文類聚·續集》卷一一《居處部·牀·狨毛爲坐》,《景印文淵閣四庫全書》本。

(74) 參見謝深甫《慶元條法事類》卷三《服飾器物·令》,戴建國點校,楊一凡、田濤主編《中國珍稀法律典籍續編》第一册,黑龍江人民出版社 2002 年版,第 6 頁。

(75) 參見李心傳《建炎以來繫年要録》卷三三,建炎四年五月戊午。

(76) 參見朱彧《萍洲可談》卷一,《叢書集成初編》本;葉夢得《石林燕語》卷三、卷八,宇文紹奕考異,侯忠義點校,中華書局 1984 年版,第 33—34、124 頁;王明清《揮麈録·後録》卷七,中華書局 1961 年版,第 175 頁。

(77) 參見《宋會要輯稿·職官》五六之四二;馬端臨《文獻通考》卷五四《職官考八·總閣職》,第 495 頁。

(78) 孫逢吉《職官分紀》卷一五《觀文殿大學士、學士》,《景印文淵閣四庫全書》本。

(79)《宋會要輯稿·職官》五六之四二。

(80) 謝維新《古今合璧事類備要·後集》卷六一《官品門·官稱》,《景印文淵閣四庫全書》本。

(81) 謝深甫《慶元條法事類》卷四《職制門·官品雜壓·令》,第 20 頁。

(82) 李燾《續資治通鑒長編》卷四九九,元符元年六月己丑,第 11879 頁。

(83) 程大昌《雍録》卷八《職官·侍從一》,《宋元方志叢刊》,中華書局 1990 年版,第 476 頁。

(84) 陸游《老學庵筆記》卷八,李劍雄、劉德權點校,中華書局 1979 年版,第 109—110 頁。

(85) 周必大《淳熙玉堂雜紀》卷中,左圭輯《百川學海》乙集,民國十六年(1927)武進陶氏涉園影宋本。他在爲周麟之《海陵集》作序時,也强調:“本朝沿唐舊,西掖掌外制,北門掌内制,謂之兩制,而非侍從近臣之通稱也。”(周必大《廬陵周益國文忠公集》卷二〇《周茂振樞密海陵集序》,四川大學古籍整理研究所編《宋集珍本叢刊》第 51 册,第 278 頁)此外,洪邁也有類似議論,見《容齋隨筆·三筆》卷一二《侍從兩制》,可參看。

(86) 李燾《續資治通鑒長編》卷二五,雍熙元年八月紀事,第 583 頁。

(87) 李燾《續資治通鑒長編》卷六〇,景德二年五月乙卯,第 1338—1339 頁。

(88) 在唐代,起居郎、起居舍人、補闕、拾遺就已被稱作侍從之臣。參見葉煒《從武冠、貂蟬略論中古侍臣之演變》,榮新江主編《唐研究》第 13 卷,北京大學出版社 2007 年,第 156—157 頁。

(89) 參見李燾《續資治通鑒長編》卷五〇〇,元符元年七月辛亥,“御史臺言”條,第 11901 頁。

(90) 龐元英《文昌雜録》卷三,中華書局 1958 年版,第 39 頁。

(91) 葉夢得《石林燕語》卷二,第 20 頁。

(92) 參見《宋會要輯稿·帝系》九之三一至三二、《儀制》八之二一至二二等。

(93) 蘇轍《欒城集》卷四〇《再言杜紘狀》,第 878 頁;李燾《續資治通鑒長編》卷三八五,元祐元年八月壬辰,第 9372 頁。

(94) 李燾《續資治通鑒長編》卷四五六,元祐六年三月紀事,第 10930 頁。

(95) 趙鼎《忠正德文集》卷三《奏議下·乞除朱震職名狀》,《景印文淵閣四庫全書》本。

(96) 具體討論可參看龔延明《論宋代官品制度及其意義》(收入《中國古代職官科舉研究》,中華書局 2006 年版),第 267—268 頁。

更　　正

《國學研究》第三十三卷刊登《唐代温州地域内外詩歌創作活動考論》一文,文中人名"□光"有誤,應爲"詡光"。特此更正。

《遠遊》非屈原作以及《遠遊》創作史實新論

常　森

【提要】《遠遊》自漢代起就被視爲屈作,後來質疑者不乏其人,但此説一直佔據主流。本文將確定屬於屈原的作品視爲核心比照系統,論證《遠遊》仙信仰體系與該系統間實質上不存在任何有效的歷史與邏輯關聯,《遠遊》與《莊》《老》道學的整體性縐合則強化了它的實質性。《遠遊》自作成並傳播以來不斷得到關注和迴應,其間歷史綫索可界定它產生的時間下限;其上限必在始皇三十五年(前212)"韓衆去不報"之後,因爲韓衆已被它視爲登仙的楷模。簡言之,《遠遊》實爲《莊》《老》道學、燕齊神仙方術以及楚騷三種傳統交錯影響的結果。

在古代,傳世《楚辭》中的《遠遊》篇原本一向被視爲屈子之作。較早的王逸《遠遊章句序》云:"《遠遊》者,屈原之所作也。屈原履方直之行,不容於世。上爲讒佞所譖毀,下爲俗人所困極,章皇山澤,無所告訴。乃深惟元一,修執恬漠。思欲濟世,則意中憤然,文采鋪發,遂叙妙思,託配仙人,與俱遊戲,周歷天地,無所不到。然猶懷念楚國,思慕舊故。忠信之篤,仁義之厚也。是以君子珍重其志,而瑋其辭焉。"其後朱熹《楚辭集注》、汪瑗《楚辭集解》、王夫之《楚辭通釋》、蔣驥《山帶閣注楚辭》等一系列楚辭學著述均持類似説法。殆至清朝,才逐漸有學者提出質疑。今人陳子展曾説:"懷疑《遠遊》不是屈原所作,從近代始。近代學者中有這樣的懷疑,從廖平始。"又説,《遠遊》"一面借用了道家神仙家的思想,一面又撥棄了它",前人普遍未認識到這一點,然大都强調其"道家神仙家的

常森　北京大學中文系

思想",差别唯在於,"從梁啓超以上的過去的學者都推崇屈原這一作品,從梁啓超同時和以下的現代的學者大都否認屈原有此作品"①。這種說法其實止符合大體上的情況。在廖平(1852—1932)、梁啓超(1873—1929)以前,至少胡濬源(1748—1824)、吳汝綸(1840—1903)等學者已經對屈原作《遠遊》說提出了質疑②。

胡濬源說:"《史》明謂'讀……《招魂》《哀郢》',又謂'作《懷沙》之賦',《哀郢》《懷沙》俱在《九章》內,則《招魂》與《九章》皆原作可知。惟《遠遊》一篇,《史》所不及載。《漢志》'屈原賦二十五篇';計二十五篇之數,有《招魂》則無《遠遊》,有《遠遊》則無《招魂》,必去一篇,其數乃合。大抵《遠遊》之爲辭人所擬,良是。細玩其辭意,亦然。"(《楚辭新注求確》目録序)③胡氏又說:"屈子一書,雖及周流四荒,乘雲上天,皆設想寓言,並無一句說神仙事……《遠遊》一篇,雜引王喬、赤松,且及秦始皇時之方士韓衆,則明系漢人所作。"(《楚辭新注求確》凡例)在具體注釋中,胡氏亦頗注意揭明《遠遊》之不合屈子處。如在"餐六氣"一章下,指出:"不過借仙以遣無聊,可也,若'餐六氣''漱正陽'等語,太真,此種話不似屈子心中所緊急,以下皆然。彼何等心而暇念至此乎?須知屈子心中,苟得'君之一悟,俗之一改',雖真有白日飛衝,必不以易也。"在"道可受兮而不可傳"一章下,復指出:"談元雖得秘旨,然在屈子尤不切事情。……疑漢文景尚黄老時,悲屈子者託擬之,以舒其憤也。"而吳汝綸則認爲:"此篇(按即《遠遊》)殆後人仿《大人賦》託爲之。其文體格平緩,不類屈子。世乃謂相如襲此爲之,非也。辭賦家輾轉沿襲,蓋始於子雲、孟堅。若太史公所録相如數篇,皆其所創爲。武帝讀《大人賦》,飄飄有凌雲之意。若屈子已有其詞,則武帝聞之熟矣。此篇多取《老》《莊》《吕覽》以爲材,而詞亦涉於《離騷》《九章》者,屈子所見書博矣,《天問》《九歌》所稱神怪,雖闳識不能究知,若夫神仙修煉之説,服丹度世之怡,起於燕齊方士,而盛於漢武之代,屈子何由預聞之?"(《古文辭類纂》卷六二《遠遊》評點)。胡、吳兩家提出了質疑《遠遊》爲屈作的大體依據,且將其産生斷在漢代文景尚黄老時,或漢代神仙修煉説盛行("盛於漢武之代")、辭賦家興起"輾轉沿襲"之風以後(此風"蓋始於子雲、孟堅")。

總而言之,廖平以前,質疑舊説者早已有之。廖平止是有所推進而已。其《楚詞講義》序稱:"《秦本紀》(按當爲《秦始皇本紀》)始皇三十六年使博士爲仙真人詩,即《楚詞》也。《楚詞》即《九章》《遠遊》《卜居》《漁父》《大招》諸篇,著錄多人,故詞重意複,工拙不一,知非屈子一人所作。當日始皇有博士七十人,命題之後,各有呈撰,年湮歲遠,遺佚姓氏,及史公立傳,後人附會改竄,多不可通,又僅掇拾《漁父》《懷沙》二篇,而《遠遊》《卜居》《大招》悉未登述,可知《遠遊》《卜居》《大招》諸什非屈子一人撰,而《漁父》《懷沙》因緣蹈誤,不過託之屈子一人而已。著書諱名,文人恆事,使爲屈子一人擬撰,自當整齊故事,掃滌陳言,不至旨意重複,詞語參差若此。"該書第一課在講《卜居》《漁父》時,又稱:"舊說以《楚詞》爲屈原作,予則以爲秦博士作,文見《始皇本紀》三十六年。"廖平提出了新的依據,斷定《遠遊》乃秦博士作於始皇時,接近始皇之殁。

1923年,陸侃如(1903—1978)出版了《屈原》一書,承前人之說,列三方面證據將《遠遊》逐出了屈原集。這三種證據是:(一)"所舉人名大都爲屈原時所無",比如韓衆。(二)"表現的思想與別篇不一致",具體則可分兩層:(1)別篇爲悲觀的,而此篇爲樂觀的;"屈原是常常處於逆境的,故不免流於悲觀。試看他作品中所敘理想的事情,沒有一件不是失望的。他去見天帝,卻見拒于閽人;他向宓妃一流的女神及二姚一流的賢女求婚,可是媒人不替他出力(見《離騷》)……但到了《遠遊》裏便不同了。他要見天帝,閽人便開門。他到了南疑,那些一輩子請不來的女神,如宓妃、湘靈、娥皇、女英、海若、馮夷等等,都來歌著舞著。他在《離騷》裏出遊時望見故鄉,便停住不走了。如今卻得意洋洋的'指炎帝而直馳'"。(2)別篇爲入世的,此篇爲出世的;"屈原雖抱悲觀,但他的思想卻是入世的……而《遠遊》裏的話卻處處與此相反……我們固然不能不許屈原的思想變遷。但他的思想若真個歸到出世樂觀上去,則他盡可在洞庭九疑的湖光山色之間逍遙自在去,又何必自沉汨羅?又何必不絕的發許多牢騷話?我們若承認《遠遊》是他的作品,還得去否認自沉的事實,否認《哀郢》《懷沙》等篇的著者。既不能這樣否認,便當逐此篇於屈原集之外了"。(三)"這篇有抄襲司馬相如《大人賦》之處"。陸氏總結道:"這幾個疑點有一於此,即可逐這篇於屈原集之外,何況兼而有之呢?……我想這大約是一個漢代的無名氏僞託的。"④至此,對《遠遊》非屈作的論證可以說是更爲充分了。

筆者認爲,說《遠遊》乃抄襲、模仿《大人賦》或者爲仙真人詩,說《遠遊》產生於秦皇求仙之世,或者漢代文景二帝崇尚黄老時,又或者漢武時神仙修煉説盛行、辭賦家興起輾轉沿襲之風以後,這些都是可以商榷的;各家指證《遠遊》非屈子所作,雖皆爲淺嘗輒止,方法上亦未臻自覺,甚至論證上存在極嚴重的偏差,但是最基本的事實——《遠遊》不屬於屈子——還是弄清楚了[5]。然而迄今爲止,仍有大批學者沿用舊説。比如陳子展(1898—1990)稱:"《遠遊》爲屈子初放漢北,徬徨故鄉,意不自聊,無所告愬,爰逞其幻想與想像之所極,而有是作。非必服膺其時陰陽家或神仙家與方士一流之説,但假其説爲賦以自廣,亦猶發憤抒情之意爾……屈子《遠遊》,意別有寄,非傳道也。"[6]其《〈遠遊〉解題》力駁陸侃如、郭沫若諸學者之議,堅持《遠遊》確爲屈子所作[7]。姜亮夫(1902—1995)則提出:"《遠遊》是屈原思想發展過程中最重要的一篇文章。屈原之所以後來死了,《遠遊》是一個最後的記載,最後'願輕舉而上浮',總比'將從彭咸之所居'那句話更加清楚,那是因没有與爲美政者。而《遠遊》是'時俗迫厄'了,没有辦法了,思想體系是一個發展,所以這篇文章是很重要的。"[8]他還説,"《九章》《遠遊》《卜居》《漁父》,其内容與作風、體性皆與《騷》同,爲一組,大體都是有事可據,有義可陳的,是屈子創作的重心,情愫與事實相糾合而成篇,是一切文學家的正常創作";又稱,"與《離騷》情調思想完全統一的還有《九章》《遠遊》《卜居》《漁父》諸文。都不過是《離騷》的一枝一節、一鱗半爪,或某一含義而已"[9]。而宋效永認定《遠遊》爲屈子之作,且用《離騷》《遠遊》和《莊子·逍遙遊》三文,建構了一個對他來説極重要的觀點——所謂逍遙遊三環節[10]。總之近年來,堅持《遠遊》爲屈作的學者不僅未見減少,而且可能重新佔據了主流[11]。

以上事實,説明《遠遊》作者問題仍有進一步探討之必要——其歷史真相不僅關係到《遠遊》這一篇文章的歸屬,而且涉及對《遠遊》和屈原的確切認知,涉及對兩者所關聯文化與歷史的還原。

徹底解决這一問題無疑需要有正確的理念及方法。筆者認爲,《遠遊》是否爲屈子所作,最權威的意見來自屈子本人,研究者應儘量"讓屈子説明自己"。筆者的具體作法是,以《離騷》《天問》《九章》《招魂》《九歌》等確定屬於屈原的作品爲主體,建構一個"核心比照系統",把握該系統之本質,再拿《遠遊》來做比對,觀察其間的相異性或同一性,以作斷案之最終依據;若兩者存在大量根本上的歧異,而且這些歧異無法基於核心比照系統來作合理的解釋,就可斷定它們不可能屬於同一系統,相反,若兩者存在大量本質上的關聯,就有充足的理據斷定它們屬於同一個系統。除此之外,《遠遊》在文學史及思想文化史上關聯的一系列事實,也將被作爲確定其撰著時期的有效標杆。經由這樣的處置,可以確認,儘管《遠遊》被古今大多數學者視爲屈作,但它完全不被屈作核心比照系統承認和接納,它另具特質,另有基源,也另有歸屬。

一 《遠遊》仙觀念及其與核心比照系統的根本歧異

簡單地說,屈作核心比照系統的本質體現在兩個層面上:其一,原始神話傳統被從理性上明確地否定了,而其中所含不自覺的超現實想像則被提升,成爲高度自覺的藝術創作方法,其素材亦被轉化成了藝術表達的材料[12];換言之,核心比照系統中的神和神話都是"形式化的",不包含"相信的活動"[13]。其二,從核心比照系統所利用的傳統要素來看,在作爲該系統背景的原始神話中,神與人是異己的存在——人可以經巫覡跟神溝通,但不管普通人還是巫,都不能變成神明;這是屈作背景存在中"人—神"關係在本質上的規定性。屈作的内涵是異常豐富的,觀照屈作的視角也非常之多,這裏止針對《遠遊》提挈上述兩個層面(限於篇幅,這兩方面的内容不能充分展開,筆者在《屈原及其詩歌研究》一書中已有詳細論說,故亦無需重複);其中第一個層面凸顯了屈原、屈作的理性精神及藝術特質,第二個層面則凸顯了屈原、屈作所超越的原始傳統的規定性。

筆者之所以説《遠遊》絶非屈子之作,是因爲它全部的核心觀念都不能從比照系統來解釋,即不能與該系統建構合理的關聯。

《遠遊》自始至終貫穿著人可以成仙的觀念和信仰,其主體内容便是追求仙這種超越性的境界。

比如,《遠遊》云:

> 内惟省以端操兮,求正氣之所由。
> 漠虛静以恬愉兮,澹無爲而自得。
> 聞赤松之清塵兮,願承風乎遺則。

> 貴真人之休德兮,美往世之登仙。
> 與化去而不見兮,名聲著而日延。

周拱辰《離騷草木史》曰:"虛靜恬淡,端求正氣,乃仙家真乘也。"蔣驥《注楚辭》則説,"内惟省以端操兮,求正氣之所由"兩句,是説"反己自修","求正氣以度世",乃"求氣者所以煉形而歸神,神仙之要訣也"。文中提及的"赤松"即赤松子。葛洪《神仙傳》卷二云:

> 黄初平者,丹溪人也。年十五,家使牧羊,有道士見其良謹,便將至金華山石室中,四十餘年,不復念家。其兄初起,行山尋索初平,歷年不得。後見市中有一道士,初起召問之曰:"吾有弟名初平,因令牧羊,失之四十餘年,莫知死生所在,願道君爲占之。"道士曰:"金華山中有一牧羊兒,姓黄字初平,是卿弟非疑。"初起聞之,即隨道士去求弟,遂得相見。悲喜語畢,問初平羊何在。曰:"近在山東耳。"初起往視之,不見,但見白石而還,謂初平曰:"山東無羊也。"初平曰:"羊在耳,兄但自不見之。"初平與初起俱往看之。初平乃叱曰:"羊起!"於是白石皆變爲羊,數萬頭。初起曰:"弟獨得仙道如此,吾可學乎?"初平曰:"唯好道,便可得之耳。"初起便棄妻子,留住就初平學,共服松脂茯苓。至五百歲,能坐在立亡,行於日中無影,而有童子之色。後乃俱還鄉里,親族死終略盡,乃復還去,初平改字爲赤松子,初起改字爲魯班。其後服此藥得仙者數十人。

此爲赤松服藥得仙的一種傳説。聞一多據《列仙傳》謂赤松"能入火自燒",斷言《遠遊》稱赤松"化去而不見"有鮮明的"火化的痕跡"[14]。其説殆誤。"能入火自燒"明切指赤松成仙後的異能,乃莊子謂真人"入火不熱"(見《莊子·内篇·大宗師》)、神人"大旱金石流土山焦而不熱"(見《莊子·内篇·逍遥遊》)的演化。而《遠遊》所謂"化去而不見"乃是指成仙者"形解銷化",《史記·封禪書》記齊威宣、燕昭時,燕人宋毋忌等"爲方仙道,形解銷化,依於鬼神之事",庶幾近之。《遠遊》作者追慕長生久視的赤松,表白自己"願承風乎遺則",跟屈原追慕諫君不從、投水而死的殷賢大夫彭咸,無疑是大相徑庭的[15]。胡濬源已質疑道:"願承赤松王喬遺則,則不從彭咸遺則矣,豈合屈子意?"(《楚辭新注求確》)

《遠遊》又云：

> 軒轅不可攀援兮，吾將從王喬而娛戲！
> 餐六氣而飲沆瀣兮，漱正陽而含朝霞。
> 保神明之清澄兮，精氣入而麤穢除。

"王喬"即王子喬，本周靈王太子，傳說後來成仙，與上文所說赤松一樣，爲仙人之典範（"軒轅"也是成仙者，待下文再論）。《遠遊》作者宣揚和實踐的仙術主要是辟穀行氣，即以呼吸吐納之法内修。所以王逸在"餐六氣"句下注曰："遠棄五穀，吸道滋也。"主人公所餐"六氣"，指朝旦之氣（朝霞）、日中之氣（正陽）、日没之氣（淪陰或曰飛泉）、夜半之氣（沆瀣）、天之氣以及地之氣。王逸章句引《陵陽子明經》曰："春食朝霞。朝霞者，日始欲出赤黄氣也。秋食淪陰。淪陰者，日没以後赤黄氣也。冬飲沆瀣。沆瀣者，北方夜半氣也。夏食正陽。正陽者，南方日中氣也。並天地玄黄之氣，是爲六氣也。"《莊子·内篇·逍遥遊》嘗謂至人、神人、聖人"御六氣之辯，以遊無窮"，而晋李頤注"六氣"則說："平旦爲朝霞，日中爲正陽，日入爲飛泉，夜半爲沆瀣，天玄、地黄，爲六。"（見《經典釋文》卷二六）《遠遊》後文又謂主人公"吸飛泉之微液"，洪補以爲，"飛泉"即六氣中日入之氣。聞一多斷言，"淪陰""飛泉"，其名異而其實同[16]。則《遠遊》所言、王逸章句所引，與李頤《莊子》注是一致的。顯然，"餐六氣""漱正陽""吸飛泉"數句，將上文所說作爲"神仙之要訣"的"求正氣"具體化了，故蔣驥在"餐六氣"章下注云，"此求正氣之始事也"。

《遠遊》所及仙術，除行氣外，還有服食。篇中謂主人公"吸飛泉之微液兮，懷琬琰之華英"（王逸注"懷琬琰"："咀嚼玉英，以養神也"），其服藥與行氣明顯是並行的。聞一多指出："凡是藥物，本都具有，或被想像爲具有清潔作用。尤其植物（如菊、术等）的臭味，礦物（如玉、黄金、丹砂）等的色澤，都極容易連想到清潔，而被賦予以銷毒除穢諸功能。少見而難得與形狀詭異的自然物品（如芝菌、石乳等），都具有神秘性，也往往被認爲有同祥效驗。由於早就假定了濁與重爲同一物質的兩種德性，因之除穢便等於輕身，所以這些東西都成爲仙藥了。加之這些東西多生於深山中，山據説爲神靈之所在，這些説不定就是神的食品，人吃了,自然也能乘空而遊,與神一樣了。最初是於日常飲食之外,加服方藥。後人……提倡止食藥,不食穀的辦法,即所謂'避穀法'。"⑰

《遠遊》畢竟止是"文學"作品,其所及以行氣服食來修仙的行爲當指示著更豐富的存在。

顧頡剛曾説:"'神'和'仙'的名詞雖異,而他們的'長生不老'和'自由自在'的兩個中心觀念則没有什麽兩樣"⑱。這一觀點大抵是成立的。可嚴格説來,中國傳統中的"神—人"關係和"仙—人"關係實質上大不相同。在前一信仰體系中,生人不可成"神",在後一信仰體系中,生人則可成"仙"。就是説,"神"總意味著生人的終結,"仙"則意味著生人的永恒。所謂登仙者形解銷化,不是説他已死亡,而是説他遺棄或超越了形骸;上文引赤松子還鄉,"親族死終略盡",無論在觀念上還是在叙述上,"仙"都與俗世通常所説的"死終"截然對立。人可以成仙的信仰最早産生於沿海燕齊等國;在傳世典籍中,這一允諾較早地見於《莊子》(其詳參見下文所論)。顧頡剛判斷,莊子接觸了崑崙、蓬萊兩種神話系統,屈原由於地理環境限制,僅僅接受了崑崙神話,故《離騷》《天問》《九歌》等詩中"没有一點兒仙人和蓬萊的成分存在";《遠遊》完成了"一個極大的轉變",實現了崑崙神話跟蓬萊神話的融合⑲。這樣説也不準確,屈原對於崑崙神話與其説是接受,毋寧説是超越;可是,説《遠遊》與屈作核心比照系統相較爲異端、爲另類,則是無可置疑的。《遠遊》之出格就是它不被核心比照系統承認和接納的根本原因——要言之,"仙"的信仰和實踐是《遠遊》的本質,卻爲屈作核心比照系統所無,可見兩者絕對是異質的存在。

姜亮夫等學者試圖以發展的觀點,來解釋將《遠遊》定爲屈作的合理性,然而發展總有内在的邏輯。屈子約在懷王十年(前319)任左徒,此前任三閭大夫時嘗作《橘頌》,是他現存最早的詩篇。《惜誦》《抽思》《思美人》《惜往日》作於被懷王放逐漢北時,即懷王十六至十八年間(前313—前311)。《離騷》殆成於頃襄三年(前296)懷王客死秦國以後,並導致屈子被放逐到陵陽。《天問》《招魂》《悲回風》《哀郢》均作於陵陽時期;其中《哀郢》可確定成於這次被放的第九個年頭,據筆者推斷是頃襄十一年(前288)。《懷沙》《涉江》以及《九歌》組詩撰著於頃襄十一至二十一年間(前288—前278),即被放沅湘時期,是傳世屈作中最晚的產品。屈子全部傳世作品散佈在三四十年的人生歷程中,可它們本質上有極強的内在關聯性。《遠遊》跟這些作品卻不存在任何本質上的縮合,——相反還有根本的異趣。屈子從根底上否棄了跟仙信仰有極大共通性的神的信仰(對神的信仰僅僅是屈作的背景性存在,即主要是影響了它的藝術表達形式),這一點顧頡剛似乎並未意識到,更未予以應有的重視。屈子對原始神話傳統的否棄集中於《天問》一辭,可是從邏輯上説,唯先有這種否棄,神和神話才能在此前的《離騷》諸詩中被形式化,這意味著,《離騷》諸詩將神或神話形式化,已藴含了對神和神話的否定。筆者曾詳加論析,屈子否定神的實存性和神話的真實性,依據是它們不能如你所願給你經驗的感知或在場的驗證[20]。而仙又何嘗不是如此呢?秦始皇派出求仙人和不死之藥者夥矣,毫無所獲,徒見欺而已(其事見《史記·秦始皇本紀》);漢武變其本而加厲,但"求蓬萊安期生莫能得","齊人之上疏言神怪奇方者以萬數,然無驗者"(其事見《史記·封禪書》)。仙之所以求而不得,就是因爲他作爲信仰對象,實際上不能如你所願的給你經驗的感知。既然如此,依照屈原的判斷標準,仙及其衍射物就不可能是實存的或真實的。這是屈作核心比照系統對《遠遊》的第一重否定。

更進一步探究則可知,《遠遊》不惟與屈作核心比照系統異質,且與該系統所揚棄的傳統——其背景性存在——大相徑庭。一如前文所説,屈作背景性存在(即神信仰)中的核心關係是不可跨越的"人—神"關係,《遠遊》仙信仰的核心關係則是可以貫通的"人—仙"關係。這兩種信仰亦並非產生在同一邏輯和歷史層面上,從某種意義上説,仙信仰是神信仰強烈世俗化的結果,其間須經歷本質的跨越。所以,對《遠遊》的不承認或排斥不僅來自屈原,而且來自屈原所超越的原始傳統。

綜上所述,在屈作核心比照系統面前,《遠遊》遭遇了雙重的否定,一定説它是屈子、屈作在後來的發展,則所謂"發展"只能是一種帶有偏執性和強制性的虛擬。

《遠遊》跟屈作核心比照系統通體都散射著這種根本取向上的疏離:

其一,根本之分裂歧出,使屈作和《遠遊》對社會人生問題有完全不同的因應。《離騷》云:"汩余若將不及兮,恐年歲之不吾與。朝搴阰之木蘭兮,夕攬洲之宿莽。日月忽其不淹兮,春與秋其代序。惟草木之零落兮,恐美人之遲暮。"逝者如斯夫,不舍晝夜,屈原的因應是汲汲修德,急欲導君奮發有爲。而《遠遊》云:"春秋忽其不淹兮,奚久留此故居? 軒轅不可攀援兮,吾將從王喬而娛戲……聞至貴而遂徂兮,忽乎吾將行。仍羽人於丹丘兮,留不死之舊鄉。"同樣面對著時光流逝、人生短暫,《遠遊》作者的因應是汲汲修煉,追求出世成仙,獲得永生。屈作主人公在面對世俗壓迫和抑挫時,百折不彎,寧死不屈。如《離騷》謂,"雖體解吾猶未變兮,豈余心之可懲","阽余身而危死兮,覽余初其猶未悔";《涉江》説,"吾不能變心而從俗兮,固將愁苦而終窮……余將董道而不豫兮,固將重昏而終身。"而《遠遊》主人公面對"時俗之迫阨",還是選擇棄世求仙,冀望"超無爲以至清兮(王逸章句:登天庭也),與泰初而爲鄰(王逸章句:與道並也)"。對生命或人生的所有問題,屈作均未顯示出以成仙來因應的取向,也絕無這種可能,《遠遊》則把登仙作爲唯一和終極的解決之道。也就是説,《遠遊》和屈作在對現世的認知上確有相同之處,但這止是起點,其歸依是完全不同的。洪補在《遠遊》"與泰初而爲鄰"之下加按語,云:"《騷經》《九章》皆託遊天地之間,以泄憤懣,卒從彭咸之所居,以畢其志。至此章獨不然,初曰'長太息而掩涕',思故國也,終曰'與泰初而爲鄰',則世莫知其所如矣。"《遠遊》與《離騷》《九章》等辭作根本就不是"一家"的,所以不可能説一家的話。

其二,根本之分裂歧出,又直接關聯著主體對舊鄉的不同認知和情感。《遠遊》云:"涉青雲以氾濫遊兮,忽臨睨夫舊鄉。僕夫懷余心悲兮,邊馬顧而不行。思舊故以想像兮,長太息而掩涕。"《離騷》云:"陟升皇之赫戲兮,忽臨睨夫舊鄉。僕夫悲余馬懷兮,蜷局顧而不行。"二者看似一致,可實際上,眷念舊鄉的情懷在《離騷》中止住了主人公行將遠去的腳步,在《遠遊》中卻並未影響主人公的遐舉。故而《遠遊》接下來就説:"泛容與而遐舉兮,聊抑志而自弭……超無爲以至清兮,與泰初而爲鄰。"胡文英《屈騷指掌》解其意説:"既已遐舉而猶復情牽,勢必墮落,故抑遏其念舊之志,而自止其哀也……與泰初爲鄰,則入乎未嘗死未嘗生之地,沉濁污穢,雖欲加之而無從矣。"《遠遊》云:"春秋忽其不淹兮,奚久留此故居?"《離騷》謂,"何瓊佩之偃蹇兮,衆薆然而蔽之。惟此黨人之不諒兮,恐嫉妒而折之。時繽紛其變易兮,又何可以淹留",也是説故國不可久留;《離騷》結尾"已矣哉,國無人莫我知兮,又何懷乎故都",字面上還是説應當離故都而遠去。看來《遠遊》《離騷》兩者又是一致的。然屈子本意止是説自己有必去國之勢,有欲去國之心,然終不能勝其故國深情以實行之,即僕馬亦含悲懷戀而不能去;其所謂"又何懷乎故都",乃針對自己可不懷而終不能不懷而言的,是自我究詰,正見出其故國深情。凡此亦均迥異乎《遠遊》對故鄉的撤棄。《遠遊》的最終追求是,"絶氛埃而淑尤兮,終不反其故都"。而《哀郢》則説:"羌靈魂之欲歸兮,何須臾而忘反。背夏浦而西思兮,哀故都之日遠。"又説:"忽若去不信兮,至今九年而不復。"又説:"曼余目以流觀兮,冀壹反之何時? 鳥飛反故鄉兮,狐死必首丘。信非吾罪而棄逐兮,何日夜而忘之?"屈子始終懷戀故都,雖被放多年,仍念念不忘回歸,至死不改此志,跟《遠遊》之撤棄故都或俗世全然不同調。且《遠遊》云:"仍羽人於丹丘兮,留不死之舊鄉。"王注説:"因就衆仙於明光也。丹丘,晝夜常明也……遂居蓬萊,處崑崙也。"洪補説:"羽人,飛仙也……留不死之舊鄉,其仙聖之所宅乎。"屈子《離騷》説,"既莫足與爲美政兮,吾將從彭咸之所居",《懷沙》則説,"知死不可讓,願忽愛兮。明告君子,吾將以爲類兮"。一者追隨羽人,留不死之鄉,一者追隨自沉之彭咸,寧舍生而取義,一者以仙界爲"舊鄉"(則視生於俗世爲寄居矣),一者以去鄉爲"傷懷永哀",可見屈作與《遠遊》不止是不同調,而且正相反對。其實在中國傳統中,求仙、成仙永遠意味著對俗世和舊鄉的遺棄——俗世和舊鄉在此岸,仙界則在彼岸。即使仙常活動於俗世之名山大川中,其存在的時空維度也跟俗世全然不同,上引赤松子傳説就是生動的説明(如謂初起、初平逾五百歲而有童子之色,行於日中而無影,還鄉里而親族死終略盡等等)。屈辭對舊鄉的持守,跟作者没有仙信仰是密不可分的。

其三,根本之分裂歧出,使屈作核心比照系統和《遠遊》擁有完全不同的實質形象[21]。屈作核心比照系統中的實質形象,有作爲人君楷模的禹、湯、文、武、堯、舜等,有作爲人君反面教材的桀、紂、羿、浞、澆等,有遇合明君而爲屈子歆羨的人臣,比如摯(伊尹)、咎繇(皋陶)、傅説、吕望、甯戚等,有屈子引爲政教倫理楷模或同命運者,比如伯夷、鯀、彭咸、比干、伍子胥等;當然,這幾個方面還有指向相關群體的"前王""君子""前聖"以及"前修"。《遠遊》的實質形象,則是赤松、王喬、作爲升仙者的傅説、韓衆、軒轅,以及"真人"(或"至人")、"至貴""羽人"等等。這再次顯示了二者根本關懷和取向的分背。

總之,《遠遊》跟屈作核心比照系統的基本精神是格格不入的,與其背景性存在(即該系統所否棄的原始傳統)亦較然有殊,其間根本取向上的差異可謂俯拾皆是。屈作核心比照系統對《遠遊》的否定和排斥是雙重的,也是全方位的。

此外須注意的是,在中國傳統中,出世有不同的種類,或爲長沮桀溺般的避世(其事見《論語·微子》),或爲赤松王喬之類的超世;前者歸根結底仍停留於俗世中,有著跟俗世一樣的時空維度,後者則不然,其存在時空是《遠遊》所謂的"不死之舊鄉"("不死"凸顯的是時間維度,"舊鄉"表徵的則是空間維度)。《遠遊》之出世,顯然不可用"在洞庭九疑的湖光山色之間逍遥自在去"來類比或界定,那種"逍遥自在",止不過是長沮桀溺之流的避世。所以前引陸侃如之説仍有商榷的餘地。屈原連第一種出世的思想都沒有,更不用説第二種了;並且,屈原那裏根本就沒有滋生出第二種超世思想和追求的種子。

二 《遠遊》道學根基及其對屈作核心比照系統的背離

與上一節的討論密切相關,本節將從另外一個層面上揭示《遠遊》與屈作的異質性。

《莊》《老》道家學説影響了《遠遊》,這一事實前人已經有所觸及了,但是相關論析不準確、不完備,未能如實彰顯該影響的深度和廣度。筆者認爲,《莊》《老》道學實乃《遠遊》仙信仰體系的思想學術基源(《遠遊》可以説是史上將《莊》《老》道學要素轉換爲仙術的經典案例,其詳請參閱第四節)。而形成鮮明對照的,是屈作絶無《莊》《老》道學觀念。

《莊子》是較早允諾人可以升仙的重要典籍。其《外篇·天地》云:"夫聖人,鶉居而鷇食,鳥行而無彰(成疏:無蹤跡而可見也);天下有道,則與物皆昌;天下無道,則修德就閑;千歲厭世,去而上仙,乘彼白雲,至於帝鄉;三患莫至,身常無殃。"大意是説,聖人像鳥一樣居無定所,靠天而食,行如鳥而不留行跡,天下有道就跟萬物一起昌盛,天下昏亂則修養德行,遁世隱居,活到千歲而厭倦世俗了,就升仙而去,乘白雲,至天帝之鄉,而不遭三患(其上文謂"多男子則多懼,富則多事,壽則多辱",所謂三患也),身體長無災殃。《遠遊》主人公"掩浮雲而上征",即相當於"乘彼白雲";"仍羽人於丹丘兮,留不死之舊鄉",即相當於"至於帝鄉";其登仙者超脫了"時俗之迫阨""人生之長勤",即相當於"三患莫至,身常無殃"。可見《遠遊》之仙觀念、仙遊方式以及空間,都跟《莊子》有本質上的一致性。

《莊》《老》所論修持方式深刻影響了《遠遊》之仙術。上文所引《遠遊》"內惟省以端操"一段中有"虛靜""無爲"之說,顯爲承《莊》《老》之意而發展之。《莊子·外篇·天道》云:"夫虛靜恬淡寂漠無爲者,天地之平而道德之至,故帝王聖人休焉。休則虛,虛則實,實者倫矣。虛則靜,靜則動,動則得矣。靜則無爲,無爲也則任事者責矣。無爲則俞俞,俞俞者憂患不能處,年壽長矣。夫虛靜恬淡寂漠無爲者,萬物之本也。明此以南鄉,堯之爲君;明此以北面,舜之爲臣也。以此處上,帝王天子之德也;以此處下,玄聖素王之道也。以此退居而閑遊,江海山林之士服;以此進爲而撫世,則功大名顯而天下一也。靜而聖,動而王,無爲也而尊,樸素而天下莫能與之爭美。"此《莊子》之主論"虛靜"者,乃是合論帝王之術與聖人之道,融"進爲而撫世"與"退居而閑遊"爲一體,其落實在後一層面上的"虛靜"完全契合《遠遊》之仙術。傳世《老子》第十六章云:"致虛極,守靜篤,萬物並作,吾以觀復。夫物芸芸,各復歸其根。歸根曰靜,是謂覆命。覆命曰常,知常曰明。不知常,妄作,凶。"此則爲《老子》之主論虛靜者。凡此之類,均爲《遠遊》仙術之支撐。《莊子·內篇·逍遥遊》云:"今子有大樹,患其無用,何不樹之於無何有之鄉,廣莫之野,彷徨乎無爲其側,逍遥乎寢臥其下。不夭斤斧,物無害者,無所可用,安所困苦哉!"《外篇·刻意》云:"夫恬惔寂漠虛無無爲,此天地之平而道德之質也。故曰聖人休(休)焉。〔休〕則平易矣,平易則恬惔矣。平易恬惔,則憂患不能入,邪氣不能襲,故其德全而神不虧。"傳世《老子》第三十七章云:"道常無爲而無不爲,侯王若能守之,萬物將自化。"第四十八章云:"爲學日益,爲道日損。損之又損,以至於無爲。無爲而無不爲。"此《莊》《老》之主論"無爲"者,其落實到養生層面,與《遠遊》之仙術亦息息相通。很明顯,在《莊》《老》和《遠遊》兩方面,"無爲"與"虛靜"均有內在的聯繫,由《莊子·天道》篇"虛則靜……靜則無爲"以及《遠遊》"漠虛靜以恬愉兮,澹無爲而自得"二語,較然可見。

概括地説,《莊》《老》之"虛靜""無爲"兼進取與退守兩種面向,可以之退居閑遊,可以之進爲撫世,可以之處上而爲帝王天子,可以之居下而爲素王玄聖,其中含有跟仙信仰尤爲密邇的養生長壽之道,《遠遊》中作爲仙術的"虛靜"和"無爲"主要就承繼了這一層面。

《遠遊》中,登仙者之類名爲"真人"(或者"至人")、"至貴""羽人"。篇中謂"貴真人之休德兮,美往世之登仙";又謂"聞至貴而遂徂兮,忽乎吾將行。仍羽人於丹丘兮,留不死之舊鄉"。"真人"多見於《莊子》。如其《内篇·大宗師》曰:"古之真人……登高不慄,入水不濡,入火不熱。是知之能登假於道者也若此。"胡小石將"貴真人之休德"一語,溯源至《史記·秦始皇本紀》所載盧生説始皇曰:"真人者,入水不濡,入火不爇,陵雲氣,與天地久長。"[22]由《遠遊》仙觀念跟《莊子》有整體性關聯來看,其判斷並不適當(盧生之説其實亦本於《莊子》)。洪補謂,《遠遊》此語之"真人",一本作"至人"。而"至人"亦常見於《莊子》。如其《内篇·齊物論》曰:"至人神矣!大澤焚而不能熱,河漢沍而不能寒,疾雷破山〔飄〕風振海而不能驚。若然者,乘雲氣,騎日月,而遊乎四海之外。死生無變於己,而況利害之端乎!"作爲現世人生的最高憧憬,《莊子》中"知之能登假於道"的"真人""至人""神人"或"聖人"已藴含了仙人的部分特質。顧頡剛曾説,《莊子·大宗師》之"真人"、《逍遥遊》之"神人"等,"頗有仙人的意味"[23]。其實不止這些,《莊子》的《内篇·齊物論》《外篇·達生》《外篇·田子方》之"至人",以及《外篇·天地》之"聖人",亦莫不如此。成疏解《逍遥遊》"至人無己,神人無功,聖人無名"一語,説:"'至'言其體,'神'言其用,'聖'言其名。故就體語'至',就用語'神',就名語'聖',其實一也。詣於靈極,故謂之'至';陰陽不測,故謂之'神';正名百物,故謂之'聖'也。"而不應忽視的是,《莊子》體系中的"真人"也往往有與"至人""神人""聖人"一致的内涵。聞一多曾説:"《莊子》中的'神人''真人''至人''大人',都是指的神仙,莊子止是把他們加以理性化罷了。"[24]嚴格地説,"理性化"恰恰是一個關鍵,正因有此"理性化",所以《莊子》中"神人"諸稱謂並非就指通常所説的"神仙"。《莊子》中此類人格,至《遠遊》變而爲"登仙"之"真人",彰示了道學向神仙學演化的鮮明軌跡。《遠遊》復謂修仙者之異相云:"玉色頩以脕顔兮,精醇粹而始壯。質銷鑠以汋約兮,神要眇以淫放。"這與《莊子》中神人或聞道修行者生就異相,至少也有相通之處。《逍遥遊》謂姑射山神人"肌膚若冰雪,(綽)〔淖〕約若處子",《大宗師》謂女偊修道,"年長矣"而"色若孺子"等等,殆均爲《遠遊》取資。

《遠遊》之"至貴"亦源於《莊子》,王逸釋爲"彼王侯",完全不著邊際。《莊子·外篇·在宥》云:"夫有土者,有大物也。有大物者,不可以物。物而不物,故能物物。明乎物物者之非物也,豈獨治天下百姓而已哉!出入六合,遊乎九州,獨往獨來,是謂獨有。獨有之人,是謂至貴。"這裏的"至貴",仍是兼論治理天下百姓之道,但其"出入六合,遊乎九州,獨往獨來",豈不就是《遠遊》所歆慕張揚的登仙之遊嗎?其"不可以物"而"能物物"的境界,亦類同於《遠遊》之仙,只不過表述得更加形而上罷了。

《遠遊》標舉了一系列登仙者,諸如傅説、軒轅(黃帝)、馮夷、顓頊等,所謂:"奇傅説之託辰星兮,羡韓衆之得一……軒轅不可攀援兮,吾將從王喬而娱戲……使湘靈鼓瑟兮,令海若舞馮夷……軼迅風於清源兮,從顓頊乎增冰。"傅説託星辰以及黃帝、馮夷、顓頊升仙諸事,均見於《莊子·内篇·大宗師》,所謂:"夫道……神鬼神帝,生天生地……馮夷得之,以遊大川……黃帝得之,以登雲天;顓頊得之,以處玄宫……傅説得之,以相武丁,奄有天下,乘東維,騎箕尾,而比於列星。"成玄英解傅説事,云:"傅説,星精也。而傅説一星在箕尾上,然箕尾則是二十八宿之數,維持東方,故言'乘東維,騎箕尾';而與角亢等星比並行列,故言'比於列星'也。"解黃帝事,云:"黃帝,軒轅也。采首山之銅,鑄鼎於荆山之下,鼎成,有龍垂於鼎以迎帝,帝遂將群臣及後宫七十二人,白日乘雲駕龍,以登上天,仙化而去。"解馮夷事,云:"姓馮,名夷,弘農華陰潼鄉堤首里人也,服八石,得水仙。大川,黃河也。天帝錫馮夷爲河伯,故遊處盟津大川之中也。"解顓頊事,云:"顓頊,(皇)〔黃〕帝之孫,即帝高陽也,亦曰玄帝。年十二而冠,十五佐少昊,二十即位。採羽山之銅爲鼎,能召四海之神,有靈異。年九十七崩,得道,爲北方之帝。玄者,北方之色,故處於玄宫也。"這些解釋未必全得莊子本旨,但應不失其大要。而《大宗師》和《遠遊》在這一系列形象(或言取向之表徵)上高度疊合,則是毫無疑義的。

而"得一"之説見於傳世《老子》第三十九章,所謂:"昔之得一者,天得一以清,地得一以寧,神得一以靈,谷得一以盈,萬物得一以生,侯王得一以爲天下貞。""得一"實即得道。在《莊》《老》道學體系中,道是無與並列的終極存在,是真正的"一"。傳世《老子》第四十二章謂,"道生一,一生二,二生三,三生萬物";"一"是"道"向"萬物"落實而距"道"最近的一個階段。《説文解字》卷一上"一"部釋"一",云:"惟初太始,道立於一,造分天地,化成萬物。"道不僅是天地萬物的唯一創生者即本源性的一,就其存在特性而言也是名副其實的一:首先,天地萬物均不能以自身爲根本,不具有終極性,而道則"自本自根"(《莊子·內篇·大宗師》)。其次,天地萬物都有空間上的有限性,彼此之間都有倫際,即都有空間上的邊際性,道則無限、包容萬有而"與物無際"。故《莊子·內篇·大宗師》謂道"在太極之先而不爲高,在六極之下而不爲深";《外篇·天道》説道"於大不終,於小不遺,……廣廣乎其無不容";《外篇·知北遊》則説"物物者與物無際"。再次,天地萬物都有始終,即有時間上的邊際性,而道則是永恆的。故《大宗師》謂,夫道,"未有天地,自古以固存,……先天地生而不爲久,長於上古而不爲老";《知北遊》云"謂盈虛衰殺,彼爲盈虛非盈虛,彼爲衰殺非衰殺,彼爲本末非本末,彼爲積散非積散也";《外篇·秋水》則謂"道無終始,物有死生"。從所有這些層面上講,道都是真正的一。《遠遊》"傅説之託辰星"與"韓眾之得一",在《莊》《老》道學背景上是深刻相通的,且有共同的本源。

綜上所論,作爲《遠遊》核心的仙觀念、仙人格及其對現世局限性的超越、其仙遊方式與空間等,均密切關聯著《莊》《老》道家學説。

《遠遊》之仙觀念還直接承襲了《莊》《老》道學的核心——作爲本體的"道",同時又承襲了其"登假於道"的方式。

《遠遊》云:

道可受兮,不可傳。
其小無內兮,其大無垠。
無滑而魂兮,彼將自然。
壹氣孔神兮,於中夜存。
虛以待之兮,無爲之先。
庶類以成兮,此德之門。

這一片段論得道成德之門徑,王逸章句稱之爲"仙路徑",朱熹集注則說:"蓋廣成子之告黃帝不過如此,實神仙之要訣也。"筆者要強調的是,這段話的思想幾乎完全是從《莊子》來的(唯一小部分承繼了《老子》),下文將細加剖釋。

其第一句說,"道可受兮,不可傳"。而《莊子·大宗師》嘗謂,"夫道,有情有信,無爲無形;可傳而不可受,可得而不可見"。二者乍看是截然相反的,實質上卻並無差異。洪補認爲,《遠遊》是說道"可受以心,不可傳以言語",《大宗師》是說道"可傳以心,不可受以量數"。其說未必全對,但認定二者各有側重而本旨相通、可互相發明,還是可取的。《遠遊》之"道可受"正是《大宗師》之"道……可得",《遠遊》之"道……不可傳"則正是《大宗師》之"道……不可受(授)";《遠遊》之"受"指得到,《大宗師》之"受"指付與(在"可傳而不可受"一語中,"傳"和"受"是互明的)。道是一種超越性的存在,不能給人以經驗感知,眼不能見之,耳不能聞之,膚不能感之等等,故道雖"可傳"(見《大宗師》),卻不能像有形質的物體那樣付與或傳授(故而《大宗師》謂道"不可受"、《遠遊》謂道"不可傳"),道"可得"(見《大宗師》)、"可受"(見《遠遊》),卻不能像有形質的物體那樣獲得(故而《大宗師》謂道"可得而不可見")。《遠遊》和《大宗師》均爲此意。

次句謂"其小無內兮,其大無垠"。首先,"無內"本於《莊子·雜篇·天下》,所謂:"惠施多方,其書五車,其道舛駁,其言也不中。歷物之意,曰:'至大無外,謂之大一;至小無內,謂之小一。'"其次,所謂"其小無內""其大無垠",是指道無所不包,無小而遺之者,亦無大而容不下者,換言之是指道之容物,向小者一面言沒有盡頭,向大者一面言沒有止境。《莊子·大宗師》說道"在太極之先而不爲高,在六極之下而不爲深",《天道》篇稱,"夫道,於大不終,於小不遺,故萬物備。廣廣(曠曠)乎其無不容也,淵乎其不可測也",其意正是《遠遊》此數語之本。在《莊》《老》道學體系中,道作爲萬物終極性的本源,其存在是真正的無限,萬物無論大小高下皆爲道所不遺。這又是道與其他事物的不同規定性之一——道若有所偏執和去取,便淪降而與萬物並矣。

次句謂"無滑而魂兮,彼將自然",大旨是說要持守內在本然的精神寧靜。此語顯然源自《莊》《老》道學的修持之術。《莊子·天道》篇曾說:"知天樂者,其生也天行,其死也物化。靜而與陰同德,動而與陽同波。故知天樂者,無天怨,無人非,無物累,無鬼責。故曰:其動也天,其靜也地,一心定而王天下;其鬼不祟,其魂不疲,一心定而萬物服。言以虛靜推於天地,通於萬物,此之謂天樂。"《刻意》篇亦云:"聖人之生也天行,其死也物化。靜而與陰同德,動而與陽同波。不爲福先,不爲禍始。感而後應,迫而後動,不得已而後起。去知與故,循天之理。故無天災,無物累,無人非,無鬼責。其生若浮,其死若休。不思慮,不豫謀。光矣而不燿,信矣而不期。其寢不夢,其覺無憂。其神純粹,其魂不罷。虛無恬惔,乃合天德。"《莊子》主張追求和修持天樂,使精魂超越俗世的偏執、爭競和計較,而獲得安泰和輕鬆。《莊子·內篇·德充符》云:"死生存亡,窮達貧富,賢與不肖毀譽,飢渴寒暑,是事之變,命之行也;日夜相代乎前,而知不能規乎其始者也。故不足以滑和,不可入於靈府。使之和豫通而不失於兌;使日夜無郤而與物爲春⋯⋯"精魂不爲一切事之變、命之行所動,這是《德充符》塑造的哀駘它所達到的境界,也是《遠遊》主人公的期求。《德充符》指言事之變命之行"不足以滑和,不可入於靈府",《遠遊》篇謂"無滑而魂",二者意涵和話語均高度一致(成疏謂"滑和"指"亂於中和之道",殊不切當,"和"與下句之"靈府"相貫,只能是指向內心或精神;至於郭注成疏解"靈府"爲"精神之宅",成疏又申之曰"所謂心也",則毫無疑義)。《莊子》一書中,相關材料還有很多。其《外篇·天地》云:"且夫失性有五:一曰五色亂目,使目不明;二曰五聲亂耳,使耳不聰;三曰五臭熏鼻,困惾中顙;四曰五味濁口,使口厲爽;五曰趣舍滑心,使性飛揚。此五者,皆生之害也。"其《外篇·繕性》云:"繕性於俗,(俗)〔□〕學以求復其初;滑欲於俗,思以求致其明:謂之蔽蒙之民。"其《外篇·田子方》云:"草食之獸不疾易藪,水生之蟲不疾易水,行小變而不失其大常也,喜怒哀樂不入於胸次。夫天下也者,萬物之所一也。得其所一而同焉,則四支百體將爲塵垢,而死生終始將爲晝夜而莫之能滑,而況得喪禍福之所介乎!"其《雜篇·庚桑楚》云:"備物將以形,藏不虞以生心,敬中以達彼,若是而萬惡至者,皆天也,而非人也,不足以滑成,不可內於靈臺。"㉕舉凡以"滑心"爲生之害,以"滑欲"爲蔽蒙,倡言不爲喜怒哀樂死生終始所"滑"、不爲非人所爲的天時運命"滑成",均可見《莊子》道學對"與物爲春"之內心和美的重視和持守。其《內篇·大宗師》謂子輿有病,"曲僂發背,上有五管,頤隱於齊,肩高於頂,句贅指天,陰陽之氣有沴",而"其心閒而無事",以"安時而處順,哀樂不能入"之"縣解"自期;子來有病,喘喘然將死,而以天地爲大爐,以造化爲大冶,以自身爲大冶鎔鑄之金屬,自謂"惡乎往而不可哉"。凡此之類,均生動地張揚極富超越性的内心和美。《遠遊》在仙術層面上倡言"無滑而魂",是沿《莊子》這一路徑前進的自然結果。

又次二語所言"壹氣孔神""虚以待之",乃本源於《莊子·内篇·人間世》的核心範疇"心齋",所謂:"若一志,無聽之以耳而聽之以心,無聽之以心而聽之以氣。(聽)〔耳〕止於(耳)〔聽〕,心止於符。氣也者,虚而待物者也。唯道集虚。虚者,心齋也。"此文前半有節略,完整的意思應包含從"一志"到"一氣"、從"聽之以心"到"聽之以氣"兩個互相關聯的遞進,"一氣"的環節被省略了;即其前半意爲:若一志,無聽之以耳而聽之以心,若一氣,無聽之以心而聽之以氣(由"一志"到"一氣",相貫而有遞進之關係)。雖然道無所不包無所不在,主體對道的自覺與合一卻不是必然的。《人間世》和《遠遊》都宣講主體對道達成自覺與合一的門徑,後者無論意涵和話語都基於前者,具體地說就是,"壹氣"基於心齋說之前半,"虚以待之"基於心齋說之後半。胡小石將《遠遊》之"壹氣"溯源至傳世《老子》第十章之"專氣致柔,能嬰兒乎",將"孔神"溯源至傳世《老子》第二十一章之"孔德之容,惟道是從",將"虚以待之"溯源至傳世《老子》第十六章之"致虚極,守靜篤"[26],殆全因皮傅而張冠李戴。

此外,《莊子·内篇·大宗師》云:"南伯子葵問乎女偊曰:'子之年長矣,而色若孺子,何也?'曰:'吾聞道矣。'南伯子葵曰:'道可得學邪?'曰:'惡!惡可!子非其人也。夫卜梁倚有聖人之才而無聖人之道,我有聖人之道而無聖人之才,吾欲以教之,庶幾其果爲聖人乎!不然,以聖人之道告聖人之才,亦易矣。吾猶守而告之,參日而後能外天下;已外天下矣,吾又守之,七日而後能外物;已外物矣,吾又守之,九日而後能外生;已外生矣,而後能朝徹(成疏:死生一觀,物我兼忘,惠照豁然,如朝陽初啓,故謂之朝徹也);朝徹,而後能見獨(成疏:夫至道凝然,妙絕言象,非無非有,不古不今,獨往獨來,絕待絕對。睹斯勝境,謂之見獨);見獨,而後能無古今;無古今,而後能入於不死不生。殺生者不死,生生者不生。其爲物,無不將也,無不迎也;無不毁也,無不成也。其名爲攖寧。攖寧也者,攫而後成者也。'"此處之"朝徹"與《遠遊》"壹氣孔神兮,於中夜存"有關,可互相發明。王夫之《通釋》釋《遠遊》"虛以待之"句,云:"中夜自生之妙,不可以有心先爲將迎,惟虛靜而俟其至,如初月之受光,日自來映。"這基本上是以《大宗師》"朝徹"之理來注《遠遊》,頗善於貫通。《大宗師》言守道有利於生("年長矣,而色若孺子"),原本主要是就養神而言的;其所謂"不死不生"殆亦主要是一種超然於生死偏執的精神,與《人間世》"虛而待物"之"虛"頗爲一致。而這些均被《遠遊》從修仙層面上接受了,於是養神之術變而爲修仙之方,"不死不生"變而爲超越性的實存即仙。

此二語又謂"無爲之先",這種觀念仍然是源自《莊》《老》。傳世《老子》第七章云:"天長地久。天地所以能長且久者,以其不自生,故能長生。是以聖人後其身而身先,外其身而身存。非以其無私邪?故能成其私。"第六十六章:"江海所以能爲百谷王者,以其善下之,故能爲百谷王。是以欲上民,必以言下之;欲先民,必以身後之。是以聖人處上而民不重,處前而民不害,是以天下樂推而不厭。以其不爭,故天下莫能與之爭。"從觀念上說,這些可能都影響了《遠遊》。上引《莊子·刻意》篇謂聖人"感而後應,迫而後動,不得已而後起",乃是從養神層面上談"無爲之先",更接近《遠遊》的修仙之術。

《遠遊》結尾云:"超無爲以至清兮,與泰初而爲鄰。"這也承襲了道家學說,可以說是從道的本體高度上來解釋仙(篇中以"得一"者爲仙,亦有此意),王逸注後句爲"與道並也",是十分切當的。而反歸"泰初"的思想,《莊子》一書中多見。其《外篇·天地》曰:"泰初有無,無有無名;一之所起,有一而未形。物得以生,謂之德;未形者有分,且然無間,謂之命;留動而生物,物成生理,謂之形;形體保神,各有儀則,謂之性;性修反德,德至同於初。同乃虛,虛乃大。合喙鳴。喙鳴合,與天地爲合。其合緡緡,若愚若昏,是謂玄德,同乎大順。"此處之"泰初"既指歷時性的原點,又引申指道(因爲彼時唯道存在),"性修反德,德至同於初"是指修性返"德"進而與道合一,而非指回歸歷時的原點。成疏解此章後數句云:"至其德處,同於太初。同於太初,心乃虛豁;心既虛空,故能包容廣大……言既合於鳥鳴,德亦合於天地。天地無心於覆載,聖人無心於言說,故與天地合也……聖人内符至理,外順群生,唯跡與本,罄無不合,故曰緡緡。是混俗揚波,同塵萬物,既若愚迷,又如昏暗……如是之人,可謂深玄之德,故同乎太初,大順天下也。"錄此作爲參考。《莊子·外篇·秋水》嘗評莊子曰:"且彼方跐黃泉而登大皇,無南無北,奭然四解,淪於不測;無東無西,始於玄冥,反於大通。"此"反於大通"亦指返回到無所不通的大道。《遠遊》在"道"與主體之間也有"德"這一層次("庶類以成兮,此德之門");由修"德"而獲得提升,最終與道爲鄰,成了《遠遊》對"仙路徑"的最高解釋。

　　除上文所論各項外,《遠遊》與《莊》《老》道家學説還有很多關聯。比如,《遠遊》云:"惟天地之無窮兮,哀人生之長勤。往者余弗及兮,來者吾不聞。"作者於"往者""來者"之觀念全同於莊子。《莊子·人間世》云:"孔子適楚,楚狂接輿遊其門曰:'鳳兮鳳兮,何如德之衰也! 來世不可待,往世不可追也。天下有道,聖人成焉;天下無道,聖人生焉。方今之時,僅免刑焉。福輕乎羽,莫之知載;禍重乎地,莫之知避。已乎已乎,臨人以德! 殆乎殆乎,畫地而趨! 迷陽迷陽,無傷吾行! 吾行郤曲,無傷吾足!'"《人間世》和《遠遊》都是説往者、來者皆無可把握。而《論語·微子》載:"楚狂接輿歌而過孔子曰:'鳳兮! 鳳兮! 何德之衰? 往者不可諫,來者猶可追。已而,已而! 今之從政者殆而!'孔子下,欲與之言。趨而辟之,不得與之言。"這裏接輿説往者不可挽回、來者猶可把握,殆更接近歷史的真實,《人間世》之寓言即由此事化出。以《論語》作參照,更可知《遠遊》是繼承《莊子》。而恰恰是世俗生命的這種有限性和不確定性,充當了《遠遊》主人公求仙的基礎。另外《遠遊》云:"山蕭條而無獸兮,野寂漠其無人。載營魄而登霞兮,掩浮雲而上征。""載營魄"一語出自傳世《老子》第十章,所謂:"載營魄抱一,能無離乎?"朱熹《楚辭辯證下》考其義甚詳,可資參考。

　　以上所揭大量事實有力地證明,《遠遊》與《莊》《老》道學具有體系上的關聯。可是在屈作核心比照系統中,這種關聯卻連影子都沒有。這是巨大的差異——問題不在於量,而在於質。它所指示的歷史真相是我們必須正視的。簡單地説,這裏涉及三個考察對象:一是《遠遊》,二是屈作核心比照系統,三是由《莊》《老》表徵的道家學説;其中,《遠遊》與屈作、屈作與《莊》《老》道學均無實質上的關聯,《遠遊》與《莊》《老》道學卻存在體系化的實質性的縮合,若《遠遊》爲屈子所作,那麼這些事實將完全無法合理地解釋。

更何況，《莊》《老》道學及《遠遊》的修持之術絕非屈子所能實行。比如，它們主張修持神魂不疲的寧靜，"無滑而魂"，這一點屈子如何能做到呢？除了撰著《橘頌》的那一時期，屈子始終都無法達成內心的平和。他在被放漢北時嘗作《抽思》，云："惟郢路之遼遠兮，魂一夕而九逝。曾不知路之曲直兮，南指月與列星。願徑逝而未得兮，魂識路之營營。"在被放陵陽時嘗作《哀郢》，云："羌靈魂之欲歸兮，何須臾而忘反。"其他如《離騷》《橘頌》以外的《九章》諸詩、《天問》等等，都凸顯了屈子內心的強烈騷動和不安。梁啓超說："司馬光謂屈原'過於中庸，不可以訓'，故所作《通鑒》，削原事不載。屈原性格誠爲極端的，而與中國人好中庸之國民性最相反也。而其所以能成爲千古獨步之大文學家亦即以此。彼以一身同時含有矛盾兩極之思想：彼對於現社會極端的戀愛，又極端的厭惡。彼有冰冷的頭腦，能剖析哲理，又有滾熱的感情，終日自煎自焚。彼絕不肯同化於惡社會，其力又不能化社會，故終其身與惡社會鬥，最後力竭而自殺。彼兩種矛盾性日日交戰於胸中，結果所產煩悶至於爲自身所不能擔荷而自殺。彼之自殺，實其個性最猛烈最純潔之全部表現。非有此奇特之個性，不能產此文學；亦惟以最後一死，能使其人格與文學永不死也。"㉗基本上終生都處在這樣一種精神狀態的屈原，與《莊》《老》道學和《遠遊》仙觀念以事之變命之行"不足以滑和，不可入於靈府""無滑而魂"等等自許且誨人，絕對是不可調和的。

三 《遠遊》創作時期：基於文學史線索的論析

在傳世辭作中，語詞和語意的重複比比皆是（此處所謂"語意"指語詞的字面意圖或者説形式意圖，有別於作者的實際所指）。屈作內部就已經是如此了；而宋玉之後，辭家尤好規模因襲，往往踵事增華，變本加厲。這些重複凸顯了歷史的關聯，蘊涵很多重要信息，爲解決一系列學術史問題提供了難得的機緣，學界此前給予的關注卻不多，殊爲遺憾；就本文的核心論題而言，能否把握這些信息，關係到能否對《遠遊》作者與撰著時期做出正確的判斷，由此將進一步影響楚辭研究之大局。

廖平《楚詞講義》所以判斷《離騷》《九章》《招魂》諸篇非屈子所作，一個重要依據就是所謂"詞意重犯"。其第六課講《九章》,曾這樣說:"《楚詞》之最不可解者莫過於詞意重犯,一意演爲數十篇,自來説者皆不能解此大惑,今定爲秦始使博士作,如學校中國文一題而繳數十卷,以其同題,詞意自不免於重犯。如《九章》乃九人各作一篇。"又説:"《離騷》疑亦數人所作合爲一篇,故其文義重複,自來説者皆不能貫通之。"其第十課講《離騷》,又以文義自相重複,且與他篇意同而文字小異,力言《離騷》爲始皇使衆博士作:"題目則同,所以如此重犯,彙集諸博士之作成此一書,如學堂課卷,則不厭雷同。"其第二課講《招魂》《大招》,則稱"《招魂》一博士作,《大招》又一博士作"。後來,劉永濟考察《思美人》與《離騷》《惜誦》《抽思》《懷沙》《涉江》《湘君》《九辯》諸詩之關聯,列數十例,論證該篇乃"雜取屈賦各篇辭意而成",其雜取之法,"有徑襲其辭者,有襲其意而變其辭者,有仍其意而增飾之者",總之乃"後人擬屈之作"[28]。這類觀點和論證方式無疑是錯誤的,但它們在學術史上仍有一定意義,就是凸顯了一個不能不解決的問題。解決這一問題,才能正確理解一系列具體作品,也才能把握闡釋這些作品的有效方法。

實際上,王世貞早就指出:"《騷》辭所以總雜重複,興寄不一者,大抵忠臣怨夫惻怛深至,不暇致詮,亦故亂其敘,使同聲者自尋,修隙者難摘耳。"又説:"雜而不亂,複而不厭,其所以爲屈乎?"(《藝苑巵言》卷一、卷二)錢澄之評屈辭,則曰:"吾嘗謂其文如寡婦夜哭,前後訴述,不過此語,而一訴再訴。蓋不再訴不足以盡其痛也。"(《楚辭屈詁自引》)陳子展在反駁劉永濟時,亦謂"辭有重複,恰是屈賦獨有的一種特色"[29]。從創作主體自身之緣由來說,屈作語詞、語意之復,乃是基於詩人數十年遭受疏遠和放逐的生存狀態與其內心數十年不解的鬱結以及不渝的堅持——既然有這種現實和情志,詩人惜誦以致愍,發憤以抒情,辭意自會繁複,辭意多復亦自然成爲他藝術創造的鮮明特質。筆者曾經指出:"在藝術上,屈作有一個鮮明的特點,即接近人類的童年時代,呈現出跟童話相似的二重性:其内容和表現模式相對單一,具體表現則異常繁複,如花團錦簇一般(自然,繁複不等於冗贅或混亂無序,屈作的内在秩序感是十分強烈的)。"[30]屈作之複有意複,有辭複。就大意言,《離騷》主人公以鳩鳩爲媒,與《思美人》主人公求歸鳥作媒,爲複;《離騷》中高辛與主人公爲情敵而以鳳皇爲媒求簡狄,與《思美人》中高辛與主人公爲情敵,以玄鳥爲媒求簡狄,爲複。《離騷》"曰黄昏以爲期兮,羌中道而改路。初既與余成言兮,後悔遁而有他",與《抽思》"昔君與我成言兮,曰黄昏以爲期。羌中道而回畔兮,反既有此他志",爲複。而一篇之中,《離騷》歷敘主人公求宓妃、求簡狄、求二姚、遠逝求女,爲複;主人公請靈氛占卜,又要巫咸降神,亦爲複。《離騷》言采芳草爲衣服飾物飲食,用複;言"衆芳之蕪穢"、衆芳之"變化",用複;言佩用複;言道路亦用複。[31]《招魂》敘東、南、西、北、上天、幽都之可怕,互相爲複。組詩《九歌》中,《湘君》與《湘夫人》等等,或整體,或局部,亦均用複;古人評之曰,"以後歌翻前歌,淺深互進,寓其非復似復之意與法焉"(黄文焕《楚辭合論·聽複》)。此其相對較大者。就其小者言之,《離騷》滋蘭九畹、樹蕙百畝爲複,畦留夷與揭車、雜杜衡與芳芷亦爲複。凡此語辭、物事有别而意指同趨一歸之複,屈作中可謂俯拾皆是。至於辭句全同或高度接近之複(上文已頗有涉及),如《橘頌》前曰"受命不遷",後曰"獨立不遷",前曰"深固難徙",後又曰"深固難徙",前曰"獨立不遷",後則曰"蘇世獨立"等,亦比比皆是。[32]黄文焕以爲,楚辭之全部有"專複之四字、似複非複之四意,曰芳,曰玉,曰路,曰女","則尤讀騷學騷者秘所當窺也"(《楚辭合論·聽複》),其説良是。需要重申的是,屈辭所以"複而不厭",根本原因在於其複不是簡單的"同一",相重相犯的各項實有極鮮明的"個性"。如果承認藝術創作和賞鑒之關鍵在於對"個性"的捕捉和玩味,那麽屈作的魅力就不言而喻了:在對本體的多元化的持續表現中,"個性"不斷展現,使所指獲得多姿多彩的生動映像,把讀者引向繁複多變的美麗中,而流覽無窮(當然,要把握詩人之所指,還應尋求諸多"個性"中共通和穩定的東西)。如此説來,"後人或以屈賦總雜、重複爲病,或以爲它重複就是僞作之證,都未免欠思考了"[33]。

那麽,能否基於《遠遊》與屈作核心比照系統也有這種關聯,基於"慣於複用自己的文句正是屈原創作上的一種長技",來斷定《遠遊》爲屈子所作呢[34]?當然不能——儘管多數學者都是這麽做的。我們必須清醒地認識到,僅僅依據語詞的一致性不能得出準確的結論,因爲它反映的可能止是"形式意圖"的相同或相近,未必體現實際所指的契合,而實際所指的契合才是問題的根本。所以面對楚辭,首先就要區分形式意圖和實際所指。這裏舉一例以明之。《思美人》云:"思美人兮，擥涕而佇眙。媒絶路阻兮，言不可結而詒……願寄言於浮雲兮，遇豐隆而不將。因歸鳥而致辭兮，羌迅高而難寓。"該片段的形式意圖是説，主人公願託豐隆傳語於美人，而豐隆不受命，願請歸鳥向美人轉達情誼，卻不及歸鳥之迅高；其實際所指是，屈子冀望通過他人來調和自己跟國君的關係，而無法找到堪當此任者。在區分了辭作形式意圖和實際所指以後，我們還要清醒地認識到，屬於同一系統的"複"，可能在形式意圖上有所齟齬，但在實際所指上不會形成整體性的對立。這裏也舉一例以明之。《離騷》云："吾令豐隆乘雲兮，求宓妃之所在。解佩纕以結言兮，吾令謇修以爲理……吾令鴆爲媒兮，鴆告余以不好。雄鳩之鳴逝兮，余猶惡其佻巧。"其形式意圖是説，主人公使豐隆覓得宓妃，使鴆鳩、雄鳩爲媒以求之（當然結果並不理想）。這與上引《思美人》的形式意圖（即主人公不能使喚歸鳥）是截然相反的。可《離騷》這一片段，實際所指是説屈子冀望中間環節調和自己跟國君的疏離乖違，結果不如所願，跟上引《思美人》的實際所指明顯是貫通一致的[35]；就是説，兩者都承載者同一系統的規定性。

這是一個不可偏離的基本認知：在形式意圖上，《遠遊》與屈作核心比照系統確實有極高的一致性，但只有在其實際所指與該系統高度一致時，才能確定它與屈作屬於同一個系統。

《遠遊》和屈作核心比照系統存在大量關聯[36]，看起來觸目驚心。然而，這些關聯基本上止限於字面（即基本上止限於語句及其形式意圖），頂多在某些局部上關涉到實際所指，换句話説，被關聯在一起的兩方面的材料在其各自系統整體中的實際所指，或者由它們引向的主體抉擇，完全是背道而馳的。例如《遠遊》謂"哀人生之長勤"，《離騷》説"哀民生（人生）之多艱"，孤立地看，二者内外一致性均異常顯豁，但這止是局部，基於這種情懷的主體抉擇截然不同：在《遠遊》中，主體的因應是修仙出世（故下文很快就説"美往世之登仙"），在《離騷》中，主體的因應是守死善道（故下文很快就説"亦余心之所善兮，雖九死其猶未悔"）。又比如，《遠遊》云："聞赤松之清塵兮，願承風乎遺則。"《離騷》云："雖不周於今之人兮，願依彭咸之遺則。"二語之營構方式和具體語詞也有高度的一致性，可《遠遊》主人公是步武不死之仙人，《離騷》主人公則是追隨道不行投水而死的賢大夫，兩者根本不搭調。

而一個根本的、全局性的歧異是，屈作中，上天入地、役使鬼神、叩訪上帝、追求美女諸般周遊，崑崙、縣圃、春宮諸般神異之地，以及西皇、飛廉、宓妃、湘神等眾神異物，歸根結底止是形式；而《遠遊》中，這類元素則具有"相信的活動"。《遠遊》云："命天閽其開關兮，排閶闔而望予。召豐隆使先導兮，問大微之所居。集重陽入帝宮兮，造旬始而觀清都。朝發軔於太儀兮，夕始臨乎於微閭。"《離騷》說："吾令帝閽開關兮，倚閶闔而望予。時曖曖其將罷兮，結幽蘭而延佇。世溷濁而不分兮，好蔽美而嫉妒。"《遠遊》中，閽者聽命，開天閽而候望主人公，《離騷》中，閽者不從，倚閶闔而冷觀主人公。故在前者，主人公得入帝宮（"太微""太儀"即天庭，"清都"即天皇之所居），在後者，主人公只能由妄想回返現實，感慨世風之惡濁，斥責世人不分善惡美醜、嫉妒成性，而喜好遮蔽美善。在《遠遊》中，超越性的主體與仙界的交流不容許出現斷裂，即便一個環節斷裂，危及的也是整個信仰。在《離騷》中，超越性的世界止是詩人的想像，是映射現世的藝術設定或形式，主人公與此超越性世界的交往出現斷裂，乃是詩人現世遭際的比照，根底上有其必然性。惟其如此，屈辭的主人公往往在關鍵時刻支配不了神。《思美人》謂"願寄言於浮雲兮，遇豐隆而不將"，《離騷》謂"吾令帝閽開關兮，倚閶闔而望予"，是其中的顯例。出於需要而能使喚神，或者出於需要而不能使喚神，全由詩人設定，這種設定顯然不包含"相信的活動"。單就藝術表達而言，一個重要的證據是其形式意圖往往不合邏輯或自相矛盾。概觀屈辭，主人公可以詔命西皇，差遣五帝六神，而一個小小的閽者卻可以遏止他的腳步，讓他遭受慘痛的挫折。宓妃為雒水之神，《離騷》主人公苦苦追求，可她"紛總總其離合兮，忽緯繣其難遷。夕歸次於窮石兮，朝濯髮乎洧盤。保厥美以驕傲兮，日康娛以淫遊"，總之是"雖信美而無禮"，因此，主人公決計"來違棄而改求"。這一抉擇充滿了多少無奈（《遠遊》"祝融戒而蹕御兮，騰告鸞鳥迎宓妃"，就大不相同了）。《離騷》主人公求簡狄，也同樣遭遇失敗，此時此刻，原本上天下地差遣眾神的主人公連鳩鳩都無法控制了。在《離騷》中，主人公可以飛升到帝宮前，可以朝發軔於蒼梧而夕至乎縣圃（張煥如曰"朝發蒼梧，夕至縣圃，何其迅也，非所云借神景以往來者與"[㊲]），可以朝發天津而夕至西極，可以驅遣雲神豐隆去尋找宓妃，可以令神異的鳳皇鸞鳥做侍從或儀仗，可在《思美人》中，主人公要豐隆傳信，豐隆不肯幫忙("願寄言於浮雲兮,遇豐隆而不將",王逸注"雲師徑遊,不我聽也"),主人公要歸鳥傳話,卻因它們飛得太高太快而遇不上("因歸鳥而致辭兮,羌迅高而難當")。在《離騷》中,主人公往來反覆,周流於天上地下,且嘗徘徊在帝宫前,一心要見天帝,雖銜恨於閽者的阻隔,上天畢竟是令人嚮往的。可在《招魂》中,上天卻全然可畏:

魂兮歸來!君無上天些。
虎豹九關,啄害下人些。
一夫九首,拔木九千些。
豺狼從目,往來侁侁些。
懸人以嬉,投之深淵些。
致命於帝,然後得瞑些。
歸來歸來!往恐危身些。㊳

屈子之所以常常作出不合邏輯甚至互相反對的設定,就是因爲他對這個超越性的世界並不相信(即只把它當作可以自由擺佈的形式),他也並不追求對俗世的超越。屈子的立場大抵是孔子式的:"鳥獸不可與同群,吾非斯人之徒與而誰與?天下有道,丘不與易也。"(《論語·微子》)《遠遊》可就不同了,它的仙、仙遊和仙術都是被主體相信的,不存在自由設定的性質。

胡濬源於《遠遊》題下注曰:"《遠遊》一篇,猶是《離騷》後半篇意,而文氣不及《離騷》深厚真實,疑漢人所擬。此亦如《招魂》之與《大招》,細玩卻有不同。"又謂:"此篇若以賦遊仙,則深洞玄旨,後世談修煉家言斷無能出其右;若道屈子心,似反達懷,憂解憤釋矣。朱子病其直,非惟直也,病乃太認真。蓋《離騷》之遠逝本非真心,不過無聊之極想,而兹篇太認真,轉成閑情逸致耳。"(《楚辭新注求確》)《遠遊》"太認真",換言之即包含太多"相信的活動"。這是它不可能被屈作核心比照系統承認的關鍵。

從上述根本點上看,古今學者建構《遠遊》與屈作同一性的努力太半都是對屈原的誤讀,是徒勞和荒唐的。《九章·悲回風》云:"上高巖之峭岸兮,處雌蜺之標顛。據青冥而攄虹兮,遂儵忽而捫天。吸湛露之浮涼兮,漱凝霜之雰雰。依風穴以自息兮,忽傾寤以嬋媛。"㊴陸時雍《楚辭疏》解之曰:"無聊之極,神魄不居,故遂爲此飄忽蕩颺,而上極至高,下臨至潔也。此即《遠遊》所自作矣。"這是從屈作體系中來解釋《遠遊》的較早的努力。殊不知屈子所謂上天下地止是藝術的形式,是虛擬,《遠遊》中此類描寫卻是實際的信仰和追求。王夫之嘗以"退而閑居"之說闡發《離騷》,並試圖打通《離騷》與《遠遊》的關係。比如《離騷》云:"惟兹佩之可貴兮,委厥美而歷兹。芳菲菲而難虧兮,芬至今猶未沫。和調度以自娱兮,聊浮遊而求女。及余飾之方壯兮,周流觀乎上下。"王夫之通釋說:"自'曰勉升降'以下至此,皆巫咸降神之言,託於神告,以明其自審以處放廢者。從俗求容,既義所不可;求賢自輔,而君德已非,風俗盡變;若委質他國,又心之所不忍爲。惟退而閑居,忘憂養性,以自貴其生。審彼二術,唯此差堪自慰,所以……退居漢北,終懷王之世。抑《遠遊》一篇所由作也。"《離騷》復云:"折瓊枝以爲羞兮,精瓊靡以爲粻。爲余駕飛龍兮,雜瑶象以爲車。何離心之可同兮,吾將遠逝以自疏。"王夫之通釋說:"君心已離,不可復合,則尊生自愛,疏遠而忘寵辱,修黄老之術,從巫咸之詔,所謂愛身以全道也。以下皆養生之旨,與《遠遊》相出入。"《離騷》又云:"屯余車其千乘兮,齊玉軟而並馳。駕八龍之婉婉兮,載雲旗之委蛇。"王夫之通釋說:"屯……止也,聚也。軟,車轄也。車千乘而皆屯之,萬念歸於一念,一念歸於無念。無念之念,神光照乎八牖,渾合流行,玉軟並馳矣。八龍,八卦之精,陰陽水火山澤雷風。惟其所禦而行,不沉不掉,如西子之離金閣,楊妃之下玉樓。婉婉、委蛇,和氣守中,長生之玄訣也。"殊不知,《離騷》巫咸降神後所謂浮遊遠逝而求女或者自疏,絕無退居、修黄老求長生之意,止是表現詩人離楚求合國君的一次計畫中的行程(最終因眷戀故國自行終止)㊵。總之,屈作與《遠遊》兩個系統貌雖合而神離。

除上文所揭全局性的"似同實異"外,還有很多細節值得注意。比如,屈作核心比照系統和《遠遊》均出現了傅說,可各自的關切大異其趣。在屈作中,絕無傅說升天成仙的情形,其被關注,焦點在於遇合明君,故《離騷》謂"説操築於傅巖兮,武丁用而不疑"。《遠遊》關注傅說則純粹在於登仙,故篇中謂"奇傅說之託辰星",又將其事與"韓衆之得一"並列,其取向絕無可疑。再比如,屈辭從未出現黄帝(軒轅),《遠遊》則不僅出現了黄帝,而且被置於赤松、王喬、韓衆諸仙人之上，是級別更高的得道成仙者（主人公稱，"軒轅不可攀援兮，吾將從王喬而娛戲"）。諸如此類，均亦可見《遠遊》對於屈作的實質性的疏離。

一言以蔽之，在語句及其形式意圖上，《遠遊》與屈作核心比照系統有高度的關聯性（疊合比比皆是），但二者之實際所指卻全然乖違，並且從邏輯上看，兩者不能被納入某種可以作出有效解釋的實質性鏈接中。《遠遊》不可能出於屈原之手。相對來說，《遠遊》之實際所指易知，屈作之實際所指難明，探討兩者之關係，切忌止見局部而無視整體（只有在系統整體中，局部的功能和意義才能準確地彰顯），切忌偏執於表象而不得實際（屈子是史上最善於營造形式的偉大詩人，偏執於表象、以形式意圖爲實際所指，則難免買櫝還珠之譏）。古今有此弊者更僕難數，他們往往拿《離騷》諸作當《遠遊》讀。廖平《離騷釋例》提出，以《離騷》爲正篇，附以《遠遊》《招魂》《大招》《九歌》《九辯》五大篇，"乃有始終，本末詳備"；又説："舊以《離騷》爲憂愁積憤之書，爲世間至不滿意恨事，讀者皆愁苦悲憤，今以《詩》《易》道家説之，則爲人生第一至樂世界，從心所欲，無不如志，由王伯而皇帝，由聖人而化人、至人、神人、天人，包括萬有，上下四旁、古往今來具詳。宋玉《大言賦》及司馬長卿《大人賦》，天下至久至大至樂之事無有過乎此者，聖神仙佛皆在所包。复乎尚乎，實文學科之巨擘也。"廖氏《楚辭新解·叙》也説："按《楚詞》經營四荒，周遊六漠，揖讓五帝，造問太微，乘雲御風，駕龍馭螭，且媮娛以自樂，超無爲以至清，乃至高之□，亦至樂之境界，以爲窮愁，失其旨矣。"其《楚詞講義》第十課講《離騷》，則稱："《離騷》與《遠遊》文義全同，《遠遊》有條理，《騷》則雜遝不堪，當以《遠遊》之例讀《騷》，則得矣。"如此解釋楚辭，則楚辭幾乎篇篇皆爲《遠遊》，這一系列千古不可多遘之奇文大作便從事實上被湮滅了。汪瑗《集解》注《橘頌》"年歲雖少，可師長兮。行比伯夷，置以爲像兮"數語，嘗云："嗚呼！昔人謂知己者希，誠哉。瑗獨悲屈子既不見知於當時，故作《離騷》以明己志，而冀後世庶幾有知己者一嘆惜之，則亦足以慰其心矣；不意千載之下，而其不見知也，又復甚於當時。"林雲銘則説："注屈之難，尤甚於注《莊》。二千年中，讀《騷》者悉困於舊詁迷陣，如長夜坐暗室，茫無所睹。"（《楚辭燈·序》）洵非虛言也。

《遠遊》在形式意圖上與屈辭有極强的關聯，同時又非屈子所作，據此已可斷定它是後人規模屈辭的作品。筆者將進一步納入其他文學史線索,把它產生的歷史時期具體化。

《遠遊》之產生當在宋玉《九辯》以後,因爲該篇也是它效仿的對象。

《九辯》末章,從"願賜不肖之軀而別離兮,放遊志乎雲中",至"載雲旗之委蛇兮,扈屯騎之容容"一段,王夫之《通釋》嘗解爲:"此代屈子言也。……蓋因《遠遊》之旨而申言之。"後世學者或承其意,認定宋玉在代屈原設言的《九辯》中櫽栝了《遠遊》,進而證成《遠遊》爲屈作之舊説④。究其實際,《遠遊》不僅迥別於屈作,而且跟《九辯》也不相契。《遠遊》跟《九辯》相疊合的止是形式意圖,其實際所指的暌隔才具有決定意義,才彰顯了問題的本質。

《遠遊》有些語句,如"微霜降而下淪兮,悼芳草之先零","聞赤松之清塵兮,願承風乎遺則","聊仿佯而逍遙","高陽邈以遠兮,余將焉所程",以及"長太息而掩涕"等等,雖與《九辯》有語詞語意之復,卻可以上溯到更早的屈作。它們與《九辯》的關聯,在作爲證據的效力上要受到一定的限制。但是,《遠遊》也有些語句大概只能溯源至《九辯》,比如"永歷年而無成""質銷鑠以汋約""野寂漠而無人"等。更重要的是,上舉《九辯》"願賜不肖之軀而別離兮"一節,幾乎就是《遠遊》主體部分的肇端。具體言之,《遠遊》"願輕舉而遠遊",實滋生於《九辯》"願……放遊志乎雲中"。《遠遊》仙遊方式是"因氣變""掩浮雲",實滋生於《九辯》"棄精氣之摶摶"。《遠遊》仙遊時"載雲旗之逶蛇",是直接照搬了《九辯》的"載雲旗之委蛇"。《遠遊》仙遊時"選署衆神以並轂",實滋生於《九辯》"鶩諸神之湛湛"。《遠遊》仙遊時"歷太皓以右轉""遇蓐收乎西皇",實滋生於《九辯》"歷群靈之豐豐"。《遠遊》仙遊時,"左雨師使徑侍兮,右雷公以爲衛",實滋生於《九辯》"左朱雀之茇茇兮,右蒼龍之躍躍"。《遠遊》仙遊時"命天閽","召豐隆","前飛廉以啓路","風伯……先驅","玄武……奔屬","文昌……掌行"等等,實滋生於《九辯》"屬雷師之闐闐兮,通飛廉之衙衙"。當然,《遠遊》不止受《九辯》之澤被,還有來自屈辭藝術世界的沉甸甸的積澱,而且,《九辯》自身也是由屈辭之傳統造就的;與此同時,《遠遊》於前代經典不是機械地"拿來",而是恃之以化生。但説《九辯》末章奠定了《遠遊》主體內容的基本規模,還是不成問題的。不過正如胡小石所説,《九辯》結語曰"賴皇天之厚德兮,還及君之無恙",與

《遠遊》結語"超無爲以至清兮,與泰初而爲鄰",顯然異趣⑫。這一局部差異乃是兩者整體上異質的表徵。《九辯》傳達的信息仍然是,將《遠遊》視爲屈作,缺乏事實和邏輯上的依據。

《遠遊》不僅晚於宋玉的《九辯》,而且必在秦朝以後。其文本中出現了一個具有很强實證性的材料——韓衆:

> 聞赤松之清塵兮,願承風乎遺則。
> 貴真人之休德兮,美往世之登仙。
> 與化去而不見兮,名聲著而日延。
> 奇傅説之託辰星兮,羡韓衆之得一。
> 形穆穆以浸遠兮,離人群而遁逸。⑬

在《遠遊》中,"韓衆"(洪補謂一本作"韓終")是與赤松、傅説比肩的得道仙人,而稽考史書,他原本止是始皇時一名術士。《史記·秦始皇本紀》載,始皇三十二年(前215),"使韓終、侯公、石生求仙人不死之藥";三十五年(前212),"聞韓衆(《史記正義》謂音終)去不報,徐市等費以巨萬計,終不得藥,徒奸利相告日聞",遂興坑儒之慘劇,"犯禁者四百六十餘人,皆阬之咸陽"。仙人韓衆顯然是基於"相信的活動",由術士韓衆敷衍附會而成的。有趣的是,《遠遊》各本作"韓衆"或"韓終",《始皇本紀》則前作"韓終",後作"韓衆",其間似有某種奇妙的關聯,更可證明這兩種文獻説的就是一人。游國恩認爲:"韓衆是古仙人,即韓終,見《列仙傳》,並不是秦始皇時的那位方士。"⑭其説殆誤。洪補引《列仙傳》曰:"齊人韓終,爲王采藥,王不肯服,終自服之,遂得仙也。"儘管其文字極簡單,可韓衆本事("爲王采藥")卻清晰可見(其中"王不肯服"以下,則明顯是據韓衆升仙的傳説增益的)。《抱朴子·仙藥》云:"韓衆服菖蒲十三年,身生毛,日視書萬言,皆誦之,冬袒不寒。"韓衆之由術士升格爲仙,必在始皇三十五年坑儒以後。陸侃如説:"韓衆(即韓終)本是秦始皇時的方士,於三十二年同侯公石生一起'求仙人不死之藥'的。他的時代,便是此篇非屈原所作的鐵證。"⑮有此證,《遠遊》非屈作確已毫無疑義了。至於有人先認定《遠遊》跟《離騷》等辭作出於一人之手,再由韓衆晚出來質疑"屈原"之身份,則洵爲怪事,不值一駁。因爲不是

"屈原"的身份可疑,而是《遠遊》的"身份"大成問題。

韓衆成仙之説,最早可上推至始皇三十五年(前212)。《遠遊》之產生當更在此後,因爲其作成時,韓衆登仙之説應該已在某種程度上成爲社會的共識(有趣的倒是司馬遷並未接受這種俗見,這是題外話)。西元前207年劉邦兵臨咸陽,子嬰出降而秦亡,之後數年是楚漢戰爭,西元前202年劉邦即皇帝位。《遠遊》殆產生於秦漢之際或漢初。由近及遠,《七諫》《大人賦》《淮南子》《哀時命》《惜誓》等一系列作品均部分地接受和回應了《遠遊》,仿佛樹幹中一圈圈的年輪,證明《遠遊》在那個時期以前就產生了。

東方朔(前161—前90?)撰《七諫》,多采代言體,即往往以第一人稱敷衍屈子其人、其事以及屈作物象和語意。比如,其《初放》篇敘屈原被棄云:"平生於國兮,長於原壄……數言便事兮,見怨門下。王不察其長利兮,卒見棄乎原壄……塊兮鞠,當道宿,舉世皆然兮,余將誰告?"又云:"斥逐鴻鵠兮,近習鴟梟。斬伐橘柚兮,列樹苦桃。便娟之修竹兮,寄生乎江潭。上葳蕤而防露兮,下泠泠而來風。孰知其不合兮,若竹柏之異心。往者不可及兮,來者不可待。悠悠蒼天兮,莫我振理。竊怨君之不寤兮,吾獨死而後已。"這裏從第一人稱的視角敘屈子之事[46],且往往襲用屈作語詞語意,比如,化用了《涉江》"與前世而皆然兮,吾又何怨乎今之人","鸞鳥鳳皇,日以遠兮。燕雀烏鵲,巢堂壇兮。露申辛夷,死林薄兮。腥臊並御,芳不得薄兮",以及《橘頌》"后皇嘉樹,橘徠服兮"等等。《七諫》其他部分亦有不少襲用屈作語詞語意者,如《沉江》之"滅規矩而不用兮,背繩墨之正方",本於《離騷》"固時俗之工巧兮,偭規矩而改錯。背繩墨以追曲兮,競周容以爲度";《怨世》之"西施媞媞而不得見兮,嫫母勃屑而日侍",本於《惜往日》"妒佳冶之芬芳兮,嫫母姣而自好。雖有西施之美容兮,讒妒入以自代"。凡此之類,不一而足。

總體上看,《七諫》融匯了多方面的素材:一是屈子生平事蹟的記述[47];二是屈子《離騷》《九章》《招魂》《天問》《九歌》等辭作;三是宋玉《九辯》、賈誼《惜誓》等代言體,以及《弔屈原賦》等強烈關涉屈子生平遭際的作品;四是《列子》《韓非子》《呂氏春秋》《韓詩外傳》《淮南子》等子書[48]。當然,《七諫》也不是各方面素材簡單相加的結果。有些影響積澱在作者給出的形而上解釋中,例如以

"同音者相和""同類者相似"解釋屈子遭際的必然性,明顯是汲取了《淮南子》和《韓詩外傳》的相關說法。而更重要的是,作者從這些素材中整合出了屈子的形象——富有個性與典型意義的現實遭際和情結,並且整合出了表現這一對象的核心形式和話語。

屈作對《七諫》的影響是至關重要的,這一點毫無疑義。然而對本文的論題來說,更值得關注的是《七諫·自悲》部分敘寫屈子事蹟,卻大量襲用了《遠遊》篇的內容(其他部分雖有襲用,但不如這一部分集中和典型)。《自悲》敘主人公之"遠遊",實爲《遠遊》主體內容即遊仙活動的"縮微版";其主人公"懷琬琰"而"施玉色","見韓衆"而"問天道","含沆瀣以長生"等等,都明顯是敷衍《遠遊》的核心元素(比如,所謂"見韓衆而宿之兮,問天道之所在",乃糅合《遠遊》"見王子而宿之兮,審壹氣之和德""奇傅說之託辰星兮,羨韓衆之得一"二語)。這意味著,東方朔將《遠遊》主人公之追求、情思和作爲視作屈子的追求、情思和作爲,易言之,他將《遠遊》視作屈子遭受重挫後的一段情感歷程。就東方朔建構屈子形象而言,《遠遊》的實質作用甚至超過了《九辯》等辭作,而僅次於屈子《離騷》諸篇。這透露了很多重要信息:東方朔在代言時直接將《遠遊》主人公的一系列行爲建構到屈子身上,從楚辭範圍內看只有兩種可能,要麼他認爲《遠遊》是代屈子之言(如同《九辯》),要麼他認爲《遠遊》就出乎屈子之手;考慮到《遠遊》對《七諫》屈子形象影響之巨,後一種可能性顯然更大。這又意味著,認爲屈子作《遠遊》的觀點已成爲當時社會上某種程度的共識(在這個問題上,如果當時存在一種與此不同的有社會影響力的認定,東方朔便不太可能持獨見之明、獨聽之聰)。這又意味著《遠遊》之撰著不可能距東方朔太近。褚少孫續補《滑稽列傳》,謂東方朔"好古傳書,愛經術,多所博觀外家之語",又謂朔"修先王之術,慕聖人之義,諷誦《詩》《書》百家之言,不可勝數"。若《遠遊》之產生距東方朔不遠,斷無可能被世人及東方朔共視爲屈作。東方朔這種接受《遠遊》的方式和立場,經王逸《章句》之推衍,幾乎影響了整個歷史。

不過,東方朔對《遠遊》的認同是有限的,他不把求仙登仙當作問題的解決之道,而主要從形式層面上接受了它的影響。故《七諫》於《自悲》之後,在《哀命》《謬諫》及亂辭部分,明顯回歸了屈子《離騷》《九章》諸辭作的立場。這裏面又混雜著作者對《惜誓》和《弔屈原賦》的接受。例言之,《哀命》謂"從水蛟而爲徒兮,與神龍乎休息",化用了《弔屈》"襲九淵之神龍兮,沕深潛以自珍。瀰融爚以隱處兮,夫豈從螘與蛭螾";《謬諫》謂"經濁世而不得志兮,願側身巖穴而自托",襲用了《惜誓》"彼聖人之神德兮,遠濁世而自藏"。不過從根本取向上看,這些要素並未改變《七諫》比較純粹的屈原的底子。我們可以看一看該篇之亂辭。亂辭承襲的主要是屈子《涉江》《離騷》以及賈誼的《弔屈》,而蘊涵著從賈誼立場(參見下文所論)向屈子立場的回復。亂辭之結語説:"甂甌登於明堂兮,周鼎潛乎深淵。自古而固然兮,吾又何怨乎今之人!"前句襲用了《弔屈》對世俗的批判——"斡棄周鼎兮寶康瓠",後句則糅合了《離騷》"鷙鳥之不群兮,自前世而固然",以及《涉江》所謂:"接輿髡首兮,桑扈臝行。忠不必用兮,賢不必以。伍子逢殃兮,比干菹醢。與前世而皆然兮,吾又何怨乎今之人!余將董道而不豫兮,固將重昏而終身。"《七諫》最終並未接受《惜誓》和《弔屈》設計的因應現實的路徑。

依《七諫》對《遠遊》的認知,可確定《遠遊》之產生與《大人賦》絶無瓜葛,且必早於《大人賦》。據劉南平考證,司馬相如(約前179—前127)最終完成並奏上《大人賦》是在漢武帝元狩四年(前119),但可能在武帝元光年間(前134—前129)有一個草稿[49]。東方朔(前161—前90?)《七諫》成於西元前106年,或者在西元前104至西元前97年之間。若《遠遊》誠如論家所説,爲《大人賦》之初稿,甚至抄襲了《大人賦》,時人及東方朔豈能不知?他們又怎會以《遠遊》爲屈子之作呢?而且按照這種"初稿説""抄襲説",《遠遊》針對的是漢武"好仙",它甚至連代屈子言説的代言體都不是,東方朔何由將該篇主人公的經歷和追求當成屈子的經歷和追求呢?由此可見,此類説法完全是想當然的。

《大人賦》與《遠遊》之關聯是毋庸置疑的,此前學界無論是研究《大人賦》,還是研究《遠遊》,關注的都是這種關聯。但究其實際,二者之相異性才凸顯了各自的本質。

《大人賦》有云:"登閬風而遥集兮,亢烏騰而壹止。低佪陰山翔以紆曲兮,吾乃今日睹西王母。暠然白首戴勝而穴處兮,亦幸有三足烏爲之使。必長生若此而不死兮,雖濟萬世不足以喜。"這一片段爲《遠遊》所無。因爲《大人賦》與《遠遊》有極高的關聯性,這一增益部分表達的必是對《遠遊》的回應:它旗幟鮮明地質疑《遠遊》離世登仙、"留不死之舊鄉"的基本取向,認爲即便求仙之夢想成真,仍有巨大的殘缺,不足以喜。這已顯示了《大人賦》與《遠遊》在根本上的異趣。相如之所以汲取《遠遊》之修仙遊仙,來構建《大人賦》的形式,主要是基於他的現實針對性。《漢書》相如本傳云:"上既美子虛之事,相如見上好仙,因曰:'上林之事未足美也,尚有靡者。臣嘗爲《大人賦》,未就,請具而奏之。'相如以爲列仙之儒居山澤間,形容甚臞,此非帝王之仙意也,乃遂奏《大人賦》。"對修仙遊仙諸事,相如並不真心關注,他關注並意欲諫止的是漢武好仙;《大人賦》之回應《遠遊》實即回應漢武,而漢武好仙的觀念和實踐,不就是《遠遊》所表徵傳統的延續嗎?

從寫法上看,真正凸顯司馬相如賦家本色的,也恰恰是《大人賦》與《遠遊》的相異之處。比如《大人賦》云:"沛艾赳螑仡以佁儗兮,放散畔岸驤以孱顏。跮踱輵螛容以委麗兮,蜩蟉偃寋怵夐以梁倚。糾蓼叫奡踏以艐路兮,蔑蒙踴躍騰而狂趡。莅颯卉歙焱至電過兮,煥然霧除,霍然雲消。"這一片段亦爲《遠遊》所無,而極寫大人乘龍駕螭輕舉遠遊之情狀,諸如龍螭之申頸低昂,居首止步,縱放參差,忽進忽退,搖目吐舌,左右相逐,掉頭屈曲,奔走蕩倚,相引相呼,下著乎道路,飛揚而跳擲狂進而馳騖,飛相及,走相追,如疾風忽至,似電閃倏失,而雲霧亦隨之消散,可謂異常繁複和靡麗。此純然漢大賦之體物,《遠遊》絕無此等筆法和想像。《大人賦》又云:"騷擾衝蓯其(相)紛挐兮,滂濞泱軋麗以林離。攢羅列聚叢以蘢茸兮,衍曼流爛痑以陸離。"此又極寫車駕喧擾相入而錯雜、衆盛而麗靡及其聚集、縱散種種情狀,亦特具漢大賦之神韻,而爲《遠遊》所無。《遠遊》云:"玄螭蟲象並出進兮,形蟉虯而逶蛇。"《大人賦》則說:"駕應龍象輿之蠖略委麗兮,驂赤螭青虯之蚴蟉宛蜒。"《遠遊》云:"服偃蹇以低昂兮,驂連蜷以驕驁。"《大人賦》則說:"低卬夭蟜裾以驕驁兮,詘折隆窮蹭以連卷。"後者確實承襲了前者,而加"蠖略委麗"來寫龍駕象輿行步進止之貌,加"夭蟜裾"來寫龍螭之屈伸直項,加"詘折隆窮蹭"來寫龍螭委屈舉髻而跳擲,所增益的部分亦正顯示了漢大賦鋪采摛文的特質。

總之,《大人賦》對《遠遊》固有因襲,且所涉篇幅甚大,可本質上還是有所超越的,無論精神還是寫法均系如此。《大人賦》沒有涉及《遠遊》與屈子的關係,它對《遠遊》的回應主要是在仙道層面上。《遠遊》之產生不惟在東方朔之前,且必早於相如作《大人賦》。

傳世《淮南子》殆成書於漢武帝建元二年(前139)[50]。其《齊俗》篇云:"今夫王喬、赤誦子,吹嘔(呴)呼吸,吐故内新,遺形去智,抱素反真,以遊玄眇,上通雲天。今欲學其道,不得其養氣處神,而放其一吐一吸,時詘時伸,其不能乘雲升假亦明矣。"這段文字,有鮮明的《莊》學背景。《莊子·外篇·刻意》謂:"吹呴呼吸,吐故納新,熊經鳥申,爲壽而已矣;此道引之士,養形之人,彭祖壽考者之所好也。"《天地》謂:"夫明白入素,無爲複樸,體性抱神,以遊世俗之間者,汝將固驚邪?"此外《莊子》的《内篇·大宗師》《外篇·秋水》等文均有"反其真"之説。凡此皆爲《齊俗》篇上述文字的源頭活水。《齊俗》篇貶斥一般吐故納新之行氣而強調"養氣處神",與致力於"養神"、貶斥"養形"的《莊》學主流更顯然一致(參見下文所論)。然而,《淮南子》將行氣導引、升遐登仙之術明確推源於赤松和王喬,則當有《遠遊》的影響。《淮南子·泰族》篇一段關於王喬赤松的文字,更明顯是針對《遠遊》而言的。今將二者之關聯表見於下:

《淮南子·泰族》	《遠遊》
王喬、赤松去塵埃之間,離群慝之紛,吸陰陽之和,食天地之精,呼而出故,吸而入新,蹀虚輕舉,乘雲遊霧,可謂養性矣,而未可謂孝子也。	聞赤松之清塵兮,願承風乎遺則。貴真人之休德兮,美往世之登仙。與化去而不見兮,名聲著而日延。奇傅説之託辰星兮,羨韓衆之得一。形穆穆以浸遠兮,離人群而遁逸。因氣變而遂曾舉兮,忽神奔而鬼怪。時髣髴以遥見兮,精皎皎以往來。絶氛埃而淑尤兮,終不反其故都。免衆患而不懼兮,世莫知其所如。/ 軒轅不可攀援兮,吾將從王喬而娱戲!餐六氣而飲沆瀣兮,漱正陽而含朝霞。保神明之清澄兮,精氣入而麤穢除。/ 載營魄而登霞兮,掩浮雲而上征。/ 叛陸離其上下兮,遊驚霧之流波。/ 悲時俗之迫阨兮,願輕舉而遠遊。/ 泛容與而遐舉兮,聊抑志而自弭。/

上表文獻中有一個關鍵字——"舉",意味著飛升或登仙,這種意義上的"舉"不

見於傳世《莊子》,而見於《泰族》篇和《遠遊》,而且是《遠遊》的主旨和眼目。這更强化了《泰族》與《遠遊》的關係。尤其值得注意的是,《泰族》篇這段文字從儒家立場上否定了《遠遊》的整體取向。《遠遊》行氣登仙之説當時必已廣泛行世了,所以《泰族》篇才作這樣的回應。

每一種存在都會在歷史中留下痕跡,反過來説,這些痕跡可以證明、界定相關的存在。如上文所論,《七諫》《大人賦》《淮南子》與《遠遊》均有關聯,它們不同層面、不同程度上繼承和回應了《遠遊》;這些關聯互相確證和加强,因此富有實證性,足以澄清歷史真相,滌除學術史上的一些謬見。而這種歷史聯繫,尚可上溯到更遠的時期。

鄒陽(約前206—前129)、枚乘(前?—前140)、嚴忌(約前188—前105)諸子,遠在漢景三年(前154)吴楚七國叛亂前離吴至梁,而景帝七年(前150)前,鄒陽受羊勝、公孫詭等人讒毁,與他同時遊吴甚久且同時入梁的枚、嚴二人亦遭到牽連。嚴忌殆於此時創作了《哀時命》[51]。

《哀時命》是又一篇與《遠遊》關係密邇、值得關注的文獻。作者之"哀",在於"身既不容於濁世兮,不知進退之宜當"。他在篇中叙及出世修仙,與赤松結友,與王喬爲耦等等,然而很明顯,他根本不認爲這種追求能解決現世問題。故於終篇曰:"邪氣襲余之形體兮,疾憯怛而萌生。願壹見陽春之白日兮,恐不終乎永年。"這跟《遠遊》"仍羽人於丹丘兮,留不死之舊鄉"的追求,以及其"超無爲以至清兮,與泰初而爲鄰"的結局,在信仰層面上已經是絶異了。此外,《遠遊》建構了"經營四荒""周流六漠"的仙遊和信仰空間("六漠"猶言"六幕";《漢書·禮樂志》記《郊祀歌》十九章之《天門》,有謂"專精厲意逝九閡,紛雲六幕浮大海",顔注云"六幕,猶言六合也")。《哀時命》甚至對這一宏大空間都表示了不屑,稱:"冠崔嵬而切雲兮,劍淋離而從横。衣攝葉以儲與兮,左袪掛於榑桑。右衽拂於不周兮,六合不足以肆行。"其下文則説:"上同鑿枘於伏戲兮,下合矩矱於虞唐。願尊節而式高兮,志猶卑夫禹湯。雖知困其不改操兮,終不以邪枉害方。"道德層面的高標自持、守死善道,再次彰顯了《哀時命》與《遠遊》有天壤之别。而志卑禹湯的説法,更説明《哀時命》睥睨《遠遊》四荒六漠的信仰空間止是一種誇飾或形式(作者對該空間不存在"相信的活動")。總之,《哀時命》不僅承襲了《遠遊》,而且以不屑一顧的態度回應了《遠遊》的信仰體系。因此《遠遊》之產生與流布,又必在嚴忌作《哀時命》以前。

不過,在因應現實困迫方面,《哀時命》不僅否棄了《遠遊》模式,對屈原本人的模式也有所修正。一方面,《哀時命》之主人公表示寧死不屈、堅持道義,嘗謂:"子胥死而成義兮,屈原沉於汨羅。雖體解其不變兮,豈忠信之可化? 志怦怦(抨抨)而内直兮,履繩墨而不頗。"另一方面,它也強化了自珍自藏的生存智慧。故謂:"衆比周以肩迫兮,賢者遠而隱藏。"又謂:"鶩鳳翔於蒼雲兮,故矰繳而不能加。蛟龍潛於旋淵兮,身不掛於罔羅。知貪餌而近死兮,不如下遊乎清波。寧幽隱以遠禍兮,孰侵辱之可爲?"復謂:"時獻飫而不用兮,且隱伏而遠身。"這種取徑乃上承賈誼的《惜誓》和《弔屈原賦》,與屈子本人則有所不同。

王逸在《惜誓》章句序中說:"《惜誓》者,不知誰所作也。或曰賈誼,疑不能明也。"筆者以爲,賈誼作《惜誓》一說是可信的。《惜誓》與確知爲賈誼作品的《弔屈原賦》高度疊合,兩者不僅有大量互相關聯的要素(語詞及其形式意圖),而且這些要素的取向和表達方式也完全一致。《惜誓》與《弔屈》的主要區別在於,前者基本上是代言體辭作,後者則非。即以形式言,在代言體的《惜誓》中,主體與屈子的分隔不明晰,在非代言體的《弔屈》賦中,這種分隔是一目了然的。那麽,歷史上何以存在《惜誓》《弔屈》兩篇出自一人之手、主旨相同而體式各異的作品呢? 這可能有一定偶然性。作者賈誼(前200—前168)爲雒陽(今河南洛陽東)人,十八歲即以能誦《詩》《書》屬文稱於郡中,漢文帝元年(前179)由原河南守吴公薦舉,被召爲博士,一歲中超遷至大中大夫,遂上疏議立漢制、更秦法。文帝二年(前178)復上疏言列侯就國、重農諸事,文帝議以任公卿之位。絳侯周勃、灌嬰、東陽侯張相如、御史大夫馮敬之屬群起害之,詆毁説:"雒陽之人年少初學,專欲擅權,紛亂諸事。"文帝後亦疏之。文帝三年(前177)賈誼出任長沙王太傅,及度湘水,作《弔屈原賦》,六年(前174)作《服鳥賦》。七年(前173)轉任梁懷王太傅。十一年(前168)懷王墜馬死,誼自傷爲傅無狀,常哭泣,後歲餘,鬱鬱而逝[52]。筆者認爲,賈誼殆在遭受毀謗、被文帝疏遠時,對"信而見疑,忠而被謗"的屈原產生了切己的同情,遂爲代言體的《惜誓》以抒情愫。那時,他對屈原和自身遭際的基本認知便已經成型了。賈誼未曾料到自己旋即被謫去長沙,意不自得,又直面屈子自沉之域,其哀痛更勝於前,有不能自已不得不鳴者,可是他對屈原及其自身遭際的基本認知並未改易,遂以《惜誓》爲底子作成了《弔屈原賦》,追傷屈原,"因以自諭"(《漢書·賈誼傳》);賈誼此時强烈和直接地面對著屈子,混淆雙方而持代言立場已不大可能,也没有必要,所以不再使用代言體。這大概是賈誼《惜誓》《弔屈》二作異而同、同而異的緣由。

筆者認爲,傳世楚辭中之《漁父》、賈誼《惜誓》《弔屈》,均是作者依自己之取向爲屈子指點路徑之作(當然,這同時是對主體取向的自我確認)。因此《惜誓》在取向上與屈作不完全一致。如果説屈作凸顯了極强烈的殉道精神,那麽《惜誓》則較多地凸顯了主體對自我個體生命的關懷,傾向於"遠濁世而自藏"(這種區别性特徵至《弔屈》一賦表達得更加清晰和有力)。就本論題而言,特别值得注意的是,《惜誓》清晰地凸顯了《遠遊》這一背景,這是它和《弔屈》在體式差别之外的又一個歧異。

《惜誓》開篇敘主人公登天高舉,此番遊歷乃櫽栝《遠遊》主體内容(遊仙)而略有變化,比如,將《遠遊》敘寫繁複的主人公與神明的往來遊嬉概括爲一句:"樂窮極而不厭兮,願從容虖神明";其間涉及仙人赤松、王喬,以及修仙之術行氣,亦全部來自《遠遊》。可接下來,《惜誓》之行文陡轉,謂:"念我長生而久仙兮,不如反余之故鄉。"這完全否棄了《遠遊》"終不反其故都""留不死之舊鄉""與泰初而爲鄰"的根本取向。《惜誓》作者直面嚴酷的現實,諸如衆柱聚而矯直,世俗幽昏而眩惑於美惡,仁人盡節卻爲小人所賊等等,可他不指望靠修仙升仙來解决問題。也就是説,他無意於眷顧《遠遊》刻意宣揚和追求的彼岸,而著意於在現世的此岸安頓生命。故《惜誓》篇尾説:"已矣哉!獨不見夫鸞鳳之高翔兮,乃集大皇之埜。循四極而回周兮,見盛德而後下。彼聖人之神德兮,遠濁世而自藏。使麒麟可得羈而係兮,又何以異虖犬羊?"遠濁世,歸有德,超脱凡俗之羈勒,自藏自珍,這才是《惜誓》的抉擇。這種抉擇不是完全的出世(即它排斥《遠遊》的取向),也不是完全的入世(即它矯正了屈子的模式)。王逸章句有謂:"賢者亦宜處山澤之中,周流覽觀,見高明之君乃當仕也。"基本得原文之旨意,但所謂"處山澤之中"並非根本,根本乃在於獲得那種不可羈勒的自在性和自主性。這是《惜誓》對《遠遊》的明確回應。則《遠遊》之産生和行世,又必在《惜誓》撰成以前。

至此,事實已十分清楚了。東方朔作《七諫》(殆在前106年,或前104至前97年間),開《遠遊》主流接受模式之端(但它並未賦予修仙登仙以强烈的"相信的活動"),而依次向上推,則有司馬相如《大人賦》(殆成於前119年,但可能在前134至前129年間已有初稿)、《淮南子》(殆成於前139年)、嚴忌《哀時命》(殆作於前150年)、賈誼《惜誓》(殆作於前178年)等篇章,所有這些作品均包含對《遠遊》的回應,而且個別回應還强烈關涉屈原。排除表達形式的要素而論其精神實質,如果説漢初屈原和《遠遊》已成爲因應現實的兩種模式,那麽上述文獻至少涉及四種態度:其一是承襲屈原模式,以《七諫》爲代表。《七諫》雖有自藏之意,嘗謂"懷計謀而不見用兮,巖穴處而隱藏"(《沉江》),"從水蛟而爲徒兮,與神龍乎休息"(《哀命》),"經濁世而不得志兮,願側身巖穴而自托"(《謬諫》),但這些主要是在被棄不返境況中心理上被動的自我調適,而有别於《惜誓》《弔屈》所張揚超越俗世、自覺主動的"自珍"和"自藏"。其二是修正屈原模式,以《惜誓》《哀時命》爲代表(《弔屈》不是本文討論的主要對象,卻有同樣的價值)。其三是承襲《遠遊》模式,如《淮南子·齊俗》篇。其四是質疑或否棄《遠遊》模式,如《淮南子·泰族》篇以及《大人賦》。有一點毋庸置疑,作爲屢屢被審視和回應的對象,《遠遊》在《惜誓》之前就已經產生和行世了。

韓衆與《惜誓》是判斷《遠遊》創作時期的重要歷史標杆。《遠遊》產生於秦始皇三十五年(前212)"韓衆去不報"之後、公元前178年賈誼作《惜誓》之前。這一時段跨三十餘年,但事實上,其上限還可以下移數年,因爲逃去不報的術士韓衆不會立即就成爲得道之仙[53],而《遠遊》也不大可能在韓衆"成仙"後就馬上作成;其下限則似乎可以上推得更多一些,——若《遠遊》的產生距離這個時間點太近,它受到如此高度的、持續的關注,卻喪失了作者的信息(其作者決非屈原卻不能確定是誰),甚至它在東方朔時期就已經被視爲屈子之作,這些便委實難以理解了。有鑑於此,《遠遊》之作年可進一步被限定在一個更加有限的時段。謂《遠遊》爲屈作,謂《遠遊》作於西漢文景時期或者武帝時期以後,謂《遠遊》作於兩漢之際乃至東漢時期等等,都完全没有依據。

四 《遠遊》創作時期：基於思想文化史線索的論析

《遠遊》之仙道體系融匯了三大本源或說傳統：一是《莊子》學說，二是屈原作品，三是世俗的行氣導引服食養生之術。

先看第一個方面。

作爲《遠遊》仙道體系之核心，"道"便直接來自《莊子》內篇之《大宗師》；其所及爲道之方、仙、修仙之術、仙之異相異能等，都强烈因襲了《莊子》之意，部分要素又承繼了《老子》。這一點，前文已有所論析，這裏就不再重複了。而除此之外，在《莊》《老》道學體系中，"神人""至人""真人""聖人"乃"知之能登假於道者"，《遠遊》仙道體系中的仙人（如韓衆）是"得一"（亦即"得道"）者，這明顯又是一個整體性的位移。《遠遊》仙觀念與《莊》《老》道學這種體系化的勾連，説明它是《莊》《老》道學不斷世俗化和神秘化的結果。

本文第二節曾就《遠遊》和《莊子》兩個文本作了平面的比較分析，這裏主要是對《莊》學整體上世俗化、神秘化爲仙道，作歷時性的説明。

始皇三十五年（前212），盧生説始皇，曾祭出"真人"之招牌，稱，"真人者，入水不濡，入火不爇，陵雲氣，與天地久長"；並勸始皇，要想招致真人，治天下須"恬倓"等等（《史記・秦始皇本紀》）。這種仙真人觀念基本上照搬了《莊子》。如其內篇《大宗師》云："古之真人……登高不慄，入水不濡，入火不熱，是知之能登假於道者也若此。"其外篇《天地》云："夫聖人……千歲厭世，去而上仙；乘彼白雲，至於帝鄉；三患莫至，身常無殃。"盧生之説顯示了《莊》學神秘化、世俗化爲仙道的歷史軌跡。所謂神秘化，是指將《莊》學主流觀念中基於養神、"登假於道"而達成的超越性境界，界定爲經由某種神秘性即與凡俗有强烈區隔的手段而接近或達到的存在狀態；所謂世俗化，是指《莊》學體系中人的最高境界，即真人、神人、至人、聖人等，被拉近了同世俗人生的距離（被解釋爲只要合乎某些設定，諸如有個人修爲、芝藥的助力等等，就可以接近或者實現）。《遠遊》仙道體系承襲《莊》學之"真人"（或"至人"）、"至貴"等範疇，立場和取徑符同於盧生。

《莊》學主流致力於"養神"，對養神之道有相當多的討論。例如，《莊子・外篇·刻意》云:"悲樂者,德之邪;喜怒者,道之過;好惡者,德之失。故心不憂樂,德之至也;一而不變,静之至也;無所於忤,虚之至也;不與物交,惔之至也;無所於逆,粹之至也。故曰,形勞而不休則弊,精用而不已則勞,勞則竭。水之性,不雜則清,莫動則平;鬱閉而不流,亦不能清;天德之象也。故曰,純粹而不雜,静一而不變,惔而無爲,動而以天行,此養神之道也。"《莊》學之養神重"虚静""恬惔"(或者"恬淡")、"寂漠""無爲"等等(前一節已有論析)。而盧生説始皇,曰:"臣等求芝奇藥仙者常弗遇,類物有害之者";又謂之所以不能得不死之藥,是由於"今上治天下,未能恬倓"(按"恬倓"與"恬惔"或"恬淡"意同)。盧生以"恬倓"爲修仙之術,再一次凸顯了《莊》學神秘化、世俗化爲仙道的歷史軌跡。而《遠遊》體系中的修道術大量吸納《莊》學主流的養神之道,立場和取徑又符同於盧生。

《莊》學主流一開始就含有調息行氣説的端倪。如《大宗師》謂:"古之真人,其寢不夢,其覺無憂,其食不甘,其息深深。真人之息以踵,衆人之息以喉。"不過,此修養方法明顯是被定位在養神層面上的。所以其上文説:"古之真人,不逆寡,不雄成,不謨士。若然者,過而弗悔,當而不自得也。"其下文則説:"古之真人,不知説生,不知惡死。其出不欣,其入不距;翛然而往,翛然而來而已矣。不忘其所始,不求其所終;受而喜之,忘而復之。是之謂不以心捐道,不以人助天,是之謂真人。若然者,其心志(郭注:所居而安爲志),其容寂,其顙頯(郭注:頯,大樸之貌);淒然似秋,煖然似春,喜怒通四時,與物有宜而莫知其極。"凡此均以養神爲根本。從《莊》學内部看,這類調息行氣之術後來可能演變成了吐故納新之導引。陳槃認爲,《大宗師》説"古之真人……其息深深,真人之息以踵",與《刻意》所説"吹呴呼吸,吐故納新",是一回事㊾。他没有意識到這兩種做法在《莊》學體系中各代表了養神派和養形派,亦未意識到養形派之行氣導引可能就發源於養神派。《莊子·外篇·刻意》云:"吹呴呼吸,吐故納新,熊經鳥申,爲壽而已矣;此道引之士,養形之人,彭祖壽考者之所好也。若夫不刻意而高,無仁義而修,無功名而治,無江海而閑,不道引而壽,無不忘也,無不有也,澹然無極而衆美從之。此天地之道,聖人之德也。"《達生》篇感慨:"悲夫!世之人以爲養形足以存生。"《莊》學主流持守的是"澹然無極而衆美從之"的"天地之道,聖人之德",它排斥的則應該是《莊》學新進的一支,該支將養神學說發展爲導引養形之術,當然在主觀上,兩派的實際宗旨均在存生。六國時候,"服食求神仙"之流固嘗盛極一時(齊威、齊宣、燕昭都有求不死之藥的狂熱),而辟穀導引以"養形""爲壽"者大概也相當風靡。著力於養形的《莊》學新進遂與神仙家合流。故後人往往直接把"食氣"或"導氣養性"者歸爲道家。《論衡·道虛》篇謂"道家相誇曰:'真人食氣。'以氣而爲食,故傳曰:'食氣者壽而不死。雖不穀飽,亦以氣盈'";又謂"道家或以導氣養性,度世而不死。以爲血脈在形體之中,不動搖屈伸,則閉塞不通;不通積聚,則爲病而死";復謂"道家或以服食藥物,輕身益氣,延年度世"。這些其實並非道家之本真和主流,而止是其偏於養形的新進與神仙家合流的結果。

跟這一行程相伴的是,《莊》學主流中素樸的六氣說亦被從神秘化的立場上接受下來。郭慶藩《莊子集釋》認爲,前人注《逍遥遊》"御六氣之辯"之"六氣",以司馬彪"陰陽風雨晦明"之說最古(按:此說源於《左氏春秋》昭公元年所記醫和之言),而李頤據《陵陽子明經》之六氣說來作解釋,"頗近牽強"。郭氏之批評無疑是正確的,可在後世的接受中,《逍遥遊》之"六氣"說確當存在神秘化的一途。聞一多稱仙道六氣說乃古說"整齊化、神秘化"的結果[35],有很大的合理性。而神秘化的六氣說充當了《遠遊》仙術的核心,這是毫無疑義的,已無需贅言。

綜上所述,在歷史發展中,道家與神仙家有所銜接和重疊,但原本並非一回事。陳槃主張:"黄老思想,厥初實兼指班《志》之所謂道家,與夫神仙家而一之。秦漢間方士如……侯生、盧生、安期生之儔之所繼承,是其正。其或止言清虛無爲如曹參寶后之等者,不過有取於黄老道德中之一體,此如申韓刑名,'其極憯礉少恩',云亦本'原於道德之意'。豈謂'道德之意',止於此而已哉。班氏固誤,然余觀司馬談《論六家要指》及劉向之序《列子》,其於道家,亦並不及神仙之說。蓋其不免於褊蔽,既已久矣(《漢志》,其原出於《七略》《别錄》。班氏之失,在其不能辨前人之誤)。"又説:"道家思想,蓋自始即兼有神仙方道之意味。"[36]這種從原本上混同"道家"和"神仙家"的觀點可能不合實際。仙觀念和信仰的產生不晚於莊子,《莊》學在體系建構中雖然汲取了它們的部分啓發,而歸趨卻大異;更主要的一面,顯然是神仙學說攫取、化用了《莊》學各派的觀念和架構,營造了一個兼有理論和實踐的完整體系,《遠遊》正是這一方面的重要結果和經典製作。

接下來談談第二個層面:《遠遊》之仙道體系接納了屈宋辭作的影響。

屈宋辭作的神遊與魂遊原本止是一種藝術表達的形式。這種表達形式的魅力是"有意味"[57],風險則是易遭買櫝還珠的窘境——在形式意圖和實際所指存在疏離甚至趨於反背的時候,無意的誤解或有意的曲解意味著什麼,是可想而知的。《遠遊》吸納了屈宋辭作中不曾有的一些新元素,這主要是仙,比如"真人""黄帝""王喬""赤松""傅説""韓衆"等,但其主體内容仙遊卻光大了屈宋辭作的創設——神遊與魂遊;不過,《遠遊》基本上拋棄了其原有的實際所指,而賦予它們充足的"相信的活動"。

具體説來這可以分爲兩個方面:其一是空間。《遠遊》的仙遊空間可用文中數語概括,即"經營四荒兮,周遊六漠。上至列缺兮,降望大壑"。黄文焕《楚辭聽直》箋云:"四方六漠,此總結通篇之遠遊也。屬之天界者,於微閭爲東北,過勾芒爲正東,過西皇爲正西,此上至列缺之四方六漠也;屬之地界者,順凱風爲從南之北,陽谷爲正東,南州爲正南,臨睨之後將往南疑,又爲南,寒門、玄水,爲正北,所云潤瀁海若,則地界之大壑屬焉,此降望大壑之四方六漠也。"這種空間及其建構方式發源於屈作。屈子的想像空間,僅僅言其大者,則上天有帝宫閶闔(《離騷》)、"虎豹九關"(《招魂》)、"天津"(《離騷》),地下有"幽都""土伯"(《招魂》);天上四方極遠之地總稱爲"四極"(《離騷》),其東方有青帝之宫"春宫"(《離騷》)、有"十日"(《招魂》)、有"扶桑"(《離騷》《九歌·東君》),"西極"則有"西皇"(《離騷》);至於地上之四方,其東方有"長人"(《招魂》),西方有"流沙"(《離騷》《招魂》)、"赤水"(《離騷》),南方有"蝮蛇""封狐""雄虺"(《招魂》),北方有"增冰峨峨,飛雪千里"(《招魂》)。這裏已經具備了《遠遊》仙遊空間的基本架構,其中有些具體元素也被《遠遊》接受和繼承了。毫無疑問,《遠遊》作者基於自己的信仰,滌除了屈作空間想像所渲染的可怕的一面,例如執掌九重天門的可怕的虎豹、上天縱目的豺狼等,在其仙遊空間中已不見蹤影。《遠遊》作者又基於自己的知識視野,對原有空間作了充實和細化。比如關於天宫的想像增加了天庭"太微"以及帝之所居"清都"等。"大壑"被納入仙遊空間,明顯有《莊》學之背景。《莊子·外篇·天地》有云,"夫大壑之爲物也,注焉而不滿,酌焉而不竭;吾將遊焉"(《列子·湯問》篇稱之爲"歸墟")。然而總體上看,屈宋辭作對《遠遊》建構空間的影響是無與倫比的。其二是主人公上天下地、使唤衆神異物,以及與神靈交通往來等種種行爲。這一方面較然可知,無須贅言。

此外,屈辭中與"食氣""服食"有關或相似的類比符號,亦被《遠遊》從仙術層面上接受,獲得了全然不同的意義。《離騷》云:"朝飲木蘭之墜露兮,夕餐秋菊之落英。"又云:"折瓊枝以爲羞兮,精瓊爢以爲粻。"《九章·悲回風》説:"吸湛露之浮涼兮,漱凝霜之雰雰。依風穴以自息兮,忽傾寤以嬋媛。"《涉江》説:"登崑崙兮食玉英,與天地兮同壽,與日月兮齊光。"《遠遊》則稱:"餐六氣而飲沆瀣兮,漱正陽而含朝霞。"又稱:"吸飛泉之微液兮,懷琬琰之華英。"不過還是要强調,《遠遊》之食氣、服食乍看與屈辭接近,但這種接近也完全限於形式。屈作中,飲露、漱霜、餐菊、食玉均指修養並持守高尚之操行[58],與求仙長生了無關涉。從延年長生角度來解釋屈作相關事象者,後世不乏其人,頗有助於思考《遠遊》對屈作的接受。揚雄《反離騷》稱:"精瓊爢與秋菊兮,將以延夫天年。"王逸注《離騷》之飲露、餐菊,云:"言己旦飲香木之墜露,吸正陽之津液,暮食芳菊之落華,吞正陰之精蕊,動以香淨,自潤澤也。"注《離騷》折瓊枝爲羞、精瓊爢爲粻,云:"言我將行,乃折取瓊枝,以爲脯臘,精鑿玉屑,以爲儲糧,飲食香潔,冀以延年也。"魏文帝《與鍾繇九日送菊書》更説:"惟芳菊……含乾坤之純和,體芬芳之淑氣……故屈平悲冉冉之將老,思餐秋菊之落英。輔體延年,莫斯之貴。謹奉一束,以助彭祖之術。"前文所引王夫之的相關注釋也是這方面的顯例。似乎可以肯定,《遠遊》是在這一立場上接受屈辭的[59]。

屈辭中的"求女"也被《遠遊》納入了仙信仰體系。《離騷》謂主人公求宓妃,但宓妃雖信美而無禮,故棄之而改求,到《遠遊》中就變成了"祝融戒而蹕御兮,騰告鸞鳥迎宓妃";《遠遊》主人公遊仙又有"二女御《九韶》歌","二女"即堯之二女,與屈子《九歌》也高度關聯。聞一多解《離騷》,曾説:

> 自"朝發軔於蒼梧兮"以下至亂詞前,凡五段,皆遊仙之詞,而遊仙之中心活動則爲求女。注家於此咸求之過深,故遂滋異説。今案《淮南子·俶真》篇曰:"若乎真人……馳於外方,休乎內宇……燭十月而使風雨,臣雷

公,役夸父,妾宓妃,妻織女。"曰"妾宓妃,妻織女",則古神仙家固不諱言縱欲。此類思想之表現於文學者,如六朝以來小説家言所記神仙宴昵之事,其例甚繁,兹不備舉,惟取漢晋人詩賦中語十餘事以當舉隅。《惜誓》曰:"載玉女於後車",王注:"載玉女於後車,以侍棲宿也。"《大人賦》曰:"排閶闔而入帝宫兮,載玉女而與之歸。"桓譚《仙賦》曰:"玉女在旁。"黄香《九宫賦》曰:"使織女驂乘。"張衡《思玄賦》曰:"載太華之玉女兮,召洛浦之宓妃。"王逸《九思·守志》曰:"與織女兮合婚。"曹植《遠遊》詩曰:"仙人翔其隅,玉女戲其阿。"陸機《列仙賦》曰:"爾其嘉會之仇,息宴遊棲,則昌容、弄玉、洛宓、江妃。"又《東武吟行》曰:"饑從韓衆食,寒就佚女棲。"張華《遊仙詩》曰:"雲娥薦瓊石,神妃侍衣裳。"郭璞《遊仙詩》曰:"閶闔西南來,潛波涣鱗起。靈妃顧我笑,粲然啓玉齒。蹇修時不存,要之將誰使?"樂府古辭《八公操》曰:"馳乘風雲,使玉女兮。"凡此並與《離騒》所言求女事密合,於以知《離騒》確爲後世遊仙詩不祧之祖。説者必謂求女爲寓言,此以解後世作品則可,以解《離騒》由拘墟之見也。⑥

聞一多又説:

　　《離騒》中寫到"求女",頗爲費解,何以上面寫的是堯舜,下面忽然就轉到求女事件上來?這裏就顯露出仙真人詩的本來面目……説到世間樂趣,古人以爲有三類,就是酒食、音樂、女色。而神仙既然不食人間煙火,只飲玉液涼漿和咀嚼霞片便足,就無需酒食,在他們長期消閑的生活中,聽樂、求女就成了他們的最大興趣。因此,聽樂和求女兩者關係極爲密切,這是由於古代樂隊多用女性的緣故。⑥

聞一多對《離騒》主人公求女的詮釋,堪稱徹頭徹尾的錯誤。他所列舉的漢魏晋時期的材料,乃是相關作者基於社會上的仙信仰、仙觀念結撰的(其中有些作者認同這種信仰和觀念),確實可以説明"古神仙家固不諱言縱欲",但《離騒》之求女完全是另一回事⑥。聞一多上述考證的意義,在於顯示了後世神仙家接受屈辭的立場和方式。而《遠遊》顯然是這一傳統的重要開創者⑥。

　　總之,光大屈宋辭作的核心形式,而賦之以充分的"相信的活動",這是《遠遊》建構自身體系的又一重要根基。

再看看第三個方面：《遠遊》仙道體系薈萃了俗世辟穀行氣服食修仙之說。

成仙觀念及行氣服食之說淵源甚早。其早期興盛之情況，見於《史記·封禪書》所記："自齊威、宣之時，騶子之徒論著始終五德之運。及秦帝而齊人奏之，故始皇採用之。而宋毋忌、正伯僑、（充尚）〔元穀〕、羨門高、最後皆燕人，爲方仙道，形解銷化，依於鬼神之事，騶衍以陰陽主運顯於諸侯，而燕齊海上之方士傳其術不能通，然則怪迂阿諛苟合之徒自此興，不可勝數也。"燕人宋毋忌、正伯僑、元穀、羨門高、最後（聚穀）等修方仙道，爲齊威（前356年至前321年在位）、齊宣（前320年至前302年在位）、燕昭（前311年至前279年在位）信從，受命入海求不死之藥[64]。這可以說是仙道第一次興盛，正值道家巨擘莊子之世。至秦，"傳播神僊學說、及主持求僊運動的方士"，現在可考的，又有趙安期生、魏石生、韓侯生、燕盧生、齊徐巿和韓終（又作韓衆）[65]。安期生下接曹參、蒯通、項羽輩，《列仙傳》說他賣藥於東海邊，始皇東遊時，請見與語三日三夜；石生、侯生、盧生、徐巿、韓終都曾爲始皇求不死之藥（事見《史記·秦始皇本紀》）。這是仙道第二次興盛。仙道第三次興盛是在漢武時期，已是《遠遊》之後了，此處不必討論。而仙道由第一次興盛走向第二次興盛，差不多伴隨著莊門學說的整個發展過程，《遠遊》則顯然是第二次興盛的結晶。

由《史記》的記載看，仙道前兩次興盛似乎側重於服食（其影響於《遠遊》之仙術亦當在服食方面）。但行氣導引之術在出土文獻中卻有很驚人的發現。

1973年馬王堆三號漢墓所出文獻中，有《卻穀食氣》篇（篇題乃帛書整理小組所加），醫學史家稱之爲"目前所能見到的最早專門論述氣功導引的文獻之一"[66]。其開篇講辟穀，云："去（卻）穀者食石韋。朔日食質，日駕（加）一節，旬五而〔止，旬〕六始銚（釦），日〔損一〕節，至晦而復質，與月進退。""石韋"殆爲一種藥材；"質"，李零先生判斷"可能是指作爲代用食品的精華之物"；"釦"是虧的意思。全句大意是說，"每月上半月遞增，下半月遞減，食量與月亮盈虧相應"。接下來講行氣之法，包括行氣時間、行氣頻率、四時所避所食之氣，並解釋了四時所避五氣及所食六氣。李零概括其核心內容，說："春天應避'濁陽'，而食'銚光''朝霞'之氣（上午之氣）；夏天應避'湯風'，而食'朝霞''沉瀣'之氣

(後半夜之氣);秋天應避'□□''霜霧'(下'霜霧'二字是衍文),而食'輸陽''銚光'(省作'銚')之氣(白日之氣);冬天應避'凌陰',而食'端陽''銚光''輸陽''輸陰'之氣(白日之氣)。四時所避爲'濁陽''湯風''□□''霜霧''凌陰'五氣,所食爲'朝霞''銚光''端陽''輸陽''輸陰''沆瀣'六氣。"[67]魏啓鵬考該篇"六氣"之義,認爲"輸陰"義同"淪陰",爲日没以後赤黄氣,又稱"飛泉";"輸陽"即《陵陽子明經》和李頤所説的天玄之氣;"銚光"即二者所説的地黄之氣[68]。李零亦以"輸陰"相當於"淪陰",而斷定"輸陽"相當於地黄之氣,"銚光"相當於天玄之氣[69]。兩學者釋"輸陽""銚光"正好相反。"輸陰""輸陽""銚光"究竟何指,或可進一步商討,但無論如何,該出土文獻所記六氣説,與王逸注《遠遊》所據《陵陽子明經》完全一致,唯四時所食之氣或異。饒宗頤稱,《卻穀食氣》篇之六氣説,爲"古代六氣學説之殘膏剩馥";他又依據《九章·哀郢》"當陵陽之焉至兮,淼南渡之焉如"一語,判斷"陵陽仙人之傳説已見於屈原賦",而"馬王堆殘籍所保存六氣説,當出《陵陽子明經》"[70]。這是一個絶大的誤會。據《大明一統志》卷一六池州府部分以及《大清一統志》卷一一九《池州府二》,漢人竇子明於陵陽山升仙,故稱陵陽子明;《陵陽子明經》最早見引於王逸《楚辭章句》,當爲漢人所著。長沙馬王堆三號墓出土的記事木牘表明,該墓下葬於漢文帝初元十二年(前168)[71],其時漢朝建立尚不足四十年;《卻穀食氣》篇稱"正陽"爲"端陽",係避始皇嬴政之諱。則此篇雖可能是漢初的寫本,其内容最晚亦傳自秦代。所以,馬王堆殘籍所載六氣學説非出於《陵陽子明經》,而應是《陵陽子明經》的淵源所在[72]。

馬王堆三號漢墓又出土了《導引圖》,與《卻穀食氣》、《陰陽十一脈灸經》乙本合爲一卷帛書。有學者斷定《導引圖》乃漢初帛畫,其中某些内容卻可能是從先秦時期流傳下來的。《導引圖》主體内容是用於醫治某些疾病的功法和健身作用的養生術,不少功法模仿動物的動作,顯然就是《莊子·刻意》篇所謂"熊經鳥申"之類。其間也涉及行氣,如圖三十五爲"沐猴讙引熱中",圖三十四爲"卬謼",前者指模仿獼猴喧囂之態來引治内熱之病,後者指深呼吸後,雙臂後舉,挺胸昂頭,呼氣而出。此外,馬王堆佚籍《十問》《合陰陽》《天下至道談》《養生方》等,都有一些導引行氣的内容[73]。其中《十問》"黄帝問於容成"章主要是講行氣。

李零曾釋其内容云:本篇開頭一段是討論食氣與人生壽夭的關係;接下來講食氣之要領:(1)吐故納新,(2)四時食氣之禁,(3)一日中朝、晝、暮、夜半呼吸之要領,(4)講究用腠理呼吸,(5)積精,但"精盈必寫,精出必補"。他認爲值得注意的,"一是它對'吐故納新'有具體描述,可與《莊子·刻意》的'吹呴呼吸,吐故納新'和《吕氏春秋·先己》的'用其新,棄其陳'相互印證;二是它所強調的'去四咎',内容也見於《卻穀食氣》,與'食六氣'之説有關;三是它講'朝息之志'的一段,提到呼氣要上合於天,吸氣要如藏於淵,也與《行氣銘》的要求相似;四是它主張以腠理呼吸,應屬胎息之説"[74]。

天津藝術博物館現藏一圓柱形十二面體的小型玉器,爲戰國器物,其上刻有《行氣銘》。李零在前人考釋的基礎上解其大義爲:"下吞吸氣,使氣積聚,氣聚則延伸,延伸則下行,下行則穩定,穩定則牢固,牢固則萌發,萌發則生長,生長則返行,返行則通天。天的根在上(對下行而言),地的根在下(對上行而言),順此程式則生,逆此程式則死。"[75]有學者説:"《行氣玉銘》是一件反映氣功歷史的珍貴文物,也是迄今爲止最早且完整描述氣功鍛煉的實物,玉銘記載行氣的方法和原理,其時代早於馬王堆漢墓帛書導引圖,是迄今所見時代最早的有關行氣原理和方法方面的古文字資料。"[76]

上舉行氣説大抵流行於秦以前,是《遠遊》仙道體系的又一根本支撐。篇中所言"餐六氣""飲沆瀣""漱正陽""含朝霞""吸飛泉"等,即源於此。

由上述三大傳統來看,《遠遊》的實質十分清楚,其與屈作核心比照系統可以勾連以及不可以勾連的元素,簡直毫髮畢現,其非出自屈子之手更絕無可疑。

餘 論

《遠遊》大概產生於劉邦即位前後的十來年内,可上下調整的幅度並不大。它主要是《莊》《老》道學、燕齊神仙方術以及楚騷三種傳統影響的結果。其中影響《遠遊》的楚騷文化元素,大抵限於屈作形式層面。就是説,《遠遊》承繼了屈作主人公升天入地、使唤神靈的想像空間和形式,承繼了屈作主人公修持儀容、以香草美玉爲服飾或飲食的基本符號,並賦之以充分的"相信的活動",最終完成了對屈作特徵性要素的創造性轉換。有學者謂《遠遊》"與《離騷》情調思想完全統一"，真是匪夷所思。又有學者據《遠遊》斷定："屈子匈中何不有？而何止鬱鬱稱騷也？"（屠隆緯《離騷草木疏補序》）究其實際，屈子胸中所有固然甚多，卻恰恰沒有充斥《遠遊》的那種信仰和理念。《遠遊》不可能是屈子之作，否則無以解釋它跟屈作核心比照系統存在一系列不可有效解釋的實質性差異，更何況，所有具備實證意義的歷史標杆也都說明它不可能產生於秦以前。一切試圖在屈作和《遠遊》之間建立同一性的努力都註定是荒謬和徒勞的。毫無根據地填平屈作和《遠遊》之間的天塹，對屈作來說尤其是一種嚴重的背離，因為在這樣做時，人們多半是偏向於依據《遠遊》的立場和觀念來解釋屈作。《莊》《老》道家學說對《遠遊》發揮了重大影響，即為它提供了以道和得道者為核心的基礎理論架構和修養方法。秦以前流行的辟穀行氣服食之術，則為《遠遊》仙道體系提供了富有操作性的實踐手段（當然修煉者不可能達到目的）。

　　承認《遠遊》非屈子所作絲毫不影響它的價值，無論在文學史上，還是在思想文化史上，它都是相當獨特而不可忽視的。當然，這也絲毫不損傷屈子的價值。而更重要是，這樣做可以走近歷史的真實。

注　釋

① 陳子展《〈遠遊〉解題》，《楚辭直解》，復旦大學出版社1996年版，第629、632頁。

② 據廖宗澤《六譯先生年譜》，廖平於1901年3月"始以《楚辭》說《詩》"，1906年4月撰《楚詞新解》，1914年冬成《楚詞講義》十課（參閱廖幼平編《廖季平年譜》，巴蜀書社1985年版，第64、68、74頁）。

③ 按：胡濬源所計屈作二十五篇，為《離騷》《九歌》《天問》《九章》《招魂》《卜居》。其間問題頗多，《九歌》實止十篇（通常被當成一篇的"禮魂"乃《國殤》之收束部分），而《卜居》則非屈子所作。

④ 參閱陸侃如《屈原·屈原評傳》，亞東書局1923年版，第122—134頁。

⑤ 除了上舉諸家外，主張《遠遊》非屈子作品的學者及著述尚有：郭沫若《屈原賦今譯·後記》推斷《遠遊》"可能即是《大人賦》的初稿"（人民文學出版社1953）；潘嘯龍《〈遠遊〉應是漢人偽託屈原之作：〈遠遊真偽辯〉質疑》，刊《青海社會科學》1984年第5期；朱季海《〈遠遊〉略說：兼評廖胡二家中失》，刊《鐵道師院學報》1997年的第5期（該文作於1984年）；孫元

璋《〈楚辭·遠遊〉發微》,刊《文史哲》1985 年第 6 期;張家英《〈楚辭·遠遊〉不作於屈原説》,刊《學術交流》1991 年第 1 期;雷慶翼《從語言風格論〈遠遊〉非屈原所作:與姜昆武、徐漢澍二同志商榷》,刊《衡陽師專學報》社會科學版 1993 年第 1 期;畢庶春《〈遠遊〉質疑》,刊《丹東師專學報》1994 年第 2 期;趙逵夫《唐勒〈論義禦〉與楚辭向漢賦的轉變:兼論〈遠遊〉的作者問題》,刊《西北師大學報》社會科學版 1994 年第 5 期;張中一《論〈遠遊〉不是屈原的作品:與羅漫《〈遠遊〉與屈原的絶命詞》一文商榷》,刊《吉安師專學報》哲學社會科學版 1996 年第 2 期;孫晶《〈遠遊〉的哲學意藴及其藝術顯現》,刊《東北師大學報》(哲學社會科學版)2001 年第 2 期;何金松《〈遠遊〉〈大招〉非屈原所作》,刊《華中師範大學學報》(人文社會科學版)2003 年第 3 期;張駿《試從漢代隱逸文化看〈遠遊〉的作者及時代問題》,刊《南京師範大學文學院學報》2005 年第 4 期;金榮權《〈楚辭·遠遊〉作者考論》,刊《中州學刊》2005 年第 6 期(並參金榮權《〈楚辭·遠遊〉作者論考》,收入《中國楚辭學》第 8 輯,學苑出版社 2007);張樹國、梁愛東《〈遠遊〉結構的内在矛盾、作者及文學影響》,刊《淮陰師範學院學報》2006 年第 2 期。兹不具列。

⑥ 陳子展《楚辭直解》,第 251—252 頁。

⑦ 該文見《楚辭直解》,原以《〈楚辭·遠遊〉篇試解》爲題,發表於《文史哲》1962 年第 6 期。

⑧ 姜亮夫《楚辭今繹講録》,北京出版社 1981 年版,第 74 頁。

⑨ 姜亮夫《屈原》,收入《中國歷代著名文學家評傳》第一卷,山東教育出版社 1983 年版,第 43、47 頁。

⑩ 參閲宋效永《莊子與中國文學》,江蘇教育出版社 1995 年版,第 26 頁。

⑪ 比如,湯炳正《屈賦新探·論〈史記〉屈賈合傳》(作於 1978 年)、《楚辭類稿·〈遠遊〉與"四荒""六漠"》(巴蜀書社 1988 年版)等;姜昆武、徐漢澍《〈遠遊〉真僞辨》(原載《文學遺産》1981 年第 3 期,以《〈遠遊〉爲屈子作品定疑》之題附於姜亮夫《楚辭學論文集》,《姜亮夫全集》第八册);王沐《我國早期内丹丹法著作〈楚辭·遠遊〉試析》(刊《道協會刊》1983 年第 2 期)、《析王船山〈楚辭通釋·遠遊〉》(刊《船山學刊》1983 年第 1 期);何念龍《屈原〈遠遊〉析説》(刊《荆州師專學報》哲學社會科學版 1985 年第 4 期);李希運《〈遠遊〉作者辨》(刊《山東師大學報》哲學社會科學版 1985 年第 5 期);張葉蘆《〈遠遊〉爲屈原作補辯》(刊《貴州教育學院學報》社科版 1990 年第 2 期);羅漫《〈遠遊〉與屈原的"絶命詞":兼釋"與泰初而爲鄰"》(刊《雲夢學刊》1995 年第 1 期);楊建波《〈離騷〉與〈遠遊〉》(刊《江淮論壇》1997 年第 3 期);力之《〈遠遊〉非唐勒所作辨:與趙逵夫先生商榷》(刊《齊齊哈爾大學學報》哲學社會科學版 2000 年第 2 期);力之《〈遠遊〉考辨》(原刊《安徽教育學院學報》1997 年第 3 期,後收入作者所著《〈楚辭〉與中古文獻考説》,巴蜀書社 2005 年版);金健民《屈原之〈遠

遊〉與道家思想》(收入《中國楚辭學》第 1 輯,學苑出版社 2002 年);金璐璐《屈原〈遠遊〉模式對曹植遊仙詩的影響》(刊《商丘師範學院學報》2006 年第 3 期);湯漳平《〈遠遊〉應確認爲屈原作品》(刊《中州學刊》2009 年第 3 期)及《出土文獻釋〈遠遊〉》(收入《中國楚辭學》第 16 輯,學苑出版社 2011 年版);蔡紅燕《吾心邈遊:屈原〈遠遊〉之"遊"範疇審美》(刊《保山學院學報》2010 年第 1 期);趙雨《〈遠遊〉新論與疑難詞句新詁》(刊《船山學刊》2012 年第 2 期)。兹不具列。力之曾説,"……姜亮夫、陳子展與湯炳正等,均力辯其(按指《遠遊》)爲屈原所作;姜、陳二氏從'破'之方面入手,湯公從'立'之角度著力。尤其是後者,從《史記》屈賈合傳以及學派問題所作之分析(比觀《遠遊》與《鵩鳥賦》)所得,實爲自胡濬源氏對《遠遊》提出異議以還,爭議雙方中之理最長、見最灼者";湯先生之説足以"了結"《遠遊》作者問題之爭,遺憾的是,"這一成果未得到學界應有之肯定",故 1988 年出版的公木主編本《中國詩歌史》(先秦兩漢)、1990 年出版的王泗原《楚辭校釋》、1994 年出版的聶石樵《先秦兩漢文學史稿》、1996 年出版的章培恒與駱玉明主編的《中國文學史》、同年稍後出版的趙逵夫《屈原與他的時代》等,仍持懷疑,而各有主張(參見所著《〈楚辭〉與中古文獻考説》,第 89—90 頁)。姜亮夫説,他自己評定《遠遊》爲屈原的作品,"是從二十五篇全體思想結構的一生進化的角度來評定的","這種推理,非深求不易認識",女兒姜昆武之《遠遊真僞考》,"則從具體的思想與語法的分析來決定《遠遊》思想與屈子全部作品的統一性,不可分割,這才把世人輕率的理論徹底推翻"(見其《楚辭學論文集》所附《〈遠遊〉爲屈子作品定疑》,《姜亮夫全集》第八册,雲南人民出版社 2002 年版,第 453 頁)。其實亦未必然,潘嘯龍、張家英等學者已著文駁之。

⑫ 參閱常森《屈原及其詩歌研究》第一章《超越與承繼:屈原詩歌與原始傳統》,北京大學出版社 2012 年版。

⑬ 德國學者卡西爾認爲,神話"總是暗含一種相信的活動","没有對它的對象的實在性的相信,神話就會失去它的根基"(參閲〔德〕恩斯特·卡西爾《人論》,上海譯文出版社 1985 年版,第 96 頁)。

⑭ 聞一多《神仙傳》,《聞一多全集》第三卷,湖北人民出版社 1993 年版,第 138 頁。

⑮ 屈作核心比照系統七次提及彭咸:《九章·抽思》謂"望三五以爲像兮,指彭咸以爲儀",《九章·思美人》謂"獨煢煢而南行兮,思彭咸之故也",《離騷》謂"願依彭咸之遺則",又謂"吾將從彭咸之所居",《九章·悲回風》謂"夫何彭咸之造思兮,暨志介而不忘",又謂"孰能思而不隱兮,照彭咸之所聞",又謂"凌大波而流風兮,托彭咸之所居";屈子效法彭咸,絶無可疑。尤其值得注意的是,《遠遊》化用《離騷》語,而以赤松子替换彭咸,使本旨大異,絶非偶然、無謂之舉。此外,彭咸投水之説古今疑者甚多,可屈子視野中的彭咸確系投水而死。相

關考證,請參閱常森《〈離騷〉三論》,《國學研究》第二十四卷,北京大學出版社2009年。

⑯ 聞一多《神仙考》注釋39,《聞一多全集》第三卷,第157頁。

⑰ 聞一多《神仙考》,《聞一多全集》第三卷,第142—143頁。按,該篇聞一多有自注云:"方藥的名目甚多,如《抱朴子·仙藥》篇所載,其中大概有不少是先秦傳下的舊法。"(《聞一多全集》第三卷,第155頁)

⑱ 顧頡剛《〈莊子〉和〈楚辭〉中昆侖和蓬萊兩個神話系統的融合》,錢小柏編《顧頡剛民俗學論集》,上海文藝出版社1998年版,第46頁。

⑲ 參閱顧頡剛《〈莊子〉和〈楚辭〉中昆侖和蓬萊兩個神話系統的融合》,錢小柏編《顧頡剛民俗學論集》,第75、76、79頁。

⑳ 參閱常森《屈原及其詩歌研究》第一章《超越和承繼:屈原詩歌與原始傳統》。

㉑ 所謂實質形象,指的是非表達形式層面的形象。對研讀屈作來説,區分實質形象和表達形式層面的形象有極大的重要性。

㉒ 胡小石《〈遠遊〉疏證》,見《胡小石論文集》,上海古籍出版社1982年版,第94頁。

㉓ 參閱顧頡剛《秦漢的方士與儒生》,上海古籍出版社2005年版,第9頁。

㉔ 鄭臨川述評《聞一多論古典文學·論〈楚辭〉》,重慶出版社1984年版,第52—53頁。

㉕ 《庚桑楚》之"滑成"相當於《德充符》之"滑和","不可內於靈台"相當於《德充符》之"不可內於靈府"("靈台""靈府"均指心),則"成""和"顯然同義。二字於《莊子》中或單用,或合用。《德充符》謂:"平者,水停之盛也。其可以爲法也,内保之而外不蕩也。德者,成和之修也。"此"成""和"二字之合用者,意指和合或調和。《德充符》以此境界,解釋哀駘它"未嘗有聞其唱者也,常和人而已矣。無君人之位以濟乎人之死,無聚禄以望人之腹。又以惡駭天下",卻能使"雌雄合乎前","丈夫與之處者,思而不能去也。婦人見之,請於父母曰'與爲人妻寧爲夫子妾'者,十數而未止也",則"成和"指和合斷無可疑。郭象解"德者,成和之修也"一語云,"事得以成,物得以和,謂之德也",單依《庚桑楚》以"滑成"替換《德充符》之"滑和",即可知其錯謬。《莊子·外篇·田子方》云:"至陰肅肅,至陽赫赫;肅肅出乎天,赫赫發乎地。兩者交通成和而物生焉,或爲之紀而莫見其形。"此"成和"顯指和合調和,可證成《德充符》之意(唯《德充符》"成和"、《庚桑楚》"滑成"之"成",均為名詞,《田子方》之"成和"二字均爲動詞),成疏解之爲"二氣交通,遂成和合",未得"成"字本旨。《文子·上仁》篇云:"積陰不生,積陽不化,陰陽交接,乃能成和。"《淮南子·氾論》篇云:"積陰則沉,積陽則飛,陰陽相接,乃能成和。"殆均與《田子方》同意。

㉖ 胡小石《〈遠遊〉疏證》,《胡小石論文集》,第96頁。

㉗ 梁啟超《要籍解題及其讀法》,《飲冰室合集》專集之七十二,中華書局1989年版(據上海中

㉘ 參閱劉永濟《〈思美人〉乃雜取屈賦各篇辭意而成者》,《屈賦通箋 箋屈餘義》,中華書局 2007 年版,第 235—238 頁。按:劉永濟認爲《九辯》之作者爲屈原而非宋玉,亦顯然不當。

㉙ 陳子展《九章解題·〈思美人〉解》,《楚辭直解》,第 594 頁。

㉚ 參閱常森《屈原及其詩歌研究》第 336 頁。按,蘇聯學者 V. 普羅普(Vladimir Propp,1895—1970)指出:"童話具有二重性:一方面,它千奇百怪,五彩繽紛,另一方面,它如出一轍,千篇一律。"(參閱〔英〕特倫斯·霍克斯《結構主義和符號學》,上海譯文出版社 1987 年版,第 66—67 頁)並參閱〔苏〕普羅普《故事形態學》:"神奇故事的雙重特性:一方面,是它的驚人的多樣性,它的五花八門和五光十色;另一方面,是它亦很驚人的單一性,它的重複性。"(中華書局 2006 年版,第 18 頁)

㉛ 參閱常森《屈原及其詩歌研究》,第 312—322 頁。

㉜ 黃文焕《楚辭合論·聽複》就《離騷》《遠遊》《天問》《卜居》《漁父》《惜誦》《思美人》《抽思》《涉江》《懷沙》《哀郢》《惜往日》《悲回風》諸篇,分析其"每篇用複"之表現,頗可參考。

㉝ 陳子展《〈九章〉解題·〈思美人〉解》,《楚辭直解》,第 594 頁。

㉞ 陳子展便是這樣做的(參閱所著《〈遠遊〉解題》,《楚辭直解》,第 643 頁)。

㉟ 對《思美人》《離騷》這兩個片段的論析,參考常森《屈原及其詩歌研究》第二章第二節《屈作"男女關係"模式》。

㊱ 筆者曾將《遠遊》與《離騷》《九章》《招魂》《九歌》諸詩在語句和形式意圖上的關聯,列爲《〈遠遊〉與屈作關聯總覽》,限於篇幅,未收此文。以下全部文獻對比表均略。

㊲ 按:張焕如語見陸時雍《楚辭疏》。

㊳ "歸來"原不重複,從一本。

㊴ "浮凉"原作"浮源",從一本。

㊵ 相關的具體考辨,參閱常森《屈原及其詩歌研究》第二章。

㊶ 力之持這種觀點,參見所著《〈楚辭〉與中古文獻考説》,第 97 頁。

㊷ 參閱胡小石《〈遠遊〉疏證》,《胡小石論文集》,第 93 頁。

㊸ "與化去而不見"作爲得道成仙的一個表徵,跟屈子之理性精神迥别。屈子堅持認爲,事物實存的性質及其相關敘述的真實性,必由人直接的在場感知來證明(參閱常森《屈原及其詩歌研究》第一章)。

㊹ 游國恩《楚辭論文集》,古典文學出版社 1957 年版,第 28 頁。

㊺ 陸侃如《屈原·屈原評傳》,第 122—123 頁。

㊻ 有學者認爲:"《七諫》開頭說'平生於國兮,長於原壄',像是站在他人的立場進行客觀敘

述,然而'舉世皆然兮,余將誰告',又换成第一人稱代屈子抒懷。"(韋若任《〈哀時命〉爲嚴忌代屈原設言辨》,刊載於《武漢教育學院學報》1999 年第 4 期)這種理解殆忽視了古人自稱稱名的禮俗(如《論語》記孔子常自稱"丘"),東方朔應該是持此禮俗爲屈子代言,故所謂"平生於國"殆即"我(屈平)生於國"之意,相當於使用第一人稱。接下來"言語訥譅兮,又無强輔。淺智褊能兮,聞見又寡",亦正是自謙的口吻。

㊼《七諫·初放》謂屈子"言語訥譅兮,又無强輔。淺智褊能兮,聞見又寡",除"又無强輔"外,其他數語與《史記》屈原本傳截然相反(《史記》屈子本傳説他"博聞强志,明於治亂,嫻於辭令")。桓譚《新論·離事》篇謂,"太史公造書,書成,示東方朔,朔爲平定,因署其下。'太史公'者,皆朔所加之者也"。但一般認爲《太史公書》之撰成,在漢武征和二年(前 91;參閲鄭鶴聲《司馬遷年譜》,商務印書館 1956 年版,第 94—96 頁;並參閲吉春《司馬遷年譜新編》,三秦出版社 1989 年版,第 85—86 頁)。而《七諫》之作,學界或謂在漢武元封五年(前 106;參閲孫東臨、楊三秋《東方朔年譜簡表》,刊載於《求索》2007 年第 4 期),或謂約在東方朔 58 歲之後、65 歲之前,亦即前 104 年至前 97 年間(參閲傅春明《東方朔作品輯注》,齊魯書社 1987 年版,第 51—52 頁,注釋 1)。要之,東方朔撰《七諫》時不得見《史記》(褚少孫續補《史記·滑稽列傳》,才記載了東方朔部分生平事蹟)。《七諫》如此寫屈原,其文本依據、形式意圖和實際指向等,都值得仔細探究。或者只是自謙,而不計其實,亦不必有據。

㊽按:《韓詩外傳》在《漢書·藝文志》中被著録於《六藝略·詩》部分,其實與《韓故》《韓内傳》《毛詩故訓傳》等内傳體著述有重大差異,視之爲子書可能更加妥當。參閲常森《論漢代〈詩經〉著述之内外傳體》,刊載於《國學研究》第三十卷,北京大學出版社 2012 年。

㊾參見劉南平《司馬相如生平及作品系年考》,收入《中國典籍與文化論叢》第 3 輯,中華書局 1995 年版,第 186—187 頁。

㊿參閲牟鍾鑒《〈吕氏春秋〉與〈淮南子〉思想研究》,齊魯書社 1987 年版,第 160—161 頁。

(51) 參閲鄭文《〈楚辭·哀時命〉試論》,刊載於《西北師大學報》社會科學版 1980 年第 4 期。按:嚴忌本姓莊,避漢明帝諱曰嚴。

(52) 參閲《漢書·賈誼傳》;並參閲王洲明等《賈誼集校注》所附《賈誼年譜》,人民文學出版社 1996 年版,第 452—464 頁。

(53) 按照仙的信仰和觀念,從原有公衆視野中消失,而不能得到可由經驗感知證明的解釋時,往往被認定爲登仙。韓衆已是一例,西漢末的梅福是又一例。史書記載,漢成帝委任大將軍王鳳,鳳專勢擅朝,而京兆尹王章素忠直,譏刺鳳,爲鳳所誅,戮及妻子。梅福上書,爲王章鳴不平,勸天子"博覽兼聽,謀及疏賤,令深者不隱,遠者不塞"。上遂不納。梅福復上書,以爲"宜建三統,封孔子之世以爲殷後"。然而,"福孤遠,又譏切王氏,故終不見納"。至漢平

帝元始(1—5)年間，"王莽顯政，福一朝棄妻子，去九江，至今傳以爲仙"。(參閱《漢書·朱梅福傳》)

㊴ 陳槃《戰國秦漢間方士考論》，《歷史語言所集刊》第17本，商務印書館1948年版，第45頁。

㊵ 聞一多《神仙考》，《聞一多全集》第三卷，第143頁。

㊶ 陳槃《戰國秦漢間方士考論》，《歷史語言所集刊》第17本，第24頁、第22頁。

㊷ 英國視覺藝術評論家克萊夫·貝爾説："在各個不同的作品中，線條、色彩以某種特殊方式組成某種形式或形式間的關係，激起我們的審美感情。這種線、色的關係和組合，這些審美地感人的形式，我稱之爲有意味的形式。'有意味的形式'，就是一切視覺藝術的共同性質。"(〔英〕克萊夫·貝爾《藝術》，中國文聯出版公司1984年版，第4頁)也可以説，"有意味的形式"是文學的本質。

㊸ 參閱常森《屈原及其詩歌研究》第二章《屈原詩歌的藝術符號》。

㊹ 現代學者沿這一傳統接受屈辭尤其是《離騷》的，以聞一多爲最典型。聞一多承廖平以楚辭爲仙真人詩之議，完全從神仙方術立場上來解釋《離騷》斥言容儀、香草、美玉的語句。比如《離騷》云"紛吾既有此内美兮，又重之以修能"，聞一多釋"修能"爲"修態"，且論證説："'修態'謂容儀之外美……古傳神仙必體貌閑麗，婉好如婦人。《莊子·逍遥遊》篇曰'藐姑射之山，有神人居焉，肌膚若冰雪，綽約如處子'，神人即仙人，《遠遊》曰'質銷鑠以汋(綽)約兮'，又曰'玉色頩以脕顔兮'，《七諫·自悲》曰'厭白玉以爲面'，並《世説新語·容止篇》曰王右軍見杜弘治，歎曰'面如凝脂，眼如點漆，此神仙中人'，皆其例證。此文曰'修態'，下文曰'蛾眉'，而通篇言'修'、言'好'、言'美'者尤不勝枚舉，皆真人自白之詞也。"又如《離騷》云"昔三后之純粹兮，固衆芳之所在"，聞一多解曰："'衆芳'即下申椒、菌桂、蕙茝之類。此言芳草可以滌穢存清，輔體延年，煉形者宜佩服之；昔者三后，椒桂蕙茝，衆芳並禦，此其所以精神純粹，視世長久也。"(聞一多《離騷解詁乙》，《聞一多全集》第五卷，第282、284頁)聞一多延續和光大的，正是《遠遊》開闢的接受屈辭的路子。

㊽ 聞一多《離騷解詁乙》，《聞一多全集》第五卷，第314—315頁。又可參閱鄭臨川述評《聞一多論古典文學·論〈楚辭〉》，第53—54頁。

㊾ 鄭臨川述評《聞一多論古典文學·論〈楚辭〉》，第53—54頁。

㊿ 對屈辭"求女"本意的考釋，請參閱常森《屈原及其詩歌研究》第二章《屈原詩歌的藝術符號》。

㉝ 聞一多對《離騷》"求女"的這一認識，明顯影響了他對主人公叩閶闔的理解。他在"吾令帝閽開關兮，倚閶闔而望予"下，考釋説："王注曰：'言己求賢不得，疾讒惡佞，將上訴天帝，使閽人開關，又倚天門望而距我，使我不得入也。'案王説非是。自此以下一大段皆言求女事，

此二句若解爲上訴天帝,則與下文語氣不屬。下文曰:'時曖曖其將罷兮,結幽蘭而延佇。世混濁而不分兮,好蔽美而嫉妒。'詳審文義,確爲求女不得而發。'結幽蘭而延佇',與《九歌‧大司命》篇'結桂枝兮延佇,羌愈思兮愁人'、《九章‧思美人》篇'思美人兮,擥涕而佇眙。媒絶路阻兮,言不可結而詒',語意同。結幽蘭,謂結言於幽蘭,將以貽諸彼美,以致欽慕之忱也。'世混濁而不分兮,好蔽美而嫉妒',與下文'世混濁而嫉賢兮,好蔽美而稱惡',語意又同。彼爲求有虞二姚不得而發,則此亦爲求女不得而發也。然則此之求女爲求何女乎?司馬相如《大人賦》曰:'排閶闔而入帝宫兮,載玉女而與之歸。'以此推之,《離騷》之叩閶闔,蓋爲求玉女矣。帝宫之玉女既不可求,高丘之神女復不可見,故翻然改圖,求諸下女:'及榮華之未落兮,相下女之可詒。'下女者,謂宓妃簡狄及有虞二姚,此皆人神,對帝宫高丘二天神言之,故曰'下女'耳。"(聞一多《離騷解詁甲》,《聞一多全集》第五卷,第267—268頁)這種理解比《遠遊》走得還遠。《離騷》敍主人公叩閶闔而受阻於帝閽,《遠遊》則敍主人公叩閶闔而得入帝宫,並未向求玉女方面引申。這包含了《遠遊》作者對《離騷》主人公叩閶闔的理解,即他"相信"其本意乃欲跟帝交通。

⑭ 參閱顧頡剛《秦漢的方士與儒生》,第8—9頁。

⑮ 參閱聞一多《神仙考》,《聞一多全集》第三卷,第136—137、148—151頁。

⑯ 周一謀、蕭佐桃主編《馬王堆醫書考注》前言,天津科學技術出版社1988年版,第4頁。

⑰ 參閱李零《中國方術正考》,中華書局2006年版,第273—276頁。

⑱ 參閱魏啓鵬《帛書〈卻穀食氣〉研究》,刊載於《四川大學學報》哲學社會科學版1990年第2期。

⑲ 參閱李零《中國方術正考》,第277頁。

⑳ 饒宗頤《馬王堆醫書所見"陵陽子明經"佚説》,刊載於《文史》第20輯,中華書局1983年。

㉑ 參閱王世民、周世榮《馬王堆二、三號漢墓發掘的主要收穫》,以及韓中民《長沙馬王堆漢墓帛書概述》,收入湖南省博物館編《馬王堆漢墓研究》,湖南人民出版社1981年版,第59、71—72頁。

㉒ 《陵陽子明經》最早見引於《楚辭章句》。顔師古注相如《大人賦》"呼吸沆瀣兮餐朝霞"句,引應劭所據《列仙傳》陵陽子言,文殆無異,而脱誤甚多。顔注《大人賦》"列缺""倒景",錄曹魏張揖引《陵陽子明經》曰:"列缺氣去地二千四百里,倒景氣去地四千里,其景皆倒在下也。"《廣雅》卷九《釋天》所及"常氣",有"赤霄、濛涓、朝霞、正陽、淪陰、沆瀣、列缺、倒景"。晋李頤注《莊子》"六氣",内容基本相同,唯稱日入之氣爲飛泉。凡此均在王逸之後。附李零製作傳世文獻"六氣"與帛書"六氣"對照表於下,以資參考(見所著《中國方術正考》,第277頁):

	《卻穀食氣》	《陵陽子明經》佚文	《廣雅・釋天》	《莊子・逍遥遊》李頤注
北方夜半氣	沆瀣	沆瀣	沆瀣	沆瀣
東方平旦氣	朝霞	朝霞	朝霞	朝霞
日出氣(與天相配)	銧光	天氣、玄氣、列缺	列缺	玄氣
南方日中氣	端陽	正陽	正陽	正陽
西方日入氣	輸陰	淪陰	淪陰	飛泉
黄昏氣(與地相配)	輸陽	地氣、黄氣、倒景	倒景	地氣

(73) 参閲袁瑋《導引圖》題記考注,周一謀、蕭佐桃主編《馬王堆醫書考注》,第243—255頁。

(74) 参閲李零《中國方術正考》,第279—280頁。

(75) 李零《中國方術正考》,第271—272頁。

(76) 張道升《〈行氣玉銘〉研究述評及新解》,刊載於《雞西大學學報》2008年第1期。

二《雅》所反映的宣王時代與漢代"宣王中興"說探析

莊 芸

【提要】 漢人依託於對二《雅》宣王詩的闡釋與徵引,言必稱"宣王中興";春秋人卻目宣王爲身死國亡之君,比之夏桀、商紂亦不爲過。牴牾之處,乃緣於兩種絕然相異之歷史敘述。"宣王中興"說之盛,本於漢人議政,實切於漢人之政治理想,而遠于宣王之歷史實際。漢人援二《雅》"外攘夷狄""內得賢佐"之旨,其敘述本不過是一種文學修辭。而此說既盛,其影響又返於史學,扇於後世,"宣王中興"遂成爲當然而然之歷史常識。

漢人目厲、宣、幽、平四朝爲"周德既衰"時期[①],然亦著力推舉"宣王中興",猶若黑暗尾巴上最後一抹燦爛之光。關於宣王歷史,漢代獨有"宣王中興"一種聲音,惟有漢以前尚有另一種敘述方式。春秋人有"自我先王厲、宣、幽、平而貪天禍,至于今未弭"之說[②],至東漢班固作《漢書·古今人表》,仍列厲、幽、平於第九等(下下等),同於商紂,宣王卻已登第二等(上中等,仁人),同於王季、成王。其間牴牾之處,源自何處?

二《雅》宣王詩兼具文學與史學屬性,幸其歷史事件可賴青銅器銘文而稍稍脱顯於辭藻之中。而"宣王中興"說之盛,本於漢人議政,漢人援二《雅》以論宣王,比之歷史事實,相去幾何?

下文析爲四節加以討論:首論漢人創爲"中興"說,與春秋人論宣王絕然相異,是爲兩種歷史敘述;次論二《雅》詩之宣王歷史,以明漢人"中興"說與之實有

莊芸 北京大學中文系

差距;復次,"宣王中興"説起於漢武帝一朝,此與武帝自比宣王、以現實模仿經典有相當之關係;最後,"宣王中興"作爲歷史敍事,對其文學及史學屬性,稍作析别。

此外,本文據《毛詩》設論,宜稍加説明。漢代立於學官者固爲三家《詩》,然除《韓詩外傳》外,均已散亡。後世輯佚者雖多,其歸類之法未必全可信據,故難以窺其全貌[3]。且就二《雅》宣王詩而言,三家遺説與《毛詩》罕有異説。故本《毛詩》以論,亦不以爲大憾。據《毛詩序》及鄭玄《詩譜》,定《小雅》之《六月》至《無羊》十四首、《大雅》之《雲漢》至《常武》六首,計二十二首,是爲宣王詩[4]。

一 宣王歷史的兩種敍述方式

"宣王中興"説自漢代始有稱者,觀史書載漢人疏奏,以及史書、子書之敍述,此説之蔚爲可觀頗令人驚歎[5]。

試擇兩段疏奏,以明漢人稱述"宣王中興"之敍事方式。一曰董仲舒《對賢良策》:

> 夫周道衰於幽厲,非道亡也,幽厲不繇也。至於宣王,思昔先王之德,興滯補弊,明文武之功業,周道粲然復興,詩人美之而作,上天祐之,爲生賢佐,後世稱誦,至今不絶。[6]

一曰劉歆之議政:

> 臣聞周室既衰,四夷並侵,玁狁最彊,於今匈奴是也。至宣王而伐之,詩人美而頌之曰"薄伐玁狁,至于太原",又曰"嘽嘽推推,如霆如雷,顯允方叔,征伐玁狁,荆蠻來威",故稱中興。[7]

董、劉二人之敍述方式極爲相類,即首論周室之衰微,再論宣王之復興周道,末稱"詩人美之"。且董論宣王之内得賢佐,劉論宣王之外攘夷狄,均賴徵引、闡釋二《雅》宣王詩而成[8]。此正爲漢人(西漢尤甚)引述宣王詩之模式,富於經學色彩、漢代味道。此敍述模式嘗被置於漢人議政語境中,以助其"判斷-引經據典-現實啓示"敍述邏輯之完成[9]。

引述二《雅》詩以敘述"宣王中興"歷史,此種敘述方式,與漢人奉詩三百爲經、爲詩教有莫大關係。《詩大序》言"雅者,正也,言王政之所由廢興也",恰是一種以詩讀解王政之廢興的思路。

有漢一代,敘述宣王歷史獨有"宣王中興"一種聲音[10]。欲明此說乃漢人所創,須先論漢以前之宣王歷史尚有另一種敘述方式。最可代表者,如《國語·周語下》載:

> 自我先王厲、宣、幽、平而貪天禍,至于今未弭。[11]

此爲春秋之時,太子晉進諫周靈王,論及西周亡而王室卑,目宣王與厲、幽、平同爲西周昏王。至東漢班固作《漢書·古今人表》,列厲、幽、平於第九等(下下等),同於商紂;而登宣王於第二等(上中等,仁人),同於王季、成王。古今多見爲平王鳴冤者,卻未聞質疑宣王位望之言。昏王、明君之說相互牴牾,謂其源自兩種歷史敘事,殆不妄也。

昏王之說,尚有兩例春秋人之言論可採,一爲諸御己諫楚莊王之言,一爲內史過答周惠王之言:

> 桀殺關龍逄而湯得之,紂殺王子比干而武王得之,宣王殺杜伯而周室卑;此三天子,六諸侯,皆不能尊賢用辯士之言,故身死而國亡。[12]

> 昔夏之興也,祝融降于崇山;其亡也,回祿信於亭隧。商之興也,檮杌次於丕山;其亡也,夷羊在牧。周之興也,鸑鷟鳴於岐山;其衰也,杜伯射宣王於鎬。是皆明神之紀者也。[13]

二者對宣王貶抑之深,或目其爲身死國亡之君,與夏桀、商紂同,或斥其爲周衰之主。漢以前未聞有言"宣王中興"者,春秋人論及宣王,亦是褒賞有限而貶抑頗深[14]。故以宣王爲昏王之敘述,材料固少,亦足以明春秋時採之者不乏,加以彼時周王室位望之卑,此甚或爲春秋戰國人的一種共識。

相應於昏王之說,宣王晚年之政敗國亂,《國語》《史記》等史籍記載頗豐,《小雅》宣王詩亦有六篇爲漢代詩教意義上的"怨刺之詩"[15]。然漢人於此不見著意,遑論徵引。漢人著眼者,僅爲頌美宣王之詩[16],非此亦無以成就"宣王中興"之說。

"宣王中興"説於漢武之後始爲流行,且漢人愈加以稱述愈視之當然,至東漢已成一常識概念[17]。然"中興"之説或非創自漢人,《毛詩序》云:

  《烝民》,尹吉甫美宣王也。任賢使能,周室中興焉。

《毛詩序》撰寫的時代問題爲古今一大公案,《四庫全書總目・詩序》提要考先儒諸説,以爲"定序首二語爲毛萇以前經師所傳,以下續申之詞爲毛萇以下弟子所附"。若此論可依,則"任賢使能,周室中興"自當爲漢代經師寫定。即便如此,"中興"之説傳自古老的解詩文本、再由漢代經師寫定,亦頗有可能[18]。置此不論,"宣王中興"説於漢代始得以光大,則爲事實。

  故宣王之歷史敘事,漢人始依託於對二《雅》宣王詩的闡釋與徵引,言必曰"宣王中興";漢以前則另有一種敘述方式,曰身死國亡之君,比之夏桀、商紂,亦不爲過也。

二　二《雅》詩之宣王歷史與漢人敘述之差距

  上文對董仲舒、劉歆之疏奏已稍加分析,二者稱引二《雅》宣王詩,一論其內得賢佐,一論其外攘夷狄。有漢一代,非特稱述"宣王中興"者不出此二義,即有稱述宣王而未明言"中興"者,亦莫不求於此中,且常以徵引二《雅》宣王詩爲佐。

  漢人以政教解詩,自有其利弊,然於二《雅》詩,周人懷豐厚之歷史記憶、深切之政治傾向訴諸其中,則爲事實矣。古來史家論宣王功業,非求諸二《雅》亦不能成,其論大體略有二端:一曰征伐之武功,一曰封建之事業。

  宣王早期之治,《史記》無詳載,止云"宣王即位,二相輔之,修政,法文、武、成、康之遺風,諸侯復宗周",宣王之詩又極具文學之鋪陳與渲染,幸有青銅器銘文爲佐證,其歷史事件亦可脱顯於辭藻之中。

  宣王有北征南伐之武功,相關青銅器有二。一爲兮甲盤,其銘文載宣王五年,王親自出征玁狁,尹吉甫佐之,斬獲許多頭顱並俘虜衆多敵人,北征是也。於《詩》則有:

  《詩序》:《六月》,宣王北伐也……小雅盡廢,則四夷交侵,中國微矣。[19]

《詩序》:《采芑》,宣王南征也。

《小雅·六月》:六月棲棲,戎車既飭。又:文武吉甫,萬邦爲憲。又:薄伐玁狁,至于太原。

《小雅·采芑》:蠢爾蠻荆,大邦爲仇。方叔元老,克壯其猶。

一爲師寰簋,其銘文載錄一次對淮夷的大規模討伐,南伐是也。於《詩》則有:

《詩序》:《江漢》,尹吉甫美宣王也,能興衰撥亂,命召公平淮夷。又:《常武》,召穆公美宣王也。有常德以立武事,因以爲戒然。

《大雅·常武》:王奮厥武。又:王命卿士,南仲大祖,大師皇父。整我六師,以修我戎。又:王謂尹氏,命程伯休父。左右陳行,戒我師旅。率彼淮浦,省此徐土。又:徐方不回,王曰還歸。

《大雅·江漢》:王命召虎,來旬來宣。又:肇敏戎公,用錫爾祉。釐爾圭瓚,秬鬯一卣。告于文人,錫山土田。

《六月》《采芑》《江漢》《常武》諸詩承載之歷史記憶,以史籍及出土文獻加以映證,可知北征玁狁、南伐淮夷確爲宣王兩大武功,"外攘夷狄",乃得復周室之境土、揚周朝之威武。錢穆先生論及"西周勢力之繼續東展",亦舉此四詩爲證,以論宣王之力征經營者,仍沿著文武時期國力移動之大勢。[20]

宣王之封建事業,求於青銅器亦有佐證。文盨銘文載錄了周宣王二十四年南土諸侯朝見周宣王之事[21],可見周室之封建事業,宣王亦有成就,《詩序》所謂"會諸侯於東都""天下復平,能建國親諸侯""能錫命諸侯",當不誣也:

《詩序》:《崧高》,尹吉甫美宣王也。天下復平,能建國親諸侯,褒賞申伯焉。又:《韓奕》,尹吉甫美宣王也。能錫命諸侯。又:《車攻》,宣王復古也。宣王能内修政事,外攘夷狄,復會諸侯於東都。

《大雅·韓奕》:蹶父孔武,靡國不到,爲韓姞相攸,莫如韓樂。又:韓侯入覲。

《大雅·烝民》:王命仲山甫,城彼東方。又:仲山甫徂齊。

《小雅·車攻》:東有甫草,駕言行狩。

宜乎錢穆先生論宣王時"周人之封建事業亦遂不斷推進",曰:"《江漢》,召虎徹疆土,錫山土田;《崧高》,封申伯邑於謝;《烝民》,封仲山甫於東方。據此諸詩,見西周封建工作,至宣王時,尚不斷在進展中。蓋封建即是周人之一種建國工作,不斷向東方各重要地點武裝移民,武裝墾殖。而周代的國家亦不斷的擴大與充實。"㉒

漢人於宣王既有外攘夷狄、內得賢佐之稱,宣王歷史又有外建武功、內親諸侯之實,謂"宣王中興"於史有徵,可矣。謂其爲宣王歷史之全體大貌,則不必然。夫青銅器者,銘記勝利及榮耀之用也;《六月》諸詩,亦稱功頌德之作也。宣王晚期之政敗國亂,漢人稱述"宣王中興"自可棄之不論,後代史家卻不得無說。宣王之敗亂,《國語》等史籍記載頗豐,《小雅》亦有刺亂之詩諸篇,然"宣王中興"之說既盛,苟有說焉,能彌縫其間乎?於是乎有所謂晚年失德說,將宣王晚年之失德敗政歸結爲四:曰不籍千畝,以致王師敗績于姜氏之戎;曰干涉魯國繼統,致使魯國內亂;曰屢次敗師,料民太原;曰聽讒言而殺大夫杜伯。㉓

以失德敗政彌補"中興"說之遺漏,強分龍頭蛇尾,不免有以預設道德判斷取代複雜歷史分析之嫌疑。新近之西周史研究有能補其弊者,以考察西周之地理現實與統治結構爲基礎,以期重新解釋西周之衰亡史㉔。借彼視角,置宣王之統治於西周長時段的衰亡過程中觀察,"宣王中興"對周室之振興實有其功,然亦頗有限。宣王一系列外交與軍事手段㉕,確有恢復周王師在邊遠地區的力量、改善周王室與地方諸侯國關係之功績㉖。然由史籍觀之,王室力量很快再次衰微,逨鼎銘文所載宣王四十二年玁狁對周人之襲擊,亦暗示著"縱貫宣王一世,來自玁狁的威脅從未停止過"㉗。

故漢人稱述之"宣王中興",與宣王歷史之差距,當再作析別。"外攘夷狄"於周室之振興,並不如漢人稱述那般理想,諸如"誅玁狁而百蠻從""是時四夷賓服""視戎狄之侵,譬猶蚊虻之螫,敺之而已",㉘若非漢人想像之詞,便是著意誇張,此其一;"內得賢佐"則爲漢代文治之願望,與西周之封侯建國在性質上全然不同,諸如"上天祐之,爲生賢佐""昔張仲在周,燕翼宣王""周宣王時,輔相大臣,以德佐治,亦獲有國",乃因文治政治"賢佐"籠統言之,非切於周人封侯建國之實際。

三 "城彼朔方":現實模仿經典

漢人稱述"宣王中興",起於漢武一朝,此與彼時希古法先、尊經隆儒之新風尚有莫大之關係。漢自高祖以來七十年,恭儉無為,至武帝時,功臣外戚同姓之爭息,中朝統一權威立,社會富庶,經術轉盛,惟邊患迄未寧息。武帝雄才大略,而頗尚儒學,以十七齡少主初即位,便授意丞相衛綰奏罷郡國所舉賢良治申、商、韓非、蘇秦、張儀之言者㉙;又用趙綰、王臧明儒學之主,以安車蒲輪徵魯申公;議立明堂,置五經博士;制詔賢良對策,公孫弘、董仲舒出焉。

蓋武帝遠慕唐虞,鄙薄亡秦,彼時儒生幾無不高談唐虞三代,而深斥亡秦者。錢穆先生以為:"其時物力既盈,綱紀亦立,漸臻太平盛世之況。而黃老、申韓,其學皆起戰國晚世。其議卑近,主於應衰亂。惟經術儒生,高談唐虞三代,禮樂教化,獨爲盛世之憧憬。自衰世言之,則每見其爲迂闊而遠於事情。及衰象既去,元氣漸復,則如人之病其,捨藥劑而嗜膏粱,亦固其宜也。"㉚

漢武帝秉稽古之遙情,不啻以經術潤色現實政治,更有以現實模仿經典者,"城彼朔方"可爲一例。元朔二年,衛青等出擊匈奴,武帝使建築朔方城,其詔書曰:

《詩》不云乎:"薄伐玁狁,至于太原";"出車彭彭,城彼朔方"。㉛

"薄伐玁狁,至于太原",出自《小雅·六月》;"出車彭彭,城彼朔方",出自《小雅·出車》,《毛詩》謂爲文王詩,然漢人以之爲宣王詩。㉜錢穆先生據此以爲,"武帝拘牽《詩》《書》,以北伐匈奴,比附周宣王薄伐玁狁爲中興令主。以復秦故塞因河爲界,而築城賜以嘉名,號曰朔方,亦以比附宣王之'城彼朔方'也。"此論極有見地,然尚可以此爲線索,更探武帝北置朔方之深意。《尚書·堯典》曰:

乃命羲、和,欽若昊天,歷象日月星辰,敬授人時。分命羲仲,宅嵎夷,曰暘谷……申命羲叔,宅南交。(《大傳》曰:"堯南撫交趾。")……分命和仲,宅西,曰昧谷……申命和叔,宅朔方,曰幽都。㉝

"宅朔方,曰幽都",司馬遷《史記·五帝本紀》作"居北方,曰幽都",乃以"朔方"

爲北方之代稱,而非一特有之地名。《大戴禮記·少閒》曰:

> 昔虞舜以天德嗣堯,布功散德制禮,朔方幽都來服,南撫交趾,出入日月,莫不率俾。㉞

二書均爲漢廷君臣熟誦之經典。北服朔方、南撫交趾,以之爲堯舜之大功績,此或爲漢人之共識也。漢廷君臣既高倡唐虞三代,希古法先,遂更以現實模仿經典、以漢主比附唐虞,《漢書·地理志》記:

> 至武帝攘卻胡、越,開地斥境,南置交阯,北置朔方之州。㉟

《出車》"城彼朔方",《毛傳》云"朔方,北方也";《尚書》《大戴禮記》之"朔方"亦爲北方之概稱。武帝北置朔方之州,乃以之爲州名。漢元帝時,賈捐之《棄珠崖議》云"武丁、成王,殷、周之大仁也,然地東不過江、黃,西不過氐、羌,南不過蠻荆,北不過朔方"㊱,亦可見漢人眼中,盛世王朝之撫南安北,朔方乃至北邊界之象徵。明此,乃可知漢武帝元封元年封禪之時,北巡至朔方,亦爲一極富象徵意義之儀式:

> 其來年冬,上議曰:"古者先振兵澤旅,然後封禪。"乃遂北巡朔方,勒兵十餘萬。㊲

《漢書·武帝紀》更詳記曰:"行自雲陽,北歷上郡、西河、五原,出長城,北登單于臺,至朔方,臨北河。勒兵十八萬騎,旌旗徑千餘里,威震匈奴。"㊳北築朔方,非僅有屯兵及出擊匈奴之實際功用,更與南置交趾一同象徵著漢武帝安邦定邊、德澤天下之功業。武帝之時,淮南王劉安謀反,伍被諫之曰:"被竊觀朝廷……南越賓服,羌、僰貢獻,東甌入朝,廣長榆,開朔方,匈奴折傷。雖未及古太平時,然猶爲治。"㊴至東漢時,王符亦論曰:"武皇帝攘夷拆境,面數千里,東開樂浪,西置燉煌,南踰交趾,北築朔方,卒定南越,誅斬大宛,武軍所嚮,無不夷滅。"㊵可見朔方一開,便被視爲攘匈奴、安天下之重要功績,至東漢猶然。

回到最初之問題,錢穆先生認爲漢武帝北築朔方,乃比附周宣王之"城彼朔方"。更進一步講,漢武帝席全盛之勢,懷稽古之情,自比於一代雄主周宣王,則漢人之稱述"宣王中興",固其宜也。《漢書·韋玄成傳》所載劉歆議孝武帝廟不

當毀,最可見出此中委曲,故不憚其長,俱録於下:

> 臣聞周室既衰,四夷並侵,獫狁最彊,於今匈奴是也。至宣王而伐之,詩人美而頌之曰"薄伐獫狁,至于太原",又曰"嘽嘽推推,如霆如雷,顯允方叔,征伐獫狁,荆蠻來威",故稱中興⋯⋯孝武皇帝愍中國罷勞無安寧之時,乃遣大將軍、驃騎、伏波、樓船之屬,南滅百粵,起七郡;北攘匈奴,降昆邪十萬之衆,置五屬國,起朔方,以奪其肥饒之地;東伐朝鮮,起玄菟、樂浪,以斷匈奴之左臂;西伐大宛,並三十六國,結烏孫,起敦煌、酒泉、張掖,以鬲婼羌,裂匈奴之右肩。單于孤特,遠遁于幕北。四垂無事,斥地遠境,起十餘郡。功業既定,乃封丞相爲富民侯,以大安天下,富實百姓,其規橅可見。又招集天下賢俊,與協心同謀,興制度,改正朔,易服色,立天地之祠,建封禪,殊官號,存周後,定諸侯之制,永無逆爭之心,至今累世賴之。單于守藩,百蠻服從,萬世之基也,中興之功未有高焉者也。㊶

劉歆論漢武帝"南滅百粵、北攘匈奴","招集天下賢俊",與周宣王之南征北伐、任賢使能極爲相類。周宣王征伐獫狁,"故稱中興",漢武帝亦能安邦定邊,"中興之功未有高焉者",更顯言之,武帝乃今之宣王也。

然以武帝之雄才大略,殆不自足於比附一"中興"之宣王,更欲"上參堯舜,下配三王"㊷。"城彼朔方",漢武帝固以己自比周之雄主,更以現實模仿古之經典,實乃欲攀周宣而參堯舜、配三王也。東漢順帝時,虞詡上疏論復置朔方等三郡,曰:

> 臣聞子孫以奉祖爲孝,君上以安民爲明,此高宗、周宣所以上配湯、武也。⋯⋯故孝武皇帝及光武築朔方,開西河,置上郡,皆爲此也。㊸

《史記·殷本紀》曰:"帝武丁即位,思復興殷,而未得其佐⋯⋯武丁修政行德,天下咸驩,殷道復興。"殷高宗亦爲復興之主,與周宣王並舉,此殆非恰巧。"堯舜—殷高宗—周宣王"之傳統延續若成立,順其邏輯,則必至今之漢武帝。漢武帝之攀周宣而參堯舜、配三王,可謂深入人心也。

司馬遷撰《史記·匈奴傳》,尚以《小雅·出車》爲周襄王詩㊹,《出車》時代所屬,"三家《詩》"本或有異説,至元朔二年武帝築朔方城,比附宣王之"城彼朔方",後之漢儒均以之爲周宣王詩,與"宣王中興"之説,殆不無關係乎?

漢宣帝時,亦有以現實模仿經典之事,爲麒麟閣之臣佐畫像,《漢書·蘇武傳》記:

> 甘露三年,單于始入朝。上思股肱之美,乃圖畫其人於麒麟閣,法其形貌,署其官爵姓名。唯霍光不名,曰大司馬大將軍博陸侯姓霍氏,次曰衛將軍富平侯張安世,次曰車騎將軍龍䤶侯韓增,次曰後將軍營平侯趙充國,次曰丞相高平侯魏相,次曰丞相博陽侯丙吉,次曰御史大夫建平侯杜延年,次曰宗正陽城侯劉德,次曰少府梁丘賀,次曰太子太傅蕭望之,次曰典屬國蘇武。皆有功德,知名當世,是以表而揚之,明著中興輔佐,列於方叔、召虎、仲山甫焉。㊺

顏師古注:"(方叔、召虎、仲山甫)三人皆周宣王之臣,有文武之功,佐宣王中興者也。言宣帝亦重興漢室,而霍光等並爲名臣,皆比於方叔之屬。"以漢宣帝之重興漢室比附"宣王中興",乃至霍光等亦得比附方叔等宣王賢佐,嘉其名曰"中興輔佐",漢代君臣對"宣王中興"政治模範之推舉,可謂極矣。

四 "宣王中興":兼具文學與史學屬性之歷史敘事

二《雅》之詩,往往兼具文學與史學之屬性。若將漢人之稱述"宣王中興"視爲一種歷史敘事,其敘述必帶文學性,此非特指其徵引詩句,即其敘述自身,亦是一種文學修辭。

論宣王詩之文學特性,渲染氣勢、描摹情志乃其所長。《六月》諸詩,著力渲染王師威武之貌,其氣象勝文武征伐之詩遠矣。若"四牡脩廣,其大有顒。薄伐玁狁,以奏膚公""織文鳥章、白斾央央。元戎十乘,以先啓行"(《六月》);"方叔率止,乘其四騏,四騏翼翼。路車有奭,簟茀魚服,鉤膺鞗革""方叔率止,約軝錯衡,八鸞瑲瑲。服其命服,朱芾斯皇,有瑲蔥珩""方叔率止,鉦人伐鼓,陳師鞠旅。顯允方叔,伐鼓淵淵,振旅闐闐""戎車嘽嘽,嘽嘽焞焞,如霆如雷。顯允方叔,征伐玁狁,蠻荆來威"(《采芑》);"赫赫業業,有嚴天子。王舒保作,匪紹匪遊,徐方繹騷。震驚徐方,如雷如霆,徐方震驚""王奮厥武,如震如怒。進厥虎臣,闞如虓虎。鋪敦淮濆,仍執醜虜。截彼淮浦,王師之所""王旅嘽嘽,如飛如翰,如江如漢,如山之苞,如川之流,緜緜翼翼,不測不克,濯征徐國"(《常武》),皆爲例也。

諸詩對周王師威望之渲染,可謂極矣。漢之文學亦尚鋪張、務爲誇大,風氣如此而又習於"言王政之廢興""論功頌德"之詩教,其嘉賞宣王詩並藉以敘述"中興"歷史,良有以也。

周室威望之外,《六月》諸詩著意展現者,則爲召虎、方叔、南中、中山父、申伯、尹吉父、韓侯、蹶父、張中、程伯休父輔佐王室之才幹與功績。若"文武吉甫,萬邦爲憲""侯誰在矣,張仲孝友"(《六月》),"方叔元老,克壯其猶""顯允方叔,征伐玁狁,蠻荆來威"(《采芑》),"申伯之德,柔惠且直。揉此萬邦,聞于四國"(《崧高》),"肅肅王命,仲山甫將之。邦國若否,仲山甫明之""衮職有闕,維仲山甫補之"(《烝民》),"韓侯入覲,以其介圭,入覲于王。王錫韓侯,淑旂綏章""蹶父孔武,靡國不到"(《韓奕》),"江漢之滸,王命召虎,式辟四方,徹我疆土"(《江漢》),"赫赫明明,王命卿士,南仲大祖,大師皇父。整我六師,以脩我戎""王謂尹氏,命程伯休父。左右陳行,戒我師旅"(《常武》),皆爲例也。

亦無怪乎漢人眼中,周宣王朝賢佐之盛,蔚爲大觀。召虎等十人,其功績於宣王詩之外不見有載,然皆得列於《漢書·古今人表》第三等(上下等,智人),同於少康、衛康叔等。

漢人"宣王中興"之說既盛,於後世已近於一歷史常識,往往影響後人對《詩》的讀解。其尤甚者,莫過於方玉潤論《沔水》諸怨刺之詩爲"錯簡",以保"宣王中興"爲一理想之政治模範,其說曰:

> 小序謂"規宣王"[46],《集傳》謂"憂亂之詩"。案:宣王初政,多亂定歸來之詩,後皆美詞,無所謂憂亂也。其朝周、召二公輔政,幾復成、康之舊,何讒之有?然詩前云"念亂",後言"讒興",分明亂世多讒,賢臣遭禍景象,而豈宣王世乎,此詩必有所指,特錯簡耳。[47]

然春秋人所持另一種歷史敘事,曰身死國亡之君,則鮮有嗣響,唯顧炎武持論之

苟,可追春秋時人:

> 變雅:《六月》《采芑》《車攻》《吉日》,宣王中興之作,何以爲變雅乎?《采芑》傳曰:"言周室之强,車服之美也。"言其强美斯劣矣。觀夫《鹿鳴》以下諸篇,其于君臣兄弟朋友之間,無不曲當而未嘗有誇大之辭。大雅之稱文武,皆本其敬天勤民之意,至其言伐商之功盛矣大矣,不過曰"會朝清明"而止。然則宣王之詩不有侈于前人者乎? 一傳而周遂亡。嗚呼,此太子晉所以謂"我先王厲、宣、幽、平而貪天禍",固不待汧水之憂、祈父之刺而後見之也。⑱

懷一"貪天禍"之歷史敘事在先,痛責其詩之誇大文辭、深貶其"一傳而周遂亡",不爲無因也。

要之,曰"宣王中興",曰亡國之君,皆有一定歷史事實在焉。兩説相去千里,其間毫釐,乃因於兩種絶然相異之歷史敘述。"宣王中興"説之盛,本於漢人議政,漢人援二《雅》以論,固不失爲歷史之敘述,然其敘述自身亦是一種文學修辭,此正所謂歷史敘事者也。此説既盛,其影響又返於史學,扇於後世,"宣王中興"遂成一當然而然之歷史常識矣。

注 釋

① 《漢書·劉向傳》載劉向上疏。類似表述頗見於漢人疏奏及子書。《漢書》,中華書局 1962 年版(本文引《漢書》均爲此版,不再詳注),第 1955 頁。

② 《國語》載太子晉進諫周靈王、論及西周亡而王室卑之言,詳參下文第二節。《國語》,商務印書館 1935 年版,第 37 頁。

③ 詳參徐建委《〈説苑〉研究》一書第四章第三節《三家〈詩〉研究基礎的反思與考察》,北京大學出版社 2011 年版。

④ 另有《小雅·出車》,"三家詩"以爲宣王詩,馬瑞辰《毛詩傳箋通釋》辯此詩"南仲"與《漢書·古今人表》宣王時"南中"非同一人,然王國維先生《鬼方昆夷玁狁考》證《出車》當爲宣王詩。今以漢人極少徵引《出車》一詩,暫不列於討論中。

⑤ 詳參附録一。

⑥《漢書·董仲舒傳》,第2499—2500頁。

⑦《漢書·韋玄成傳》,第3125頁。

⑧董仲舒云"上天祐之,爲生賢佐",其表述方式甚至可能源自《烝民》"天監有周,昭假于下,保兹天子,生仲山甫"。

⑨如董仲舒此段論述,其上下文可分析爲:"夫人君莫不欲安存而惡危亡,然而政亂國危者甚衆,所任者非其人,而所繇者非其道,是以政日以仆滅也。(判斷)夫周道衰於幽厲,非道亡也,幽厲不繇也。至於宣王,思昔先王之德,興滯補弊,明文武之功業,周道粲然復興,詩人美之而作,上天祐之,爲生賢佐,後世稱誦,至今不絶。(引經據典)此夙夜不解行善之所致也。孔子曰'人能弘道,非道弘人'也。故治亂廢興在於己,非天降命不可得反,其所操持誖謬失其統也。(現實啓示)"正是一個完整的"判斷-引經據典-現實啓示"之敘述邏輯。再如劉向上疏:"是故德彌厚者葬彌薄,知愈深者葬愈微。無德寡知,其葬愈厚,丘隴彌高,宮廟甚麗,發掘必速。由是觀之,明暗之效,葬之吉凶,昭然可見矣。(判斷)周德既衰而奢侈,宣王賢而中興,更爲儉宮室,小寢廟。詩人美之,斯干之詩是也,上章道宮室之如制,下章言子孫之衆多也。及魯嚴公刻飾宗廟,多築臺囿,後嗣再絶,春秋刺焉。周宣如彼而昌,魯、秦如此而絶,是則奢儉之得失也。(引經據典)陛下即位,躬親節儉,始營初陵,其制約小,天下莫不稱賢明。及徙昌陵,增埤爲高,積土爲山,發民墳墓,積以萬數,營起邑居,期日迫卒,功費大萬百餘。死者恨於下,生者愁於上,怨氣感動陰陽,因之以饑饉,物故流離以十萬數,臣甚惛焉。(現實啓示)"更是一個典型而清晰的"判斷-引經據典-現實啓示"之敘述邏輯。

⑩"宣王中興"說自漢代始有稱者,觀史書載漢人疏奏,加以史書、子書之敘述,此說之蔚爲可觀頗令人驚歎。西漢時期,史書載錄西漢人疏奏,直接論及"宣王中興"者凡四,分見於《漢書·董仲舒傳》載董仲舒對賢良策、《漢書·劉向傳》載劉向上疏、《漢書·韋玄成傳》載劉歆議政(《漢書》第2499—2500、1955—1956、3125頁),以及《前漢紀·孝成皇帝紀三》載王仁上疏(荀悅《前漢紀》卷二六,《四部叢刊初編》本)。東漢時期,班固《漢書·古今人表》,列厲、幽、平於第九等(下下等),同於商紂;而登宣王於第二等(上中等,仁人),同於王季、成王。同時,二《雅》宣王詩之召虎、方叔、南中、中山父、申伯、尹吉父、韓侯、蹶父、張中、程伯休父,均得列於第三等(上下等,智人),同於太康、衛康叔。班固《漢書》,稱"宣王中興"者亦有二處,分見於《漢書·禮樂志》及《漢書·匈奴傳》(《漢書》第1071、3744頁)。《後漢書》載錄東漢人疏奏,稱"宣王中興"者亦凡四,分見於《後漢書·馮衍傳》載馮衍上疏、《後漢書·龐參傳》載馬融上疏、《後漢書·左雄傳》載左雄上疏及《後漢書·黃瓊傳》載黃瓊上疏(《後漢書》第966、1689—1690、2018、2034頁)。子書方面,"宣王中興"說亦見於王符《潛夫論·德化》篇、《敘錄》篇(王符《潛夫論箋校正》,中華書局1985年版,第380、475

頁)、桓譚《新論·譴非》篇、馬融《忠經·揚聖章》篇及應劭《漢官儀》等。比之西漢,"宣王中興"東漢時蓋已深入人心,成爲一種普遍認知。故東漢之上疏、史書及子書,"宣王中興"常直接見用於敍述,不必待徵引而明。若王符《潛夫論·德化》更以"中興"爲宣王之代稱。而稱述"中興"之主題,則仍沿西漢二義,曰外攘玁狁諸夷狄,曰内得召虎諸賢佐。此外,未直稱"宣王中興"者,而稱述其外建武功者,有班固《漢書·匈奴傳》嚴尤諫王莽、桓寬《鹽鐵論·地廣》篇、《繇役》篇及班固《漢書·敘傳》(《漢書》第3824頁,桓寬《鹽鐵論》,中華書局1992年版,第208、519頁,《漢書》第4267頁);稱述其内得賢佐者,則有《漢書·東方朔傳》東方朔答武帝、《漢書·陳湯傳》劉向上疏、《漢書·趙充國傳》揚雄作頌、《後漢書·郎顗傳》郎顗上疏、《後漢書·鄭興傳》鄭興薦侍御史杜林言、《後漢書·劉陶傳》劉陶上疏及王符《潛夫論·三式》(《漢書》第2860、3017、2995、1068—1069、1220頁,《後漢書》第1844頁,王符《潛夫論箋校正》第198頁)。

⑪ 事在周靈王二十二年。韋昭注云:"此四王父子相繼,厲暴虐而流,宣不務農而料民,幽昏亂以滅西周,平不能修政,至於微弱,皆已行所致,故曰貪天禍。"韋昭注《國語》,商務印書館1935年版,第37頁。

⑫ 向宗魯《説苑校證》,中華書局1987年版,第218頁。

⑬ 《説苑校證》,第459頁。此二條材料採自劉向《説苑》一書,分別爲《正諫》篇載諸御己諫楚莊王言、《辨物》篇載内史過答周惠王言。徐建委《〈説苑〉研究》,考論《説苑》一書乃劉向編輯之作而非自著,存録了大量先秦六藝經傳、諸子的文獻片斷,且編輯時儘量保存了文獻的原始面目,無明顯删改痕跡(詳參徐建委《〈説苑〉研究》第二章第二節,北京大學出版社2011年版)。

⑭ 傳世文獻中,春秋戰國人評價宣王之材料少漢代甚遠。文獻散佚之外,彼時周室卑微致使周朝歷史不受關注也當爲一大原因,這本身就可以佐證"宣王中興"於漢代始爲流行。傳世文獻中,春秋戰國人對宣王之褒賞僅有《左傳·昭公二十六年》王子朝告諸侯書一例,且程度亦非常有限:"至于厲王,王心戾虐,萬民弗忍,居王于彘,諸侯釋位,以間王政。宣王有志,而後效官。至于幽王,天不弔周,王昏不若,用愆厥位,攜王奸命。"

⑮ 此六篇爲《沔水》《鶴鳴》《祈父》《白駒》《黄鳥》《我行其野》。鄭玄《詩譜序》曰:"論功頌德,所以將順其美;刺過譏失,所以匡救其惡。各于其黨,則爲法者彰顯,爲戒者著明。"此爲漢代詩教之美刺諷諫説。依此則《沔水》六篇爲怨刺之詩。

⑯ 訟美宣王之詩,有漢一代,獨有杜欽一人曾發異議:"仲山父異姓之臣,無親於宣,就封於齊,猶歎息永懷,宿夜徘徊,不忍遠去。"(《漢書·杜欽傳》,第2677頁)蓋以《烝民》爲宣王疏遠賢臣之詩,然此種觀點僅此一見,別無再聞。

⑰ 參考注⑩。

⑱ 徐建委《〈左傳〉早期史料來源與〈風詩序〉之關係》一文,考論先秦文獻以史解詩的傳統,認爲"春秋戰國時代,應存在一種與《詩》相關的歷史文本,不管它們是書面的還是口頭的"(《文學遺産》2012年第2期)。

⑲ 中略部分爲:"《鹿鳴》廢則和樂缺矣,《四牡》廢則君臣缺矣,《皇皇者華》廢則忠信缺矣,《常棣》廢則兄弟缺矣,《伐木》廢則朋友缺矣,《天保》廢則福禄缺矣,《采薇》廢則征伐缺矣,《出車》廢則功力缺矣,《大杜》廢則師衆缺矣,《魚麗》廢則法度缺矣,《南陔》廢則孝友缺矣,《白華》廢則廉恥缺矣,《華黍》廢則蓄積缺矣,《由庚》廢則陰陽失其道理矣,《南有嘉魚》廢則賢者不安,下不得其所矣,《崇丘》廢則萬物不遂矣,《南山有台》廢則爲國之基隊矣,《由儀》廢則萬物失其道理矣,《蓼蕭》廢則恩澤乖矣,《湛露》廢則萬國離矣,《彤弓》廢則諸夏衰矣,《菁菁者莪》廢則無禮儀矣。"

⑳ 錢穆《國史大綱》,商務印書館1991年版,第45—47頁。

㉑ 早文盨幾年的駒父盨,其銘文記載駒父奉司徒南仲之命向南淮夷索取貢賦,得到了優渥的禮待。李學勤先生認爲,"這是征伐淮夷戰事結束后王朝採取的措施。到宣王二十三年,南方業已穩定,於是籌備了二十四年的隆重朝見。所謂宣王中興,至此達到了盛期"(李學勤《文盨與宣王中興》,《文博》2008年第2期)。《今本竹書紀年》之相關記載有:"四年,王命蹶父如韓,韓侯來朝。七年,王錫申伯命。王命樊侯仲山甫城齊。九年,王會諸侯于東都,遂守于甫。""九年,王會諸侯于東都"在年代上無所考實,或非文盨銘文所宣王二十四年,宣王確有復會諸侯之事,已可明矣。

㉒ 西周封建事業的開展依賴於武力上的征討,錢穆先生有論:"西周的封建,乃是一種侵略性的武裝移民與軍事佔領,与后世統一政府只以封建制爲一種政区與政權之分割者絶然不同。因此在封建制度的后面,需要一種不斷的武力貫徹。"(錢穆《國史大綱》,第45頁)

㉓ 試依此種概念化、道德化的解釋,對宣王晚期之"失德敗政"稍作分析:其一,不籍千畝,導致王師敗績于姜氏之戎。《國語·周語》記:"宣王即位,不籍千畝。虢文公諫曰……王不聽。三十九年,戰于千畝,王師敗績于姜氏之戎。"此事距周宣王朝"盛期"僅十五年,善乎李學勤先生之論其衰,其曰:"然而好景不長,如《國語·周語》及《史記·周本紀》所記,宣王三十九年,王師與姜氏之戎交戰敗績,'喪南國之師',這顯然影響了周朝與南土諸侯國的關係,也使周朝本身的力量大爲削弱,成爲走向衰亡的前奏。"(李學勤《文盨與宣王中興》,《文博》2008年第2期)其二,不聽仲山甫之諫,干涉魯國繼統,廢長立少,致使魯國內亂,伐魯而立孝公,諸侯"從是而不睦""多畔王命"。《國語·周語》記:"三十二年春,宣王伐魯,立孝公,諸侯從是而不睦。"(韋昭注:"不相親睦於王也。")《史記·魯周公世家》記之更詳:

"武公九年春,武公與長子括,少子戲,西朝周宣王。宣王愛戲,欲立戲爲魯太子。周之樊仲山父諫宣王曰……宣王弗聽,卒立戲爲魯太子。夏,武公歸而卒,戲立,是爲懿公。……懿公九年,懿公兄括之子伯御與魯人攻弒懿公,而立伯御爲君。伯御即位十一年,周宣王伐魯,殺其君伯御,……乃立稱於夷宮,是爲孝公。自是后,諸侯多畔王命。"此亦嚴重影響周朝與諸侯國之關係,"復會諸侯於東都"之盛觀,不復見也。《沔水》或與伐魯之後諸侯不朝周有關。陳奐《詩毛氏傳疏》即認爲:"海之朝宗,隼之飛止,兩喻皆興諸侯朝天子,首章言朝,次章言不朝。"其三,屢次敗師,料民太原。《國語·周語》記:"宣王既喪南國之師,乃料民于太原。仲山父諫曰:'民不可料也!……'王卒料之,及幽王乃廢滅。"《史記·周本紀》亦記:"宣王既亡南國之師,乃料民於太原。仲山甫諫曰:'民不可料也。'宣王不聽,卒料民。"《祈父》或與宣王三十九年千畝之戰中王師敗績於姜氏之戎、其後喪南國師而料民太原有關。首章《毛傳》云:"宣王之末,司馬職廢,姜戎爲敗。"鄭箋云:"此勇力之士責司馬之辭也……謂見使從軍,與姜戎戰於千畝而敗之時也。六軍之士,出自六鄉,法不取於王之爪牙之士。"此二首的考訂,可參考馬銀琴《西周詩史》第三章第四節《宣王後期的詩歌》(社會科學文獻出版社 2006 年版)。其四,聽讒言而殺大夫杜伯。《今本竹書紀年》記:"四十三年,王殺大夫杜伯。"《墨子·明鬼下》引《周春秋》曰:"周宣王殺其臣杜伯而不辜,杜伯曰:'吾君殺我而不辜,若以死者爲無知則止矣;若死而有知,不出三年,必使吾君知之。'其三年,周宣王合諸侯而田於圃,田車數百乘,從數千,人滿野。日中,杜伯乘白馬素車,朱衣冠,執朱弓,挾朱矢,追周宣王,射之車上,中心折脊,殪車中,伏弢而死。當是之時,周人從者莫不見,遠者莫不聞,著在周之《春秋》。"何楷《詩經世本古義》引《汲冢璵語》曰:"宣王之妾女鳩欲通杜伯,杜伯不可,女鳩反訴之王,王囚杜伯於焦。杜伯之友左儒九諫而不聽,並殺之。"《詩序》:"《鶴鳴》,誨宣王也。"鄭箋:"誨,教也。教宣王求賢人之未仕者。"《詩序》:"《白駒》,大夫刺宣王也。"鄭箋:"刺其不能留賢也。"由宣王聽讒言而殺大夫杜伯、左儒九諫而不聽並殺之,可見宣王後期確有聽讒、不能留賢之失。此二首,或正與此背景有關。此外,《黃鳥》《我行其野》,《詩序》均曰:"刺宣王也。"《黃鳥》鄭箋云:"刺其以陰禮教親而不至,聯兄弟之不固。"首章《毛傳》:"宣王之末,天下室家離散,妃匹相去,有不以禮者。"《我行其野》鄭箋云:"刺其不正嫁取之數而有荒政,多淫昏之俗。"首章《毛傳》:"宣王之末,男女失道,以求外昏,棄其舊姻而相怨。"此二首亦爲宣王之末失德敗政,以致民風淪喪之表現。

㉔ 李峰《西周的滅亡》一書(三聯書店 2007 年版)中提出,西周政府對內實施一種"恩惠換忠誠"原則,分割有限的王室土地資源以賞賜官員,這種"自殺式"的管理方法導致了周王室不斷被削弱;王畿之外,西周早期封建制度之下建立的諸侯國逐漸發展出一種離心力,這種

離心力不但會打消諸侯支持王室的積極性,甚至會激使他們同王室的公然對抗。這兩個問題根植於西周國家基本政治體制中,導致西周剛步入中期便呈現一種衰退的趨勢。銘文證據與史籍文獻均表明,西周中期是一個重大的轉變時期,政局不穩和軍事軟弱在此時逐步積累。剛進入西周晚期的周厲王時代,西周國家便遭遇了"全面的危機":在外患上,西北的獫狁與東南的淮夷同時威脅著周人的安全;在內政上,厲王試圖重建王室財政力量遭到了貴族的抵抗,引發大規模暴動,被迫出奔。厲王的統治宣告失敗,在此後各種政治勢力之間的較量中,上述兩對最基本的矛盾——王權與貴族力量、中央王室與地方封國,是最終導致王朝傾覆的根源。

㉕ 北伐獫狁的兩次重大戰役(宣王五年及十二年)、率領齊、紀等諸侯國南征淮夷,將申國遷徙至長江中游以加強此地區的防禦,與韓國的互訪及聯姻,及干涉魯國繼統、命仲山甫城齊以在東部地區重建王威。

㉖ 李峰《西周的滅亡》,第二章《混亂與衰落:西周國家的政治危機》。

㉗ 同上書,第181—184頁。

㉘ 分別出自《漢書·劉向傳》載錄劉向上疏、《漢書·匈奴傳上》及《漢書·匈奴傳下》載錄嚴尤諫王莽。

㉙ 用錢穆説,參見錢穆《秦漢史》,臺北,聯經出版事業公司1998年版,第83—84頁。

㉚ 錢穆《秦漢史》,第90頁。

㉛ 《漢書·衛青傳》,第2473頁。

㉜ 此恐與漢人視"城彼朔方"爲"宣王中興"之重要功業有關。

㉝ 孫星衍《尚書今古文注疏》,中華書局2004年版,第10—21頁。

㉞ 王聘珍《大戴禮記解詁》,中華書局1983年版,第216頁。

㉟ 《漢書·地理志》,第1543頁。

㊱ 《漢書·賈捐之傳》,第2831頁。

㊲ 《史記·封禪書》,中華書局1982年版,第1396頁。

㊳ 《漢書·武帝紀》,第189頁。

㊴ 《漢書·伍被傳》,第2168頁。

㊵ 王符《潛夫論箋校正》,中華書局1985年版,第260頁。

㊶ 《漢書·韋賢傳》,第3125—3126頁。

㊷ 元光五年,漢武帝制詔賢良,《漢書·武帝紀》,第161頁。

㊸ 《後漢書·西羌傳》,中華書局1965年版,第2893頁。

㊹ 《史記·匈奴列傳》:"其後二十有餘年,而戎狄至洛邑,伐周襄王,襄王奔于鄭之氾邑。初,

周襄王欲伐鄭,故娶戎狄女爲后,與戎狄兵共伐鄭。已而黜狄后,狄后怨,而襄王後母曰惠后,有子子帶,欲立之,於是惠后與狄后、子帶爲内應,開戎狄,戎狄以故得入,破逐周襄王,而立子帶爲天子。於是戎狄或居于陸渾,東至於衛,侵盗暴虐中國。中國疾之,故詩人歌之曰'戎狄是應','薄伐獫狁,至於大原','出輿彭彭,城彼朔方'。周襄王既居外四年,乃使使告急于晋。晋文公初立,欲修霸業,乃興師伐逐戎翟,誅子帶,迎内周襄王,居于雒邑。"中華書局 1982 年版,第 2881—2882 頁。

㊺《漢書·蘇武傳》,第 2468—2469 頁。

㊻《沔水》小序。

㊼方玉潤《詩經原始》,中華書局 1987 年版,第 374 頁。

㊽陳垣《日知録校注》,安徽大學 2007 年版,第 134—135 頁。

三曹、七子《詩經》學背景考

張 燕

【提要】 三曹、七子的《詩》學背景,直接影響其文學創作。但長期以來研究者甚少。清儒在考辨三家《詩》異文異説時,略有所及,但語焉不詳,結論亦時有偏失。考察三曹、七子之全部傳世文學文獻,詳細尋繹建安作家群體主習《韓》《魯》、兼述《毛》《鄭》的詩學背景,從而拓展魏晉《詩經》學史並推進三家《詩》研究。建安文學的三家《詩》學背景,承繼漢代文學傳統,更對魏晉文學傳統的形成有深刻影响。

三曹、七子是建安文學的主要創作群體。他們的《詩經》學背景,鮮有人關注。造成這種情況的原因:一方面,經學史研究以經學家及其經學著爲主要内容,通常不會關注被視爲文學家的三曹、七子[①]。一方面,在文學史領域,三曹、七子一向是研究的重鎮,但研究多重在其文學意義的闡發與文學成就的評價。或有涉及思想背景的考察,亦往往籠統泛論時代學術潮流之升降,未及細究其人之經學家數[②]。此外,有學者注意到三曹、七子之創作與《詩經》的關係,但這些考察因缺乏經學的視角,一般將《詩經》視爲文學作品,僅限於從文學層面探究其間淵源,皆不及追究其具體的《詩經》學背景。在詮釋相關作品時,亦一律以《毛詩》經義爲説。從總體來看,學界對建安作者之具體《詩》學家數的研究意識相當淡薄,因此這一時期之文學與經學研究,都不夠充分。

在文學作品之經學背景研究方面,能夠率先做出重要學術示範而具開創之功的,當推黄節先生。他的《詩旨纂辭》與《變雅》非常罕見地特別注意到四家

張燕 山西大學文學院

《詩》學與中古文學之關聯的《詩經》。在體例上,先列《毛詩》經文、經說,並於案語中介紹三家《詩》遺說,再列"引詩"與"詩辭",分別摘錄漢魏晉南北朝各種著作直接稱《詩》引《詩》的文獻,以及歷代文學家運用《詩經》之典故與辭語的詩文詞句③。這種研究方式,實際上自覺建立了考察文學之《詩》學背景的視角。在其所撰《曹子建詩注》中,黄節即依據曹植的《韓詩》學背景詮釋其《情詩》的涵義,糾正以往用《毛詩》經義解說此詩的重要訛誤④。但遺憾的是,黄節的這一視角既未貫穿其全部詩注研究(如《魏武帝魏文帝詩注》),也未能得到後來學者的積極響應。

目前,學界對建安作者之《詩經》學背景有所體察的研究既少,且並未延續黄節所開創的較爲嚴謹的經學研究思路。就筆者目之所及,如邢培順的《曹植文學研究》設有專節討論"曹植與《韓詩》學"⑤,然其"曹植習《韓詩》淵源自王粲"的論證純屬推測,難以成立。究其緣由,既未專門考察王粲的《魯詩》學背景,亦不顧及曹植之《韓詩》學實受乃父曹操之家庭傳統的直接影響。吴懷東的《經學盛衰與曹操詩歌革新》雖論及曹操詩文中有述用《毛詩》的情況⑥,然其分析所舉文例之論證仍顯片面,如以曹操《短歌行》所述《鹿鳴》不合於《魯詩》之義,即斷定其合於《毛詩》,未顧及《韓詩》與《齊詩》的情況,結論不可據信。謝建忠、張華林的《論〈毛詩〉與劉楨詩歌》詳細分析劉楨詩歌創作之《毛詩》學淵源⑦,然其考察並非從劉楨作品出發,而是從劉楨既著有《毛詩義問》則必然述用《毛詩》的預設出發,忽視了"治詩""習詩"與"述詩"的區別,未能充分考慮這一時期崇尚"博學"的時代風氣,其結論雖然無誤,論證邏輯卻是值得推敲的。以上研究現狀表明,學界對此課題之考察的學理思考還不夠成熟,對漢魏時代文學傳統與經學史之關係也缺乏廣闊的視野和深入的考察,這些缺失正是本文考證所嘗試解決的問題。

事實上,古代學者關於三家《詩》之文學研究及經學研究的成果,頗值得借鑒。唐代李善《文選注》,對建安作者之《韓詩》學背景有所認知,常採用《韓詩》文義來注解相關的作品。《文選注》所提供的《韓詩》文獻,也直接影響了宋代以後的三家《詩》考辯研究。而清人集前人之大成,對漢魏之際文學作品中稱述《詩經》文義之例,常有援引,以爲考訂三家《詩》之佐證,因此涉及判斷建安作者之《詩》學家數的問題。如陳喬樅《三家詩遺說考》謂"陳思王用《韓詩》",又謂"王粲《贈士孫文始詩》用《韓詩》之義",又謂"徐幹説《兔罝》詩亦本《魯詩》之義"⑧。

然正如學界早已注意到的,清人的三家《詩》研究在基本預設和論證方法上存在著不少問題,或失之於武斷,或失之於片面,或失之於誤引誤讀文獻。特別是論證環節之循環性,還造成"錯上加錯"的情況。基於此類直接與間接證據而形成的三家《詩》經文、經説之結論,值得推敲之處甚多。而在此基礎上對建安作者之《詩》學家數的判斷,又往往止見樹木不見森林,未對其人其作全面通觀考察,同時,也未充分考慮建安作者可能具有更爲複雜的《詩》學背景的情況。故清代學者雖提供了大量有價值的研討線索,其論斷卻多有失誤與偏頗。且除曹操、曹植、王粲、徐幹之外,其他如曹丕、劉楨、陳琳、阮瑀、應瑒、孔融等人之習《詩》家數,清人未嘗做出結論。

總之,有關三曹、七子之《詩》學背景的專題研究,至今尚未出現,這與漢賦研究中注意考辯經學背景的情況形成鮮明對照⑨。而這個專題研究具有重要的意義:

首先,三曹、七子《詩》學背景的考察,具有《詩經》學史與三家《詩》考辯的雙重意義。長期以來,由於文獻散佚,魏晉時期《詩經》學史的研究深受限制。學者所能憑藉的常規材料,不外乎來自史傳的經學家之生平、著作概況,以及散見於經史文獻的極少量輯佚學成果。搜索該時期全部傳世文學文獻,從士人述用《詩經》的情況推考其《詩》學背景,可以對《詩經》學史進行更爲真實地描述。漢代以來《詩》學分爲四家,建安作者身當今、古文經學變遷,三家《詩》日漸爲《毛詩》取代的時代,考察他們的《詩》學背景,可以具體瞭解當時《詩經》學的真實圖景,如鄭玄《毛詩箋》的影響力逐漸加強的具體過程是怎樣的,三曹、七子對《毛詩》的好尚在這個過程中起到怎樣的關鍵作用等等。此外,在考察過程中,也可對前人的三家《詩》考辯研究重新檢視。一方面吸收古人未及見到的新材料,一方面採取通觀的視角,對一些錯誤和缺失的結論進行糾正和補充,使三家《詩》研究有所推進。

其次,三曹、七子《詩》學背景的考察,對深入瞭解建安文學創作的文化背景有重要的文學史意義。《詩經》是具有文學與經學之雙重維度的經典,漢魏之交又是中古時代文學自覺的關鍵環節。文學史家通常認爲建安文學的一大特徵,就是文學擺脫了經學的桎梏而獨立發展。這個觀點固然有其正確的一面,卻容易失之簡單化的誤解,以爲經典對文學的影響力減弱了。而三曹、七子的辭賦詩文散發著強烈的經典氣息,特別是《詩經》學淵源深厚。可以説,《詩經》的文學維度在他們的作品里得到進一步的釋放,其經學文化精神也在其中獲得新的生命力。建安文學"鎔鑄經典"的特色,也得到南朝文學批評家劉勰的充分肯定。對這方面,我們的研究還不夠深入細緻。而從建安作者具體的《詩經》學背景的考察入手,是一個最爲基礎的視角。

第三,三曹、七子《詩》學背景的考察,可以補正對相關作者文學作品之注解與詮釋的缺失。傳統以來的注解家,雖對三曹、七子的《詩經》學淵源皆有所認知,但一般只在寬泛的文學意義上來理解,不及細究其具體背景,主要依據《毛詩》及其傳注來詮釋作品。然而《毛詩》與三家《詩》存在大量歧異,若建安作者據三家《詩》文義創作詩賦作品,而讀者按照《毛詩》之經義來理解,難免出現不甚確切乃至謬誤的情况。對三曹、七子之《詩經》學背景的具體瞭解,可以在認知和詮釋建安文學之涵義方面有直接的助益。

本文以三曹、七子爲對象,分別對其《詩經》學背景進行詳細的考察,通過全面綜合的分析來形成結論,並從《詩經》學史及文學史的視角進行延伸論述,思考中古文學傳統與經學傳統之關係,以期還原建安時代文學創作的經學背景,填補經學史與文學史的空白。

一 曹操習述《詩》家考

曹操(155—220)作品在語言形式與情感內涵方面,都表現出濃厚的《詩經》文化氣息。關於其《詩》學背景,清代學者雖在考證三家《詩》時涉及其文例,但並未明確判定屬於何家。曹操今存作品計有20餘處涉及《詩經》,可考其家數者8條,列之如下:

1. 契闊談讌,心念舊恩。(《短歌行》⑩)

【按】《邶風·擊鼓》。《毛詩》:"死生契闊,與子成説。"⑪《釋文》:"契,本亦作挈。契闊,勤苦也。《韓詩》云:'約束也。'""契",漢石經作"挈"⑫。

又,蔡邕《太傅胡公夫人靈表》:"契闊中饋。""契闊"爲"勤苦"之義,蔡述《魯詩》,則《魯》亦訓爲"勤苦"。又,《文選》劉琨《答盧諶》李善注:"薛君《韓詩章句》曰:'括,約束也。'"⑬《玉篇·糸部》:"絜,結束也。"⑭陳喬樅《韓詩考》謂:"《韓》改契闊爲約束,是以契闊爲絜括之假借。"《齊》文義未知。

《文選》劉良注謂:"言勤苦於談讌者,念舊情也。"⑮勉强難通。陳喬樅以曹詩所用爲《韓詩》"約結"之義,則"契闊談讌",言親密歡宴,其義更爲貼切優長。曹操所述,異於《魯》《毛》,同於《韓》。

2. 青青子衿,悠悠我心。但爲君故,沉吟至今。(《短歌行》)

【按】《鄭風·子衿》。《毛序》:"刺學校廢也。亂世學校不修焉。"《毛詩》:"青青子衿,悠悠我心。縱我不往,子寧不嗣音?"《毛傳》:"嗣,習也。"《鄭箋》:"嗣,續也。"《釋文》:"《韓詩》作'寧不詒音'。詒,寄也,曾不寄問之。"

又,《楚辭·惜誦》王逸注:"詒,遺也。《詩》曰:'詒我德音也。'"⑯王述《魯詩》,陳喬樅《魯詩考》謂王注"《詩》曰"後脱落所引《詩》,當爲《魯詩》:"子寧不詒音。"則《魯》《韓》俱作"詒音",訓釋亦相通。《鄭箋》訓爲"續",義近於《魯》《韓》。

《詩總聞》卷四:"此已在位而故人在野者也。青衿,野服。當是相思而有欲見之意,望其來而不肯至者也。故人在位而不往見,蓋賢者也。故人在野而有所慚,亦賢者也。"⑰王質所述當爲《韓》義。則《韓》爲"在位者思賢友"之旨。《魯》《齊》義未知。

"但爲君故,沉吟至今",《文選》劉良注:"君爲知友也。沉吟,喻深思之意。"曹操所述,異於《毛》,同於《韓》。

3. 悲彼《東山》詩,悠悠使我哀。(《苦寒行》)

【按】《豳風·東山》。《毛序》:"周公東征也。周公東征三年而歸,勞歸,士大夫美之,故作是詩也。"《毛詩》:"我徂東山,慆慆不歸。""慆",敦煌本作"滔"。

又,《大雅·江漢》:"江漢浮浮,武夫滔滔。"王先謙謂:"水久流不返,以喻人之久出不歸。"又據曹操此詩及曹丕《至廣陵於馬上作》:"豈如《東山》詩,悠悠多憂傷。"謂三家作"悠悠"。"滔滔""悠悠"古同聲通用[18]。

又,《易林·屯之升》:"東山拯亂,處婦思夫。勞我君子,役無休已。"[19]焦延壽述《齊詩》,則《齊》言處婦思夫,哀歎行役之苦,與《毛》"士大夫美勞歸"之義不同。《魯》《韓》文義未知。

曹操所述,異於《毛詩》,當爲三家《詩》文義。

4. 呦呦鹿鳴,食野之苹。我有嘉賓,鼓瑟吹笙。(《短歌行》)

【按】《小雅·鹿鳴》。《毛序》:"燕群臣嘉賓也。既飲食之又實幣帛筐篚,以將其厚意,然後忠臣嘉賓得盡其心矣。"《毛詩》:"呦呦鹿鳴,食野之苹。我有嘉賓,鼓瑟吹笙。"《毛傳》:"鹿得萍,呦呦然鳴而相呼,懇誠發乎中,以興嘉樂賓客當有懇誠,相招呼以成禮也。"

又,《儀禮·鄉飲酒》鄭注:"《鹿鳴》,君與臣下及四方之賓燕,講道修政之樂歌也。"又,《楚辭·七諫》王注:"鹿得美草,口甘其味,則求其友而號其侶也。以言在位之臣不思賢念舊,曾不若鳥獸也。"則《齊》《毛》《鄭》,皆以爲嘉賓宴樂之美詩,而《魯》以爲刺在位者"不思賢念舊"之詩。

又,曹植《求存問親戚疏》:"遠慕《鹿鳴》君臣之宴。"《後漢書·明帝紀》:"禮畢召校官弟子作雅樂,奏《鹿鳴》,帝自禦塤篪和之,以娛嘉賓。"[20]王先謙謂"明帝、曹植皆習《韓詩》,故《韓》與《齊》《毛》義合。"然明帝未必習《韓詩》,[21]曹植雖習《韓詩》,其詩文亦合於《齊詩》及《鄭注》《鄭箋》之說,也可能述自《毛詩》[22]。故《韓》文義實未知。

曹操此詩全無刺意,所述非《魯》可知。而所謂"嘉賓",實爲故舊賢友,並非君召臣之宴,又異於《毛》《齊》,所述或爲《韓》義。

5. 牽牛不可以服箱(《選舉令》)

【按】《小雅·大東》。《毛詩》:"睆彼牽牛,不以服箱。"《毛傳》:"服,牝服也。箱,大車之箱也。"《鄭箋》:"以,用也。牽牛不可用於牝服之箱。"王先謙謂

"三家不下多可字,與下文'不可以簸揚''不可以挹酒漿'句法一例。"

張衡賦文:"繫驥裹以服箱。"李注:"服,服轅也。箱,大車也。"劉良注:"驥裹善馬,羈系以駕大車,賢才之人斥逐不用,或在下位也。"《後漢書·張衡傳》李賢注:"服,駕也。箱,車也。""服箱"即"駕車",異於《毛》之"牝服之箱"。張衡述《韓詩》[23],李善、李賢注之訓釋當用《韓》說。曹操所述異於《毛》,同於《韓》。

6. 本枝(《謝襲費亭侯表》:"本枝賴無窮之祚。")

【按】《大雅·文王》。《毛詩》:"本支百世。"《文選》張衡《南都賦》李注:"《毛詩》曰:文王子孫,本枝百世。"

又,《漢書·韋賢傳》匡衡《告謝毀廟文》:"子孫本支。"[24]張衡《南都賦》:"本枝百世。"《潛夫論·貴忠》:"本枝百世。"[25]匡衡述《齊》,王符述《魯》,則《齊》作"本支",《韓》《魯》並作"本枝"。曹操所述,異於《齊》,同於《韓》《魯》《毛》。

7. 古公亶甫(《善哉行》。甫,一作父。)

【按】《大雅·緜》。《毛序》:"文王之興,本由太王也。"《毛詩》:"古公亶父。"《釋文》:"父,本亦作甫。"陳喬樅《異文考》據《孟子·梁惠王下》:"古公亶甫。"《隸釋》後漢《巴郡太守樊敏碑》"天顧亶甫",謂"甫"爲三家異文。漢石經作"甫",是《魯》作"甫"之確證。

又,《韓詩外傳》卷一〇:"大王亶甫。"[26]則《韓》作"甫"。《漢書·地理志》:"周太王亶父興。"班固述《齊》[27],則《齊》當作"父"。曹操所述,異於《齊》,同於《魯》《韓》《毛》。

8. 恩德廣及草木昆蟲。(《對酒》。德,一作澤。)

【按】《大雅·行葦》。《毛序》:"忠厚也。周家忠厚,仁及草木。故能內睦九族,外尊事黃耇,養老乞言,以成其福祿焉。"

又,《列女傳》卷六:"君聞昔者公劉之行乎?羊牛踐葭葦,惻然爲民痛之,恩及草木……仁著於天下。"[28]《吳越春秋》卷一:"公劉慈仁,行不履生草,運車以避葭葦。"[29]班彪《北征賦》:"慕公劉之遺德,及行葦之不傷。"以上皆僅及"草木",無涉於"內睦九族"之意。且《毛序》泛言"周家",而漢人專言"公劉"。王先謙謂"三家同以此爲公劉之詩",可從。

又,《大雅·靈臺》。《毛序》:"民始附也。文王受命,而民樂其有靈德以及鳥獸昆蟲焉。"漢人亦言及文王德澤及於昆蟲,如張衡《東京賦》:"儀姬伯之渭陽,失熊羆而獲人。澤浸昆蟲,威振八宇。"當爲《韓》義。王先謙謂"三家無異義"。

《樂府解題》:"魏樂奏武帝所賦《對酒歌》,大本其旨,言王者德澤廣被,政理人和,萬物咸遂。"㉚曹詩融合《行葦》《靈臺》兩詩,極言王德積累廣大之貌,並不限於《毛序》所謂"睦族"之意。曹操所述,異於《毛》,同於三家。

綜上所考,異於《毛》者六條,異於《齊》者3條,異於《魯》者2條,合於《韓》者7條,且未見異於《韓》者。則曹操所習述,當爲《韓詩》無疑。

二 曹丕習述《詩》家考

曹丕(187—226)作品之造詞取義於《詩經》淵源深厚,今存詩文中約計120處涉及《詩經》文義,可考其家數者30條,錄其要者14條如下:

1. 逶迆(《臨渦賦》:"魚頡頏兮鳥逶迆。")

【按】《召南·羔羊》。《毛詩》:"委蛇委蛇"。《釋文》:"《韓》作逶迆。"漢石經殘存"委"字,則《魯》當與《毛》同作"委蛇"。

又,班昭《針縷賦》:"退逶迆以補過,似素絲之羔羊。"王先謙據班氏家學皆述《齊》,以爲《齊》與《韓》同文作"逶迆"。然《易林·師之咸》:"長尾委蛇,畫地成河。"等四處皆作"委蛇",則《齊》當與《毛》《魯》同文。王說不確。曹丕所述,異於《毛》《魯》《齊》,同於《韓》。

2. 躊躇、踟躕(《秋胡行》:"企予望之,步立躊躇。"躊躇,一作踟躕。《悼夭賦》:"步廣廈而踟躕。"《登臺賦》:"申躊躇以周覽。"《感離賦》:"忽踟躕兮忘家。")

【按】《邶風·靜女》。《毛詩》:"搔首踟躕。"又,《文選》張衡《思玄賦》李

注:"《韓詩》曰:'愛而不見,搔首躊躇。'薛君曰:'躊躇,猶躑躅也。'"《説文繫傳》卷四:"踌躇,不前也。從足屠聲。"徐鍇曰:"《詩》云:'愛而不見,搔首踌躇也。'"㉛王先謙謂"小徐時惟《韓詩》存,蓋亦《韓詩》文。"

又,《易林·大有之隨》:"躑躅跾躅。"則《齊》與《毛》同文。劉向《説苑·辨物》:"搔首跾躅。"㉜考其所述實採自《韓詩外傳》,《外傳》本作"躊躇",則"跾躅"或爲後人順《毛》而改,或爲劉向順《魯》文而改。

考之文學傳統,《楚辭》雖多有"躊躇",但《登臺賦》語意顯然本於《詩經》。則曹丕所述"躊躇",異於《毛》《齊》,同於《韓》。《秋胡行》之"跾躅"當爲轉寫之誤,但《悼夭賦》《感離賦》之"跾躅",亦可能用《毛》。

3. 泣涕漣漣(《短歌行》)

【按】《衛風·氓》。《毛詩》:"泣涕漣漣。"《釋文》:"漣,泣貌。"

又,《楚辭》劉向《九歎》王注:"漣漣,流貌也。《詩》云:'泣涕漣漣。'"王應麟《詩考》引《楚辭章句》:"波涕漣漣。"㉝《易林·坤之井》:"泣涕漣洳。"則《魯》《齊》作"漣漣"。

又,《玉篇·水部》:"《詩》曰:'泣涕漣漣。'淚下貌。"王先謙謂"顧述《韓詩》。"然《玉篇》所引亦與《毛》《魯》同文,未足以確定《韓》之文。

文學傳統方面,曹植《怨歌行》:"泣涕常流連。"陸雲《晉故豫章内史夏府君誄》:"泣涕流連。"三家或有作"連連"者,可能爲《韓詩》。曹丕所述,異於《毛》《齊》《魯》,或爲《韓》。

4. 企予(《秋胡行》:"企予望之,步立躊躇。")

【按】《衛風·河廣》。《毛詩》:"跂予望之。"《楚辭》劉向《九歎》王注:"《詩》曰:'企予望之。'"《易林·觀之明夷》:"企立望宋。"王先謙謂《魯》《齊》並作"企予"。《韓》文未知。曹丕所述,異於《毛》,同於《魯》《齊》。

5. 萱草(《悼夭賦》:"覽萱草於中庭。")

【按】《衛風·伯兮》。《毛詩》:"焉得諼草。"《釋文》:"諼,本又作萱。"

又,《文選》謝惠連《西陵遇風獻康樂》李注:"《韓詩》曰:'焉得萱草,言樹之背。'"則《韓》作"萱"。《爾雅·釋訓》:"萲,諼,忘也。郭注:'義見《伯兮》《考槃》詩。'"王先謙謂《魯》作"蔿"。《齊》文未知。曹丕所述,異於《魯》,同於《韓》《毛》。

6. 皎日(《喜霽賦》:"發皎日之陽暉。"《瑪瑙勒賦》:"配皎日之流光。")

【按】《王風·大車》。《毛詩》:"有如曒日。"《釋文》:"曒,本亦作皎。"《文選》潘岳《寡婦賦》李注:"《韓詩》曰:'謂余不信,有如皎日。'"《列女傳》卷六:"《詩》云:'謂予不信,有如皦日。'"則《魯》作"皦"。《齊》文未知。曹丕所述,異於《魯》,同於《韓》《毛》。

7. 婉如青陽(《秋胡行》《善哉行》)

【按】《鄭風·野有蔓草》。《毛詩》:"婉如清揚。"敦煌本作"清陽"。又,《毛詩》:"清揚婉兮。"《詩考》引《韓詩外傳》作:"青陽宛兮。"《玉篇·面部》:"《韓詩》云:'清揚䡇兮。'今作婉。"王先謙以爲"䡇"字"出後人增竄"。則《韓》作"青陽",亦作"清揚";作"宛如",亦作"婉如"。《魯》《齊》文未知。曹丕所述,異於《毛》,同於《韓》。

8. 寢廟渠渠(《曹蒼舒誄》)

【按】《秦風·權輿》。《毛詩》:"於我乎,夏屋渠渠。"《毛傳》:"夏,大也。"《鄭箋》:"屋,具也。"

《楚辭·九章》王注:"夏,大殿也。《詩》云:'於我乎,夏屋渠渠。'"《招魂》王注:"廈,大屋也。《詩》云:'於我乎,夏屋渠渠。'"則《魯》以"夏屋"爲"房室"。

又,《通典·告禮》卷五五:"宮室之制屋。《詩》云:'夏屋渠渠。'《韓詩》曰:'殷商屋而夏門也。'《傳》曰:'周夏屋而商門。'"[34]則《韓》亦以爲"宮室"。《齊》義未知。

曹丕所述,異於《鄭》,同於《魯》《韓》。

9. 此詩人所謂"汙澤"者也,曹詩刺恭公遠君子而近小人。(《鶡鵠集靈芝池詔》)

【按】《曹風·候人》。《毛序》:"刺近小人也。共公遠君子而好近小人焉。"《毛詩》:"維鵜在梁,不濡其翼。"《毛傳》:"鵜在梁,可謂不濡其翼乎?"《鄭箋》:"鵜在梁,當濡其翼,而不濡者,非其常也。以喻小人在朝,亦非其常。"

《後漢書·東平憲王蒼傳》李注:"《詩·曹風》曰:'彼己之子,三百赤紱。'刺其無德居位者多也。"李注所述爲《韓》義。《楚辭》王逸《九思》:"鵜集兮帷幄。"王注:"言大人處卑賤,小人在尊位也。"則《魯》當以鵜鶘在梁喻卑物而處尊⑤。

又,《禮記·表記》鄭注:"鵜,鵜鶘,汙澤也。汙澤善居泥水之中,在魚梁以不濡汙其翼爲才,如君子以稱其服爲有德。"而《鄭箋》以"濡翼"爲"非其常",當以《魯》說申《毛》。曹丕此詔用《毛序》之文,又以賢人下位爲"非常"之事,又與《鄭箋》合。曹丕所述,同於《毛序》《鄭箋》。

10. 蒸嘗(《以孔羨爲宗聖侯置吏修廟詔》:"四時不睹蒸嘗之位。")

【按】《小雅·天保》。《毛詩》:"禴祠烝嘗。"《禮記·王制》鄭注:"衸祠烝嘗。"則《齊》作"烝嘗"。

又,蔡邕《郡掾史張玄祠堂碑》:"奉烝嘗之祀。"漢石經《烝民》作"烝民"。則《魯》作"烝嘗"。又,張衡《東京賦》:"奉蒸嘗與禴祠。"則《韓》作"蒸嘗"。曹丕所述,異於《毛》《魯》《齊》,同於《韓》。

11. 貽爾(《秋胡行》:"貽爾明珠。"《曹蒼舒誄》:"貽爾良妃,襚爾嘉服。")

【按】《小雅·天保》。《毛詩》:"詒爾多福。""貽爾"當爲三家異文。文學傳統方面,如魏·劉楨《贈五官中郎將》:"貽爾新詩文。"曹植《朔風詩》:"子好芳草,豈忘爾貽。"曹丕所述,異於《毛》,同於三家。

12. 揚凱悌之豐惠兮(《述征賦》)

【按】《小雅·湛露》。《毛序》:"《湛露》,天子燕諸侯也。"《鄭箋》:"燕,謂與之燕飲酒也。諸侯朝覲會同,天子與之燕。所以示慈惠。"

又,《易林·屯之鼎》:"區脫康居,慕仁入朝。湛露之歡,三爵畢恩。"則

《齊》與《毛》義同。又,劉楨《魯都賦》:"時謝節移,和族綏宗,招飲合好,肅戒友朋。賦湛露以留客,召麗妙之新倡。"以《湛露》爲節序致秋,親朋主客宴飲之詩,與《毛詩》之"天子燕諸侯"不同,當爲《魯》《韓》義。

又,《湛露》:"豈弟君子,莫不令儀。"吐魯番義熙寫本作"凱悌"。則"凱悌"爲《毛》之異文。"豐惠"當出自《鄭箋》:"所以示慈惠"。則曹丕所述,合於《毛》《鄭》。

13. 睠然顧之(《善哉行》)

【按】《小雅·大東》。《毛詩》:"睠言顧之。"《釋文》:"睠,本又作眷。"《荀子·宥坐》卷二八:"眷焉顧之。"㊱王先謙謂《魯》作"眷焉"。《韓詩外傳》卷三:"睠焉顧之。"則《韓》或作"睠焉",但也可能爲後世順《毛》轉寫之誤。

又,《後漢書》劉陶《改鑄大錢議》:"眷然顧之。"《孔叢子·記問》:"眷然顧之。"㊲則三家有作"眷然"者。曹植《離友詩序》:"心有眷然,爲之隕涕。"亦用"眷然"。則曹丕所述,異於《毛》,同於三家。

14. 回眷(《柳賦》:"行旅仰而回眷。")

【按】《小雅·小明》。《毛詩》:"睠睠懷顧。"《楚辭》劉向《九歎》王注:"眷眷懷顧。"《文選》張衡《思玄賦》李注:"《韓詩》曰:'眷眷懷顧。'"王先謙謂《韓》《魯》皆作"眷"。《齊》文未知。

曹丕所述,異於《毛》,同於《魯》《韓》。

綜上所考,異於《毛》者九條,異於《魯》者五條,異於《齊》者四條,合於《韓》者九條。同時,亦有述及《毛》《鄭》之處。如"凱悌""踟躕"之涉《毛詩》,"豐惠"之涉《鄭箋》。且所述《湛露》合於《毛》義,特別是《鷦鷯集靈芝池詔》文義明顯述用《毛序》《鄭箋》。則曹丕主要習述《韓詩》而兼習《毛詩》無疑。

曹丕之詩學根底本在於《韓詩》,與乃父曹操一致,可見家學淵源。然不同於老一輩建安士人,曹丕又兼習《毛詩》《鄭箋》,這在《詩經》學史上意義非凡。《述征賦》作於建安十三年,是曹丕述用《毛詩》《鄭箋》可考之最早文獻。漢魏之際,鄭學聲名日高,曹丕嘗師從鄭玄弟子崔琰,稱讚"北海鄭玄,學之淵府"㊳,

可見其對鄭學的服膺。而《鵜鶘集靈芝池詔》爲其稱帝建魏後黃初四年(223)所發佈之詔令,詔令用《毛詩》旨義,改變漢廷君臣述用三家詩的悠久傳統,與其官學地位相應,是經學史的重要標誌,表明古文《毛詩》鄭氏學已成爲學術主流,這對於士人修習經學之風氣的示範引領作用是顯然的。

三 曹植習述《詩》家考

曹植(192—232)在建安作者中才華最富,其作品在文體風格與情感特質上都深具《詩經》淵源。關於曹植習《詩》家數,清代學者通常認爲是《韓詩》,主要證據即《令禽惡鳥論》所述《黍離》詩本事。此證雖有力,卻仍嫌單薄。現詳考其作品,約計 200 餘處涉及《詩經》文義,可考其家數者 40 條,錄其要者 21 條如下:

1. 好仇(《浮萍篇》:"結髮辭嚴親,來爲君子仇。"《七啓》:"望雲際兮有好仇。")

【按】《周南・關雎》。《毛詩》:"君子好逑。"《釋文》:"逑,本亦作仇。"《毛傳》:"逑,匹也。"《鄭箋》:"怨耦曰仇,言后妃之德和諧,則幽閒處深宮貞專之善女,能爲君子和好衆妾之怨者。"漢石經作"仇"。《列女傳》卷一:"窈窕淑女,君子好逑。言賢女能爲君子和好衆妾也。"則《魯》作"仇",訓"好"爲"和"。又,《漢書・匡衡傳》:"窈窕淑女,君子好仇。"則《齊》作"仇"。《易林・小畜之小過》:"關雎淑女,配我君子。"則《齊》亦訓爲"匹"。《韓》文義未知。

參合經文經義,曹詩之"仇",當訓爲"匹",同於《齊》《毛》,異於《魯》《鄭》。

2. 衾幬(《贈白馬王彪》:"何必同衾幬,然後展殷勤?")

【按】《召南・小星》。《毛詩》:"抱衾與裯。"《毛傳》:"裯,襌被也。"《鄭箋》:"裯,床帳也。"

又,慧琳《音義》卷六三引《韓詩外傳》:"抱衾與幬。幬,單帳也。"㊴則《韓》作"幬"。《爾雅・釋訓》:"幬謂之帳。"王先謙以《釋訓》所述爲《魯》,謂三家詩"裯"作"幬",然《齊》之文例未見。曹植所述,異於《毛》,同於《韓》《魯》。

3. 峕躇、躊躇、踟躕（《棄婦詩》："峕躇還入房，肅肅帷幕聲。"《聖皇篇》："車輪爲徘徊，四馬躊躇鳴。"《洛神賦》："步踟躕於山隅。"）

【按】《邶風·靜女》。《毛詩》："搔首踟躕。"《韓》作"躊躇"、亦作"峕躇"。《齊》作"踟躕"，與《韓》同訓。《魯》文義未知。參見《曹丕習述〈詩〉家考》之"躊躇、踟躕"條。

考之文學傳統，《楚辭》雖多有"躊躇"，但曹植詩所述仍有其《詩經》背景，所用"峕躇""躊躇"，同於《韓》。"踟躕"，同於《毛》《齊》。

4. 嬿婉（《送應氏詩》："願得展嬿婉。"《七啓》："嬿婉絶兮我心愁。"）

【按】《邶風·新臺》。《毛詩》："燕婉之求。"《毛傳》："燕，安。"《文選》張衡《西京賦》李注："《韓詩》曰：'嬿婉之求。'嬿婉，好貌。"則《韓》作"嬿婉"。《說文·目部》："䁱婉之求"⑩。王先謙據張衡述《魯》及《文選》注，以爲《魯》《韓》並作"嬿婉"，作"䁱婉"者當爲《齊》。張衡當述《韓》，則《魯》文未知，則"䁱婉"亦未必爲《齊》文。曹植所述，同於《韓》，異於《毛》。

5. 竊感《相鼠》之篇，無禮遄死之義……忍垢苟全，則犯詩人"胡顏"之譏。（《上責躬應詔詩表》）

【按】《鄘風·相鼠》。《毛詩》："人而無禮，胡不遄死。"《文選》李注："孔安國《尚書傳》曰：胡。何也。《毛詩》謂：'何顏而不速死也？'殷仲文《表》曰：'亦胡顏之厚。'義出於此。"陳啓源《毛詩稽古編》卷二九："《毛傳》之來最古，後儒相傳，讀本各別，他注所引，與今本不無異同，亦考證之一助也……'胡不遄死'，《傳》云：'胡顏而不速死也？'見《文選》李注，今無之。"⑪則曹植所述，當爲古本《毛傳》。

6. 昔尹吉甫用後妻之讒，殺孝子伯奇，其弟伯封求而不得，作《黍離》之詩。（《令禽惡鳥論》）

【按】《王風·黍離》。《毛序》："《黍離》，閔宗周也。周大夫行役至於宗周，過故宗廟宮室，盡爲禾黍，閔周室之顛覆，彷徨不忍去而作是詩也。"

又，劉向《新序》卷七："衛宣公之子，伋也、壽也、朔也……壽閔其兄之且見害,作憂思之詩,《黍離》之詩是也。"㊷則《魯》以爲衛公子壽之詩。

又,《太平御覽》卷四六九:"《韓詩》曰:'《黍離》,伯封作也……詩人求亡不得,憂懣不識於物。'"㊸則《韓》以爲伯封之詩。《齊》義未知。曹植所述爲《韓》義,異於《毛》《魯》。

7. 皎日、皦日(《賞罰令》:"此令之行,有若皎日。"《上書請免發取諸國士息》:"明詔之下,有若皦日。")

【按】《王風·大車》。《毛詩》:"有如皦日。"《韓》作"皎",《魯》作"皦",《齊》文未知。參見上文《曹丕習述〈詩〉家考》之"皎日"條。

曹植所述"皎日",同於《韓》《毛》。所述"皦日",同於《魯》《毛》。

8. 騑驂(《應詔詩》:"騑驂倦路,載寢載興。")

【按】《鄭風·大叔于田》。《毛詩》:"兩驂鴈行。"《文選》李注:"《韓詩》曰:'兩驂鴈行。'薛君曰:'兩驂,左右騑驂。'"王先謙謂《韓》《毛》同文。此處既無異文,而李善特引《韓詩》,當以爲曹植述用《韓詩章句》之"騑驂"一語。

9. 清陽(《洛神賦》:"紆素領,回清陽,動朱唇以徐言。")

【按】《鄭風·野有蔓草》。《毛詩》:"婉如清揚。"《毛》亦作"清陽"。《韓》作"青陽",亦作"清揚"。《魯》《齊》文未知。參見上文《曹丕習述〈詩〉家考》之"婉如青陽"條。

文學傳統方面,漢傅毅《舞賦》:"動朱唇,紆清陽。"《後漢書》本傳謂傅毅習《章句》,又其《迪志詩》所述"契闊"合於《韓》義,故傅毅當習述《韓詩》,則"清陽"亦《韓詩》之文。曹植所述明顯祖述傅毅之賦,同於《毛》《韓》。

10. 容華耀朝日,誰不希令顔。(《美女篇》)

【按】《齊風·東方之日》。《毛詩》:"東方之日兮,彼姝者子,在我室兮。"《毛傳》:"日出東方,人君明盛,無不照察也。"《鄭箋》:"日在東方,其明未融。興者,喻君不明。"《文選》曹植《美女篇》李善注:"薛君曰:'詩人言所説者顏色盛也。言美如東方之日出也。'"則《韓》以"東方之日"喻女子美盛,與《毛》之喻義"人君明盛"迥異。《齊》《魯》之義未知。曹植所述,同於《韓》,異於《毛》《鄭》。

11. 彼己(《求自試表》:"若此終年,無益國朝,將掛風人彼己之譏。")

【按】《曹風·候人》。《毛詩》:"彼其之子。"《禮記·表記》:"彼記之子。"《釋文》:"彼記,本又作己。"則《齊》作"記",亦作"己"。《後漢書·東平憲王蒼傳》李注:"彼己之子。"王先謙謂李注所述當爲《韓》文。《魯》文未知。曹植所述,同於《韓》《齊》,異於《毛》。

12. 《詩》云:"熠燿宵行",《章句》以爲"鬼火",或謂之"燐",未爲得也。天陰沉數雨,在於秋日,螢火夜飛之時也。故云"宵行"。(《螢火論》)

【按】《豳風·東山》。《毛詩》:"熠燿宵行。"《毛傳》:"熠燿,燐也。燐,螢火也。""章句",當爲今文三家之學。"或以爲",乃《毛傳》也。文學傳統方面,《古詩》:"熠燿東南飛。"晉潘岳《螢火賦》:"喜熠燿之精將。"皆以"熠燿"爲螢火蟲。則曹植述三家,兼習《毛詩》。

13. 《鹿鳴》君臣之宴(《求存問親戚疏》:"遠慕《鹿鳴》君臣之宴。"《大魏篇》:"式宴不違禮,君臣歌《鹿鳴》。")

【按】《小雅·鹿鳴》。《齊》《毛》《鄭箋》,皆以爲美嘉賓宴樂之詩,《魯》以爲刺在位者"忽賢"之詩。《韓》義未知。參見本文《曹操習述〈詩〉家考》一节"呦呦鹿鳴"條。

又,《毛詩》:"嘉賓式燕以敖。"《文選》陸雲《大將軍宴會被命作詩》李注:"《毛詩》曰:'嘉賓式宴以敖。'"《儀禮·鄉飲酒》鄭注:"《鹿鳴》,君與臣下及四方之賓燕,講道修政之樂歌也。"則《齊》作"式燕"。張衡《東京賦》:"上下通情,式宴且盤。"王粲述《魯》(詳見本文《王粲習述〈詩〉家考》一节),《安臺新福歌》爲改制西漢歌詩之作,則《韓》《魯》並作"式宴"。

參合經文經説,曹植所述,同於《毛》,異於《魯》《齊》。

14. 《伐木》友生之義(《求存問親戚疏》)

【按】《小雅·伐木》。《毛序》:"燕朋友故舊也。自天子至於庶人未有不須友以成者。親親以睦,友賢不棄,不遺故舊,則民德歸厚矣。"《毛詩》:"相彼鳥矣,猶求友聲。矧伊人矣,不求友生。"《鄭箋》云:"鳥尚知居高木,呼其友,況是人乎？可不求之？"

《文選》謝混《遊西池詩》李周翰注："《韓詩》曰：'伐木廢，朋友之道缺。'勞者歌其事，詩人伐木自苦其事，故以爲文。皆思友之詩也。"蔡邕《正交論》："君子以朋友講習而正人，無有淫朋。是以古之交者，其義敦以正，其誓信以固。逮夫周德始衰，頌聲既寢。《伐木》有鳥鳴之刺，《谷風》有棄予之怨。其所由來，政之缺也。"則《魯》《韓》皆以爲"朋友之道"。而《魯》以爲刺詩，《韓》當無刺義，與《毛》同。《齊》義未知。曹植所述，同於《韓》《毛》，異於《魯》。

15. 朱紱（《責躬詩》："要我朱紱。"《求自試表》："俯愧朱紱。"）

【按】《小雅·采芑》。《毛詩》："朱芾斯皇。"《釋文》："芾，本又作茀，或作紱。"又，《文選》曹詩李注："《毛詩》曰：'朱茀斯皇。'"《白虎通·紼冕》："《詩》云：'朱紼斯皇，室家君王。'"王先謙謂《魯》作"紼"。《易林·小畜之需》："稍蔽紱組。"則《齊》作"紱"。《韓》文未知。曹植所述，同於《毛》《齊》，異於《魯》。

16. 嗷嗷（《雜詩》："飛鳥繞樹翔，嗷嗷鳴索群。"）

【按】《小雅·鴻鴈》。《毛詩》："哀鳴嗸嗸。"《釋文》："嗸，本又作嗷。"《楚辭》劉向《九歎》："聲嗷嗷以寂寥。"王先謙謂《魯》作"嗷嗷"。然《文選》曹詩李注引《九歎》作"嗷嗷"，同於《楚辭》所本，則"嗷嗷"亦當爲三家之文。曹植所述，同於三家，異於《毛》。

17. 彼朋友之離別，猶求思乎《白駒》。（《釋思賦》）

【按】《小雅·白駒》。《毛詩序》："大夫刺宣王也。"《鄭箋》："刺其不能留賢也。"《毛傳》："宣王之末，不能用賢，賢者有乘白駒而去者。"《太平御覽》卷五七八引蔡邕《琴操》："《白駒操》者，失朋友之所作也。其友賢，俱仕乎衰亂之世。君無道，不可匡輔，依違成風，諫不見受。國士詠而思之，援琴而長歌。"所述爲《魯》説。

又，《易林·坤之巽》："白駒生芻，猗猗盛姝。赫咺君子，樂以忘憂。"雖言及"白駒"，然《齊》義難明。曹賦顯然非《毛詩》之義，又似有異於《魯》，當述《韓》或《齊》義。

18. 去奢即儉(《卞太后誄》:"去奢即儉,曠世作顯。")

【按】《小雅·斯干》。《毛序》:"宣王考室也。"《漢書·劉向傳》劉向上疏:"周德既衰而奢侈,宣王賢而中興,更爲儉宮室、小寢廟,詩人美之,《斯干》之詩是也。"《文選》張衡《東京賦》:"改奢即儉,則合美乎《斯干》。"李注:"《韓詩》曰:'宋襄公去奢即儉。'"《後漢書·郎顗傳》:"昔盤庚遷殷,去奢即儉。"則"去奢即儉"者,或謂宣王,或謂宋襄公,或謂盤庚,是三家《斯干》有此旨,而《毛》不言"儉宮室"。曹植所述異於《毛》,同於三家。

19. 趯趯(《孟冬篇》:"趯趯狡兔,揚白跳翰。")

【按】《小雅·巧言》。《毛詩》:"躍躍毚兔。"又,劉向《新序》:"《詩》曰:'躍躍毚兔。'"則《魯》作"躍躍"。

又,《史記·春申君傳》裴駰注:"韓嬰《章句》曰:'趯趯,往來貌。'"《易林·謙之益》:"狡兔趯趯,犬良逐咋。"則《韓》《齊》並作"趯趯"。曹植所述,同於《韓》《齊》,異於《毛》《魯》。

20. 靜恭(《潛志賦》:"接處肅以靜恭。")

【按】《小雅·小明》。《毛詩》:"靖共爾位。"《漢書·元帝紀》:"靖恭爾位。"元帝師從高嘉,習《魯詩》。《禮記·表記》:"靖恭爾位。"則《齊》《魯》並作"靖恭"。《韓詩外傳》兩引:"靖恭爾位。"而《詩考》引《外傳》作"靜恭"。王先謙謂《韓詩》作"靜恭",一作"靖恭"。曹植所述,同於《韓》,異於《齊》《魯》《毛詩》。

21. 伊余小子(《責躬詩》:"伊余小子。")

【按】《周頌·閔予小子》。《毛詩》:"閔予小子。"又,《敬之》:"維予小子。"漢石經作"惟予"。蔡邕《議郎胡公夫人哀贊》:"愍予小子。"則《魯》作"予"無疑。

又,《文選》潘岳《寡婦賦》李注:"《韓詩》曰:'惸惸余在疚。'"王先謙謂"余"字爲衍文。然《左傳·哀公十六年》:"煢煢余在疚。"則《韓》當有"余"字。《齊》文未知。

文學傳統方面，傅毅《迪志詩》："伊余小子，穢陋靡逮。"曹植所述，異於《毛》《魯》，同於《韓》，或祖述自傅毅之詩。

綜上所考，異於《毛》者12條，異於《魯》者9條，異於《齊》者2條，同於《韓》者15條，且未見有異於《韓》者。則曹植所習述當爲《韓詩》家無疑。

同時，我們也觀察到曹植作品中述用《毛詩》的痕跡，經文方面，"清陽"合於敦煌本與《文選》李注所述《毛詩》之文，然亦可能述自傅毅之《舞賦》，源出《韓詩》。經説方面，《相鼠》"胡顏之譏"，出自古本《毛詩傳》；《求存問親戚疏》所述《鹿鳴》之文義，清人判斷爲《韓詩》，但也極可能述用《毛詩》；《螢火論》言及"或謂之燐"，則顯然述自《毛傳》。

總體來説，曹植之習述《毛詩》，與其兄曹丕服膺《毛詩》鄭氏學的情況頗爲不同，可能出於依順曹魏統治者好尚的考慮。考其疑似述及《毛詩》之處多出自黄初、太和年間，且多爲上奏朝廷之章表。《螢火論》提及《毛詩》屬於辨析援引需要而並不以爲然，且述《韓詩》稱"章句"，引《毛傳》而謂之"或曰"，亦可見端倪。

四　王粲習述《詩》家考

王粲(177—217)現存作品有較多，其中四首四言體贈詩，於《詩經》淵源尤深，頗能代表"鎔鑄經典""結言端直"的建安文學風格。關於王粲之《詩》學背景，清人謂爲《韓詩》。其傳世作品中約計190餘處涉《詩經》，可考其家數者17條，録其要者14條如下：

1. 既漾（《登樓賦》："川既漾而濟深。"）

【按】《周南·漢廣》。《毛詩》："江之永矣。"《文選》王粲《登樓賦》李注："《韓詩》曰：'江之漾矣。'"《説文》引《詩》："江之羕矣。"段注謂"漾"爲"羕"之訛字。"羕"與"漾"可視爲同文，故《魯》亦當作"漾"。《齊》文未知。王粲所述，同於《韓》《魯》，異於《毛》。

2. 嬿婉（《贈士孫文始》:"矧伊嬿婉,胡不悽而。"）

【按】《邶風·新臺》。《毛詩》:"燕婉之求。"《韓》作"嬿婉"。"嬿婉"爲三家異文。參見本文《曹植習述〈詩〉家考》一節"嬿婉"條。王粲所述,同於《韓》,異於《毛》。

3. 竿旄（《爲劉荆州諫袁譚書》:"何悟青蠅,飛於竿旄。"）

【按】《鄘風·干旄》。《毛詩》:"孑孑干旄。"《阜陽漢簡詩經》作"竿旄"。又,《左傳·定公九年》:"《竿旄》何以告之？取其忠也。"《爾雅》:"旄首曰旌。郭注:'載旄於竿頭。'"作"竿旄"者當爲《魯詩》。陳喬樅《異文考》謂"竿"爲正字,"干"爲古文省借字。王先謙謂三家"干"作"竿"。《韓》《齊》文未知。王粲所述,同於《魯》,異於《毛》。

4. 允企（《贈蔡子篤》:"瞻望遐路,允企伊佇。"）

【按】《衛風·河廣》。《毛詩》:"跂予望之。"《魯》《齊》並作"企予",《韓》文未知。詳見本文《曹丕習述〈詩〉家考》一節"企予"條。王粲所述,同於《魯》《齊》,異於《毛》。

5. 慨其（《贈士孫文始》:"瞻仰王室,慨其永歎。"）

【按】《王風·中谷有蓷》。《毛詩》:"嘅其嘆矣。"漢趙岐《藍賦》:"慨其遺本念末。"則"慨其"當爲三家異文,或爲《魯詩》。王粲所述,同於三家,異於《毛》。

6. 慨我（《贈蔡子篤》:"慨我懷慕,君子所同。"）

【按】《曹風·下泉》。《毛詩》:"愾我寤歎。"《楚辭·九歎》王注:"慨我寤歎。"《玉篇·口部》:"嘅我寤歎。"王先謙謂《魯》作"慨我",《韓》作"嘅我"。《齊》文未知。王粲所述,同於《魯》,異於《毛》《韓》。

7. 逶迤（《思友賦》:"超長路兮逶迤。"《登樓賦》:"路逶迤而修迥兮。"）

【按】《小雅·四牡》。《毛詩》:"周道倭遲。"《毛傳》:"倭遲,歷遠之貌。"《文選》潘岳《西征賦》李注:"《韓詩》曰:'周道威夷。'薛君曰:'威夷,險也。'"

《漢書·地理志》顏注："《韓詩》作鬱夷。"陳喬樅《異文考》以爲班固述《齊詩》，"鬱夷"當爲《齊》文，顏注"韓詩"爲轉寫之誤。然《易林·旅之漸》："透迆四牡，思念父母。"則陳説不確。王先謙謂"威夷、透迆並同聲字，《齊》《韓》詩義不異"。則《韓》作"威夷""鬱夷"，《齊》作"透迆"。

又，蔡邕《述行賦》："思透迆以東運。"則《魯》亦作"透迆"。王粲所述，同於《齊》《魯》，異於《毛》《韓》。文學傳統方面，亦可能沿襲自《楚辭》。

8. 式宴（《酒賦》："苾芬享祀，人神式宴。"《安臺新福歌》："式宴賓與師。"）

【按】《小雅·鹿鳴》。《毛詩》："嘉賓式燕以敖。"《毛》亦作"式宴"。《韓》作"式宴"。《齊》作"式燕"。參見本文《曹植習述〈詩〉家考》一節"鹿鳴君臣之宴"條。《安臺新福歌》爲王粲改制西漢歌詩，漢初《魯詩》先傳最盛，則《魯》當作"式宴"。王粲所述，同於《韓》《魯》《毛》，異於《齊》。

9. 棠棣、唐棣（《爲劉荊州與袁尚書》："追闕伯實沈之蹤，忘棠棣死喪之義。"《閑邪賦》："發唐棣之春華，當盛年而處室。"）

【按】《小雅·常棣》。《毛詩》："常棣之華。"《文選》謝朓《始出尚書省》李注："《毛詩序》曰：'《棠棣》，燕兄弟也。'"

又，蔡邕《彭城姜肱碑》："有棠棣之華，蕚韡之度。"《藝文類聚》卷八九："《夫栘》，燕兄弟也。閔管蔡之失道。"⑰王先謙謂《魯》作"棠棣"，《韓》作"夫栘"。《齊》文未知。王粲所述，同於《魯》《毛》，異於《韓》。

10. 白駒遠志，古人所箴。（《贈士孫文始》）

【按】《小雅·白駒》。《毛序》："大夫刺宣王也。"《魯》爲亂世思在野賢友之義，《韓》《齊》義未知。參見本文《曹植習述〈詩〉家考》一節"白駒"條。

王粲此詩，本爲贈答送別朋友之作，言雖處亂世不得任用，在野猶懷遠志，所述同於《魯》，異於《毛》。

11. 眷眷（《登樓賦》："情眷眷而懷歸兮，孰憂思之可任。"《從軍詩》："拊衿倚舟檣，眷眷思鄴城。"）

【按】《小雅·小明》。《毛詩》:"睠睠懷顧。"王先謙以爲《魯》《韓》皆作"眷眷"。《齊》文未知。參見本文《曹丕習述〈詩〉家考》一節"回睠"條。王粲所述,同於《魯》《韓》文,異於《毛》。文學傳統方面,王粲或承襲劉向、張衡之文句。

12. 貽宴我則(《太廟頌》)

【按】《大雅·文王有聲》。《毛詩》:"詒厥孫謀。"《列女傳》卷八:"貽厥孫謀。"《禮記·表記》:"詒厥孫謀。"王先謙謂《魯》作"貽",《齊》作"詒"。《韓》文未知。王粲所述,同於《魯》,異於《毛》《齊》。

13. 烝民(《瓡賓鐘銘》:"烝民靡戾,休徵惟同。")

【按】《大雅·蕩》。《毛詩》:"天生烝民。"漢石經作"烝民"。又,《韓詩外傳》:"天生蒸民。"王先謙謂《韓》作"蒸民",《魯》作"烝民"。《齊詩》文未知。王粲所述,同于《魯》《毛》,異於《韓》。

14. 振鷺雖材,非六翮無以翔四海。(《做連珠》)

【按】《周頌·振鷺》。《毛序》:"二王之後來助祭也。"《毛詩》:"振鷺于飛,于彼西雝。我客戾止,亦有斯容。"《鄭箋》云:"白鳥集於西雝之澤,言所集得其處也。興者,喻杞、宋之君有潔白之德,來助祭於周之廟,得禮之宜也。"則《毛》以"振鷺"喻"杞、宋之君。"

又,《後漢書·邊讓傳》李注:"《韓詩》曰:'振鷺于飛,于彼西雍。'《薛君章句》曰:'鷺,潔白之鳥也。西雍,文王辟雍也。'言文王之時,辟雍學士皆潔白之人也。"蔡邕《薦皇甫規表》:"以廣振鷺西雍之美。"則《魯》《韓》同以"振鷺"喻"賢士"。《齊》義未知。王粲所述,同於《魯》《韓》,異於《毛》。

綜上所考,異於《毛》者11條,異於《韓》者4條,異於《齊》者2條,合於《魯》者13條,且未見異於《魯》者。考慮到文學傳統,"眷眷""棠棣"皆爲前代文學所用,"允企伊佇"一語則完全是王粲新創,乃鎔鑄組合《河廣》之"企予望之"與《燕燕》之"佇立以泣"兩詩句而成,並無文學先例。則王粲所習述,當爲《魯詩》家無疑。

陳喬樅謂王粲習《韓詩》，僅據王粲一處文例與曹植所述《韓詩》説相符，並未顧及其他大量同於《魯詩》及異於《韓詩》之例，不確。

五　徐幹習述《詩》家考

徐幹(171—217)現存作品，計有子書《中論》以及《室思》六首、《贈五官中郎將》等詩賦文章若干片段。其中，《中論》作爲儒家類子書，繼承了引經據典的傳統論述風格，不但多有"稱詩引詩"之處，更兼揭示詩旨，殊爲可貴。但《中論》傳世版本多有改易，一些異文非復其舊，也是需要考慮的因素。清人已注意到徐幹所述詩義與《魯詩》相合之處，本節更加以通觀，約計50餘處涉及《詩經》，可考其家數者15條，列之如下：

1.《詩》云："肅肅兔罝，施于中林。"處獨之謂也。(《中論·法象》[48])

【按】《周南·兔罝》。《毛序》："后妃之化也。《關雎》之化行，則莫不好德，賢人衆多也。"《鄭箋》："罝兔之人，鄙賤之事，猶能恭敬，則是賢者衆多也。"《文選》桓温《薦譙元彦表》："兔罝絕響於中林，白駒無聞於空谷。"劉良注："《詩》云：'肅肅兔罝。'喻殷紂之賢人退於山林，網禽獸而食之。《詩》云：'皎皎白駒，在彼空谷。'此刺宣王不能留賢也。絕響無聞，謂宰任之無遺也。"王先謙謂此爲《韓》義。

又，《列女傳》卷二："夫安貧賤而不怠於道者，唯至德者能之。《詩》曰：'肅肅兔罝，椓之丁丁。'言不怠於道也。"《易林·坤之困》："兔罝之容，不失其恭。和謙致樂，君子攸同。"則《鄭箋》所謂"能恭敬"，當取《齊詩》之義。徐幹所述同於《魯》《齊》，異於《韓》《毛》。

2. 夫賞罰之於萬民，猶轡策之於駟馬也……故《詩》云："執轡如組，兩驂如舞。"言善禦之可以爲國也。(《中論·賞罰》)

【按】《鄭風·大叔于田》。《毛序》："刺莊公也。叔多才而好勇，不義而得衆也。""執轡如組，兩驂如舞。"《毛傳》："驂之與服，和諧中節。"《韓詩外傳》卷二以善禦喻治國："故禦馬有法矣，禦民有道矣。法得則馬和而歡，道得則民安而集。《詩》曰：'執轡如組，兩驂如舞。'"《新序》："《詩》曰：'執轡如組，兩驂如舞。善馭之謂也。'"《新序》之文亦見於《韓詩外傳》，則《魯》《韓》義合。《齊》義未知。徐幹所述，同於《韓》《魯》，異於《毛》。

3. 佩玉鏘鏘，壽考不忘。（《中論·爵禄》）

【按】《秦風·終南》。《毛詩》："佩玉將將，壽考不忘。"《毛傳》："將將，鳴玉而後行。"《楚辭·九歌》王注："佩玉鏘鏘。"則《魯》作"鏘鏘"。《韓》《齊》文未知。徐幹所述，同於《魯》，異於《毛》。

4. 視民不佻（《中論·藝紀》）

【按】《小雅·鹿鳴》。《毛詩》："視民不恌。"《儀禮·鄉飲酒》："示民不佻。"則《齊》作"示民不佻"。張衡《東京賦》："示民不偷。"王先謙謂《魯》作"示民不偷"，不確，當爲《韓》文。徐幹所述，異於《毛》《韓》《齊》。

5. 是則是效（《中論·藝紀》）

【按】《小雅·鹿鳴》。《毛詩》："是則是傚。"《儀禮·鄉飲酒禮》鄭注："是則是儌。"蔡邕《郭泰碑》："是則是效。"則《齊》作"儌"，《魯》作"效"。《韓》文未知。徐幹所述，同於《魯》《齊》，異於《毛》。

6. 嘉賓式宴以敖（《中論·藝紀》）

【按】《小雅·鹿鳴》。《毛詩》："嘉賓式燕以敖。"《毛》亦作"式宴"。《魯》《韓》並作"式宴"，《齊》作"式燕"。詳見本文《曹植習述〈詩〉家考》一節"鹿鳴君臣之宴"條、《王粲習〈詩〉家數考》一節"式宴"條。徐幹所述，同於《魯》《韓》《毛》，異於《齊》。

7. 故君子必求賢友也。《詩》曰："伐木丁丁，鳥鳴嚶嚶。出自幽谷，遷於喬木。"言朋友之義，務在切直，以升於善道者也。（《中論·貴驗》）

【按】《小雅·伐木》。《毛序》："《伐木》，燕朋友故舊也。自天子至於庶人未有不須友以成者。親親以睦友賢，不棄不遺故舊，則民德歸厚矣。"《魯》《韓》義同，皆爲刺朋友道缺，《毛》無刺義。《齊》義未知。詳見本文《曹植習述〈詩〉

家考》一节"伐木友生之義"條。

又,《毛傳》:"丁丁,伐木聲也。嚶嚶,驚懼也。"《鄭箋》:"丁丁、嚶嚶,相切直也。言昔日未居位在農之時,與友生於山巖伐木爲勤苦之事,猶以道德相切正也。嚶嚶,兩鳥聲也。其鳴之志似於有友道然,故連言之。"《爾雅·釋訓》:"丁丁嚶嚶,相切直也。郭注:'丁丁,斫木聲,嚶嚶,兩鳥鳴,以喻朋友切磋相正。'"《爾雅》訓"兩鳥鳴"與《毛》訓"驚懼"不同。其所謂"朋友切磋相正",與《鄭箋》之"友道切正"及蔡邕《正交論》所述相合。而《魯》並無"勤苦"之義,《鄭》之"在農勤苦",與《韓》"勞者自苦"之義合,當取《韓》義。徐幹所述,異於《毛》《韓》,同於《魯》。

8. 君子不患道德之不建,而患時世之不遇。《詩》曰:"駕彼四牡,四牡項領。我瞻四方,蹙蹙靡所騁。"傷道之不遇也。(《中論·爵祿》)

【按】《小雅·節南山》。《毛序》:"家父刺幽王也。"《鄭箋》:"喻大臣自恣,王不能使也。我視四方土地,日見侵削於夷狄,蹙蹙然,雖欲馳騁,無所之也。"又,《潛夫論·三式》:"且人情莫不以己爲賢而效其能者,周公之戒:不使大臣怨乎不以。《詩》云:駕彼四牡,四牡項領。"汪注:"此引《詩》以明大臣怨乎不以,則以項領四牡而不得騁,喻賢者有才而不得試。"《易林·履之剝》:"名成德就,項領不試。景公耄老,尼父逝去。"則《魯》《齊》義同。

又,《抱朴子》三處用"項領"之義,皆以爲才德而不遇,如《博喻》:"兩絆而項領,則騏驥與寒驢同矣。失林而居檻,則猨狖與貛貉等矣。才遠而任近,則英俊與庸瑣比矣。"王先謙謂皆用三家《詩》義,"謂賢者之棲遲無所也"。葛洪爲東晉人,所述當爲《韓詩》。徐幹所述,同於三家,異於《毛》。

9. 故有進業無退功,《詩》曰:"相彼脊令,載飛載鳴。我日斯邁,而月斯征。"遷善不懈之謂也。(《中論·貴驗》)

【按】《小雅·小宛》。《毛詩》:"題彼脊令。"敦煌本作"鶺鴒"。《毛傳》:"脊令不能自舍,君子有取節爾。"《漢書·東方朔傳》:"譬若鶺鴒,飛且鳴矣。"《文選》仍作"鶺鴒"。王先謙以爲傳抄有誤。

又,《潛夫論》:"題彼鶺鴒,載飛載鳴。我日斯邁,而月斯征。夙興夜寐,無忝爾所生。是以君子終日乾乾進德修業者,非直爲博己而已也,蓋乃思述祖考之令問,而以顯父母也。"王符所謂"終日乾乾進德修業",也即徐幹之"遷善不懈"。《韓》《齊》文義未知。徐幹所述,"脊令"當爲轉寫之誤,其義同於《魯》,異於《毛》。

10. 惟山崔巍(《中論·修本》)

【按】《小雅·谷風》。《毛詩》:"維山崔嵬。""維",三家通作"惟"。王先謙謂《玉篇·山部》引《韓》:"岑原,山巔也。"今查《大廣益會玉篇》並無此條,王氏或據別本。《楚辭》東方朔《七諫》:"高山崔巍兮。"王先謙謂《魯》作"崔巍"。《齊》文未知。徐幹所述,同於《魯》,異於《毛》《韓》。

11. 是故君子居身也謙,在敵也讓,臨下也莊,奉上也敬。四者備而怨咎不作,福祿從之。《詩》云:"靖恭爾位,正直是與。神之聽之,式穀以汝。"(《中論·法象》)

【按】《小雅·小明》。《毛詩》:"靖共爾位,正直是與。神之聽之,式穀以女。"《毛傳》:"靖,謀也。"《鄭箋》:"穀,善也。"《韓》作"靜恭",《齊》《魯》作"靖恭",詳見本文《曹植習述〈詩〉家考》一节"靜恭"條。

又,《禮記·表記》鄭注:"穀,祿也。"徐幹所用訓釋,正以"穀"爲"福祿",則其同於鄭玄《禮注》之"用祿",而異於《鄭箋》之"用善人"。《鄭箋》申《毛》義,《禮注》當述三家義。參合經文經義,徐幹所述,同於《魯》《齊》,異於《毛》《韓》。

12. 惟此王季(《中論·務本》 王季,一作文王。)

【按】《大雅·皇矣》。《毛詩》:"維此王季。""維",三家作"惟"。又,《左傳·昭公二十八年》:"唯此文王。"《孔疏》:"此云'維此王季',彼言'維此文王'者,經涉亂離,師有異讀,後人因即存之,不敢追改。今王肅注及《韓詩》亦作'文王',是異讀之驗。"《魯》《齊》文未知。王先謙所引《中論》作"文王",今查《四庫》本、《四部叢刊》本俱作"王季",王氏或據別本。則徐幹所述,同於三家,異於《毛》。

13. 貊其德音(《中論·務本》)

【按】《大雅·皇矣》。《毛詩》:"貊其德音。"《孔疏》:"《左傳》《樂記》《韓詩》,貊皆作莫。"又,《禮記·樂記》:"莫其德音。"《釋文》引《韓詩》:"莫其德音。"則《韓》《齊》作"莫"。《魯》文未知。徐幹所述,同於《毛》,異於《韓》《齊》。

14. 愷悌君子,四方爲綱。(《中論·修本》)

【按】《大雅·卷阿》。《毛詩》:"豈弟君子,四方爲綱。"《韓詩外傳》卷八:"愷悌君子。"《列女傳》卷五:"愷悌君子。"王先謙謂《魯》《韓》同文作"愷悌"。《齊》文未知。徐幹所述,同於《魯》《韓》,異於《毛》。

15. 誨爾諄諄,聽之藐藐。(《中論·虛道》)

【按】《大雅·抑》。《毛詩》:"誨爾諄諄,聽我藐藐。"《毛傳》:"藐藐然不入也。"又,《釋訓》云:"藐藐,悶也。"郭注:"憂悶也。"《淮南子·修務訓》高注:"誨爾諄諄,聽我藐藐。"㊾王先謙引作"邈邈",誤。又,《禮記·中庸》鄭注:"朒,讀如'誨爾忳忳'之忳。"《鴻範·五行傳》鄭注:"誨爾純純,聽我眊眊。"則《魯》作"藐藐",《齊》作"忳忳""眊眊"。《詩考》引三家異文:"邈邈",當爲《韓》文。徐幹所用,同於《魯》《毛》,異於《齊》《韓》。

綜上所考,異於《毛》者12條。異於《韓》者6條。異於《齊》者4條。同於《魯》者12條。則徐幹所習述,當爲《魯詩》家無疑。

六 陳琳習述《詩》家考

陳琳(?—217)之《詩》學家數清人未嘗言及。其傳世作品較少,有詩賦文章片段若干,約計20處涉及《詩經》,可考其家數者7條,列之如下:

1. 河廣漾而無梁(《止欲賦》)

【按】《周南·漢廣》。《毛詩》:"江之永矣,不可方思。"《魯》《韓》並作"漾",《齊》文未知。詳見本文《王粲習述〈詩〉家考》一節"既漾"條。陳琳所述,同於《韓》《魯》,異於《毛詩》。

2. 鳴鴈嗈嗈(《神女賦》:"感仲春之和節,歎鳴鴈之嗈嗈。")

【按】《邶風·匏有苦葉》。《毛詩》:"雝雝鳴鴈。""雝雝",敦煌本作"雍雍""嗈嗈"。又,《楚辭》王逸《九思》:"鴛鴦兮嗈嗈。"《易林·豫》:"冰將泮散,鳴鴈雍雍。"則《魯》作"嗈嗈",《齊》作"雍雍"。《韓》文未知。陳琳所述,同於《魯》《毛》,異於《齊》。

3. 企予(《止欲賦》:"雖企予而欲往,非一葦之可航。")

【按】《衛風·河廣》。《毛詩》:"跂予望之。"三家作"企予"。詳見本文《曹丕習述〈詩〉家考》一節"企予"條。陳琳所述,同於三家,異於《毛》。

4. 蕣榮(《神女賦》:"答玉質於苕華,擬豔姿於蕣榮。")

【按】《鄭風·有女同車》。《毛詩》:"顏如舜華。"王先謙謂《呂氏春秋·仲夏紀》高注、趙岐《孟子章句》、《說文·草部》引《詩》並作:"顏如蕣華",則《魯》作"蕣華"。《韓》《齊》文未知。陳琳所述,同於《魯》,異於《毛》。

5. 匪遑(《爲袁紹檄豫州文》:"時冀州方有北鄙之警,匪遑離局。")

【按】《小雅·四牡》。《毛詩》:"不遑啓處。"敦煌本作"不皇"。《韓詩外傳》卷八:"不遑啓處。"《爾雅·釋言》郭注:"不偟啓處。"《韓》作"不遑",《魯》作"不偟"。

又,《後漢書·桓帝紀》:"匪遑啓處。"曹丕《五熟釜銘》:"匪遑安處。""匪遑啓處"之語當非偶然,三家或有作"匪遑"者。按之上文,曹丕習述《韓詩》,則"匪遑"或爲《韓》之異文。《齊》文未知。陳琳所述,異於《毛》《魯》,或同於《韓》。

6. 作仇(《神女賦》:"漢三七之建安,荆野蠢而作仇。")

【按】《小雅·采芑》。《毛詩》:"蠢爾蠻荆,大邦爲讎。"又,魏·阮瑀《紀征賦》:"惟蠻荆之作讎兮。"疑爲三家之文。陳琳所述,異於《毛》。

7. 抱振鷺之素質(《鸚鵡賦》)

【按】《周頌·振鷺》。《毛詩》以"振鷺"爲興喻"二王之後",《魯》《韓》以爲興喻才德賢士,《齊》義未知。詳見本文《王粲習述〈詩〉家考》一节"振鷺雖材"條。陳琳所述同於《韓》《魯》,異於《毛》。

綜上所考,異於《毛》者6條,異於《齊》者1條,異於《魯》者1條,同於《韓》者4條,且未見有異於《韓》者。則陳琳所習述,當爲《韓詩》家。

七　劉楨習述《詩》家考

劉楨(？—217)著有《詩經》學專著《毛詩義問》十卷,則劉楨爲治《毛詩》者無疑。但其是否述用《毛詩》尚待考察。今存作品約計30餘處涉及《詩經》,可考其家數者6條,列之如下：

1. 清談同日夕,情眄敘憂勤。(《贈五官中郎將》)

【按】《周南·卷耳》。《毛序》："《卷耳》,后妃之志也……朝夕思念,至於憂勤也。"劉楨此詩之"日夕""憂勤",明顯述用《毛序》。

2. 秋悲(《贈五官中郎將》："秋日多悲懷,感慨以長歎。")

【按】《豳風·七月》。《毛詩》："女心傷悲,殆及公子同歸。"《毛傳》："傷悲,感事苦也。春女悲,秋士悲,感其物化也。"《文選》李注引《毛傳》釋劉楨此詩句,當以其所述出自《毛傳》之"秋士悲"。

3. 貽爾(《贈五官中郎將》："貽爾新詩文,勉哉修令德。")

【按】《小雅·天保》。《毛詩》："詒爾多福。""貽爾"當爲三家異文。詳見本文《曹丕習述〈詩〉家考》一節"貽爾"條。劉楨所述,同於三家,異於《毛》。

4. 賦《湛露》以留客,召麗妙之新倡。(《魯都賦》)

【按】《小雅·湛露》。《毛序》："湛露,天子燕諸侯也。"《齊》義同《毛》《鄭》,而《韓》或《魯》以爲節序致秋,歡聚宴會之詩。詳見本文《曹丕習述〈詩〉家考》一節"愷悌之豐惠"條。劉楨所述,異於《毛》《齊》,當爲《韓》《魯》義。

5. 僶俛（《贈五官中郎將》："小臣信頑鹵，僶俛安能追。"）

【按】《小雅·十月之交》。《毛詩》："黽勉從事。"《釋文》："黽，本又作僶。"《漢書·劉向傳》："密勿從事。"王先謙謂《魯》作"密勿"。

又，《文選》傅亮《爲宋公求加贈劉前軍表》李注："《韓詩》曰：'密勿同心。'"班固《爲第五倫薦謝夷吾表》："雖密勿在公，而身出心隱。"則三家並作"密勿"。劉楨所述，異於三家，同於《毛》。

6. 不遑寐（《贈五官中郎將》："終夜不遑寐，敘意於濡翰。"）

【按】《小雅·小弁》。《毛詩》："不遑假寐。"敦煌本作"不皇"。《楚辭》王逸《九思》："魂煢煢兮不遑寐。"則《魯》作"不遑"。《韓》《齊》文未知。劉楨所述，同於《毛》《魯》。

綜上所考，同於《毛》者3條，同於三家《詩》者3條。則劉楨不但治《毛詩》，亦且自覺述用《毛詩》，同時亦有三家《詩》學背景，具體家數可以確定非《齊詩》，當爲《魯詩》或《韓詩》。

八　應瑒習述《詩》家考

應瑒（？—217）之《詩學》家數，清人未及。其現存作品很少，約計10餘處涉及《詩經》，可考其家數者4條，皆出自《藝文類聚》所節錄《報龐惠恭書》，現詳考如下：

1. 喬木之下，曠無休息。（《報龐惠恭書》）

【按】《周南·漢廣》。《毛詩》："南有喬木，不可休息。"《釋文》："本或作休思。"《詩考》引《韓詩外傳》作："不可休思。"又，王先謙謂《魯》《齊》並作"休息"。應瑒所述，異於《韓》《毛》或本，同於《毛》《魯》《齊》。

2. 萱草樹背，皋蘇在側。（《報龐惠恭書》）

【按】《衛風·伯兮》。《毛詩》："焉得諼草。"《毛》亦作"萱"。《韓》作"萱"。

《魯》作"菱"。《齊》文未知。詳見本文《曹丕習述〈詩〉家考》一节"萱草"條。

又,《毛傳》:"諼草令人忘憂。背,北堂也。"《文選》陸機《贈從兄車騎》:"安得忘歸草,言樹背與衿。"李注:"《韓詩》曰:'焉得諼草,言樹之背然。'衿,猶前也。"謝惠連《西陵遇風獻康樂》李注:"薛君曰:'諠草忘憂也。'"《釋訓》:"菱,諼,忘也。"郭注:"義見《伯兮》《考槃》詩。"《釋文》:"《毛傳》云:'菱草令人善忘。'"則《毛》《魯》僅言"善忘",而今本《毛傳》作"諼草令人忘憂。"王先謙謂今本有誤。"萱草忘憂"之說當出《韓詩》。

應瑒以"樹背"與"在側"對言,與陸機"樹背與衿"相合,皆爲"隨身佩戴"之義,與《毛》之"種植"迥異。應瑒所述,同於《韓》,異於《毛》《魯》。

3. 子衿之思,起於嗣音。(《報龐惠恭書》 起於,一作寧不。)

【按】《鄭風·子衿》。《毛詩》:"縱我不往,子寧不嗣音?"《韓》《魯》作"詒音"。三家詩旨並非刺學校廢,而是思念朋友,鄭箋亦取義三家《詩》。詳見本文《曹操習述〈詩〉家考》一节"青青子衿"條。

應氏之書與《毛》同文,異於三家,又意在責朋友失於存問之義,所取義同於三家及《鄭箋》,而異於《毛傳》。參合經文經義,則其習述《毛詩》《鄭箋》無疑。

4. 過意賜書,辭不半紙。慰藉輕於繒縞,譏望重於丘山。是《角弓》之詩所以爲刺也。(《報龐惠恭書》)

【按】《小雅·角弓》。《毛序》:"父兄刺幽王也。不親九族,而好讒佞,骨肉相怨,故作是詩也。"龐氏來信多有譏諷怨望之語,則應瑒所謂《角弓》之刺,具體當指"民之無良,相怨一方。受爵不讓,至於已斯亡"。《毛傳》:"爵禄不以相讓,故怨禍及之,比周而黨愈少,鄙争而名愈辱,求安而身愈危。"《鄭箋》:"民之意不獲,當反責之於身,思彼所以然者而怨之。無善心之人,則徒居一處怨恚之。"

又,《後漢書·章帝紀》李注:"言王者所爲無有善者,各相與於一方而怨之。義見《韓詩》。"又,《漢書·劉向傳》:"幽厲之際,朝廷不和,轉相非怨,詩人疾而憂之曰:民之無良,相怨一方。"《易林·升之需》:"商子無良,相怨一方。引闘交争,咎以自當。"則三家《詩》義強調君上無有善政而使民怨,與《毛》之強調親九族不同。應瑒責備龐氏官高禄重而忘親族故舊,不能謙讓而招怨是咎由自取,所述當爲《毛傳》《鄭箋》。

綜上所考,同於《毛》或《鄭》者4條,異於《魯》者1條,同於《韓》者1條。則應瑒所習述,當爲《毛詩》家,同時,亦有三家《詩》學背景,當爲《韓詩》。

另外,應瑒之弟應璩,創作年代主要在三國時期,現存作品較多,可考其兼述《毛》《韓》,亦可從家學的側面印證應瑒之《詩》學背景,文繁不録。

九 阮瑀習述《詩》家考

阮瑀(？—212)今存作寥落,僅有2條可考所習述當爲三家《詩》,具體家數未可定論。筆者另撰有其子阮籍之《詩》學背景考,考得其兼習《毛詩》《韓詩》,或可從側面印證乃父之《詩》學背景,文繁不録。

1. 躑躅(《止欲賦》:"出房户以躑躅,覬天漢之無津。")

【按】《邶風·靜女》。《毛詩》:"搔首踟躕。"《韓》作"躊躇""峙踞",《齊》作"跱躅",訓釋同爲"躑躅"。《魯》或作"跙躅"。詳見本文《曹丕習述〈詩〉家考》一節"躊躇"條。阮瑀所述,同於《韓》《齊》,異於《毛》。

2. 惟荆蠻之作讎(《紀征賦》)

【按】《小雅·采芑》。《毛詩》:"蠢爾蠻荆,大邦爲讎。""作讎"當爲三家異文。詳見本文《陳琳習述〈詩〉家考》一節"作仇"條。又,"荆蠻"與《毛》之"蠻荆"異,如揚雄《揚州牧箴》:"蠢蠢荆蠻。"曹植《王仲宣誄》:"遠竄荆蠻。"則"荆蠻"或爲《魯》《韓》文。《齊》文未知。阮瑀所述,同於《韓》《魯》,異於《毛》。

十 孔融習述《詩》家考

孔融(153—208)本有文集十卷,然今存文獻極少,約計20餘處涉及《詩經》。僅有1條可考其家數,當爲三家《詩》。孔融爲魯國人,其具體家數很可能爲《魯詩》。

1. 祈祈（《六言詩》："羣僚率從祈祈。"）

【按】《大雅·韓奕》。《毛詩》："祁祁如雲。""祈祈"當爲三家之文。孔融所述，同於三家，異於《毛》。

2. 喉唇（《衛尉張儉碑銘》："聖主克愛，命作喉唇。"）

【按】《大雅·烝民》。《毛詩》："王之喉舌。"漢人述此詩皆作"喉舌"。"喉唇"或爲孔融所作文學性創造，並非《詩經》異文。

3. 《詩》云："封畿千里，惟民所止。"（《上書請准古王畿制》）

【按】《商頌·玄鳥》。《毛詩》："邦畿千里，維民所止。"三家"維"通作"惟"。"封畿"雖異於《毛》，而漢人爲避諱劉邦之名，多改"邦"爲"封"，一般不視爲三家異文。但其沿襲漢人習慣，仍與三家《詩》背景下的文學傳統有關。

餘　論

綜上所述，建安時期最有代表性的十位作者——三曹、七子，皆有三家《詩》學背景。曹丕、劉楨、應瑒三人亦自覺習述《毛詩》，曹植作品也有用《毛詩》的痕跡。從文學接受的角度來對經學史進行觀察，可以得出以下結論：

首先，漢魏交替之際的《詩經》學傳播，並非通常所認爲的《毛詩》已經普及流行，而是仍以三家《詩》學爲主流。三家之中，《齊詩》顯然衰落，而《韓詩》勢力最盛。三曹、七子中至少有五人習述《韓詩》，特別是建安之杰曹植的文學創作受《韓詩》影響巨大，反映了東漢以來《韓詩》傳習最盛的經學潮流及《韓詩》影響下的東漢文學傳統。

東漢以來，辭章名家增多，文學的審美特徵與情感特質進一步發展，也反映在其《詩經》學背景上。《韓詩》說詩的靈活性較之《魯詩》《齊詩》更爲突出，使其更易於與個人性的文學表達相契合。在展示《詩經》之文學維度方面，《韓詩》無疑最有優勢。一個文學覺醒時代的日漸形成、日益臨近，是《韓詩》興盛的深層動力。曹植作品深具《韓詩》淵源，直接塑造了建安文學傳統，並深刻影響及於西晉潘岳、陸機等作者，同時也爲我們提供了一個新的文學文化視角，理解《韓詩》在後來《毛詩》大盛、三家並衰的情況下，尚能經歷漢末六朝幾度文獻劫難而傳至唐代的原因。

其次，建安時期，《毛詩》的影響力的確在上升，特別是《鄭箋》的權威，逐漸得到士人認可，但總體來看，《毛詩》鄭氏學還處於非主流狀態，遠未達到後世大行於天下的程度。

《詩經》學能否進入文學傳統，是其傳播深廣度的一個重要評估標準。東漢時期，古文經學日益形成潮流，《毛詩》已成爲有識之士研習的時尚之學，然而大儒馬融以研究《毛詩》聞名，其辭賦作品仍遵循三家《詩》傳統。及至漢末，建安士人劉楨既從事《毛詩》學著述，也開始自覺在詩章中述用《毛詩》文義。特別是鄴下文士集團之中心人物曹丕，對於《毛詩》鄭氏學的推崇和述用，更是有力推動《毛詩》日漸普及於文學領域的關鍵。

總體來看，漢魏之際士人《詩經》學背景的真實情況，顯示出三家《詩》學強勁的生命力，相比於《毛詩》傳習之流行，研治之活躍，在文學文獻中述用《毛詩》的情況還不佔主流。事實上，其真正爲《毛詩》所取代還有一個相當長的過程。曹丕、劉楨、應瑒之外的其他建安文士如王粲、徐幹等人未必沒有涉獵甚至研讀過《毛詩》，但他們的《詩經》學根基仍是三家《詩》學。特別是習述《韓詩》的大作家曹植，止在其創作後期，爲迎合曹魏統治者的需要，其作品才出現兼述《毛詩》的痕跡。

造成這種情況的原因，主要在於文士們所繼承的漢代文學傳統深受今文三家《詩》學之影響，而文學傳統的相對獨立性，在承前啓後的建安文學自覺的契機之下，使得三家《詩》學特別是《韓詩》繼續保持活力。《毛詩》學的興盛，並不意味著它的文本與經義可以立即進入文學傳統。在與文學傳統的因緣方面，三家《詩》可以說佔得先機，其語彙、喻義等爲後代文學家所承襲。《毛詩》普及則在此傳統形成之後，故其進入文學領域相對滯後。雖然從經學史的角度，三家《詩》在魏晉日漸式微，至南北朝無所傳習者，唐以後泯滅消亡，但在文學意義上，三家《詩》之文義，卻散入文章詩賦中，塑造了源遠流長的中古文學傳統。

注　釋

① 三曹、七子中,除劉楨和王粲有確切記載的經學著作外,其他人均無經學著述,故通常被視爲政治人物及文學人物,而非經學人物。吳雁南《中國經學史》、徐道勛《中國經學史》、姜廣輝《中國經學思想史》、張豈之《中國思想學説史》、湯一介《中國儒學史》等著作,一般僅言及曹操和曹丕兩代當權者對於經學的制度建設,卻並不將他們本身的經學修養背景作爲研究對象,故於三曹、七子之具體經學背景,皆未有所考辯。

② 詳見王廷鵬《建安七子研究》第三章《七子的社會政治觀、人生觀及其與漢魏思想文化發展的關聯》,北京大學出版社2004年版。

③ 詳見黃節撰,劉尚榮、王秀梅點校《詩旨纂辭》《變雅》校點説明,中華書局2008年版,第2頁。

④ 詳見黃節注《曹子建詩注》,《黃節注漢魏六朝詩六種》,人民文學出版社2008年版,第383—384頁。

⑤ 詳見邢培順《曹植文學研究》第三章《曹植的學術淵源》,山東師範大學博士學位論文2010年。

⑥ 詳見吳懷東《經學盛衰與曹操詩歌革新》,《江淮論壇》1999年第3期。

⑦ 詳見謝建忠、張華林《論毛詩與劉楨詩歌》,《蘭州學刊》2011年11月。

⑧ 陳壽祺、陳喬樅《三家詩遺説考》,《續修四庫全書》第76册,上海古籍出版社1996年版。本文凡涉及《三家詩遺説考》之引文,皆簡稱爲《韓詩考》《魯詩考》《齊詩考》。

⑨ 如金前文《漢賦與漢代詩經學》第四章《兩漢賦家的詩經學淵源》,華中師範大學博士學位論文,2006年。又如,許結、王思豪《漢賦用經考》,《文史》2011年第二輯。

⑩ 本文考察三曹、七子之作品,以逯欽立《先秦漢魏晋南北朝詩》(中華書局1983年版)、嚴可均《全上古三代秦漢三國六朝文》(上海古籍出版社2009年版)所輯録詩文爲範圍。所考得各條,均根據具體情況,校對以《三國志》《宋書》《北堂書鈔》《初學記》《藝文類聚》《文選》《太平御覽》《樂府詩集》《古詩紀》等相關原始出處文獻,充分考慮傳世各本文字歧異。考據中引述其他文獻證據,如有涉及論證的版本問題,亦逐一進行了核對、校考。因篇幅所限,無法羅列這些校勘內容,請讀者諒解。又,引文凡出自逯欽立、嚴可均所輯,皆不出注。其他各文獻,皆於首次提及時出注説明其版本信息,下文不注。

⑪ 本文所引述《毛詩正義》《禮記正義》《儀禮注疏》《春秋左傳正義》《爾雅注疏》,皆據阮元校刻《十三經注疏:附校勘記》,中華書局1980年版。因篇幅所限,皆不注卷數、頁數。

⑫ 程燕《詩經異文輯考》,安徽大學出版社2010年版。本文所引《敦煌本毛詩》《漢石經魯詩》內容參自此書。或有手抄本字形之俗寫、訛寫,本字當與今本《毛詩》同者,皆視爲"同文"。

⑬ 蕭統編,李善注《文選》,中華書局1977年版。
⑭ 顧野王《大廣益會玉篇》,中華書局1987年版。
⑮ 蕭統編,呂延濟、劉良等注《日本足利學校藏宋刊明州本六臣注文選》卷二七,人民文學出版社2008年版。
⑯ 洪興祖《楚辭補注》,中華書局1983年版。
⑰ 王質《詩總聞》,《影印文淵閣四庫全書》第72冊,臺灣商務印書館1986年版。
⑱ 王先謙《詩三家義集疏》,中華書局1987年版。按《太平御覽》卷三〇三作"慆慆",非"滔滔"。王先謙所引有誤,或另據他本。
⑲ 焦延壽撰,徐傅武、胡真校點集注《易林彙校集注》,上海古籍出版社2012年版。按,焦延壽師從孟喜,其且所述有與翼氏《齊詩》相合之處,陳喬樅謂其《焦氏易林》述《齊詩》,參見《齊詩遺説考》。
⑳ 范曄撰,李賢注《後漢書》,中華書局1965年版。
㉑ 陳喬樅據《後漢書》謂明帝師從郅惲習《韓詩》,又據明帝詔令有"應門失守,關雎刺世"之説,判定明帝所習爲《韓詩》,詳見《韓詩遺説考》卷三。按,《後漢書·郅惲傳》:"郅惲授皇太子《韓詩》侍講殿中。及郭皇后廢……惲乃説太子曰:太子宜因左右及諸皇子引愆退身,奉養母氏。以明聖教,不背所生。太子從之。"則此皇太子乃郭皇后所生劉强,非明帝劉莊也,陳氏實爲誤讀。又,三家《詩》皆以《關雎》爲刺詩,且大旨相同,明帝所述未必爲《韓詩》。
㉒ 陳喬樅、王先謙據曹植所述《韓詩·黍離》之説,判斷曹植習《韓詩》,這一結論雖不錯,但失之簡單,並未考慮曹植創作後期已處《毛詩》盛行之際,且文學專家博聞多識,兼習今古文《詩》的可能性很大。曹植當習述《韓詩》爲主,而兼述《毛詩》。詳見本文《曹植習述〈詩〉家考》一節。
㉓ 陳喬樅《魯詩遺説考》據張衡《東京賦》:"改奢即儉,則合斯干之美",契合於劉向上疏所言:"周德既衰而奢侈,宣王賢而中興,更爲儉宮室小寢廟,詩人美之,斯干之詩是也。"劉向述《魯詩》,故張衡亦述《魯詩》。然三家《詩》於《斯干》詩義皆以爲"改奢即儉",張衡所述未必爲《魯詩》。詳見本文《曹植習述〈詩〉家考》一節"改奢即儉"條所考。筆者經詳細考察張衡全部文獻,考得其所習述爲《韓詩》。
㉔ 班固撰,顏師古注《漢書》,中華書局1962年版。按,匡衡爲西漢《齊詩》專家,師丹、伏理、滿昌皆師從之,《漢書》本傳謂:"衡對《詩》諸大義,其對深美,望之奏衡經學精習,説有師道,可觀覽。"
㉕ 汪繼培箋、彭鐸校正《潛夫論箋校正》,中華書局1985版。按,《毛詩·崧高》:"于邑于謝,

南國是式。"《潛夫論·志氏姓》:"《詩》曰:'於邑於序,南國爲式。'""謝",王符引作"序"。《楚辭》王注:"《詩》曰:'既入於徐。'"故《魯詩》作"徐"。漢石經正作"徐"。陳喬樅謂"序"與"許"相通(詳見《詩經四家異文考》卷四)。

㉖ 許維遹《韓詩外傳集釋》,中華書局1980年版。

㉗ 陳喬樅、王先謙謂班固有《齊詩》家學,《漢書》(特別是《地理志》)中確有合於《齊詩》家之說),故其有《齊詩》背景顯然。但筆者在考察時發現班固並非僅述《齊詩》,其文學作品中頗有《韓詩》痕跡,其《詩》學背景情況較爲複雜。

㉘ 劉向《古列女傳》,《影印文淵閣四庫全書》第448冊。

㉙ 張覺《吳越春秋校注》,岳麓書社2006年版。按,趙曄爲漢末《韓詩》專家,著有《詩細》。

㉚ 郭茂倩《樂府詩集》,中華書局2007年版。

㉛ 徐鍇《説文解字繫傳通釋》,《四部叢刊初編》經部第071冊,上海商務印書館1936年版。

㉜ 向宗魯《説苑校證》,中華書局1987版。

㉝ 王應麟《詩考》,《影印文淵閣四庫全書》第75冊。

㉞ 杜佑《通典》,浙江古籍出版社1988版。

㉟ 明帝《初行老禮詔》:"易陳負乘,《詩》刺彼己。"陳喬樅以其爲《韓詩》文,然《齊詩》文亦作"彼己",而《魯詩》之文尚未知,明帝所述未必爲《韓詩》。又,《左傳·僖公二十四年》:"《詩》曰:'彼己之子,不稱其服。'"或爲《魯詩》之文。

㊱ 王先謙《荀子集解》,中華書局1988年版。

㊲ 傅亞庶《孔叢子校釋》,中華書局2011版。

㊳ 據《三國志》:"崔琰,字季珪。年二十三始感激讀《論語》《韓詩》。至年二十九乃結公孫方等,就鄭玄受學。"曹操霸府中鄭學士人頗衆,其中作爲冀州士人代表的崔琰地位最爲重要。建安十一年(206),曹操在出兵並州之前,任命相國掾崔琰爲曹丕之師。期間,因曹丕出遊田獵,崔琰作書加以勸諫,曹丕回報:"昨奉嘉命,惠示雅數。欲使燔翳捐褶,翳已壞矣,褶亦去焉。後有此比,蒙復誨諸。""師傅之言,實獲我心。"可見其對崔琰十分尊重,能夠聽言納諫。而崔琰既爲曹丕之傅,其後又在立嗣事上積極支持曹丕。崔琰爲鄭玄高足,兼有《韓》《毛》學背景,適足以影響曹丕。《北堂書鈔》卷九七引《典論》曹丕語云:"北海鄭玄,學之淵府。"

㊴ 徐時儀校注《一切經音義三種校本合刊》,上海古籍出版社2008版。

㊵ 段玉裁《説文解字注》,上海古籍出版社1988版。

㊶ 陳啓源《毛詩稽古編》,《影印文淵閣四庫全書》第85冊。

㊷ 石光瑛《新序校釋》,中華書局2001年版。

㊸ 李昉等《太平御覽》,中華書局1960年版。

㊹ 石光瑛據陳喬樅《魯詩遺説考》謂劉向兼治《韓詩》,校改爲"趡趡"。

㊺ 司馬遷《史記》,中華書局1959年版。

㊻ 趙岐述《兔罝》詩義同於《魯詩》,陳喬樅謂其習述《魯詩》。

㊼ 歐陽詢《藝文類聚》,上海古籍出版社1999年版。

㊽ 徐幹《中論》,《影印文淵閣四庫全書》第696册。

㊾ 劉文典《淮南鴻烈集解》,安徽大學出版社1998年版。

《金剛般若經靈驗記》的故事流傳與初唐教化之關係

季愛民

【提要】 蕭瑀在唐太宗貞觀年間編纂《金剛般若經靈驗記》,成爲唐代《金剛經》靈驗故事的重要源頭,流傳中產生改編、簡編或摘編。這些故事與蕭瑀時代的社會環境緊密相連,其中北周武帝、庾信等人入冥情節的塑造與初唐長安的政教關係息息相關。七世紀後半期,故事流傳過程中發生改編,反映了佛教僧團與都城社會互動關係的新景象。

隋開皇二年(582),年僅8歲的蕭瑀(575—648)隨同出嫁的姐姐來到長安[①]。這時,長安城東南的龍首原開始建造新都大興城,晉王楊廣(569—617)的住宅在朱雀大街以東的開化坊。唐武德初年,任尚書右僕射的蕭瑀成爲楊廣舊宅的新主人[②]。蕭瑀編纂的《金剛般若經靈驗記》保留了他在長安生活的時代印記,故事流傳中發生變異。王國良從梓州司馬孟獻忠在開元六年(718)編寫的《金剛般若經集驗記》一書中輯得《金剛般若經靈驗記》15則(其中第9、10則袁志通故事應合爲一則),他還討論了故事內容及其源流[③]。簡梅青比較多種包含《金剛般若經靈驗記》故事的編寫本,並校勘文字異同[④]。邵穎濤作了詳細的校訂,間有史實考論[⑤]。

唐代多種佛教宣傳著作包含有《金剛般若經靈驗記》中的故事,澄清各種編寫本之間的關係可以明晰唐代《金剛般若經》故事的源頭與流變。杏雨書屋公佈的敦煌寫本羽184爲討論提供新的材料。探索故事流傳與唐前期輿論宣傳之

季愛民　東北師範大學歷史文化學院

間的關聯,可以具體而微地分析宗教與都城社會的關係。

一　各種編集本之間的關係

　　孟獻忠的《金剛般若經集驗記》一書最早提到蕭瑀編《金剛般若經靈驗記》,且引用了 14 則故事⑥。其中 10 則相同或類似的故事,見於西明寺道世在總章元年(668)編纂的《法苑珠林》(見表一)。《法苑珠林》的這 10 則故事中,招提寺僧琰、開善寺僧藏與婆羅門僧藏法師的故事來源於隋代以前的文獻。其餘 7 則故事,1 則沒有注明來源,6 則來源於唐臨《冥報記》⑦。這 6 則故事中,只有太廟署丞李思一入冥事蹟分別見於《金剛般若經靈驗記》和《冥報記》。另外 5 則,既不見於各種古抄本《冥報記》,每則故事的末尾也沒有唐臨在《冥報記》序言中所說的"具陳所受及聞見緣由",因此,岑仲勉認爲《冥報記》中原本沒有這些故事⑧。鶴島俊一郎認爲,《金剛般若經靈驗記》與《冥報記》或《法苑珠林》有共同來源的可能性是存在的⑨。徐俊指出,《冥報記》的傳抄是以民間寫經信仰的方式存在的,而不是出於一般閱讀和版本保存的需要,因此,不能排除《冥報記》原本包含相關故事的可能⑩。

表一　《金剛般若經靈驗記》與《法苑珠林》故事對照表

序號	《金剛般若經靈驗記》	《法苑珠林》			孟獻忠抄本		羽 184
		卷次	類別	出處	卷次	類別	
1	隋招提寺僧琰	62	占相篇	《梁高僧傳》	1	延壽篇	梁招提寺僧琰
2	隋開善寺尼藏	62	占相篇	《梁高僧傳》	1	延壽篇	梁開善寺僧藏
3	梁婆羅門師法藏	85	六度篇	《侯君素集》	2	神力篇	隋婆羅門僧藏
4	開皇十一年趙文昌	79	十惡篇	—	3	功德篇	隋趙文昌
5	貞觀元年遂州人	18	敬法篇	《冥報記》	1	延壽篇	唐遂州人
6	渭州眭彥通	—	—	—	1	延壽篇	隋渭州眭彥通
7	鄜州寶室寺僧法藏	18	敬法篇	《冥報記》	2	滅罪篇	寶室寺法藏
8	蓬州儀隴縣丞劉弼	18	敬法篇	《冥報記》	2	神力篇	蓬州劉弼
9	邢州治中柳儉	18	敬法篇	《冥報記》	1	救護篇	

續表

序號	《金剛般若經靈驗記》	《法苑珠林》			孟獻忠抄本		羽184
		卷次	類別	出處	卷次	類別	
10	隋時秦州人王陀	—	—	—	1	延壽篇	
11	太廟署丞李思一	91	破齋篇	《冥報記》	1	延壽篇	
12	泰州慕容文策	—	—	—	1	延壽篇	
13	天水郡袁志通	—	—	—	1	延壽篇	
14	雍州趙文若	94	酒肉篇	《冥報記》	3	功德篇	

　　《金剛般若經靈驗記》中時間最晚的一則是貞觀二十年（646）的李思一故事，可見這部故事集完成於蕭瑀晚年。唐臨編成《冥報記》在永徽四年（653），與之止相差數年。蕭瑀記載的李思一故事可能來自清禪寺玄通法師⑪。《冥報記》中李思一故事末尾提到"臨先聞其事，大理卿李道裕，故使人就玄通録其事云爾"⑫。據郁賢皓、胡可先研究，唐臨在貞觀二十三年任大理卿，永徽元年遷爲御史大夫。李道裕在永徽二年接替唐臨任大理卿⑬。這一期間，李道裕託人到清禪寺僧人玄通法師處詢問相關故事。這與《金剛般若經靈驗記》中的李思一故事情節大致相同，但《冥報記》詳細描繪了冥間司法機構的佈局，是蕭瑀故事中没有的。可見蕭瑀與唐臨記載的李思一故事有相同的來源，但由於接受者不同的身份和背景，故事再表述時產生若干差異。這樣的情況還見於唐高宗龍朔年間高法眼出順義門回義寧坊的遇鬼故事，就有著作佐郎郎餘令《冥報拾遺》、道宣《集神州三寶感通録》和道世《法苑珠林》等多種描述，細節上多有差别⑭。

　　孟獻忠的《金剛般若經集驗記》在多大程度上保存了蕭瑀所編故事的原狀？由於蕭瑀原著不存，只能間接論證此問題。第9則柳儉故事記載："邢州治中柳儉，隋末任扶風岐陽官（宮）監。"《法苑珠林》引《冥報記》作："唐邢州司馬柳儉，隋大業十年任岐州岐陽宮監。"《舊唐書》卷四二《職官志》記載，貞觀二十三年七月"改諸州治中爲司馬"。可見"治中"一名是蕭瑀原著的内容，《冥報記》作"司馬"，則是官名改易之後的故事。邵穎濤據此推論孟獻忠保持了原文内容⑮。

　　比較道世與孟獻忠引用同一《冥報記》或《冥報拾遺》故事的内容及來源情況（見表二），也可旁證孟獻忠保存蕭瑀原著的狀況。

表二 《法苑珠林》與孟獻忠抄本引用故事來源比較

故事		《法苑珠林》		孟獻忠抄本	
書名	故事名	卷次	聽聞來源	卷次	聽聞來源
《冥報記》	豆盧氏	18	—	1	夫人自向唐臨嫂説
《冥報拾遺》	景福寺尼	94	吴興沈玄法説,淨土寺僧智整所説亦同	2	吴興沈玄法説,與淨土寺僧智整所説亦同
	李虔觀	18	中山郎餘令曾過鄭州見彼親友,具陳説之	2	余(餘)令曾過鄭州見彼親説,友人所傳
	濟陰縣精舍	18	曹州參軍事席文禮説之	2	曹州參軍事席元禕所説
	石壁寺老僧	50	—	3	賈祇忠先爲並州博士,遷任隰州司户,爲餘令言之。後於並州訪問,並稱實録

《冥報記》《冥報拾遺》的特點是在文末説明故事見聞來源。道世在抄録時,有時省略這種説明,而孟獻忠則照録原文。例如,表二豆盧氏故事中,《法苑珠林》遺漏尾記,孟獻忠編集本保存的尾記與高山寺本《冥報記》相同[16]。從内容看,豆盧氏故事中,孟獻忠編集本與高山寺本基本相同,而與《法苑珠林》多有差異。隴西李虔觀的故事中,孟獻忠抄録的"丁父福胤憂""般若多心經",《法苑珠林》引作"丁父憂""般若心經",可見,道世並不照録原文,存在增减或改寫的情形。孟獻忠抄本雖然有避諱改字現象或手民之誤,但更準確地反映了原本面貌,因而是討論蕭瑀著述的可靠基礎。

根據《李木齋氏鑒藏敦煌寫本目録》,李盛鐸(1859—1934)舊藏敦煌文獻第184號爲《誦持金剛般若波羅蜜經靈驗記》一卷,首尾完整[17]。日本武田科學振興財團杏雨書屋2010年公佈這份寫卷的内容,編號爲羽184。該寫本長198.5釐米、高30.1釐米,用紙五張。有烏絲欄,字體爲楷體,間有行書,共計112行,正文每行20字至28字不等,共抄有8則故事。寫卷首題"誦持金剛般若波羅蜜經靈驗記",尾題"金剛般若波羅蜜經受持靈驗記"[18]。估計抄寫於中晚唐時期。

羽184與孟獻忠抄寫本中的蕭瑀《金剛般若經靈驗記》比較，寫卷名稱基本相同，8則故事全部來源於蕭瑀編寫本，每則故事情節與細節相同，顯然有相承關係。可以推測羽184在抄寫順序上接近蕭瑀《金剛般若經靈驗記》。但一些故事經過簡編或改編。例如，蕭瑀編寫本中的"隋朝招提寺僧琰""隋朝開善寺尼藏""梁時婆羅門師法藏"，羽184分別改爲"梁時招提寺僧琰""梁時開善寺僧藏""隋時婆羅門僧藏法師"，不僅改編時代，也改編了故事主人的性別或身份。

另一份敦煌文獻P.2094是天復八載（908）敦煌翟奉達所抄《持誦金剛經靈驗功德記》[19]。該抄本前7則故事與第15則王陀故事來自蕭瑀編寫本，但從王陀故事以下，所抄故事情節大爲簡化，行間距縮小，沒有按照來源順序排列，顯示抄寫時有隨意性。這一抄本的前7則故事與羽184寫本前7則故事順序與內容相同，但在抄錄時，時有誤抄、漏抄現象，致使句子不連貫。因此，羽184是校正P.2094前7則故事的直接依據。羽184第8則爲蓬州儀隴縣丞劉弼故事，P.2094第8則故事主人爲隋朝靈寂，以下還有若干《金剛般若經》靈驗故事。可見，翟奉達在編集《持誦金剛經靈驗功德記》時，案頭有多種《金剛般若經》靈驗故事寫本。他基本按照寫卷順序彙編故事，即抄完一卷之後接著抄寫另外的寫卷。《誦持金剛般若波羅蜜經靈驗記》寫本基本按照時間順序排列，且有唐代之前的故事，因而成爲翟奉達最先抄集的寫卷。

晚唐人段成式注意到"晉宋以來，時人咸著傳記彰明其事"，他的父親段文昌（773—835）命其"受持講解有唐已來《金剛經靈驗記》三卷"，成式"當（嘗）奉先命受持講解"[20]。他奉命講解的不是《金剛經》經文本身，而是靈驗故事集，表明《金剛經靈驗記》在唐代後期頗受士大夫的歡迎。晚唐盧求的《金剛經報應記》提到，蕭瑀曾經"著《般若經靈驗》一十八條"[21]。這18則故事的寫本形態可能分爲三卷，羽184《誦持金剛般若波羅蜜經靈驗記》應是其中的一卷。

羽184《誦持金剛般若波羅蜜經靈驗記》是蕭瑀編《金剛般若經靈驗記》的簡化和修改本的一部分，因而在諸多《金剛經》靈驗故事集中有獨特的價值。張先堂比較P.2094翟奉達抄本與《太平廣記》所引相同故事後，認爲"《廣記》本語言精練文雅，書面語色彩濃厚，而敦煌本則語言淺顯通俗，接近口語，之所以有這種語言風格不同，很可能是這些故事本在民間口頭流傳，敦煌本係由民間下層文人對這些故事記錄整理的結果,而《廣記》本則是後經上層文人對這些故事加工潤色的產物。"[22]鄭阿財認爲《太平廣記》卷一〇二引《法苑珠林》趙文信故事與P.2094翟奉達抄本語言風格多有差異,後者更具有通俗文學色彩[23]。敦煌寫本在抄寫中簡化情節、增減詞句的情形是存在的。但是,羽184、P.2094翟奉達抄本最初來源仍然是蕭瑀《金剛般若經靈驗記》。《太平廣記》所引庾信故事來源於《法苑珠林》,更早的來源是唐臨的《冥報記》。這樣,P.2094與《太平廣記》中相同故事的敘述差異就不是士大夫文學與民間文學的差別,而是不同士大夫敘述的風格之別。王國良指出,蕭瑀《金剛般若經靈驗記》中的口語、慣用語是研究隋唐之際漢語詞彙的重要素材[24],誠爲有見。

蕭瑀編寫的金剛經靈驗故事集在時間上最早,其中部分源於長安社會的傳聞,情節因傳播者而異;故事在流傳中也產生變異。我們在注意變化的同時,還需要追溯故事源頭,分析其產生的時代背景。

二 《金剛波若經靈驗記》與初唐長安佛教信仰

孟獻忠編《金剛般若經集驗記》引用蕭瑀《金剛般若經靈驗記》,但卻打亂了蕭瑀編寫本原有的次序。羽184《誦持金剛般若波羅蜜經靈驗記》保存了《金剛般若經靈驗記》中的8則故事,在情節上雖然略有縮減,但按照故事發生的時間次序排列(見表一),可能體現蕭瑀《金剛般若經靈驗記》編寫時的順序。因此,這里按照羽184的順序討論。

第2則爲開善寺藏法師故事。《法苑珠林》卷六二有相同情節的故事,來源於道宣(596—667)在貞觀十九年編寫的《續高僧傳·智藏傳》。梁朝鍾山開善寺智藏(458—522)姓顧,是建康的義學高僧,二十九歲經過野姥相命之後,受持、讀誦《金剛般若經》。智藏普通三年(522)九月卒,終年六十五歲[25]。《集古錄跋尾》卷四記述普通三年的《梁智藏法師碑》:"梁湘東王蕭繹撰銘,新安太守蕭幾作敘,尚書殿中郎蕭挹書,世號'三蕭碑'。法師者姓顧氏,幾、挹皆稱弟子,衰世之弊,遂至於斯。余於《集古錄》而不忍遽棄去者,以其字畫粗可佳,捨其所短,取其所長,斯可矣。"[26]可知《梁智藏法師碑》拓片宋時仍流傳。道宣所記或許與此碑有關。

蕭瑀《金剛般若經靈驗記》記載：

> 隋朝開善寺尼藏師，少年講説，遠近知名。時有何胤之謂曰："雖作法師，全無年壽。"藏聞惶懼，遂廢講説。精意發願，於經藏中信手探取一卷，專欲受持，乃得《金剛般若經》，於是讀誦。在房三年不出，後故覓胤之，令更占之。曰："爲弟子所相無驗，爲師相改耶？"藏云："所相大驗，佛法靈應，不可思議。"具向説之。答曰："道人不可相也，師壽得九十餘。"果如其語。㉗

情節與《續高僧傳·智藏傳》大致相同，不同處是將野姥改爲何胤之（446—531）。胤之來自南朝奉佛世家，與智藏相知。貞觀十年編定的《梁書》記載："初，開善寺藏法師與胤遇於秦望，後還都，卒於鍾山。其死日，胤在般若寺，見一僧授胤香奩並函書，云'呈何居士'。言訖失所在。胤開函，乃是《大莊嚴論》，世中未有。"㉘

蕭瑀編寫的藏法師故事糅合梁僧智藏故事的情節，並作了重要改編，將時間改爲隋代，開善寺由僧寺變爲尼寺。韋述記載，長安金城坊東南隅有開善尼寺，"隋開皇中，宫人陳宣華、蔡容華二人所立"㉙。將故事的時間改爲隋代，但卻出現梁人何胤之，前後顯然矛盾。這種明顯虛構，難以解釋。

第3則婆羅門僧藏法師故事，《法苑珠林》卷八五中有相同故事，注明出自《侯君素集》，侯白字君素，《隋書》卷五八稱其撰《旌異記》十五卷。這一故事更早的原型是流傳於南方的郟亭湖神故事㉚。

第6—8則故事宣傳《金剛般若經》的消災力量。信奉佛教經典有兩個方式，即抄寫與讀誦。《金剛般若經靈驗記》所記大多爲讀誦方式，第7則故事包含了抄寫。其中提到鄜州寶室寺法藏抄寫"一切經"八百餘卷的經過："别造長紙，於京城月愛寺令人抄寫，並檀香爲軸，莊嚴妙好。"爲抄寫一切經，法藏特地製造長紙，並且要到京城崇德坊東北隅的月愛僧寺雇人抄寫㉛。凡此，通過細節展示佛教供養的生動場景。法藏知道自己互用三寶物品之罪後，發願："若得病差，即發決定心，造百部《般若》。弟子自省，一生已來，雖修功德，實未寫《金剛般若》，諸佛菩薩，今見學悟，必不敢懈怠。弟子唯有三衣瓶缽，偏誕（袒）右肩

〔祇支〕,時盡將付囑大德弟子親知,用造《金剛般若》。"

這一發願文與蕭瑀本人供養、流通《妙法蓮華經》的做法類似。惠詳記載他"爰舍珍財,寫《法花經》凡一千部。紙墨等事,盡妙窮微。書寫經生,清淨香潔。有人欲受持者,必殷勤三請,方始授之。中門之外,置一方青石,每令請經者登此石立,瑀親捧經函,頂載授之。所有持經之人,瑀皆書其姓名,日禮一遍。其敬法重人,皆此類也"[32]。也詳細描繪了蕭瑀抄寫、流通《法華經》的場景。

就信仰的某一部佛經專門編集故事,是延續六朝以來的佛教宣傳傳統。就觀音信仰而言,即有劉宋傅亮(374—426)的《光世音感應記》、劉宋張演《續光世音應驗記》、蕭齊陸杲(459—532)的《系觀世音應驗記》等[33]。蕭瑀的《金剛般若經靈驗記》係首次彙集、整理以《金剛經》信仰為主的故事[34],反映長安貴族與士大夫的信仰狀況。蕭瑀有兩個侄子出家為僧,三個女兒在崇德坊西南隅的濟度尼寺出家[35]。他的三女法願(601—663)在濟度寺朝夕誦持《法華經》與《金剛經》:"討尋經論,探窮閫域,核妒路之微言,括毗尼之邃旨。至於《法華》《般若》,《攝論》《維摩》,晨夕披誦,兼之講說。持戒弟子近數十人,莫不仰味真乘,競趨丹枕,傍窺淨室,爭詣元扉。"[36]可見蕭瑀家族信仰、宣傳《金剛般若波羅蜜經》和《妙法蓮華經》。長安的另一位貴族竇璡"行盡色難,志窮惡道。奉為考安豐公、妣成安公主,敬造《法花》《金剛般若》各一部"[37]。竇璡兄竇抗孫女竇琰念誦《金剛般若經》的靈驗故事在初唐廣為流傳[38]。凡此都顯示這兩部佛經在初唐長安的流行狀況。

《金剛經》與《法華經》信仰亦彌漫到宮廷之中。咸亨元年(670)九月,皇后武則天(624—705)的母親榮國夫人去世。此後,武則天為已逝父母發願抄寫《妙法蓮華經》和《金剛般若波羅蜜經》各三千部。藤枝晃根據敦煌出土的寫經題記研究了宮廷寫經制度[39],趙和平綜合探討武則天為抄寫這兩部佛經以及一切道經撰寫的三篇序文[40]。《金剛般若經序》中的"花箋綬綵,香墨流芬,集寶字於銀書,寫靈偈於金牒"一句以及敦煌出土的楷書精美、法度工整的宮廷寫經,是皇室供養、流通《金剛般若波羅蜜經》的例證。

《金剛般若經靈驗記》的編纂,折射出蕭瑀生活和信仰世界的部分圖景。故事在普通民眾、官僚貴族、宮廷以及寺院中的多途徑傳播又會帶來《金剛經》信仰在社會上多層面的擴展。

在看到《金剛般若經靈驗記》體現一般佛教信仰的同時,還應注意故事中穿插的特別情節,這些情節有助於瞭解初唐政治與宗教互動關係的豐富層面。

三 庾信入冥故事與初唐輿論宣傳

《金剛般若經靈驗記》第4則隋趙文昌、第5則唐遂州人故事分別插入北周武帝(543—578)因廢除佛教、庾信因誹謗佛教而入地獄情節。關於北周武帝因毀佛入地獄傳說,劉亞丁搜集了保存在《續高僧傳》卷二五《衛元嵩傳》中的開皇八年(588)京兆杜祈故事、《冥報記》卷下的開皇中監膳儀同拔虎故事、《法苑珠林》卷七九的開皇十一年太府寺丞趙文昌故事以及 P. 2094 翟奉達抄本中的相同故事,並對於毀佛的建議者衛元嵩沒有遭到佛教徒的攻擊感到不解[41]。

這三種北周武帝故事情節有所不同,其中兩個出自朝廷高級官僚,另一個來自佛教史家,說明初唐長安流傳著不同文本的故事。這既是對北周毀佛歷史的一種記憶,也是初唐佛教環境的一種反映。武德七年七月十四日,太史令傅奕(555—639)與尚書右僕射蕭瑀之間展開爭論。傅奕提出廢除佛教的極端主張,蕭瑀辯論認爲"佛,聖人也。奕爲此議,非聖人無法,請置嚴刑"。傅奕反駁:"禮本事親,終於奉上。而佛踰城出家,逃背其父,以匹夫而抗天子,以繼體而悖所親。蕭瑀非出空桑,乃遵無父之教"。蕭瑀不能答覆,只得合掌:"地獄所設,正爲是人"[42]。在另外一個場合,傅奕指責蕭瑀"先祖已來,不事宗廟,專崇胡鬼,非孝者無親"[43]。

這種爭議引致多種限制佛教的措施,限制政策在貞觀時期有所發展,包括合併寺院、嚴格出家條件、致拜君親以及道先佛後的排序。通過周武帝入地獄故事的口耳相傳,未嘗不起到維護佛教地位、呼籲朝廷不要出臺極端宗教政策的宣傳作用。顯然,故事編者對於宗教政策建議者與制定者的輕重地位有所權衡,初唐長安社會流行數種周武帝入冥傳說,反映了僧俗兩界反對極端宗教政策的願望。

第5則唐遂州人故事,借冥間故事說出庾信在冥間遭受惡報。先看《金剛般若經集驗記》轉引的遂州人魏旻遊歷冥間的經過:

遂州人魏旻，貞觀元年死，經三日。王前唱過，旻即分疎，未合身死。王索簿尋檢，果然非謬。王責取旻使者"何因錯追？笞杖五十"。即放旻歸，遣人送出，示本來之路。至家遂活。父母親屬問云："死既三日，復見何事？"旻具語列："當被追時，同伴一十餘人，其中有一大僧，一時將過。王見此僧，先喚，'借問一時已來，修何功德？'僧白王言：'平生唯誦持《金剛般若經》。'王聞此言，恭敬合掌，贊云'善哉，善哉！法師受持讀誦《金剛般若》，當得生天，何因將師來此？'王言未訖，諸天香華，迎師將去。王即問旻'一生已來，修何功德？'旻啓王言：'一生已來，不讀誦經典，唯讀庾信文章集錄。'王語旻曰：'汝識庾信否？是大罪人！'又旻言：'雖讀文章，不識庾信。'王即遣人領向庾信之處，乃見一大龜，一身數頭。所引使人云：'此是庾信。'行回十餘步，見一人來：'我是庾信，爲在生之時，好作文筆，或引經典，或生誹謗。以此之故，今受大罪。向者見龜數頭者，是我身也。'回至王前。王語使者'將見庾信以否？'白言'已見，今受龜身，受大苦惱。'王言：'放汝還家，莫生誹謗大乘經典，勤修福業。'遣人送出至家。"便即醒悟，憶所屬之言。又見此僧讀誦《金剛般若經》，得生天上。即於諸寺處處求覓，乃見一僧云："我有此經。"旻聞此語，禮拜求請："若得此經，不惜身命。"其僧即付《金剛般若經》一卷，晝夜轉讀。即便誦得，晝夜精勤，誦持不廢。因即向遂州人等，説此因緣。[44]

一般而言，佛教的冥間故事通過某人遊歷幽途，後又復蘇返回人間，追述經歷這種模式，旨在宣傳佛教信仰[45]。魏旻故事情節較爲曲折，除了一般性地宣傳《金剛般若經》之外，特別之處在於加上了庾信入地獄的經過。楊寶玉從文化史的角度解釋此處龜的寓意[46]。筆者將探討蕭瑀編纂這則故事的背景。

考慮到蕭瑀編纂故事的宣傳性特點，直接從庾信著作中尋找"誹謗"佛典的證據，恐非正途；如能找到同時代人引用庾信著作，且這種引用與佛教或蕭瑀有關，不失爲探索其編纂動機的可行路徑。

正如唐長孺指出的，庾信文章在隋唐社會有持續影響。隋煬帝、唐太宗偏好庾信體[47]。不僅文風這樣，唐太宗還利用《哀江南賦》等著述作宗教政策宣傳。吴兢記載：

貞觀二年，太宗謂侍臣曰："古人云：'君猶器也，人猶水也，方圓在於器，不在於水。'故堯、舜率天下以仁，而人從之；桀、紂率天下以暴，而人從之。下之所行，皆從上之所好。至如梁武帝父子，志尚浮華，惟好釋氏、老氏之教，武帝末年，頻幸同泰寺，親講佛經，百寮皆大冠高履，乘車扈從，終日談說苦空，未嘗以軍國典章爲意。及侯景率兵向闕，尚書郎已下，多不解乘馬，狼狽步走，死者相繼於道路，武帝及簡文卒被侯景幽逼而死。孝元帝在江陵，爲萬紐于謹所圍，帝猶講《老子》不輟，百寮皆戎服以聽，俄而城陷，君臣俱被囚繫。庾信亦嘆其如此，及作《哀江南賦》，乃云：'宰衡以干戈爲兒戲，縉紳以清談爲廟略。'此事亦足爲鑒戒。朕今所好者，惟在堯、舜之道，周、孔之教，以爲如鳥有翼，如魚依水，失之必死，不可暫無耳。"⑱

這段話主要引用《哀江南賦》以及《顏氏家訓》。《顏氏家訓》卷四《涉務篇》描寫梁朝士大夫養尊處優，遇亂不堪一擊的情形。唐太宗借用《哀江南賦》的描述，將君主崇教與蕭梁亡國作了直接的因果聯繫，旨在說明王朝要以"堯、舜之道，周、孔之教"統治國家。相應地，佛教與道教不可能在政治上取得很高的地位。

貞觀二十年九月，在譴責蕭瑀出家一事中表現的反覆時，唐太宗仍然不忘梁武崇佛一事：

至於佛教，非意所遵。雖有國之常經，固弊俗之虛術。何則？求其道者，未驗福於將來；修其教者，翻受辜於既往。至若梁武窮心於釋氏，簡文銳意於法門，傾帑藏以給僧祇，殫人力以供塔廟。及乎三淮沸浪，五嶺騰煙，假餘息於熊蹯，引殘魂於雀鷇。子孫覆亡而不暇，社稷俄頃而爲墟，報施之徵，何其繆也。而太子太保宋國公瑀踐覆車之餘軌，襲亡國之遺風。棄公就私，未明隱顯之際；身俗口道，莫辯邪正之心。修累葉之殃源，祈一躬之福本，上以違忤君主，下則扇習浮華。⑲

其中，"假餘息於熊蹯，引殘魂於雀鷇"一句，係化用《哀江南賦》"探雀鷇而未飽，待熊蹯而詎熟"⑳，但沒有庾信那樣隱晦，措辭變爲直接譴責。"子孫覆亡而不暇，社稷俄頃而爲墟，報施之徵，何其繆也"一句，也與庾信《傷心賦》的描述類似。可見，無論從寫作還是宗教政策制定上，《哀江南賦》等著述都給唐太宗長期的影響。

《哀江南賦》《傷心賦》表達的意義與李世民的理解是否存在差距？這就需要觀察這兩篇著作是如何描述宗教的。庾信曾經在建康侍從梁武帝（464—549），又在江陵梁元帝（508—554）宫廷擔任要職。梁末，他顛沛流離於建康、江陵和長安之間。後梁承聖三年（554）四月，庾信作爲南方使節來長安[51]。此後，他長期居住在北方。

《傷心賦》敘述子女在侯景之亂中的喪亡："予五福無徵，三靈有譴，至於繼體，多從夭折。二男一女，並得勝衣，金陵喪亂，相守亡没。"在這種情況下，他傷歎宗教信仰無助於保護家人的生命："人生幾何，百憂俱至。二何奉佛，二郗奉道。必至有期，何能相保？"[52]其中"二何奉佛，二郗奉道"的典故出自《世說新語·排調篇》。《傷心賦》提到梁末國家喪亂的局勢："在昔金陵，天下喪亂，王室板蕩，生民塗炭。兄弟則五郡分張，父子則三州離散。"《哀江南賦》中有"五郡則兄弟相悲，三州則父子離別。"同指梁武帝父子在侯景之亂中不能相互救援。

《哀江南賦》指出梁朝表面長期太平，實際上潛伏深刻的危機："五十年中，江表無事……天子方删詩書，定禮樂，設重雲之講，開士林之學。談劫燼之灰飛，辨常星之夜落。地平魚齒，城危獸角。臥刁斗於榮陽，絆龍媒於平樂。宰衡以干戈爲兒戲，縉紳以清談爲廟略。"[53]其中的"談劫燼之灰飛，辨常星之夜落"，指梁武帝崇佛。清人倪璠在《庾子山集注》卷二中認爲典出《搜神記》及《春秋》等書，似未允當；陳寅恪指出典出《弘明集》卷二劉宋宗炳《明佛論》與卷三《答何衡陽書》[54]，與南朝佛教環境頗爲契合。另外，庾信《奉和闡弘二教應詔》有"無勞問待詔，自識昆明灰"之句，用典與此一致。

這里，《哀江南賦》描繪了蕭梁長期的和平環境，但主要指出這種環境中醞釀的巨大危機。梁武帝不修武備，在外力的摧殘之下，建康政權土崩瓦解。這種描述有强烈的文學渲染效果。

《哀江南賦》又描述梁元帝在承聖二年施道術於兄弟内争："中宗之夷凶靖亂，大雪冤恥。去代邸而承基，遷唐郊而纂祀；反舊章於司隸，歸餘風於正始。沉猜則方逞其欲，藏疾則自矜於己……問諸淫昏之鬼，求諸厭劾之符。荆門遭廪延之戮，夏口濫逄泉之誅。蔑因親以教愛，忍和樂於彎弧。"[55]其中"問諸淫昏之鬼"

以下,分別指梁元帝命樊猛害武陵王紀(508—553)於荆門、遣王僧辯(?—555)逼邵陵王綸(?—551)於夏口。據庾信的描述,元帝使用厭勝術與蕭紀爭勝。《資治通鑒》卷一六五元帝承聖二年三月:"上聞武陵王紀東下,使方士畫版爲紀像,親釘支體以厭之。"顏之推《觀我生賦》描述元帝使用厭勝術抗擊西魏軍隊:"驚北風之復起,慘南歌之不暢(秦兵繼來)。守金城之湯池,轉絳宫之玉帳(孝元自曉陰陽兵法,初聞賊來,頗爲厭勝,被圍之後,每歎息,知必敗)。"㊼周一良指出天師道是蕭梁家族的傳統信仰㊽。梁元帝所爲可能與此有關。

在面臨家國之難時,兄弟子姪之間本應相互救濟,但梁元帝等人卻違反傳統人倫,相互殘殺,給西魏造成有利機會,各個擊破㊾。庾信將道教方術與家國喪亡放在一起敘述,同樣有很强的文學渲染效果。

《傷心賦》中的"五福無徵""必至有期,何能相保"等觀念,與魏晋以來人們的"積善無慶""福善無徵"觀念頗相吻合㊿。可見,庾信並未指斥宗教信仰本身。在《哀江南賦》中,庾信指出故國君臣政治上的缺失,宗教信仰止是一種渲染背景。但是,唐太宗在引用《哀江南賦》時,卻將梁武帝父子的宗教信仰與蕭梁滅亡作因果聯繫,推導出宗教限制政策。

唐太宗對蕭瑀有著複雜的情感。他曾爲蕭瑀在大業和武德年間的正直言行感動,又曾經贊助其佛教信仰:"資繡佛像一軀,並繡瑀形狀於佛像側,以爲供養之容。又賜王褒所書《大品般若經》一部,並賜袈裟以充講誦之服焉。"㉖但他引用《哀江南賦》嚴厲責難蕭瑀,還是批評其言行反覆。蕭瑀去世後,唐太宗仍心存芥蒂,罕見地否决太常寺的"德"、尚書省的"肅"謚議,改爲"貞褊公"㉑,没有改變心目中的印象。

貞觀時期,唐太宗兩次引用《哀江南賦》表明態度,後一次直接針對梁武帝的後代蕭瑀。目的在於爲抑制佛教的政策提供根據。對此,虔誠奉佛的蕭瑀内心一定不能平靜。編纂庾信入冥間故事或許是出於對現實中限制佛教政策宣傳的反應。魏旻遊歷冥間的故事提及的時間是貞觀元年,可證這則故事産生在貞觀時期,這正是唐太宗利用《哀江南賦》等宣示宗教政策的時期。庾信入冥故事的編撰代表了兩種立場針鋒相對的輿論宣傳。

四　故事流傳與七世紀下半葉佛教宣傳新動向

隋太府寺丞趙文昌故事中，當趙文昌問"元嵩何處，追不可得"時，周武帝回答："衛元嵩是三界外人，非閻羅王所管攝，爲此不能追得。"這在孟獻忠轉引本、羽184以及P. 2094翟奉達抄本中是一致的，但《法苑珠林》卷七九則作"吾當時不解元嵩意，錯滅佛法，元嵩是三界外人，非是閻羅王所能管攝，爲此追之不得"。加上了"吾當時不解元嵩意，錯滅佛法"，這樣一來，衛元嵩的建議就沒有滅佛的含義。顯然，與毀佛主謀者的傳統看法相反，這則故事中衛元嵩變成正面的形象[62]。道世沒有注明這則故事的來源，可能是蕭瑀所編《金剛般若經靈驗記》，但作了重要改編。

唐代前期，佛教界對衛元嵩的看法有所變化。這一點尚未引起充分討論。大致以貞觀末年爲界，此前傾向於認爲他是北周武帝毀佛的謀畫者，這在法琳《辯正論》、道宣《續高僧傳》以及蕭瑀《金剛般若經靈驗記》中都有體現。貞觀之後，增加了積極的評價。道宣在麟德元年（664）編撰的《廣弘明集》中評論衛元嵩的建議："上列事條，反則滅法，順則興教。並陳表狀及佛道二論，立主客，論小大。嵩以理通我，不事二家，惟事周祖。以二家空立其言，而周帝親行其事，故我事帝不事佛道。立詞煩廣，三十餘紙。大略以慈救爲先，彈僧奢泰，不崇法度，無言毀佛，有葉真道也。故唐吏部唐臨《冥報記》云云。"[63]道宣認爲衛元嵩的建議是批評僧團過度聚集財富、破壞佛教戒律，並沒有毀佛之意。這顯然是在爲衛元嵩辯護。道世對趙文昌故事的改編與此立場一致。

在《廣弘明集》的另外一處，道宣將歷史上的毀佛運動與僧團過度營建、享用世俗供養聯繫起來："寺塔崇華，糜費於財帛；僧徒供施，叨濫於福田。過犯滋彰，譏嫌時俗。通汙佛法，咸被湮埋。故周、魏二武，生本幽都；赫連兩君，胤惟獫狁。鄉非仁義之域，性絕陶甄之心。擅行殲殄，誠無足怪。今疏括列代，編而次之。庶或迷沒，披而取悟，序之云爾。"[64]道宣引用佛教史實警告僧團違戒現象，是爲了論證僧團管理主張的合理性。

顯慶元年（656），道宣成爲延康坊西明寺上座。此後，他致力於佛教著述與僧團制度建設,宣傳戒律、創立戒壇爲制度建設的重要方面⑥。作爲僧團領袖,道宣對豐厚的世俗供養、華貴的佛教建築以及奢靡的寺院生活産生危機感,因此需要尋找用以警戒的歷史根據。道世與道宣同處一寺,在諸多方面接受道宣的觀點,對於趙文昌故事的改編正是這種影響關係的體現。

在遂州人故事中,庾信陳述入地獄原因是"爲在生之時,好作文筆,或引經典,或生誹謗。以此之故,今受大罪"。羽184作"生存之日,好引諸經,用作文章。或生誹謗,毀訾經文。今受大罪報",P.2094 翟奉達抄本同。這三種説法大致相同。

《法苑珠林》卷一八中的遂州人趙文信故事與上引魏旻故事情節相同,但有若干細節不一致⑥。相同的地方是故事發生的時間、地點、主要情節。二者不同的地方,一是故事主人公不同,《金剛般若經靈驗記》的主人公是魏旻,《法苑珠林》所引爲趙文信。二是庾信自稱的罪名不同,前者稱"或引經典,或生誹謗",所指並不明確。來源於蕭瑀編寫本的羽184證明孟獻忠轉引的準確性。《法苑珠林》則較爲具體:"生時好作文章,妄引佛經,雜糅俗書,誹謗佛法,謂言不及孔老之教。今受罪報龜身。"不僅文字經過修飾,而且增加了"謂言不及孔老之教"一句。筆者認爲釋道世或其他人對蕭瑀著述中的魏旻故事作了重要改編,時間在《法苑珠林》成書的總章元年(668)之前。在此,姑稱後者爲"改編本"。

從二者相同的情節看,改編本可能參考了蕭瑀的《金剛般若經靈驗記》,或者有共同的來源;從二者不同的細節看,改編本有再創作。在《貞觀政要》中,唐太宗將佛教、道教與"堯、舜之道,周、孔之教"相比較,聲明儒家思想的主導地位。改編本則借庾信之口説出"佛法不及孔、老之教"。

隨著統治地位的穩定,李唐統治者逐步確立尊儒崇道的政策。武德七年二月十七日,唐高祖(565—635)到國子學舉行釋奠儀式,儒、釋、道代表都參加並講學。在隨後的詔書中,他不滿於佛教寺院興盛而儒家學校衰弱的現狀,開始明確"敦本息末,崇尚儒宗"的政策⑥。武德八年二月,太子、秦王等參加國子學的釋奠儀式,唐高祖主持三教論衡,在儀式舉辦之前就將佛教的地位排在最後:"堂置三坐,擬敘三宗。衆復樂推,(慧)乘爲導首。時五都才學,三教通人,星布義筵,雲羅綺席。天子下詔曰:'老教、孔教,此土先宗。釋教後興,宜崇客禮。'

令老先次孔,末後釋宗。"⑱

唐太宗、高宗延續這一政策⑲。龍朔二年(662)四月十五日,唐高宗下令朝臣討論道士、女冠、僧尼是否應該致拜君親,這體現了高宗以儒家倫理約束道教和佛教的意圖。僧團持續抵制這一動議,道宣等人致書朝臣、皇太子李弘(652—675)及榮國夫人等有權勢者。高宗最後決定妥協⑳。道宣等人列舉歷史上限制、破壞佛教的事例,以此得到有權勢者的同情與支持。由此可見,《法苑珠林》卷一八趙文信故事中"謂言不及孔老之教"一句,是維護佛教地位的輿論宣傳的一部分。

高宗時期,佛教方面的輿論宣傳因應了僧團面臨的新情勢,體現了世風的變化。隨著社會的安定與寺院財富的增加,需要制止僧團奢侈行爲,因此產生對衛元嵩的正面評價;面對政治上的壓力,需要藉助靈驗故事宣傳以維護教團的地位。

回到產生靈驗故事的初唐時代,就會看到這樣的場景:官僚貴族、僧侶在編寫與傳播故事過程中因應時代的變化,滲入濃郁的個人因素。因此,《金剛波若經靈驗記》故事的編纂以及在流傳中的改編,不僅是佛教信仰的宣傳,也是唐代前期佛教與社會互動關係的生動體現。

倪健(Christopher Nugent)在分析唐代文集流傳時指出,唐人編訂文集並不強調文獻保存的完整,編訂他人文集過程中往往刪削其作品,以塑造或強化其心目中該文集作者的固有形象㉑。這是寫本時代文獻傳播的特點。因此,《金剛波若經靈驗記》的故事在流傳過程中,發生改編、簡編等情形,改編者也成爲故事的作者,應該像對待原作者那樣受到重視。

注　釋

① 《周書》卷四八《蕭巋傳》,中華書局1971年版,第865頁;《舊唐書》卷六三《蕭瑀傳》,中華書局1975年版,第2398頁。

② 王溥《唐會要》卷四八,上海古籍出版社2006年版,第991頁;宋敏求《長安志》卷七,《宋元方志叢刊》第1冊,中華書局1990年版,第110頁。

③ 王國良《〈金剛般若經靈驗記〉探究》,《唐代文學論叢》,臺灣,麗文文化公司1998年版,第515—548頁。

④ 簡梅青《孟獻忠〈金剛波若經集驗記〉文獻學價值探析》,吳春梅主編《安大史學》第2輯,安徽大學出版社2006年版,第28—36頁。

⑤ 邵穎濤《蕭瑀〈金剛般若經靈驗記〉文獻輯佚》,《中國典籍與文化》2011年第4期,第117—123頁。

⑥ 孟獻忠書收入前田慧雲、中野達慧編《續藏經》第87册,臺灣,新文豐出版公司1976年版。參見Donald E. Gjertson, "Early Chinese Buddhist Miracle Tale: A Preliminary Survey," *Journal of the American Oriental Society*, 101: 3, 1981, pp. 294-295。

⑦ 吳光嚇已經簡略梳理初唐《金剛經》靈驗故事的流傳情形,《〈金剛般若經集驗記〉研究》,金知見、蔡印幻編《新羅佛教研究》,山喜房佛書林1973年版,第472—503頁。參見戶崎哲彦《唐臨事蹟考——兩〈唐書·唐臨傳〉補正》,《唐研究》第8卷,北京大學出版社2002年,第81—107頁。

⑧ 岑仲勉《岑仲勉史學論文集》,中華書局1990年版,第767頁。

⑨ 鶴島俊一郎《蕭瑀〈金剛般若經靈驗記〉について》,《明海大學外國語學部論集》第4集,1992年,第128—129頁。

⑩ 徐俊《日本侯爵前田家藏本〈冥報記〉校研》,《文史》2003年第1輯,第114頁。

⑪ 孟獻忠編《金剛般若經集驗記》卷一,《續藏經》第87册,第454頁。"禪"誤抄爲"淨"。清禪寺位於長安通化門内興寧坊南門之東。

⑫ Donald E. Gjertson, *Miraculous Retribution: a Study and Translation of T'ang Lin's Ming-pao chi*, Berkeley, Calif.: University of California, 1989, pp. 217-219; 徐俊《日本侯爵前田家藏本〈冥報記〉校研》,第118頁。

⑬ 郁賢皓、胡可先《唐九卿考》卷七,中國社會科學出版社2003年版,第353—354頁。

⑭ 朱玉麒《化度寺與高熲宅》,《唐研究》第9卷,北京大學出版社2003年,第252頁;邵穎濤《冥界與唐代敘事文學研究》,南開大學博士學位論文,2010年,第100—103頁。

⑮ 邵穎濤《蕭瑀〈金剛般若經靈驗記〉文獻輯佚》,第118頁。

⑯ 參見唐臨撰,方詩銘輯校《冥報記》卷中,中華書局1992年版,第42—43頁。

⑰ 榮新江《辨僞與存真:敦煌學論集》,上海古籍出版社2010年版,第63頁;參見陳濤《日本杏雨書屋藏〈敦煌秘笈〉目錄與〈李(木齋)氏鑒藏敦煌寫本目錄〉之比較》,《史學史研究》2010年第2期,第111頁。

⑱ 武田科學振興財團杏雨書屋編《敦煌秘笈》影片册3,武田科學振興財團2010年版,第

175—178 頁。

⑲ 上海古籍出版社、法國國家圖書館編《法國國家圖書館藏敦煌西域文獻》第 5 冊,上海古籍出版社 1997 年版,第 138—143 頁;參見楊寳玉《敦煌本佛教靈驗記校注並研究》,甘肅人民出版社 2009 年版,第 239—257 頁;鄭阿財《見證與宣傳——敦煌佛教靈驗記研究》,臺灣,新文豐出版公司 2010 年版,第 44—51 頁。

⑳ 段成式撰,方南生點校《酉陽雜俎·續集》卷七,中華書局 1981 年版,第 265 頁。

㉑ 李昉等編《太平廣記》卷一〇二,中華書局 1961 年版,第 688 頁。《太平廣記》引作《報應記》,即《金剛經報應記》,參見盧錦堂《〈太平廣記〉引書考》,臺灣,花木蘭文化出版社 2006 年版,第 265 頁。

㉒ 張先堂《佛教義理與小説藝術聯姻的産兒》,《社會科學》(蘭州)1990 年第 5 期,第 89 頁。

㉓ 鄭阿財《敦煌寫本〈持頌金剛經靈驗功德記〉研究》,《見證與宣傳——敦煌佛教靈驗記研究》,第 68 頁。

㉔ 王國良《〈金剛般若經靈驗記〉探究》,第 545 頁。

㉕ 道宣《續高僧傳》卷五《釋智藏傳》,高楠順次郎、渡邊海旭編《大正新修大藏經》(大正一切經刊行會 1929—1934 年版)第 50 冊,第 465—467 頁。

㉖ 李逸安點校《歐陽修全集》第 5 冊,中華書局 2001 年版,第 2168—2169 頁。

㉗ 孟獻忠編《金剛般若經集驗記》卷一,第 453 頁。

㉘ 姚思廉撰《梁書》卷五一《何胤傳》,中華書局 1973 年版,第 738—739 頁;李延壽撰《南史》卷三〇,中華書局 1975 年版,第 792—793 頁。

㉙ 韋述撰,辛德勇輯校《兩京新記輯校》卷三,三秦出版社 2006 年版,第 45 頁;辛德勇《隋大興城坊考稿》,侯仁之主編《燕京學報》新 27 期,北京大學出版社 2009 年,第 62 頁。

㉚ 釋慧皎撰,湯用彤校注,湯一玄整理《高僧傳》卷一,中華書局 1992 年版,第 5—6 頁。參見魏斌《宮亭廟傳説:中古早期廬山的信仰空間》,《歷史研究》2010 年第 2 期,第 46—64 頁。

㉛ 宋敏求《長安志》卷九,貞觀九年(635),豐樂坊的證果尼寺遷於此,月愛寺被廢,第 124 頁。

㉜ 惠詳《弘贊法華傳》卷一〇,《大正新修大藏經》第 51 冊,第 46 頁。

㉝ 董志翹《〈觀世音應驗記三種〉的重新發現及研究》,《〈觀世音應驗記三種〉譯注》,江蘇古籍出版社 2002 年版,第 4 頁。

㉞ 勝崎裕彦《〈金剛般若經〉靈驗記類について》,《印度學佛教學研究》第 40 卷第 2 號,1991 年,第 85—89 頁;鄭阿財《敦煌寫本〈持頌金剛經靈驗功德記〉研究》,《見證與宣傳——敦煌佛教靈驗記研究》,臺灣,新文豐出版公司 2010 年版,第 73—74 頁。

㉟ 愛宕元《隋末唐初における蘭陵蕭氏の佛教受容——蕭瑀を中心にして——》,福永光司編

㉟ 《中國中世の宗教と文化》,京都大學人文科學研究所1982年版,第551—554頁;王國良《〈金剛般若經靈驗記〉探究》,第517—518頁。

㊱ 周紹良主編《唐代墓誌彙編》,上海古籍出版社1992年版,第386頁。

㊲ 惠詳《弘贊法華傳》卷一〇,《大正新修大藏經》第51册,第44頁。

㊳ 雷聞《走入傳奇——新刊唐代墓誌與〈冥報記〉"豆盧氏"條的解讀》,《唐研究》第18卷,北京大學出版社2012年,第281—303頁。

㊴ 藤枝晃《敦煌出土の長安宮廷寫經》,塚本博士頌壽記念會編《塚本博士頌壽記念佛教史學論集》,1961年,第647—667頁。

㊵ 趙和平《武則天爲已逝父母寫經發願文及相關敦煌寫卷綜合研究》,《敦煌學輯刊》2006年3期,第1—22頁;趙和平《S.5710〈金剛般若經序〉初步研究》,黄正建主編《中國社會科學院敦煌學回顧與前瞻學術研討會論文集》,上海古籍出版社2012年版,第157—162頁。

㊶ 劉亞丁《佛教靈驗記研究:以晋唐爲中心》,巴蜀書社2006年版,第111—117頁。參見楊學勇《P.2094〈持誦金剛經靈驗功德記〉札記一則》,《中國典籍與文化》2008年第1期,第115—116頁。

㊷ 王溥《唐會要》卷四七,第978—979頁。

㊸ 道宣《廣弘明集》卷七,《大正新修大藏經》第52册,第135頁。

㊹ 孟獻忠編《金剛般若經集驗記》卷一,第454頁。王國良《〈金剛般若經靈驗記〉探究》,第523—524頁。

㊺ 侯旭東《東晋南北朝佛教天堂地獄觀念的傳播與影響——以遊冥間傳聞爲中心》,《佛學研究》1999年卷,第247—255頁。

㊻ 楊寶玉《敦煌本佛教靈驗記校注並研究》,第57—59頁。

㊼ 唐長孺《論南朝文學的北傳》,《武漢大學學報》1993年6期,第64頁。

㊽ 吴兢撰,謝保成集校《貞觀政要集校》卷六,中華書局2003年版,第330—331頁。

㊾ 劉昫等《舊唐書》卷六三《蕭瑀傳》,第2403頁;參見《資治通鑑》卷一九八,貞觀二十年九月,第6240頁。

㊿ 吴雲、冀宇校注《唐太宗全集校注》,天津古籍出版社2004年版,第548—549頁。

㉑ 《資治通鑑》卷一六五,元帝承聖三年四月丙寅條,中華書局1956年版,第5113頁;魯同群《庾信傳論》,天津人民出版社1997年版,340頁。

㉒ 許逸民校點《庾子山集注》卷一《傷心賦並序》,中華書局1980年版,第55、63頁。

㉓ 同上書卷二《哀江南賦並序》,第111、113—114頁。

㉔ 陳寅恪《讀書劄記二集》,三聯書店2001年版,第149頁。

(55) 許逸民校點《庾子山集注》卷二《哀江南賦並序》,第150—157頁。

(56) 王利器《顔氏家訓集解》(增補本),中華書局1993年版,第683頁注16。

(57) 周一良《論梁武帝及其時代》,《魏晋南北朝史論集續編》,北京大學出版社1991年版,第43頁。參見 Antonello Palumbo, "From Constantine the Great to Emperor Wu of the Liang: The rhetoric of imperial conversion and the divisive emergence of religious identities in Late Antique Eurasia," in *Conversion in Late Antiquity: Christianity, Islam, and Beyond*, 16 January 2010, University of Oxford, Corpus Christi College.

(58) 周一良《論梁武帝及其時代》,第40頁。

(59) 魏晋時期報應觀的研究,參見王月清《中國佛教善惡報應論初探》,《南京大學學報》1998年第1期,第60—67頁。

(60) 劉昫等《舊唐書》卷六三《蕭瑀傳》,第2402頁。

(61) 王溥《唐會要》卷八〇,第1756頁;劉昫等《舊唐書》卷六三《蕭瑀傳》,第2404頁。

(62) 關於衛元嵩傳記的研究,參見余嘉錫《北周毁佛主謀者衛元嵩》,《輔仁學志》第2卷2期,1931年,第1—26頁。該文改題爲《衛元嵩事蹟考》,收入《余嘉錫論學雜著》,中華書局1963年版,第235—264頁。片岡理《北周の宗教廢毁をめぐる史料の一考察——主謀者としての衛元嵩と佛教史家としての道宣》,《史觀》第118期,1988年,第32—45頁;藤善真澄《衛元嵩傳成立考》考述佛教著作中衛元嵩入地狱故事的形成過程,《東洋史研究》第54卷2期,1995年,第202—235頁,收入《道宣伝の研究》,京都大學出版會2002年版,第299—339頁。

(63) 道宣《廣弘明集》卷七,《大正新修大藏經》第52册,第132頁。陳若水注意到衛元嵩的觀念及道宣對他的評價,但未討論初唐僧團對衛元嵩看法的變化。Chen Jo-shui, "Anti-Buddhism and Intellectual Conditions in Sixth and Seventh Century China," 周質平、Willard J. Peterson 編《國史浮海開新録:余英時教授榮退論文集》,臺灣,聯經出版事業公司2002年版,第104—108頁。陳弱水《排佛思潮與六、七世紀中國的思想狀態》,《唐代文士與中國思想的轉型》,廣西師範大學出版社2009年版,第127—128頁。

(64) 道宣《廣弘明集》卷五,第118頁。

(65) 參見 Chen Huaiyu, *The Revival of Buddhist Monasticism in Medieval China*, New York: Peter Lang Publishing, Inc. 2007, pp. 132-179; 季愛民《道宣與中國佛教史上"法難觀"的形成》,《東北師大學報》2011年第2期,66—70頁。

(66) 道世撰,周叔迦、蘇晋仁校注《法苑珠林校注》卷一八,中華書局2003年版,第608頁。

(67) 王欽若等編《册府元龜》卷五〇《帝王部·崇儒術第二》,中華書局1960年版,第557—

558 頁。

(68) 道宣《續高僧傳》卷二四,《大正新修大藏經》第 50 册,第 634 頁。

(69) 斯坦利・威斯坦因著,張煜譯《唐代佛教》,第 15—20、34—35 頁。

(70) 王亞榮《道宣與長安社會》,《長安佛教史論》,宗教文化出版社 2005 年版,第 230—236 頁;斯坦利・威斯坦因著,張煜譯《唐代佛教》,第 32—33 頁。

(71) Christopher Nugent, "Literary Collections in Tang Dynasty China," *T'oung Pao*, 93 (2007), pp. 51-52; Christopher Nugent, *Manifest in words, written on paper: producing and circulating poetry in Tang Dynasty China*, Harvard University Press, 2010, pp. 27-71. 參見陸楊《西方唐史研究概觀》,張海惠主編《北美中國學》,中華書局 2010 年版,第 101 頁。

《公孫龍子》別解

楊菊生

【提要】 公孫龍的物位思想,是名位思想的理論基礎。他通過對君臣關係的分析,認爲君臣當位則國家治(通),君臣錯位則國家亂(變)。在對堅白石、白馬的分析中,公孫龍洞察出個別與一般的差異,並採用剝離"繁辭"(堅、白)的方法,發現了"獨而正"(石、馬)的共相。他認爲萬物以形分類,"物莫非指"猶"物莫非形";"指"是共相,是"一般物",它存在於"個別物"(物指)中,又不同於"個別物"。"指非指"是"白馬非馬"的公式化表述。"離堅白派"與"合同異派"的對立和鬬争基本上不存在。

公孫龍,戰國時趙國人。《公孫龍子》一書,現存六篇,除《跡府》一篇爲後人介紹他的生平事蹟外,其餘五篇應爲公孫龍本人撰寫。一般認爲,公孫龍是唯心主義詭辯家,故常被列爲批判對象。本文擬對《公孫龍子》提供另一種解讀方法,進而對公孫龍其人其思想給以重新評價。

一 物位思想:名位思想的理論基礎

所谓物位思想,是指萬物産生出來後,在自然界大家庭中,必有一賴以生存的空間或位子。物位思想也可稱爲物格思想,是說天下每一物皆處於一定的時空位置,猶如網絡中的一個方格,中藥店中的一個藥櫃或藥盒。天生我物必有位。《名實論》説:"天地與其所産者,物也;物以物其所物而不過焉,實也;實以

楊菊生　南京財經大學

實其所實而不曠焉,位也;出其所位非位,位其所位,正也。"這段内容,描述了萬物從産生到對號入座的全過程,與《周易·序卦傳》"有天地,然後萬物生焉,盈天地之間唯萬物"相似,强調了世界的物質性及其運行規律的客觀性。比較起來,公孫龍的論述更爲全面而深刻。他提出了他的物位思想,强調了萬物"位其所位"的重要性。具體來説,公孫龍在這裏表達了四層意思:"物也"句是説,天地萬物是客觀存在;"實也"句是説,萬物適時生長,形成實體;"位也"句是説,萬物形成實體後,找到自己的位子坐上去,勿使位子空著;"正也"句是説,只有位其所位,才是正道。

對於這段内容的錯誤解讀,主要表現在兩個方面。一是認爲公孫龍説的"物"是没有物質性内涵的,它是天地萬物的創造者。這以侯外廬等爲代表。他們斷言公孫龍所説的"物",乃是"天地萬物的最後原因,似是'神'的代名詞"。[①] 在他們筆下,客觀存在著的、涵蓋了"天地與其所産者"的"物",被消解得無影無蹤;與此同時,"物"升天變成了"神",變成了"最後原因"的造物主。他們説,"物以物其所物而不過焉"中的第一個"物"字,就是《指物論》中的"指":這個"指"是個"觀念的東西",它可以"直接轉化爲'物指',無須借物而顯現";而當這個"'指'轉化爲'物指'"後,"因而有'物'",才有"'天地與其所産者'的個别的物概念"。[②] 他們先把"物"神化爲"指",再由"指"物化爲天地萬物,爲我們描述了造物主的"造物過程"。他們用柏拉圖的理念論解讀公孫龍所説的"物"字,其結果必然走上否定客觀世界、肯定上帝存在的歧途。這是對讀者的一種誤導。二是認爲"不過"和"不曠"是正名的原則和標準。這以龐樸爲代表。他將"過"字解讀爲"過分",即多了一點什麽;將"曠"字實際解讀爲"欠缺",即少了點什麽。例如以馬命白馬,則爲"過";以白馬爲馬,則爲"曠"。前者多了一個"白",後者少了一個"白"。[③] 其實,這裏的"過"是過錯(指發生災害),"不過"就是没有過錯,是説在物生物("物其所物")的過程中,風調雨順,萬物適時生長、結實;所以"不過"也可理解爲不失時。"曠"是空缺(指位子空著),"不曠"就是没有空缺,是説物生物後,新生之物憑著"出生證"找到了自己的位子,是對號入座的("實其所實");所以"不曠"也可理解爲不空位。"過錯"不等於"過分","空缺"不等於"欠缺";而且不應把它們放在同一個時間點上。天地化育才有

"物",物不失時才有"實",實其所實才有"位",位其所位才是"正",是有時間先後順序的,顛倒不得。問題出在對"不過"的錯誤解讀上,即把"過"字當作"過猶不及"或"言過其實"中的"過"字理解;並由此導致對"不曠"的錯誤解讀,因爲"少了一點"與"多了一點"是相對應的。將"不過"解讀爲沒有過錯,古籍中並非鮮見。如《周易·繫辭上》:"知周乎萬物,而道濟天下,故不過。"《墨經·經說下》:"知狗不重知犬,則過;重則不過。"《荀子·正名篇》:"辨異而不過,推類而不悖。"將"不過"解釋爲不失時,也可以從古籍中得到印證。如《詩·小雅·魚麗》:"物其有矣,唯其時矣。"《管子·白心篇》:"天不爲一物而枉其時。"這也就是《荀子·天論篇》中所説的"天行有常"的意思。

　　《名實論》的主旨是物位其位,即物之名與物之實相當;也就是彼之名只用於彼之實,此之名只用於此之實,不可"彼且此"或"此且彼"。以牛馬爲例,牛之名只用於牛之實,馬之名只用於馬之實,不可"求牛則名馬,求馬則名牛"(《吕覽·審分篇》)。公孫龍的本意是強調概念的確定性、同一性,不可混淆概念,導致名實不當。再以白馬與馬而言,公孫龍不僅從概念的内涵上認定白是"命色"的,馬是"命形"的,所以命色命形的"白馬"不同於命形的"馬";他還認爲,"求馬,黄黑馬皆可致;求白馬,黄黑馬不可致",則從黄黑馬的可致與否,也就是從概念的外延上強調白馬止是馬類中的一種馬,白馬不等於馬。公孫龍還説,"有白馬不可謂有馬",等於説,"有白馬不可謂兼有黄黑馬";也就是説"有白馬"就"只有白馬",並不包括有其他顏色的馬。"馬"涵蓋了白黄黑等"各種馬","不可謂有"就是"非有",所以"有白馬不可謂有馬",可說成"有白馬非有(各種)馬",再去掉兩個"有"字,就簡化成"白馬非馬"。因此,"白馬非馬"可看作是"有白馬非有(各種)馬"的緊縮語。但一般解讀時,將"白馬非馬"説成"白馬不是馬";並認爲只能説"白馬是白馬",不能説"白馬是馬",否則就是"彼且此"或"此且彼"了。這樣,"白馬"和"馬"之間的關係,原本是相容的從屬關係,被曲解爲不相容的排斥關係。這決不是公孫龍的本意。"白馬非馬"不是"白馬是馬"的反命題。"白馬非馬"中的"非"字,本爲"非有",也就是"無有""没有",不可用否定判斷詞"不是"來解讀;這裏是"異於"或"不同於""不等於"的意思,《白馬論》中"異黄馬於馬,是以黄馬爲非馬"就是明證。事實上,"白馬是馬"這一判斷藴含在"求馬,黄黑馬皆可致"中,公孫龍爲了表達自己觀點的需要,故意將白馬隱去。公孫龍並未否定"白馬是馬"的存在權。④應該説,"白馬是馬"和"白馬非馬"是一個事物的兩個方面,可以同真。這就是説,"白馬"是"馬"(中的一種馬),但"白馬"和"馬"不是同一概念,兩種説法都正確。馮友蘭説,"白馬是馬"和"白馬非馬"這兩個命題都是真的,並没有衝突:"白馬是馬"的馬是就這個名詞的外延説的,"白馬非馬"的馬是就這個名詞的内涵説的;"白馬是馬"的馬是就具體的馬説的,"白馬非馬"的馬是就抽象的馬説的。這是對的。但蔡尚思卻批之爲"是非不明,主次不分",持論有失公允。⑤

公孫龍的物位思想,肇始於《禮記·祭法》所説的"黄帝正名百物"和《書經》的"取類正名"。物有屬類分野,人有尊卑上下,不管是物是人,各位其位,那麽天下就太平了。公孫龍就是這樣,從物到人,論證物和人"位其所位"的重要性。因此,他的物位思想,實在是正名、定分即名位思想的理論基礎。在《名實論》中,公孫龍特别強調"正位""當位",反對"出位""非位"。這種守位思想直接源于《周易》,如《鼎卦·象傳》:"鼎,君子以正位凝命。"《坤·文言》:"君子黄中通理,正位居體,美在其中。"《蹇卦·彖辭》:"當位貞吉,以正邦也。"其實正名就是要正位,或者説通過正位達到正名的目的。當你這個"實"坐在該你坐的座位上,實其所實,就是名實相當,叫做"正位"或"當位"。但如果你坐到别人的座位上,或與别人的座位互易了,叫做"錯位"或"易位";如果你的座位被别人強佔了,對别人來説是"佔位",而你就"失位"了;如果你坐到較前較好的座位上,那你就"越位"了。凡此種種,都是不允許的。因爲位非其位,名實不當,就會發生混亂。所以要正名,要正位。公孫龍説:"其正者,正其所實也;正其所實者,正其名也。"這是説正名就要正實;而正實就要實其所實;實正了,位其所位了,名也就正了。"正其所實",不是要改變"實"的内容和性質,而是要改變"實"所處的位置,使此在此、彼在彼,不出位、不錯位。如果你這個"實"坐錯了座位,實非其實,你就該重新對號入座。名位具有相對穩定性,在一定歷史條件下是不變的。所以正名一般不是要改變名位本身,而是要改變實體所處的位置。還應看到,在人類社會關係中,名位一經確定,必有行爲準則相隨;而行爲準則是人類活動在一定歷史條件下的産物。正名就是要求人們按行爲準則辦事,謹言慎行;正位就是要求人們把自己的言行關進名位的籠子裏,非禮勿爲。所以正名的關鍵是你這個"實"必須實其所實,位其所位;也就是找准自己的位子,走正道。從這個意義上説,正名對於任何一種社會形態都是需要的。孔子很看重正名,把正名看做"爲政"的頭等大事,以期循名責實、各位其位,達到克己復禮、求治反亂的目的。那種"用舊名以正新實""用主觀的名去糾正客觀的實"的説法,[⑥]實在是對孔子正名思想的一種曲解。

  正名之要,務在"定分",也就是"定位",即分尊卑、上下、貴賤、賢愚。《周易·繫辭上》:"天尊地卑,乾坤定矣。卑高以陳,貴賤位矣。"在孔子看來,名位的尊卑上下,似乎是天經地義的。他修《春秋》"以道名分"。管子認爲,"義者,謂各處其宜也",而"明分以喻義之謂也"(《心術上》),意思是説,能分君臣上下,就是明事理、知禮義。荀子則從自然和實踐的角度論證了"群而有分"的重要性和必要性:人是群居性動物,"群而無分則爭,爭則亂,亂則窮"(《富國篇》);原因是"勢位齊,而欲惡同,物不能澹(贍)"(《王制》)。他並引用《尚書·吕刑》"維齊非齊"的話,認爲只有不齊,才能齊。慎到也從財物佔有的角度,論證了"分"的重要性。他舉例説,"今一兔走,百人逐之,由分未定",而"積兔滿市,行者不顧,非不欲兔也,分已定矣"。[⑦]"分已定",説明所有權已定,就爭不起來;而"分未定"必爭。因此,定分定位,正名正位,則萬物各得其所,各位其位,各守其職,就不會出亂子,而錯位、佔位、越位等等,乃是致亂之道。春秋無義戰。孔子生於亂世,君不君、臣不臣等事時有發生。他主張正名,主張君君、臣臣、父父、子子,企圖以此來消除各種社會亂象,按周禮要求,恢復正常的社會秩序。他修《春秋》,爲使亂臣賊子懼。儘管他相信天命,思想保守,但並不頑固。他對"禮"的看法,有繼承,有發展,是與時俱進的;他還讚揚湯武革命,認爲"順乎天而應乎人"。[⑧]他的人治理念,即使在今天,在規範人們的行爲準則方面,仍有積極意義。公孫龍的物位思想,爲孔子的正名思想作了深層次的詮釋,他告誡人們説,正名就是要實其所實,位其所位,做到君象君,臣象臣,從而使比較抽象的正名主義變得具體而具有可操作性。

  《跡府》中説公孫龍疾名實之散亂,欲"以正名實而化天下"。而《名實論》是專門論述名實問題的,可以認爲這是一篇反映公孫龍思想的具有綱領性的文章。抓住欲"以正名實而化天下"這條紅線,則《公孫龍子》可解可讀;背離這條紅線,勢必肢解公孫龍的思想,做出錯誤的解讀和判斷。"純邏輯論"便是一例。溫公頤說,公孫龍"擺脫了正名主義的政治邏輯,而把邏輯純化","從純邏輯觀點出發,不帶有政治和倫理意味"。[9]果真如此嗎?在公孫龍自己的言論和文章中,不乏對政治和倫理的高度關注。《莊子·秋水篇》中說,公孫龍自稱"少學先王之道,長而明仁義之行",難道這與政治、倫理無關嗎?《名實論》結尾處他寫道:"至矣哉,古之明王!審其名實,慎其所謂。至矣哉,古之明王!"公孫龍認爲,古代賢明的帝王正確處理了名實關係,把國家治理得很好,讚美之情,溢於言表,難道不帶有強烈的政治傾向性嗎?宋濂《諸子辨》說公孫龍"傷明王之不興,疾名器之乖實……冀時君之有悟,而正名實焉",確認他的思想是帶有政治和倫理意味的。在《通變論》中,公孫龍假物取譬,專論君臣關係和國家治亂問題,說明他是非常關心政治和倫理的(詳見下文)。公孫龍還以"正名實"爲思想武器,以"化天下"爲政治抱負,積極參與了一些社會政治活動。如他駁趙惠王"偃兵",助趙責秦王"非約",勸燕昭王"偃兵",勸梁君勿濫殺無辜,勸平原君拒虞卿爲其"請封"等。[10]公孫龍繼承了孔子的正名傳統,求治反亂,具有明顯的儒家思想色彩。他既不是如晉人魯勝所說,爲孫詒讓、梁啓超諸人認同的"祖述墨學"的墨家,因爲他主張分上下、正名位,而墨子倡導"兼相愛""僈(無)差等";更不是如郭沫若、楊榮國諸人所說的屬於道家,因爲他主張離堅白、別同異,而莊子倡導"萬物與我爲一",不辨是非。漢人司馬談始創"名家"之名,將研究過名實關係且能言善辯的人(辯者)稱作名家,這樣一來,戰國時代多數思想家都被囊括在内,公孫龍自然名列其中。胡適認爲,"古無'名學'之家,故'名家'不成爲一家之言"[11]。這話有一定道理。因爲辯者們各是所是,各非所非,不成一家之言,怎麽能稱"一家"呢?能稱"一家"的,應在宇宙論、人生論或認識論中某一方面有獨特而一致的見解,如儒家講"仁義",墨家講"兼愛",道家講"無爲",法家講"刑法"。名家是個大雜燴,它彙集了各家各派的思想家。在中國哲學史、思想史中,當各思想家一一被其祖師爺認領後,名家門中就止剩下被稱作詭辯家的惠施和公孫龍兩人了,故詭辯家幾乎成了名家的别名。唯一令人困惑不解的是,荀子和公孫龍均是同時代趙國人(公孫龍約比荀子年長22歲),止見荀子將惠施和鄧析"捆綁"在一起批判,未見如今人那樣將惠施和公孫龍"捆綁"在一起鞭撻。雖然,荀子也批評過"牛馬非馬"和"堅白同異",但很難斷定這是針對公孫龍的。荀子對公孫龍網開一面,究其原因,莫非他們在思想深處原本是一家——儒家?

二 治亂理論:君臣當位則治(通),君臣錯位則亂(變)

《通變論》是公孫龍文章中最怪誕的一篇,諸如"二無一""雞三足""左與右可謂二""羊合牛非馬""牛合羊非雞""青以白非黄""白以青非碧"等命題,令人不知所云。其實,説怪也不怪,只要明白這裏的名詞、形容詞和數詞一二,均是比喻就行了。龐樸認爲:"通變論,即通達變化之論,其目的在於弄通變化的道理。"⑫此話有兩個問題:一是如果"通變"一詞是通達變化之意,那麽視"通"即"變","變"即"通",是兩個字義相同或相近的字組成的合成詞,只有通達變化一義;二是如果"通變論"是弄通變化之論,那"通變"一詞就成爲動賓式詞組,也僅弄通變化一義。其實,公孫龍筆下的通變二字,字義相對甚至相反,"通"非"變","變"非"通";也不能組成動賓式詞組,這與《名實論》中的"名實"、《堅白論》中的"堅白"、《指物論》中的"指物"一樣,均是兩個字義相對或相反的字組成的合成詞。"通變"一詞,源于《周易》。《繫辭上》:"一闔一闢謂之變,往來不窮謂之通","化而裁之謂之變,推而行之謂之通"。這裏"變"是變化、變革,"通"是通達、通暢,是指自然界和人類社會發展變化過程中的兩個既相銜接、又有實質性區別的不同階段。《繫辭下》:"易窮則變,變則通,通則久。"這裏的"變則通",並非"變即通"。這句是説,"易"的原理是當走入困境後就要變革,變革才能通暢,通暢才能長久。在《通變論》中,公孫龍參照《周易》,賦予通變二字以特殊的含義:"通"是指君臣當位,政通人和;"變"是指君臣錯位,變亂頻仍。簡言之,"通"是治,"變"是亂。具體而言,馬、黄比喻"通",雞、碧比喻"變"。因此,《通變論》是公孫龍論述國家治亂興亡的一篇文章。《通變論》也可説是《治亂論》或《興亡論》。

"二無一"是本篇主題。譚戒甫認爲,"白馬非馬"就是"二無一"。郭沫若認爲,"白馬非馬"乃是"二非一",並説"《通變論》的'二無一'也就是'白馬非馬'的數字上的衍變"。杜國庠則解釋爲"當概念構成時,構成這個概念的因素概念不能夠和它同時作爲獨立的概念而存在",這就是説,兩個"一"構成"二"時,已失去原來"一"的獨立意義了。龐樸把"二"明確地看作是"全體","一"是"部分",故"二無一"就是"全體中不再存在部分"。屈志清則倒轉過來,認爲"一"是全體,"二"是部分。[13]實際上,這裏的"二"和"一"跟數量基本無關,其意義相對或相反:"一"是比喻一致、協調、和諧,"二"是比喻差異、分離、變亂。例如《墨經》中將"異"分爲二、不體、不合、不類四種,"二"爲異之首。《經説上》解釋道:"二必異,二也。"據侯外廬等統計,《論語》中"異"字凡八見,並指出:"此八'異'字皆可訓'二',訓'貳',訓'離',而與'一'爲對待語,與'二'爲同義語。"[14]因此,"二無一"是説當出現分離、變異時,就無一致、和諧可言了。把這種思想應用於國家、社會,就是"一山不容二虎,一國不可二主"。類似的説法,在先秦典籍中不勝枚舉。《管子·霸言篇》説:"使天下兩天子,天下不可理也;一國而兩君,一國不可理也;一家而兩父,一家不可理也。"("兩"義同"二")《明法篇》又説:"主行臣禮則亂,臣行主道則危","上下無分,君臣同道,亂之本也"。所以主張"威不兩錯,法不二門"。《慎子·德立篇》詳細分析了國亂、家亂的根源是"兩",所以"立天子者,不使諸侯疑焉;立諸侯者,不使大夫疑焉;立正妻者,不使嬖妾疑焉;立嫡子者,不使庶孽疑焉。疑則動,兩則争,雜則相傷,害在有不在獨"。《荀子·致士篇》則認爲:"隆一而治,二必亂。自古及今,未有二隆争重而長久者。"《成相篇》甚至認爲"一而不貳爲聖王"。所以主張"修道而不貳,心結於一"。《吕覽》中也有較多的關於"二無一"的論述,結論是:"一則治,兩則亂。"(《執一篇》)因爲"二"與"貳"通,故"二心"同於"貳心","叛臣"也稱"貳臣"。總之,"二"是形容矛盾、分離、變異的那種狀況,在一個亂象叢生、争鬥不息的國家裏,怎麼會有安寧、祥和之"一"呢?這就是公孫龍"二無一"命題的本意。

公孫龍認爲,國家出現"二無一"的那種狀況,主要是君臣矛盾、君臣錯位引起的;君不君,臣不臣,國必亂。公孫龍以左右、羊牛、青白及其結合方式爲喻,論述了君臣關係的變化;又以一二、馬雞、黄碧爲喻,論述了治亂(通變)之不同結果。這裏，"右"和"左"有貴賤、上下、强弱的區别。《史記·廉頗藺相如列傳》張守節《正義》正義云"秦漢以前，用右爲上"。"以右爲尊"的習俗，大概是從《黄帝内經》中"人左手足不如右强也"的自然規律中引申而來。公孫龍以"右"喻君，以"左"喻臣。所以"陪臣執國命"就是"左與右可謂二"，意謂處於下位的臣子越權凌駕于君王之上，國家就不得安寧了。這裏的"與"和下文的"合""以"等字，兼有連詞和動詞的作用，在它們前邊的詞是處於主動地位的結合者，後邊的詞是處於被動地位的被結合者，詞序的先後有著貴賤、上下、主次之分。其次，馬、牛、羊、豕、犬、雞，古稱"六畜"，其中，馬最珍貴，牛次之，羊又次之，雞最低賤了。這是以人的價值判斷爲根據的貴賤系列，是人爲的"物位表"。公孫龍以"牛"喻君，以"羊"喻臣。當處於下位的"羊"越權凌駕于"牛"上時，變亂就發生了，所以"羊合牛非馬"。"非馬"就是"無馬"。"馬"表示國家通泰，表示"治"，所以"無馬"就是國家没有安寧了。再次，根據五行學説，青、赤、白、黑、黄皆爲正色，這五色和木、火、金、水、土結合，分别表示東、南、西、北、中五個方位，形成東方木（青）、南方火（赤）、西方金（白）、北方水（黑）和中央土（黄）的格局，它們之間又有相生相剋的關係。正色中，表示中央土的黄色最爲尊貴，因爲它象徵國家社稷；而碧非正色，即所謂"驪色"（雜色），最賤。公孫龍以西方金（白）比喻君，以東方木（青）比喻臣。金能克木，君在上、臣在下，天經地義。而當"木賊金"時，即臣下凌駕于君王之上時，就會產生種種矛盾，變亂就會發生；其結果是"碧"，不可能是"黄"，故"青以白非黄"。上述"青以白非黄""羊合牛非馬"和"左與右可謂二"（等值于"左與右非一"），均是從反面論述君臣關係及其結果的，故稱爲"非正舉"；而"白以青非碧""牛合羊非雞"和"右與左非二"（文中以右與左"苟不變"表述之），均是從正面論述君臣關係及其結果的，是"正舉"。這就是説，"非正舉"表示君臣錯位，其結果"非黄"（同"碧"）、"非馬"（同"雞"）、"非一"（同"二"），也就是"變"，是"亂"；"正舉"表示君臣當位，其結果"非碧"（同"黄"）、"非雞"（同"馬"）、"非二"（同"一"），也就是"通"，是"治"。上述君臣關係的結合方式及其治亂結果如表一。表中的"正舉"（箭頭向上），表示君臣當位，產生治（通）的結果；非正舉（箭頭向下），表示君臣錯位，產生亂（變）的結果。其具體表述如下：

表一　君臣關係的結合方式及其結果

所	喻	喻	體		結合方式及其結果	
通	治	一	馬	黃		非正舉
位下者	臣	左	羊	青		
位上者	君	右	牛	白		
變	亂	二	雞	碧	正　舉	

　　正　舉：右與左非二（等值於"右與左則一"）
　　　　　牛合羊非雞（等值於"牛合羊則馬"）
　　　　　白以青非碧（等值於"白以青則黃"）
　　非正舉：左與右可謂二（等值於"左與右非一"）
　　　　　羊合牛非馬（等值於"羊合牛則雞"）
　　　　　青以白非黃（等值於"青以白則碧"）

　　"狂舉"是對治亂（通變）結果的錯誤選擇，如說"與其馬寧雞""與其黃寧碧"。但文中以正確選擇的方式出現的"與馬以雞甯馬""與其碧甯黃"，就不算狂舉了。至於"黃其正矣，是正舉也。其有（猶）君臣之於國焉，故彊壽矣"這段文字中的"彊壽"二字，杜國庠引伍非百説，謂"壽"通"儔"，"類也"，已屬强解；溫公頤則釋爲"勉强的比喻""强爲類比"，也是以不解而解之。⑮其實，公孫龍的本意清楚明白：君臣當位，上下和調，則國家繁榮昌盛、長治久安。

　　公孫龍的物位思想，在《通變論》中表現爲名位思想。他繼承了孔子的正名傳統，將名位思想應用於君臣關係的分析，形成了頗具特色的治亂理論。在他看來，君臣上下，尊卑分明；名位既定，不可逾越。君民臣等，只有各安其位，各守其職，國家才會安寧；反之，則禍起蕭牆，變亂就會發生。但公孫龍將治亂問題，簡單地歸結爲君臣矛盾、君臣錯位，忽視了社會矛盾和階級矛盾，自有偏頗處。其實，在一定歷史條件下，君臣矛盾是社會階級矛盾在統治集團内部的反映。其次，由君臣當位或錯位引發的治亂（通變）問題，在一定條件下是會互相轉化的，治（通）會變成亂（變），亂（變）也會變成治（通）。但公孫龍似乎忽視了這種轉化，這在文章結尾處"兩明而道喪，其無以正焉"的話中，多少流露出了這種絕對化思想。公孫龍的名位思想和治亂理論,有利於社會的穩定和國家的安定,但明顯是爲統治集團鞏固其統治地位服務的。

三 發現共相:"獨而正"的石形和馬形

1. 關於共相

作爲哲學名詞的共相,其本義是一類事物的共同形式或共同形狀。亞里士多德以此對蘇格拉底的"一般定義"進行詮釋。他認爲共相一詞是用來"述説許多個主體的這樣一種性質的東西",而個體卻"不能這樣";[16]並認爲"没有共相我們就不可能獲得知識"。他批評柏拉圖"把共相和個體分離開來",説它們是"單獨存在的",並稱之爲"理念"。[17]因此,亞里士多德的共相論是對柏拉圖理念論的修正或否定。我國學術界將理念論、共相論引進後,應用於《公孫龍子》的研究,開創了新局面;但常常把它們混爲一談,引起概念上的混亂。例如馮友蘭説:"公孫龍未爲共相專立名詞,即以'指'名之,猶柏拉圖所説之概念(Idea),即共相也。"他並用"概念可思而不可見"來描述共相。他在對堅白石的分析中説:"'離堅白'者,即指出'堅'及'白'乃兩個分離的共相也","豈獨堅白離,一切共相皆分離而有獨立的存在"。[18]他所説的"概念""獨立的存在",實是理念,不是共相。再如侯外廬等也把"指"稱作"概念",認爲概念"實際上是'神'的代名詞","概念離事物而獨有,共相離别相而自存";他們還認爲公孫龍把宇宙間所有的具體事物,如白馬、驪牛、堅白石等説成是"莫非概念的自己外化",並稱之爲"概念外化的唯心主義"。所謂"概念外化",就是以"概念"(理念)爲摹本,複製出具體事物來;之所以説是"唯心主義",是因爲"種類既不在於個體之中,共相又在個體之外"。[19]這是地道的柏拉圖的理念論! 這説明,我國學術界從西洋取來的不是亞里士多德共相論的真經。用共相論解讀《公孫龍子》,方向是正確的;用理念論或其變種唯實論、新實在論解讀《公孫龍子》,只會走入歧途。原因在於理念先於個别、高於個别,可以離開個别而單獨存在;而共相存在於個别之中,不可離開個别而單獨存在。前者是唯心的,後者是唯物的。

2. 關於"堅白石離"和"白馬非馬"

堅、白是形容詞,按照新實在論者羅素的説法,名詞貓、狗、人和形容詞白、硬、圓都表現爲共相,[20]那麽視堅、白爲共相是無可非議的。但亞里士多德似未説過白、硬、圓等形容詞是共相。倒是柏拉圖將美、善、大等形容詞當作理念的。柏拉圖有句名言:"美的東西是美使它美的。"[21]這句第二個美字,原是形容詞,現在指"美本身",是理念,是單獨存在的"實體",它已失去形容詞性質了。羅素混淆了理念和共相這兩個概念的區别,用理念論來解讀共相論,以致以訛傳訛,我國學術界也就把形容詞堅、白當作共相了。這是誤解。

公孫龍認爲,在堅白石中,石是形,是"定者"(儘管没有明説),是本質屬性,規定此物是石,不是他物;堅、白是色性,是"不定者",是修飾成分,不是物,具有或藏或離的自離性,可以"不堅石物而堅""不白石物而白"。因此,在堅白石中,堅、白、石三要素有輕重之别,主次之分。《尹文子·大道上》有"以通稱隨定形"的説法,例如"好牛":"好則物之通稱,牛則物之定形"。"好"是形容詞,修飾名詞"牛",是附屬于"牛"的。所謂"通稱",就是到處適用的意思,例如"好"字還可以去修飾馬、人等"定形"之物,稱作"好馬""好人",等等;換句話説,"好"是"不定者",有自離性。所謂"定形",一是説牛是命"形"的,不是命色命性的;二是説牛是"定者",没有自離性。"通稱"與"定形"之間這個"隨"字,表明"好"止是"牛"的一種屬性,具有遊移不定、隨遇而安的特點。"白馬"與"好牛"的詞語組合形式相同,"白馬"也是"以通稱隨定形"的,甚至連"白"的性質也隨定形之"馬"發生了變化。所以《白馬論》説:"白馬者,言白定所白也,定所白者非白也。"與此類似,伍非百也有"以常然者寓偶然者"的説法。他説:"蓋形狀,常然者也;色地,偶然者也。"常然者(如石、馬)好比是個家,偶然者(如堅、白)寓居其中,成爲堅白石、白馬。[22]偶然者就是公孫龍所説的"不定者",常然者就是"定者"。《孔叢子·公孫龍》在説到給萬物命名時,有兩個原則:一是"先舉其色,後命其質";二是"貴當物理,不貴繁辭"。例如堅白石,堅、白表示石之色性,是"繁辭"(修飾辭),捨棄它們仍不失其爲石;"石自體"表示石之形,它是"本質",是物之理,捨棄它就不成其爲石。同理,在白馬中,白是"繁辭",馬是"本質"。古人重質輕辭,表示古人對事物本質屬性的重視(詳見下文)。但現今我國學術界一般都把堅、白、石、馬等要素稱作是"指",是共相,沒有主次之分、輕重之別;並認爲"'物'不過是'指'的集合體的體現者"[23],"'物'是'指'的聚合"[24]。這種觀点,與貝克萊的"存在就是被感知"、馬赫的"感覺要素論"相比較,只有主客觀的不同,沒有實質性區別。陳憲猷認爲:"公孫龍以'形'爲本質之内涵,其他各種屬性是'形'的諸屬性在各方面的反映。"[25]這是對的。"要素聚合論"無疑是錯誤的。

因爲堅、白不是物,所以在自然界的"物位表"上,就没有它們的位置,也就說不上位其所位了。再者,所謂"離堅白",是人們因視覺和觸覺的功能差異("目不能堅,手不能白")而造成感覺上的堅、白分離,只可說堅石二、白石二而不可說堅白石三。由於堅、白皆是"不定者",有自離性,堅、白分離進一步表現爲堅、白離石。但這就象人們處於"失神"狀態時那樣,面對堅、白卻不知有堅、白。此時的石,即石形,從堅白石中"脱穎而出",表現爲神奇的"可思而不可見"的共相。一般認爲,不僅堅、白分離,堅、白、石三要素也是各各分離的;不僅堅、白可離石,石也可離堅、白。所以他們在解讀"石其無有,惡取堅白石乎"一句時認爲:石可離堅離白獨自成石,不必通過堅、白而表現自己是石。但從上下文語意看,這個反問句似針對上文"堅白域於石,惡乎離"那個問句説的:石沒有了堅、白(或藏或離),還能稱做堅白石嗎?堅、白有自離性,可以離石;石無自離性,不會離堅、白。此所謂跑得了"和尚"(堅、白)跑不了"廟"(石)是也。其實,"離"止是手段,不是目的。公孫龍先説堅、白分離,後又説堅、白離石,這猶如剥筍一般,當把堅、白等筍殼層層剥離後,剩下的就是"獨而正"的筍芯——石形了。《堅白論》結尾處的"離也者天下,故獨而正",是説天下萬物的色性都可離物而去,所以留下的就是那獨一而純正的形狀(共相)了。因此,堅、白分離是爲堅、白離石作鋪墊,堅、白離石又爲尋找"獨而正"的"石形"作鋪墊。"獨而正"的"石形",是存在於堅白石中的共相,是石類事物中的一般,尋找並發現它,才是公孫龍主張"堅白石離"的真正目的。這在《白馬論》中,公孫龍認爲"獨而正"的"馬形",是存在於白馬中的共相,是馬類事物中的一般,尋找並發現它,才是他主張"白馬非馬"的真正目的。這時,已回復到遊離狀態的堅或白,我們大可不必去管它。《白馬論》中説:"白者,不定所白,忘之而可也。"可以棄之不論。

公孫龍還認爲,在自然界,萬物雖然各以其個體出現,卻是各以其形狀分門別類的,即所謂"物以類聚";而同類之物必有同一形狀,這同一形狀就是共相。《吕覽·有始覽》有"天斟(聚)萬物,聖人覽焉,以觀其類"的話,止是假託聖人觀其物類命名罷了。因爲同一類事物必有同一形狀,故"石形"是石類之物的共相,"馬形"是馬類之物的共相。這些剝離了繁辭的"石形""馬形",和其他物類之"形",組成了自然界大家庭。這是個"可思而不可見"的"獨而正"的共相世界!在這個自然界大家庭中,形容詞堅、白是不能開門立户的,因爲它們不是"物";堅白石、白馬等個體也不行,因爲它們不是"户主";而石、馬和羅素説的貓、狗、人都可以。這些都是實物名詞,都是單名,都是普遍概念,都有一定的形狀,都是"獨而正"的共相,都可以當"户主"。如果説自然界是片大森林,那麽石、馬、貓、狗、人就是這片大森林中一棵棵"獨而正"的共相之樹;椏杈枝葉則是它們的屬類。凡石類歸"石家"管,馬類歸"馬家"管。拿馬類來説,白馬止是"馬"這棵樹上的一枝,它不能代表整個"馬家",所以白馬異於"馬"。

　　類名有大小,共相有層級。這是因爲萬物門類繁多,存在著屬種關係;而且物類越多,越複雜,屬種關係的層級就越多。"馬"和"四足獸"有屬種關係,"四足獸"和"動物"有屬種關係,直到最高層級的達名即大共名"物"爲止(四足獸、動物、物等可稱爲共名共相,有别于石、馬、貓、狗、人等單名共相)。層級越高,共相概念的内涵越少,外延越大;反之,層級越低,共相概念的内涵越多,外延越小。而處於底層的私名即個別就不是共相了。一般而言,墨家説的類名和荀子説的共名、别名,都有一定的形狀,都是有屬種關係的,都表現爲共相。荀子所説的"共則有共"(内涵逐步减少、外延逐步擴大)、"别則有别"(内涵逐步增多、外延逐步縮小),就是建立在名稱之間具有屬種關係的基礎上的。屬概念和種概念,合稱類概念。任何判斷和推理都離不開類概念。《墨經》上説的"辭以類行""以類取,以類予",是因爲類概念之間具有屬種關係。類概念即共相概念之間具有屬種關係,這是亞里士多德共相論的重要特徵(這導源於蘇格拉底的"辯證"方法,即人們"聚在一起討論問題,按物件的種屬加以辨析",見克塞諾封《回憶録》;這在中世紀羅馬人波愛修的《波爾費留〈引論〉注釋》中也可得到佐證)。[26]值得注意的是,公孫龍在《堅白論》《白馬論》中,採用剥離"繁辭"(堅、白)

即"離"的方法,從單一個別中發現了"獨而正"(石形、馬形)的共相,蘇格拉底採用歸納法即"合"的方法,從衆多個別中發現了"一般定義"(共相);他們都是從"個別"中發現"一般",可謂殊途而同歸,具有同樣重要意義。對公孫龍的重大發現,我們應給以足夠的重視,給予恰當的評價。

3. 關於"離堅白派"和"合同異派"

對於公孫龍主張的"堅白石離",多數學者較重視"堅白分離"而忽視"堅白離石"。於是,所謂"對立物絶對對立"的"離堅白",成了公孫龍思想的核心内容。有"離"就有"合",離(堅白)、合(同異)兩派論的出現,與此不無關係。馮友蘭説:"戰國時論及辯者之學,皆總而言之曰'合同異,離堅白'。或總指其學爲'堅白同異之辯'。"並據此將戰國時代辯者分爲"合同異派"和"離堅白派",分别以惠施和公孫龍爲首領。㉗此論一出,學術界普遍認同。其實此論疑點甚多,能否成立,值得討論。

疑點一:誤"别"爲"合"問題。馮友蘭兩派論的主要依據是《莊子·秋水篇》中公孫龍自謂:"少學先王之道,長而明仁義之行。合同異,離堅白;然不然,可不可。"還有清人馬國翰輯《魯連子》謂齊辯士田巴"毁五帝,罪三王,訾五伯;離堅白,合同異,一日而服千人"。且不説其中並無離、合兩派對立鬥爭跡象,其資料真實性也值得懷疑。據錢穆考證,《魯連子》是僞書;而《莊子》書中内容,可能傳抄致誤。《淮南子·齊俗訓》稱公孫龍"析辯抗辭,别同異,離堅白,不與衆同道",與《莊子》説法不同。侯外廬等注意到這一問題,認爲《莊子》書中的"合同異"有誤,説:"此處'合'字應是'别'字之誤。"這是可能的。㉘因爲在公孫龍的文章和有關言論中,没有涉及"合同異"的。相反,在《通變論》中,公孫龍認爲羊、牛雖可稱做一類,卻是"類之不同"者;馬、雞差異大,因而"材不材,其無以類"。這説明公孫龍是主張"别同異"的。《墨經·小取》認爲辯者的六大任務之一即爲"明同異之處"。漢人劉向《别録》中説:"辯者别殊類使不相害,序異端使不相亂。"試問,作爲辯者,不别同異,何辯之有?辯學是别同異、明是非的學問。公孫龍不别同異,還算是辯者嗎?足見《莊子》書中的"合同異"有誤,資料有問題。馮友蘭憑藉這近於孤證且有問題的資料,並冠以"皆總而言之曰"的概括性語言,認定戰國時代辯者中離、合對立兩派的存在,有失偏頗。

疑點二：離、合相容問題。按龐樸的說法，離、合"兩個學派，形同水火，彷彿毫無共通性可言"[29]。如果《莊子》書中"誤'別'爲'合'"的情況没有發生，公孫龍既"離堅白"，又"合同異"，那麽"兩個學派"就有"共通性可言"，離、合觀點可以相容，且集於公孫龍一身。從上面的分析中可知，此種情況似不可能發生。而惠施則不然。史料中並無直接證據證明他持"合同異"觀點，止是"歷物十事"中的"泛愛萬物，天地一體也"一事，確有明顯的"合同異"傾向。其他九事，很難説都是講"合同異"的。例如"大同而與小同異，此之謂小同異；萬物畢同畢異，此之謂大同異"一事，是講萬物"有同有異"，因爲觀察角度的不同，既有同異之分，又有大小之别；不像是講萬物"合同異"的，因爲"合同異"的實質是"視異爲同""合異爲同"，有悖於"有同有異"的初衷。更值得注意的是《莊子·德充符》説惠施"天選子之形，子以堅白鳴"，《齊俗訓》説他"以堅白之昧終"；又《文選·演連珠》劉峻注："倪惠以堅白爲辭。"（倪惠即倪説、惠施）這裏的"堅白"，不可能是指"盈堅白"，因爲莊子是帶著批評的口吻介紹惠施的。看來惠施是個矢志不渝的"離堅白"思想持有者，而"合同異"思想充其量不過是他思想中不很重要的一部分。儘管如此，似可說明離、合兩種觀點在一定條件下是可以相容的，並非針鋒相對。如果這樣，那麽"形同水火"的離、合兩個學派的存在與否，不是大可懷疑嗎？

疑點三：響應記載問題。如果離、合兩派確實存在，就應該留下相互論戰的記載。如象《吕覽·淫辭篇》《孔叢子·公孫龍》記有孔穿和公孫龍"相與論於平原君所"，或象《莊子·齊物論》中記有批評公孫龍的指、馬之喻，或象《莊子·秋水篇》記有魏牟以井底之蛙批評公孫龍，使他無話可說，只好逃走，或象《史記·平原君列傳》記有"鄒衍過趙，言至道，乃絀公孫龍"。類似的情況，竟没有發生在惠施和公孫龍之間，豈不怪哉？至於《莊子·天下篇》記有惠施以歷物十事"曉辯者"，"天下辯者相與樂之"，辯者們也以二十一事"與惠施相應，終身無窮"，表明惠施與辯者們在這些論題上觀點還比較一致，辯者們對惠施止是應之、樂之，鮮有爭之、辯之者，没有發生"形同水火"的那種不愉快情況。文中雖提及公孫龍爲"辯者之徒"，但似不在"曉辯者"之列，談不上他曾與惠施論戰過。

疑點四："堅白同異之辯"問題。《荀子》書中多次提到"堅白同異"，《莊子》

《史記》稱"堅白同異之辯"。馮友蘭認爲"堅白同異之辯"是指離、合兩派對立說的,這未免望文生義。因爲"離"雖是"合"的反義詞,但"堅白"不是"同異"的同義詞,故"離堅白"不是"合同異"的反命題。"堅白同異"確是先秦時期辯者辯論的兩個專題,且由來已久,可以上溯到楊朱時代。《莊子·駢拇篇》說:"駢於辯者,累瓦結繩,竄句遊心于堅白同異之間,而敝跬譽無用之言非乎?而楊、墨是已。"楊朱約比公孫龍早75年,楊、墨(家)進行堅白同異之辯時,公孫龍尚未出生。[30] 堅白同異之辯,不是堅白與同異之辯,而是堅白之辯和同異之辯的合稱。《莊子·胠篋篇》中的"頡滑堅白,解垢同異"就是指此而言的。堅白之辯,有離、盈兩派;同異之辯,有別、合兩派。"離堅白"和"別同異",觀點相近;"盈堅白"和"合同異",觀點相近。不妨將前者稱做"離別派",後者稱做"盈合派"。而"離堅白"與"盈堅白","別同異"與"合同異",觀點相反,是對立的,爭論主要發生在它們之間。楊朱"爲我","拔一毛而利天下不爲也",在堅白同異之辯中,似應屬於"離別派",公孫龍是這派代表;墨翟"兼愛","摩頂放踵利天下",在堅白同異之辯中,似應屬於"盈合派",莊子可做這派代表(見表二)。

表二 堅白同異之辯及代表人物

派 別	堅白之辯	同異之辯	代表人物
離 別 派	離 堅 白	別 同 異	公 孫 龍
盈 合 派	盈 堅 白	合 同 異	莊 周

而所謂的"離堅白派"與"合同異派"的對立和鬥爭,猶如隔山打虎一般,因爲它們不在同一個平臺上,不存在捉對廝殺的條件;即使有所攻訐,本質上仍是堅白之辯和同異之辯。與離、合觀點可以相容一樣,盈、別觀點也不是針鋒相對的。例如墨家重視"類"的區別,後期墨家內部更有"堅白同異之辯",並相謂"別墨"。侯外廬等認爲,歷代研究者不知施、龍所持論旨針鋒相對,是因爲將辯者二十一事都當做公孫龍一派的論題,遂不能與惠施的歷物十事相分別,並引明人方以智的觀點,認爲施、龍的觀點是對立的,從而論證馮友蘭離、合兩派論的正確性。其實,將惠施的歷物十事均作爲合同異論題已經不妥,將辯者二十一事劃分爲"離堅白"和"合同異"兩類也十分牽強。要之,用非此即彼的兩分法,將戰國

時代的具有豐富思想內涵的辯者論題，分別貼上"離堅白""合同異"標籤，缺乏科學根據。公孫龍"善爲堅白之辭"，可視他爲歷代離堅白思想的代表者。惠施竟"以堅白之昧終"，這個合同異派首領實在不夠稱職。那種"惠施雖以'合同異'名家，並非不言'堅白'"，"施從'合'的觀點談堅白同異，龍從'離'的觀點談堅白同異"的説法，實難自圓其説。㉛龐樸則認爲，公孫龍的"'離堅白'的觀點，完全包含在惠施的'合同異'的觀點中，雖然是作爲對立物"，更叫人匪夷所思。㉜且惠施本人約比公孫龍年長50歲，惠施去世時公孫龍才兩歲（錢穆："施、龍之年輩不相及，其未能相交遊"），相互對陣的可能性幾乎爲零，這一出"關公戰秦瓊"式的好戲，似無上演的背景條件。

四 "指"即"形"：打開《指物論》的一把鑰匙

《指物論》是公孫龍文章中最難讀的一篇。文章開頭的"物莫非指，而指非指"，是本篇的總綱。其後句"指非指"中的兩個"指"字，不可能同義；"而"字是轉折連詞，故前句中的"指"字必與後句兩個"指"字中的一個同義，一個不同義。句式或爲"物莫非A，而A非B"（甲式），或爲"物莫非A，而B非A"（乙式）。由於下文中有"使天下無物指，誰徑謂非指"一句，意思是"因爲有'物指'，才去説'非指'"，故"物指"可視作與"非指"等值。將"物指"代入"指非指"中，則成"指物指"，可知"指非指"中前一個"指"字實爲"物指"。於是，"指非指"變形爲"物指非指"，"物莫非指，而指非指"可寫成"物莫非指，而物指非指"。句子屬乙式。弄清"指非指"實爲"物指非指"，對弄清"指"字含義和解讀全文，起著至關重要的作用。

《指物論》全篇269個字中，"指"字竟有49個之多。上文説過，馮友蘭把"指"字解讀爲共相，這很有見地；但同時他把共相和理念搞在一起，也沒有説清楚爲何"指"是共相。後來的研究者們多半以"概念"或"觀念"解之，不但含糊不清，而且有與柏拉圖的理念論沒有劃清界限之嫌。要弄清"指"字的確切含義，還得從萬物的特徵談起，並搞清形與名、名與指、指與形等三種關係。

1. 形、名關係：名出於形

遠古之初，混沌一片，無物無形無名。《老子》五十一章説：“道生之，德育之，物形之，勢成之。”意思是説萬物靠道生德養，並獲得形狀，自然成長。《周易·繫辭上》：“形而上者謂之道，形而下者謂之器。”可見器物都是有形的。《荀子·解蔽篇》：“萬物莫形而不見。”《正名篇》幾乎把“物”和“形”等同起來：“異形離心交喻，異物名實玄紐。”《莊子·天下篇》也有“形物自著”的説法。可見物必有形；有形是萬物的基本特徵。但“物”有二態，“形”有二義。作爲有形實體的“天地與其所産者”，是物中的具體的個別事物，它們有形有體，我們稱之爲“個別物”；作爲個別物組成之屬類，是物中之一般事物，它們有形無體，我們稱之爲“一般物”。與此類似，“形”的基本義有形體和形狀。“形狀”是人們從一類事物的衆多“形體”（個別事物）中抽象而得的共同形狀即共相，是人們“知其象則索其形”（《管子·白心篇》）和“摹略萬物之然”（《墨經·小取》）的結果。它是虛象，不是實體。摩崖上的人形石刻，白紙上的人形圖畫，均是概念化的“人”（“兩足而無毛”）；它是共相，雖不可見，但存在於所有活生生的具體人中，我們能説世界上没有“人”嗎？《墨經·經説上》説：“物，達也，有實必待之名也。命之‘馬’，類也，若實也者，必以是名也。命之‘臧’，私也，是名也，止於是實也。”不管是私名（個別物）還是達名、類名（一般物），都是反映“實”的，或者説，都是客觀存在的反映。一般物是客觀事物的一種特殊存在方式。理念論與共相論的根本區別在於：理念論認爲一般物可以離個別物而獨存，共相論認爲一般物不可離個別物而獨存。

有形就有名。《管子·心術上》：“物固有形，形固有名”，“姑（詁）形以形，以形務（侔）名”。這是説，物本有形，形必有名，應根據萬物的各種形狀來形容萬物，根據萬物的各種形狀來命名萬物。這裏的“形”字明顯具有一般或共相的性質。《管子》又認爲：“以其形，因爲之名，此因之術也。”即根據萬物之形狀命名萬物，是一種順應自然的命名方法。《尹文子·大道上》也説：“名生於方圓”，“名者，名形者也；形者，應名者也”，確認名從形來。對此，吕思勉在《先秦學術概論》中也作了精闢的論述。他説，“物已既成，必有其形”，“名出於形”；並説：“人之所以知物者，特此形耳。形萬殊也，則各爲之名。名因形立，必與形合。”

綜觀世界各民族的原始文字，無不是象形文字（周有光稱"形義文字"），例如埃及的古文字。我國現在使用的方塊漢字，其中很多是象形字；所謂"六書"，就是以象形爲基礎的六種造字方法。象形，就是描摹實物形狀，《墨經》稱作"擬實"；而"擬實"就是"擬形"，即《周易·繫辭上》所説的"擬諸形容，象其物宜"。《墨經·經説上》還舉例説："名若畫虎也。"意即畫出的虎之形，即爲虎之名。這與牛、馬之名產生於牛、馬之形是一樣的。篆書中虎、牛、馬三字分別寫成 虎、半、馬，可説是最簡明的動物肖像畫。因爲名從形來，逐漸出現了"形名"一詞。譚戒甫説："因爲凡物必有形，再由形給它一個名，就叫'形名'。"又説："'形'即是物的標幟，'名'即是形的表達；物有此形，即有此名。"[33]這表明，古人在辨認萬物並給以命名時，特別重視萬物的外部特徵，視其爲本質屬性。莊子説："萬物皆種也，以不同形相禪。"（《寓言》）赫胥黎也説："生生者各肖其所生。"（見嚴復譯《天演論》）這是因爲物形内含有物種的不同遺傳信息。尹文説"牛則物之定形"，公孫龍説"馬者，所以命形也"，都認爲牛、馬之名來源於牛、馬之形。伍非百在論述《墨經》"命之馬，類也"時説："命之馬者，以其同形狀而名之。"可見，同類必同形，同形必同名。反之，殊類必殊形，殊形必殊名。因此，形和名是密不可分的：名出於形，名可代形，名即是形。在孫武的兵法中，形和名成了可以相互替代的一種治軍禦敵手段（詳見下文）。

2. 名、指關係：名可代指

《墨經·經説上》説："或以名示人，或以實示人。舉友富商也，是以名示人；指是霍（鶴）也，是以實示人也。"這是説，人們交流思想有兩種方式，一是用"名"舉實，二是用手"指"實。用"名"舉實是在物名產生以後，是一種比較間接、比較文明的交流方式，時空限制小；用手"指"實只限於眼前事物，是一種相對直接、相對原始的交流方式。《指物論》認爲："天下無指者，生於物之各有名，不爲指也。"這是説，之所以天下無指，是因爲天下萬物已各有名稱；既然有了名稱，何必再用手去"指"呢？這也就是説，天下本來是有"指"無"名"的，現在變爲有"名"無"指"了。顯然，這裏的"指"是動詞，是以手指物之"指"。這表明：先有"指"，後有"名"；"名"是對"指"的替代。從"指實示人"到"舉名示人"，實在是先民們在生產、生活的實踐中被倒逼出來的。這可從"名"這一字的產生，窺探其端倪。《説文》:"名,自命也。從口從夕。夕者,冥也。冥不相見,故以口自命。"這是説,白天,人們可以指著實物示人;到了夜晚,所示之物變得模糊不清,甚至看不見,人們只好給它起個名呼叫之,以名示人了。這就是荀子在《正名篇》中所説的"制名以指實"。隨著名越來越多,人們"聲出口,俱有名"(《墨經・經説上》),人類開始走向文明。至此,人類社會完成了"名"對"指"的替代,"無名"世界變成了"有名"世界。但公孫龍似乎仍沉湎於過去的"無名"世界,企圖返樸歸真,故意以"指"代"名",而要説"物莫非指"了。但此"指"非彼"指":"指是霍也"中的"指"表示動作,"物莫非指"中的"指"表示共相,詞性、詞義都發生了實質性變化。《爾雅・釋言》:"指,示也。"邢《疏》:"示,謂呈現於人也。""指"字的字義已從手部指示動作變爲物象的自我顯示。因此,"物莫非指"是説萬物莫不呈現出各種不同的形狀;"物莫非指"猶"物莫非形"。而"名"出於"形","物莫非形"也可解讀爲"物莫非名"。"物——指——名"的命名模式其實是"物——形——名"的變相形式。公孫龍所説的"物之各有名",在"物"和"名"之間,是跳不過"形"或"指"這個中間環節或中介作用的,句意與呂思勉所説的"形萬殊也,則各爲之名"相當。這裏的"形"和"指"都表現爲共相,"名"則是它們的語言表達形式。

3. 指、形關係:指即是形

萬物皆有形,有形便可指;可指必是物,物如其所指。從"指"到"形"有一個機制轉換問題。當人們順著手指的方向注視前方某一物時,被指的物形被反射回來,映入人們的眼簾,這物形便是被指的東西,就是"所指"。"指"(動詞)的東西成了"所指"(相當於名詞),這猶如"畫"(動詞)的東西成了"畫"(名詞)一樣。故"所指"便是"形"。"物莫非指"其實是"物莫非如所指"的簡化,與"物莫非形"等值。由於"指"即是"形",故"指物論"也可説成"形物論",是專門論述"形"(共相)與"物"(包括"一般物"和"個別物")的關係的。"指"即是"形",是解讀《指物論》、打開《指物論》之門的一把鑰匙。

其次,作爲共相的"指"必然是"形"(形狀)。上文説過,公孫龍在對堅白石和白馬等個體的分析中,洞察出個別與一般的差異,提出了"堅白石離"和"白馬非馬"等著名命題,並且採用剥離"繁辭"(堅、白)的方法,發現了"獨而正"的共相（石形、馬形），再以"指"名之。在這裏，形、指和共相是等值的（馮友蘭認定"指"是共相，惜其未與"形"掛鈎）。在《指物論》中，"指"字在一般情況下表現爲共相的"形"。如"天下無指，物無可以謂物"：堅、白等色性若沒有石形、馬形等"定形"之物作載體，天下就沒有堅白石、白馬了。又如"指也者，天下之所無"：單純的不含色性的石形、馬形，即所謂"石自體""馬自體"，是"可思而不可見"的，也可說是天下所無的。再如"且夫指固自爲非指"：石形、馬形等共相以堅白石、白馬等"非指"（物指）顯示出它們的存在。

再次，我們還可從莊子批評公孫龍的一段話中，知道"指"即是"形"。莊子説，"以指喻指之非指，不若以非指喻指之非指；以馬喻馬之非馬，不若以非馬喻馬之非馬。天地一指也，萬物一馬也。"（《齊物論》）原文指、馬對舉，作用相同。郭沫若認爲，這裏的指、馬"止是一個符號"（《十批判書》）。這是有道理的。那麼是個什麼符號呢？莊子説："天地，形之大者也"（《則陽篇》）；尹文説"牛"是物之"定形"，公孫龍説"馬"是"命形"的。看來，這個符號就是"形"：天地是大形，萬物是一個個小形。在莊子看來，所有天地萬物，都是沒有什麼本質區别的，只有形狀大小的不同。但"形"有虛實之分，形體不同於形狀。因此公孫龍在講"物莫非指"的同時，强調了"指（物指）非指"，即個別不同於一般。"指非指"可以看作是"白馬非馬"的公式化表述。

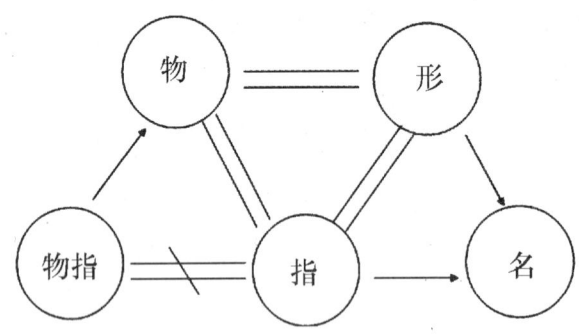

物、物指、指、形、名關係示意圖

上圖是物、物指、指、形、名五者關係示意圖，基本上由左、中、右三個三角形組成。左：物（一般物）是指（共相），物指（個別物）不等於指（共相），物（一般物）是物指（個別物）的抽象。中："物莫非指"猶"物莫非形"，形和指是等值的。

右:物(一般物)——形(形狀)——名是一般命名模式,物(一般物)——指(共相)——名是變相命名模式;名是形和指的語言表達形式。

與上文有關,附帶要論及的是"形名"與"刑名"問題。一般辭書和論著中都認爲"形名"等同於"刑名"。清代東吳人王鳴盛雖持此説,但他強調:"刑非刑罰之刑,與形同,古人通用,刑名猶言名實。"㉞裘錫圭在研究馬王堆《老子》甲乙卷本前後佚書時指出:"其實'形名'指事物的本形及其名稱,跟刑法根本無關。"㉟戰國末至秦漢間,以商鞅、韓非爲代表的法家思想佔統治地位,刑名法術思想盛極一時,遂以"刑"代"形","刑"與"形"通用,"形名"和"刑名"從此混淆不清了。其實,刑名法術思想與"以形務名"的形名思想無涉,與"循名責實"的正名思想也有本質上的區別。"刑名"一詞,常見於漢人筆下,馬王堆是西漢墓,帛書將"形名"寫成"刑名",也就不奇怪了。在法家思想集大成者韓非的文章裏,"形名"變爲"事名",與"名實"同義(以事爲實,以言爲名)。如《二柄篇》:"形名者,言與事也。"《主道篇》:"有言者自爲名,有事者自爲形。"伍非百認爲:"以形名之原則,用之于刑當其名,則變爲刑名。此後世'刑名'二字之所來。"㊱這一説法基本符合歷史事實。因此,將"形名"與"刑名"等同起來是不妥的。

"形名"一詞,最早見於《孫子·勢篇》:"鬥衆如鬥寡,形名是也。"曹操注:"旌旗曰形,金鼓曰名。"即所謂"言不相聞故爲鼓鐸,視不相見故爲旌旗"。"形名"在這裏是號令三軍的一種治軍禦敵手段:或舉旗或擊鼓,則進軍;或偃旗或鳴金,則收兵。形、名雖異,但其傳遞信息的功能是一樣的,可以交替使用。

《莊子·天道篇》説:"形名者,古已有之,而非所以爲先也。"雖然古逸書上已有"形名"一詞的記載,但最早恐不會早於《孫子》。因爲莊子文章的內容,從明大道、明道德、明仁義、明分守、明形名、明因任、明原省,直到明賞罰,上承老子的道家思想,兼收孔子的儒家思想,歸結於明賞罰的法家思想,可以看做是一種道家思想向法家思想發展的過渡形態,而孫武差不多與老子、孔子同時代稍晚之人。裘錫圭把稷下學派的田駢、宋鈃、尹文等人稱作道法家,而道法家都是講形名的。㊲因此莊子見到的古逸書其實並不很古,很可能出自哪位道法家之手。馮友蘭將這裏的形名二字解讀爲"某人者,形也;某職者,名也",可備一説。㊳

歸納起來,我們把"形名"一詞的發展演變,粗略地分爲三個階段。大致戰國前爲"物名階段",戰國時爲"事名階段",戰國後爲"刑名階段"。物名階段"以形務名",是文明社會之緣起;事名階段"循名責實",是正名主義的產物。而刑當其名之"刑名",與原先之"形名"已大異其趣,幾乎風馬牛不相及。

通過以上分析,我們知道公孫龍對名實論、治亂論均有獨到見解。尤其是他在洞察個別與一般差異的基礎上,對個別與一般的關係作了較詳盡的分析。他採用剝離法,發現了"獨而正"的共相(形狀),與蘇格拉底採用歸納法發現"一般定義"即共相具有同等重要意義。他深受儒家思想的影響,求治反亂,欲以正名實而化天下,積極參與一些社會政治活動。他不僅是當時頗有影響的思想家,也是當時知名的政治家。但由於公孫龍採用當時辯者們常用的苛察繳繞、正言若反的表達方法,他的真知灼見不爲常人所理解,學術界長期以來多半以唯心主義詭辯家目之,成爲批判對象。譚戒甫將公孫龍所行事,與蘇秦、張儀各持詭辯、玩弄人主、以要厚利高爵相比,認爲"其正邪高下,殆猶天壤之差",並歎曰:"嗚呼!龍誠才智之君子也,孰謂詭辯之雄者乎?其妄膺不美之名而爲後世所詬病,蓋亦冤之甚矣。"[39] 其評説不爲過也。錢穆則稱公孫龍爲"賢人""君子",讚揚他"恂工退讓,不溺仕宦"。[40] 馮友蘭也曾爲惠施、公孫龍説了句公道話:"他們在某些問題也帶有一些詭辯的傾向,但不能歸之於詭辯流派。"[41] 筆者懷著崇敬的心情研讀《公孫龍子》並寫成此文,冀望學術界給公孫龍其人其思想以應有的歷史地位。這也是一個對傳統文化能否予以客觀評價並給以發揚光大的問題。

2014 年 5 月 31 日於無錫鴻山

注 釋

① 侯外廬、趙紀彬、杜國庠《中國思想通史》第一卷,人民出版社 1957 年版,第 448 頁。

② 同上書,第 448—453 頁。

③ 龐樸《公孫龍子研究》,中華書局 1979 年版,第 49—79 頁。

④ 同上書,第 78 頁。龐樸認爲:"公孫龍止是否定'白馬是馬'的存在權,他還提不出任何'改善'這個判斷的辦法。"

⑤ 蔡尚思《論公孫龍的違反辯證法——駁馮友蘭先生論"白馬非馬"》,《哲學研究》1981 年 7 月。

⑥ 溫公頤《先秦邏輯史》,上海人民出版社 1983 年版,第 11—172 頁。

⑦ 引自《吕覽·順勢篇》。

⑧ 《論語·爲政》:"殷因于夏禮,所損益可知也;周因于殷禮,所損益可知也;其或繼周者,雖百世可知也。"又,《周易·革卦》中的《彖辭》相傳爲孔子所作。

⑨ 同注⑥,第52頁。

⑩ 參見《吕覽》中的《審應》《淫辭》《應言》及《莊子·逸文》《史記·平原君列傳》。

⑪ 轉引自龐樸《公孫龍子研究》第103—108頁。

⑫ 同注③,第26頁。

⑬ 參見譚戒甫《公孫龍子形名發微》、郭沫若《十批判書》、杜國庠《便橋集》、龐樸《公孫龍子研究》、屈志清《公孫龍子新注》。

⑭ 同注①,第184頁。

⑮ 同注⑥,第52頁。

⑯ 〔英〕羅素《西方哲學史》上卷,商務印書館1991年版,第213頁。

⑰ 《西方哲學原著選讀》上卷,商務印書館1981年版,第58頁。

⑱ 馮友蘭《中國哲學史》上冊,中華書局,1961年版,第258—261頁。

⑲ 同注①,第454—471頁。

⑳ 同注⑯,第212—213頁。

㉑ 同注⑰,第73頁。

㉒ 伍非百《中國古名家言》(上),謂:"蓋形狀,常然者也;色地,偶然者也。以常然者寓偶然者,名之所以止繁也。"(中國社會科學出版社1981年版,第75頁)

㉓ 同注⑥,第41頁。

㉔ 周文英《中國邏輯思想史綱》,人民出版社1979年版,第7頁。

㉕ 陳憲猷《公孫龍子求真》,中華書局1990年版,第36頁。

㉖ 同注⑰,第59—232頁。注意:馬與白馬有屬種關係,白與白馬無屬種關係。

㉗ 同注⑱,第268頁。

㉘ 同注①,第458頁。

㉙ 同注③,第120頁。

㉚ 楊、墨"堅白同異之辯",莊子未做具體說明。墨家主"盈堅白",當時"不歸楊則歸墨",可推知楊朱主"離堅白"。

㉛ 同注①,第417—419頁。

㉜ 同注③,第118頁。

㉝ 譚戒甫《公孫龍子形名發微》,武漢大學出版社2006年版,第1頁。

㉞ 王鳴盛:《十七史商榷》卷五《史記五之二》。

㉟ 裘錫圭《馬王堆〈老子〉甲乙卷本前後佚書與"道法家"》,《中國哲學》第二輯,三聯書店1980年3月,第72頁。

㊱《中國古名家言》(下),第770頁。

㊲ 同注㉟,第76頁。

㊳ 同注⑱,第404頁。

㊴ 同注㉝,第155頁。

㊵ 錢穆《惠施公孫龍》第39頁,轉引自《中國哲學史文集》,吉林人民出版社1979年版,第149頁。

㊶ 同注③,第111頁。

《周易補疏》辨正

谷繼明

【提要】 清代的經學,主要是以復興漢學,排擊兩晋經學與宋學爲主要特色。在這種情況下,王弼的《周易注》不可避免地會被集中批判。但是焦循作爲清代著名易學家,卻特别爲王弼辯護,止是他的辯護很大程度上曲解了王弼,有必要逐條加以辨析。其錯誤可以分爲版本、史實、訓詁、義理等方面。

清代學術的典型形態爲乾嘉時期的樸學,此時期的多數學者儀刑漢儒,致力於復興漢代經學,故又稱"清代漢學"。而祭起此大旗的,當首推惠棟;而其從事的領域,則又首推易學。由此可見,易學在清代漢學中具有重要的地位[①]。惠棟的易學著作,以《周易述》與《易漢學》著稱,他在《易漢學·序》中説:

> 《六經》定於孔子,燬于秦,傳於漢。漢學之亡久矣,獨《詩》《禮》二經,猶存毛、鄭兩家,《春秋》爲杜氏所亂,《尚書》爲僞孔氏所亂,《易經》爲王氏所亂。杜氏雖有更定,大較同于賈、服;僞孔氏則雜采馬、王之説,漢學雖亡,而未盡亡也。惟王輔嗣以假像説《易》,根本黄老,而漢經師之説蕩然無復有存者矣。故宋人趙紫芝有詩云:"輔嗣易行無漢學,玄暉詩變有唐風。"蓋實録也。[②]

此篇文章可以説是惠棟"漢學"復興的宣言;同時,也表示了他對魏晋以下註釋的態度。這是清人的典型態度。傳統的正經正注中,《書》爲僞孔傳,《易》

谷繼明　同濟大學哲學系

與《左傳》皆是魏晉人注,所以他們作疏,便要先搜集漢人舊注,而魏晉人注則常在他們鄙視之列。《周易》的王弼注,則尤爲清代學者所痛詆,一是因爲他所表達的玄學思想,一是因爲他"掃象不談"的註釋方式。

惠棟在書中自然少不了對王弼的批評。他承家學所作的《周易述》,復興孟、京、荀、虞之學,而抨擊王弼。彼所引以爲傲,且常爲當時門弟子及其他學者所津津樂道的,便是對《明夷卦》六五"箕子""荄兹"的辨析。其門人江藩在作《國朝漢學師承記》述及惠棟時,還將這條全部採入。今節引于下:

> 馬融俗説,荀爽獨知其非,復賓古義,讀箕子爲荄兹。而晉人鄒湛以爲漫衍無經,致譏荀氏。但魏晉以後,經師道喪,王肅詆鄭氏而禘郊之義乖,袁准毁蔡服而明堂之制亡,鄒湛譏荀諝而《周易》之學晦。郢書燕説,一倡百和,何尤乎後世之紛紜矣。③

惠氏花大量筆墨,欲爲孟喜、趙賓翻案,不惜詆毁施讎、馬融。這一方面固然是由於他對孟喜及其代表的象數之學的偏好;一方面也是由於荀爽似乎採納了此説而招致了晉人批評,這是惠棟所不能容忍的。

惠棟一派的態度,爲阮元、王引之等所不滿;然而在易學方面對惠氏加以反駁乃至批判的,則尤以焦循爲首。作爲批評的內容之一,焦循要一改惠氏一派完全鄙棄王弼易學的態度,對王弼注加以詮釋、辯護。這是《周易補疏》形成的主要背景:

> 《易》之有王弼,説者以爲罪浮桀紂。近之説漢《易》者屏之不論不議者也。歲壬申,余撰《易學三書》漸有成。夏月,啓書塾北窗,與二友人看竹中紅薇白菊,因言《易》及趙賓解箕子爲荄兹。或誚其説曰:"非王弼輩所能知也。"余笑而不答。或曰:"何也?"余乃取王弼注指之曰:"弼之解箕子正用趙賓説,孔穎達不能申明之也。"衆唯唯退。④

總體説來,焦循對王弼注的疏解,分爲三個方面,一是疏通王弼訓詁,二是發掘王弼易學的象數根源,三是批評王弼注。焦循的疏,某些條固然有許多比較切實精要的地方,然而問題實在也不少。如果説惠棟一派是因爲王弼的擯落象數而反對王弼;那麽焦循的辯護則是從證明王弼用象數出發。於是出現了許多過

《周易補疏》辨正

度詮釋乃至誤解的地方。兹分類逐條辨正于下。

（一）不重版本之誤

有孚窒惕中吉

【注】"窒,謂窒塞也。皆惕,然後可以獲中吉。"

【焦循】《釋文》於惕字下云："王注或在'惕'字上,或在下,皆通。在'中吉'下者非。"然則注中"獲中吉"之"中吉",非解經文"中吉"二字。因考《彖傳》注云"唯有信而見塞懼者,乃可以得吉也",此"得吉"二字解傳文"得中"二字,即前注所云"獲中吉"。⑤

【辨正】郭京《周易舉正》曰"今本註在中吉字上"⑥,可與《釋文》相發明;而敦煌唐寫本、《四部叢刊》景宋經注本、宋茶鹽司八行注疏本並是注文在"中吉"字下⑦。然則唐人即有多種本,其通行本及官定本則從《釋文》也。至於宋人刻書,乃改從"中吉"字下。《釋文》未必是,郭京《周易舉正》曰："今本註在中吉字上,夫子《彖辭》六十四卦皆先舉卦名,釋訖,次舉爻辭,每句以義釋之。'訟'則以'上剛下險險而健訟'釋之;'有孚窒惕'則以'剛來而得中'釋之;'終凶'則以'訟不可成'釋之;'利見大人'則以'尚中正'釋之;'不利涉大川'則以'入于淵'釋之。若註在'中吉'字上,即是背夫子意義,又是隔註爲句,古今註書无此例。用心詳之,見誤矣。"⑧郭京説甚韙。宋人不從《釋文》,蓋亦因其甚無理也。

又,注文"皆惕然後可以獲中吉",敦煌唐寫本、《四部叢刊》景宋經注本、宋茶鹽司八行注疏本、明李元陽閩本、清阮元刊本並同,唯汲古閣毛氏本"皆"作"能"⑨。焦氏所用正是毛本⑩。今按作"能"是也。郭京《周易舉正》所引作"能";而孔疏"能惕懼"、《周易口訣義》曰"若能因此而懷惕懼"⑪,似亦皆釋"能惕"也。"皆"蓋"能"之形譌。

焦氏錯信《釋文》,以爲注文不在"中吉"字下,故竟以"皆惕然後可以獲中吉"爲不解經文"中吉"。然注文明言"獲中吉"如此,而以爲不解"中吉",此尤悖常理者。注文意甚明:无訟最善;而訟既生,欲得吉,必有五事:一者有信、有情實也,二者被止塞也,三者能惕懼也;四者知止也;五者有大人聽之也。《彖傳》注"唯有信而見塞懼者,乃可以得吉也"釋"有孚窒惕","猶復不可終,中乃吉也"解"中";此二句合釋"吉"。"乃可以得吉也,猶復不可",明僅得"有孚窒惕",不可以吉。焦氏全不體上下文氣,以爲有兩"吉",非也。孔疏較爲平實。

觀我生君子无咎

【注】上之化下,猶風之靡草,故觀民之俗,以察己之。百姓有罪,在予一人;君子風著,己乃无咎。

【焦循】王氏此注全用二五升降爲説。"己"指五,"己之"謂蒙二之五。蒙二之五,上乃成巽,爲風著。《雜卦傳》云"蒙雜而著",著字用此在蒙上無巽風,蒙二之五,巽風乃著,風著於上,五乃成君子无咎,故云"己乃无咎"。王氏注坤《象》云:"陰之爲物,必離其黨,之於反類,而後獲安貞吉。"與坤反者乾,之於反類,當謂坤五之乾二,亦陰用升降之説。

【辨正】"己之",今《四部叢刊》影宋經注本《周易》、宋茶鹽司本《周易注疏》並作"己道"⑫,作"己之"者,顯爲譌誤。阮元《校勘記》亦謂:"'己之',閩監毛本同,岳本、宋本、古本、足利本'之'作'道'。"⑬焦氏似未嘗留意阮元《校勘記》⑭,竟以誤刻之"己之"而謬爲引申,以誣王弼用二五升降之説,以從己旁通之例。但由疏文亦可推知注文作"道"。惜焦氏成見太深,對孔疏尤抱偏見;且其于版本之學亦不甚重視,故不能有此發現。

又,焦氏爲證成王弼以蒙之觀,乃引《雜卦》"蒙雜而著",以"著"爲王注"風著"之"著",其牽合比附如此。

又,焦氏謂輔嗣注坤卦辭亦用升降説,然輔嗣注曰:"西南致養之地,與坤同道者也,故曰得朋。東北,反西南者也,故曰喪朋。陰之爲物,必離其黨,之於反類而後獲'安貞吉'。"⑮此用《説卦》"致役乎坤"爲解甚明,何曾與《乾卦》相涉?

來之坎坎險且枕

【注】"出則之坎,居則亦坎,故曰'來之坎坎'也。枕者,枝之而不安之謂也。出則无之,處則无安,故曰'險且枕'也。"

【焦循】《釋文》:"枕,陸云閑礙險害之貌,九家作玷。"玷當作阽,危也。阽、玷形近,與枕音近。王氏以枕爲阽之假借,故云"枕枝而不安之謂也"。……枝與支通,撐持支柱亦臨險之意也。

【辨正】《一切經音義》卷六六引《考聲》云:"枕,支也。"⑯枕自有支義,支故危,不必借枕爲阽也。"枕枝",阮元《校勘記》謂"岳本、宋本、古本、足利本无

'枕'字";敦煌唐寫本、《四部叢刊》景宋經注本、茶鹽司八行本亦皆無"枕"字[17]。王弼以枝訓枕,讀枕如字,不借爲抌也。

又,《補疏》列王注,作"枕之","之"字蓋手民之誤。

(二) 不考史實之誤

包有魚

【注】"初自樂來,應已之廚。"

【焦循】虞仲翔與輔嗣同時,其本作包,謂或以包爲庖廚,當即指王氏。

【辨正】據裴松之注引何劭《王弼傳》,弼卒於正始十年,年二十四[18]。則弼生年在魏文帝黃初七年(226)。《三國志·吳書·虞翻傳》載:"翻與少府孔融書,並示以所著《易注》,融答書曰:'聞延陵之理樂,覩吾子之治易,乃知東南之美者,非徒會稽之竹箭也。'"[19]孔融被殺,在建安十三年(208),則此前虞翻注已成。彼時王弼尚未出生,何可云仲翔指輔嗣而言也!焦循以求是之學名家,竟亦爲此臆度之言。

(三) 訓詁之誤

白馬翰如

【注】"鮮潔其馬,翰如以待。"

【焦循】"鮮潔"二字解"白"字,則白馬者謂潔白其馬也。"翰如"以下用"以待"二字,則"翰"字不解爲白色。《檀弓》正義引鄭氏云:"翰,猶幹也。見六四適初未定,欲幹而有之。"鄭以白馬指九三,謂九三幹六四而有之,不使應初,即王氏所云有應在初而閡於三也。惟王氏之意,以白馬屬六四,謂六四鮮潔其馬,將以應初九而閡於九三,內懷疑懼,馬雖備而尚待。蓋亦讀翰爲幹。《廣雅》"幹,安也",雖白其馬而尚安然未行,故云翰如以待也。《正義》云"其色翰如,徘徊待之",翰如指色,則"以待"二字經何有乎?

【辨正】《禮記·檀弓》"戎事乘翰",鄭注:"翰,白色馬也,《易》曰'白馬翰如'。"孔疏:"所引《易》者,《易·賁卦》六四'賁如皤如,白馬翰如'。《賁》離下艮上,鄭注云:'六四,巽爻也,有應於初九,欲自飾以適初。既進退未定,故皤如也。白馬翰如,謂九三位在辰,得巽氣爲白馬。翰,猶幹也,見六四適初未定,欲幹而有之。'引此者,證翰爲白色。案彼以幹爲翰者,以翰如白馬連文,故以翰爲幹,望經爲義,以此不同。"㉓《釋文》:"翰,戶旦反。董、黃云'馬舉頭高卬也';馬、荀云'高也';鄭云'幹也'。"㉑是鄭于此字本兩讀也,亦有以翰爲白之義。且鄭讀"翰"爲"幹",乃"幹任"之"幹";而焦氏謂王弼讀"翰"爲"幹",訓作安。二者焉可相比附?且王注謂此六四疑懼之甚,幹之訓安,豈非與注意刺謬乎?

竊謂翰即當如《釋文》引董、黃云"馬舉頭高卬也"。馬、荀、虞謂"高也",乃常訓,此處則爲馬頭高卬之稱。《釋名》:"觀,翰也,望之延頸翰翰也。"亦此義也。"翰如以待"猶"昂首以待"。

賁于邱園,束帛戔戔

【注】"施飾於物,其道害也;施飾丘園,盛莫大焉。故賁于束帛,邱園乃落;賁于邱園,帛乃戔戔。"

【焦循】《釋文》"戔戔",《子夏傳》作"殘殘"。……殘、落義同。故王氏以"落"字與"戔戔"互明。賁于束帛,邱園乃戔戔矣;賁于邱園,束帛乃落矣。薛、虞云"戔戔,禮之多也",《正義》本此,以"戔戔"爲衆多,王氏無此訓。

【辨正】張衡《東京賦》"聘丘園之耿絜,旅束帛之戔戔",薛綜注:"耿,清也。旅,陳也。謂有清絜者也,言丘園中有隱士貞絜清白之人,聘而用之。束帛,謂古招士必以束帛,加璧于上。《周易》曰:'六五:賁于丘園,束帛戔戔。'王肅云:'失位無應,隱處丘園,蓋蒙暗之人道德彌明,必有束帛之聘也。戔戔,委積之貌也。'"㉒《釋文》:"戔戔,馬云'委積皃',薛、虞云'禮之多也';又音牋,黃云'猥積皃';一云'顯見皃'。子夏傳作殘殘。"諸家並以戔戔爲盛多。

且詳按王注:"處得尊位,爲飾之主,飾之盛者也。施飾於物,其道害也;施飾丘園,盛莫大焉。故賁于束帛,丘園乃落;賁于丘園,帛乃戔戔。用莫過儉,泰而能約,故必吝焉乃得終吉也。"㉓其"施飾於物,其道害也"與"賁于束帛,丘園乃落"相對;"施飾丘園,盛莫大焉"與"賁于丘園,帛乃戔戔"相對。然則戔戔即盛也。

无祇悔

【注】"復之不速,遂至迷凶;不遠而復,幾悔而反,以此修身,患難遠矣。"

【焦循】不遠而復解不遠復,幾悔解祇悔。以幾字代祇字也。《釋文》:"祇,音支,辭也。馬同。"又"屯卦":"君子幾,徐音祈,辭也。"幾、祇解語辭,故以幾明祗。"而反以此修身患難遠矣",此十字解"无"字。

【辨正】王注全文謂:"最處復初,始復者也。復之不速,遂至迷凶;不遠而復,幾悔而反,以此修身,患難遠矣。錯之於事,其始庶幾乎?故元吉也。"㉔由此可見,王注非訓"祗"爲"幾"也。"祗"爲辭,然"幾"非辭也。幾當解爲近,謂近于悔而後反:遠則悔,不遠則近于悔而未悔也;近悔而反則免于悔,即无悔。"祗"既爲辭,則"无祗悔"猶"无悔"也。

韓氏訓大,然"无大悔",何以即"大吉"?孔氏從之,非也。

焦氏斥韓、孔之説,而執定"幾"乃訓"祗",亦非也。若以幾爲辭,則"幾悔而返"成何文句?

豶豕之牙

【注】"豕牙橫猾,剛暴難制之物,謂二也。五處得尊位,爲畜之主,二剛而進,能豶其牙,柔能制健,禁暴抑盛,豈唯能固其位,乃將有慶也。"

【焦循】王氏蓋讀"豶"爲"債"。《爾雅·釋言》云:"債,僵也。"謂豕牙橫猾,能覆敗之、僵仆之也。

【辨正】《説文》"豶,羠豕也",段注:"羠,騬羊也;騬,犗馬也;犗,騬牛也——皆去勢之謂也。或謂之劇,亦謂之犍。許書無此二字。"㉕《釋文》引劉表云"豕去勢曰豶"㉖。《集解》引虞翻曰:"劇豕稱豶,令不害物。"引崔憬曰:"《説文》'豶,劇豕',今俗猶呼'劇豬'是也。"㉗豶即劇豬,即去其勢。故褚氏引申之,訓豶爲凡去除之稱,合于王弼之意。不必如孔疏、焦氏迂曲爲説也。

其欲逐逐

【注】"下交不可以瀆,故'虎視眈眈',威而不猛,不惡而嚴;養德施賢,何可有利?故'其欲逐逐',尚敦實也。"

【焦循】《釋文》"逐逐,薛云速也",王氏之義即本于此。速與遬同。《玉藻》"君子之容舒遲,見所尊者齊遬",注云:"謙慤貌也,遬猶蹙蹙也。"逐逐即速速,而速速即同于趨趨、蹙蹙,原慤威儀,故爲敦實。

【辨正】《釋文》:"逐逐,如字,敦實也。薛云'速也'。《子夏傳》作'攸攸',《志林》云:'攸當爲逐。'蘇林音'迪',荀作'悠悠'。劉作'筳',云'遠也'。"㉘然則逐逐與攸攸、悠悠相通。悠悠常訓遠,引申則爲安適、閑暇之義。如《淮南子·修務訓》"我誕謾而悠忽",高注:"悠忽,遊蕩輕物。"㉙陶淵明詩有"悠然見南山"。觀王注"下交不可以瀆,故'虎視眈眈',威而不猛,不惡而嚴;養德施賢,何可有利?故'其欲逐逐',尚敦實也。修此二者,然後乃得全其吉而无咎"㉚,所謂"此二者",即"虎視眈眈"與"其欲逐逐"也。"不可以瀆"解"虎視眈眈";"何可有利"解"其欲逐逐"。然則"其欲逐逐",即謂其欲淡薄、安然閑適,不爲競躁,故尚敦實也。以其"逐逐",所以敦實,非"逐逐"即訓爲敦實也。諸家或以爲悠悠,或以爲攸攸,或以爲滺滺,皆少欲之意,並通。至於焦氏輾轉爲蹙蹙,又朱駿聲謂"借爲篤"㉛,皆由不明"敦實"非訓"逐逐"也。

羝羊觸藩羸其角

【注】貞厲以壯,雖復羝羊,以之觸藩,能无羸乎?

【焦循】蓋王氏以"君子用罔"爲罔羅,九四注云"上陰不罔已路,故藩決不羸",似是入于罔羅之中,爲拘纍纏繞。然王氏注"姤"初六"羸豕",謂"豭強而牝弱"。豕之豭猶羊之羝,六五"喪羊于易",注云"羊壯也"。羊本強壯,又是羝羊,其強壯更甚。用以觸藩,則亦必羸……羸爲弱,與壯相對,謂強壯如羝羊,藩不決,觸之亦無所用其力,而角爲之羸弱……若云拘纍纏繞,於義爲不貫矣……王氏解姤之羸爲弱,解井之羸爲覆。例之於此,固不以爲拘纍也。

【辨正】焦氏亦知訓羸爲拘纍,有前儒之本,又有他爻注文爲證,奈何置之不顧?此注文意謂雖強壯之羊,若觸此藩,亦必爲其拘纍。意甚平正通達,又有何異議?棄一卦內之證據不顧,而轉求于他卦之旁證,且其證又本不相謀,可乎?

又,焦氏引"姤之羸爲弱,井之羸爲覆"以證王弼不解羸爲拘纍。然此適以證明王弼解"羸"字乃隨文生訓;若執羸爲弱,則"羸其瓶"何以不解爲"弱其瓶"?

居德則忌

【注】"忌,禁也。法明斷嚴,不可以慢,故居德以明禁也。"

【焦循】王氏以"明禁"二字解"則忌",蓋以"則"爲"法",故云"法明"。"居德則忌",謂居德以法禁也。"法明"是"則"字義,"斷嚴"是"忌"字義。下用"明"字代"法明","禁"字代"斷嚴"。

【辨正】慢,忽也。王注謂法斷須嚴明,不可忽慢,此唯有德者能之。注文

"以"解"則","明禁"解"忌"。《經傳釋詞》："則猶而也。"[32]焦氏不明乎詞之聲氣虛實也。

（四）以象數誣王弼

龍戰于野

【注】"固陽之地，陽所不堪，故戰于野。"

【焦循】竊謂王氏暗用鄭、荀之説也。荀爽云："消息之位坤在亥，下有伏乾。"[33]蓋坤爲十月之卦，其辟在亥，以卦位言之，乾處西北，是亥爲乾之地，而坤辟之，此乾之所以不堪而戰也。鄭氏以爻辰説《易》，坤初貞未，二貞酉，三貞亥，四貞丑，五貞卯，上貞巳。乾辟于巳，則坤上爻實爲乾之地，而坤爻據之，又乾之所以不堪而戰也。王氏用鄭、荀之説，而混其辭爲"固陽之地"，不然坤之上六何以爲陽之地乎？

【辨正】詳讀王注"陰之爲，道卑順不盈，乃全其美。盛而不已，固陽之地，陽所不堪，故戰于野"[34]，則王氏以陰不盈爲美，若全是陰而無陽，則盈也。坤卦至於上六，陰盛極，而陽無其地矣。如此，則所謂"固陽之地"，謂坤卦全陰，致陽無地，非專指坤卦上六爲陽之地也。既如此，則荀、鄭之説皆不足以解王弼。而焦氏必欲以辭與象錙銖對應，此非輔嗣家法。

又，焦循解釋王弼，而引荀爽、鄭玄二人之説；荀、鄭二人之説既殊異，則輔嗣本乎何説？此必不通也。

甘臨无攸利既憂之无咎

【注】"甘者，佞邪説媚不正之名也。履非其位，居剛長之世，而以邪説臨物，宜其无收利也。若能盡憂其危，改修其道，剛不害正，故咎不長。"

【焦循】王氏讀此"甘"爲"幣重言甘"之"甘"，故云邪説。此説當爲"言説"之"説"，與上"佞邪説媚"之"説"有異。臨以進而成泰，爲元亨利貞，以柔居三則不正，故邪柔居三。下卦爲兑，兑爲口，故爲邪説。謂以佞邪説媚見諸口説也。改修其道則進而成泰，成泰則剛居三，居三則不害正矣。

【辨正】王注先解甘爲"佞邪説媚"，又解甘臨爲"以邪説臨物"，則"佞邪説媚"即"邪説"也；且一句之中兩處用語如此之同，如何可解"説"字爲二義？此處雖童子亦且知其不二，而焦氏竟解爲二，若是之支離者，欲附會王弼亦用卦象也。

且王弼雖時用消息,然此條何處見得王弼用泰卦爲説?"剛不害正","剛"謂臨卦兩剛,"正"謂六三自修後之正。六三憂危改修,猶爲六三,不變爲陽而成泰也。如上六注"敦臨"謂"剛不害厚",亦謂臨卦兩剛不害上六之敦厚。焦氏以"剛"爲六三所變之剛,以"正"爲六三變而之正,不特六二注所未言,且何以解上六?其所以如此迂曲,蓋泥于象辭斤斤之對應,此正王弼所譏者也,安可以解王弼?

窺觀

【注】"猶有應焉,不爲全蒙。所見者狹,故曰窺觀。"

【焦循】觀本蒙二升五之卦,蒙已成觀,故不爲全蒙。此荀爽二升五降之義,王氏陰用之。

【辨正】初六注云:"處於觀時,而最遠朝美,體於陰柔,不能自進,无所鑒見,故曰童。趣順而已无所能爲,小人之道也。"此六二注云:"處在於内,寡所鑒見。體於柔弱,從順而已。猶有應焉,不爲全蒙,所見者狹,故曰闚觀。居内得位,柔順寡見,故曰利女貞,婦人之道也。"㉟

不爲全蒙,相對初六而言,初六"无所鑒見",即全蒙也;六二"寡所鑒見"即"不爲全蒙"也。六二處内,故蒙;有應,故不全蒙。蒙者,無所見也。此王弼全用爻位與應解釋,又與蒙卦何涉?焦氏見蒙字便以爲蒙卦,妄爲引申,此與其妄施假借之附會,同一失也。

履錯然

【注】"錯然者,警慎之貌也。處離之始,將進而盛,未在既濟,故宜慎其所履。"

【焦循】將進而盛,謂由三至初皆得正。……王氏不知旁通之例,故於所謂應,所謂當位,所謂錯,皆不能深明其故,雖爲後人印定耳目,爲千餘年隨聲附和之祖。余於《易學三書》亦既辨正之矣。乃王氏互相發明之處,王氏自有本義,孔穎達等撰《正義》,率顛頇之,未能明王義也。

【辨正】所謂將進而盛,謂初進于二,則爲離之盛也,王弼注六二曰"履文明之盛而得其中"㊱。焦氏謂"由三至初皆得正",非也。

王氏注所以爲後人所尊行者,以其以傳解經,不妄爲引申比附。焦氏潛心數學多年,施于解《易》,其穿鑿纖巧,視虞翻、邵雍爲尤甚,此正輔嗣所不爲者也;而以此貶輔嗣,非也。縱或焦氏之《易》有所得,謂之一家之言可也,又豈可據以定輔嗣注之是非哉!

箕子之明夷

【注】最近於晦,與難爲比,險莫如兹;而在斯中,猶闇不能没,明不可息,正不憂危,故利貞也。

【焦循】古字箕即其,子通兹,兹同兹。王氏讀箕子爲其兹,故云"險莫如兹,而在斯中",以兹字解子字,以斯字解其字。若曰:"其兹之明夷,而猶闇不能没……"用一"猶"字,爲其兹二字作轉,謂明之傷夷如兹而猶利貞也。推王注之已,絕不以爲近殷紂之箕子。馬融以箕子爲紂諸父,王氏所不用也。《釋文》每于經下首舉王氏義,後臚列異説。此於"箕子之明夷",首列"蜀才箕作其",明與王氏同也。

【辨正】《集解》引虞翻注《象傳》曰:"箕子,紂諸父,故稱内難。五乾天位,今化爲坤,箕子之象。"引馬融注六五曰:"箕子,紂之諸父,明於天道洪範之九疇,德可以王,故以當五。知紂之惡,無可奈何,同姓恩深,不忍棄去,被髮佯狂,以明爲暗,故曰箕子之明夷。卒以全身,爲武王師,名傳無窮,故曰利貞矣。"引侯果曰:"體柔履中,内明外暗,羣陰共掩,以夷其明。然以正爲明而不可息,以爻取象,箕子當之,故曰'箕子之貞,明不可息也'。"㊲《釋文》:"蜀才箕作其,劉向云:'今《易》"箕子"作"荄兹"。'鄒湛云'訓箕爲荄,詁子爲兹,漫衍無經,不可致詰',以譏荀爽。"㊳諸家皆以此"箕子"爲商紂諸父,《象傳》又有明證,此解又不關乎象數之煩瑣,輔嗣因前人之訓,即以箕子爲紂諸父,甚爲自然。

且輔嗣注初九曰"明夷之主,在於上六,上六爲至闇者也"㊴,注九三曰"既誅其主,將正其民"㊵,其《卦略》又曰"明夷爲闇之主,在於上六。初最遠之,故曰'君子于行';五最近之而難不能溺,故謂之'箕子之貞,明不可息也';三處明極而征至闇,故曰'南狩獲其大首'也。遠難藏明,明夷之義"㊶。則其以上爲紂,以五爲箕子之意甚明。

焦氏讀"箕子"爲"其兹",謂注文"險莫如兹"釋"兹","而在斯中"釋"其"。則"其兹之明夷"將成何句?且輔嗣注文常言兹、斯,如需卦注"飲食宴樂,其在兹乎",小畜注"以斯而進,故必説輻也",而彼經文中焉有子、其字耶?

焦氏又嘗舉《中孚》爲證,謂此"箕子"猶《中孚》九二之"其子",然"其子和之"謂"彼和之",而"其兹之明夷"則讀爲"其如是之明夷",意義及語法結構皆不同,安可相比?蓋焦氏欲讀"箕子"爲"其子"者,正欲比附《中孚》九二,以施其假借、比例之術也。

焦氏又引《釋文》爲證。然《釋文》既云"蜀才'箕'作'其'",則明乎王弼本不做"其"也。所謂"《釋文》每于經下首舉王氏義",然此非釋義,乃羅列版本異同,則其首列亦是別本。此焦氏又不明《釋文》體例也。

焦氏嘗于《易通釋》曰:"顧王弼於帝乙、高宗皆顯述之,而注中不言箕子,僅曰兹、斯。"王弼注中確言帝乙也,然何嘗顯述?王弼注例,不爲名物之詳考,故其注"帝乙歸妹"曰"歸妹之中,獨處貴位,故謂之'帝乙歸妹'也",不甚注重帝乙究爲何人,有何事蹟,但取其尊貴之義。至於"高宗",焦氏據汲古閣毛本作"是居衰而未能濟者,高宗伐鬼方,三年乃克也"。然阮元《校勘記》謂:"閩、監、毛本同,岳本、宋本、足利本'高宗'作'也故',古本同。一本'高宗'上有'也故'二字。"㊷今敦煌唐寫本王弼注、《四部叢刊》景宋經注本、茶鹽司八行注疏本皆作"也故"㊸,並無"高宗",則焦氏所據,非特不足以證明王弼讀爲"其兹",且適足以證明"箕子"爲是也。

又,焦氏于是書《敘》文特矜此爲時人之所不知而彼所獨知,謂"弼之解箕子正用趙賓說,孔穎達不能申明之也"。又于《易通釋》中謂:"王弼注……所謂'兹'者,正以子爲兹,'而在斯中'四字即解説此義。蓋陰用趙賓荄滋之説,而但以子爲兹,以箕爲其,讀爲'其兹之明夷'也……弼之説即用賓之説而小變之,又何惑乎?"然即若依焦氏之解,讀"其子"爲"其兹",亦與趙賓之説迥異;又何必砭砭然以王弼用趙賓説,笑他人不識乎!

聰不明也

【注】"同於噬嗑'滅耳'之凶。"

【焦循】《噬嗑》上九傳云"何校滅耳,聰不明也",與此傳同。孔子翼贊之例,王氏似稍悟之,惜未能好學深思也。

【辨正】所謂"翼贊之例",所謂"未能好學深思",焦氏"比例"之説也。

據于蒺藜

【注】"石之爲物,堅而不納者也,謂四也。三以陰居陽,志武者也。四自納初,不受已者;二非所據,剛非所乘。上比困石,下據蒺藜,无應而入,焉得配耦?在困處斯,凶其宜也。"

【焦循】王氏云"志武",蓋以爲軍中之蒺藜耳。

【辨正】詳讀注文,則蒺藜指九二而言,非指六三也;而六三之"志武",乃僅以六三以陰居陽之象爲言,與"蒺藜"何涉?此真可謂斷章取義矣。

柔進而上行得中而應乎剛

【注】"謂五也。"

【焦循】王氏用反對之例,革及爲鼎,二柔進於五,故柔進謂五。推之无妄剛自外來而爲主於内,謂大畜反爲无妄,上艮反爲下震,上九反爲初九,故注云謂震也。

【辨正】焦氏所謂王弼之反對,謂綜卦也。然王弼於此但就一卦之内而爲説解。"謂五也",但謂六五柔得中也;六五在上,故曰"上行"。王弼實未言此六五自何而來,且不欲更追究其自何而來。

利出否

【注】"否,不善之物也。處鼎之初,將在納新,施顛以出穢。"

【焦循】九四注云"既承且施"。承謂承五,施謂應初。此注"施顛",謂四應初也。王氏注《象傳》云"倒以寫否",倒字解顛字,謂革倒爲鼎,則初應四而四施于初。寫字解利出。利出汙穢即寫出汙穢。王氏以利爲下利之利,寫俗作瀉。陰爻自上倒下,故王氏以瀉利出汙穢解之。施亦矢也。

【辨正】通觀王注,謂:"凡陽爲實而陰爲虚。鼎之爲物,下實而上虚;而今陰在下,則是爲覆鼎也。鼎覆則趾倒矣。否,謂不善之物也。取妾以爲室主,亦顛趾之義也。處鼎之初,將在納新。施顛以出穢,得妾以爲子,故无咎也。"㊹由此可見,王弼解釋鼎之所以顛,純以陰爻處下之象爲説,未言與四之"應",更未言與革卦互顛倒。注所謂"施顛以出穢"之"施",猶"施爲"之"施",與九四注"既承且施"之"施"爲施捨之義不同。

又,"利出否"之"利"字于《易》爲常見,即"利用""利有攸往"之"利"。而焦氏特于此解爲"下利"之利,鄙俗之甚。

震遂泥

【注】"處四陰之中,居恐懼之時,爲衆陰之主,宜勇其身以安於衆,若其震也,遂困難矣。"

【焦循】《需》九三"需于泥",王氏谓"以刚逼难",其意以坎为难……此云"困难",即指四之互坎。……王氏謂"互卦不足,遂及卦變",以爲"失其原而義无所取",故諱互不言。然云"處四陰之中",仍用互坎爲説。

【辨正】輔嗣此注以爲難,但以陽爻在四陰中爲象,何嘗用互坎爲説?此但用爻之關係,不用象也。若王弼之意,一陽在群陰之中,自是險難;若互卦之説,見有險難之辭,必先于卦中尋出一坎象,而後解險難。此二説貌同而實異,焦氏但見其跡同而已。

剛來而不窮柔得位乎外而上同

【注】"二以剛來居內,而不窮於險;四以柔得位乎外,而與上同。"

【焦循】王氏此注亦用卦變否四之二之例,而諱言自否卦來。卦變之説,誠於《易》義無取,然王氏知屏之而不能深測羲文周孔之本義所在,遂終不能出其藩籬,則亦徒有洗滌之心,究乏貫通之力,陽違之而陰用之,亦何謂乎?

【辨正】輔嗣但言爻之上下內外,未言且亦不欲言自何卦來。

以上筆者但就其確信焦循説有誤者加以辨正,外此疑其有誤而未敢遽下論定者尚復不少。通觀焦循對王弼注的解釋,雖然有爲王弼辯護的一面,但卻是在錯誤理解王弼的基礎上進行的。因此,焦氏對王弼注的解釋和批評,很多都難以成立。焦循對王弼的肯定,常常是因爲他認爲王弼的某條符合自己的象數之學;而其對王弼的批評,則也是認爲王弼沒有發現焦氏自己發現的易學真理。於是王弼易學的內涵和價值,很大程度上是因爲焦循的解釋而被遮蔽了。

注　釋

① 若從整個清代學術史著眼,其學術的肇始可追溯到明清之際,而此時學術的變動亦自易學開始。如黃宗羲、黃宗炎、毛奇齡、胡渭等人對於宋代象數易學的批判,與清初的僞古文《尚

② 惠棟《易漢學》，中華書局2007年版，第513頁。

③ 惠棟《周易述》，中華書局2007年版，第102頁。

④ 焦循：《周易補疏》，載《續修四庫全書》第27册，上海古籍出版社1995年版，第537頁。

⑤ 同上書，第537頁。

⑥ 郭京《周易舉正》，《叢書集成初編》本，中華書局1985年版，第3頁。

⑦ 《敦煌周易殘卷·伯二六一六》，《續修四庫全書》第1册，上海古籍出版社1995年版，第137頁。《周易》，《四部叢刊》景宋經注本，上海古籍出版社1997年版，第6頁。《周易注疏》，兩浙東路茶鹽司刻八行本，載《續修四庫全書》第1册，上海古籍出版社1995年版，第323頁。

⑧ 郭京《周易舉正》，第3頁。

⑨ 《敦煌周易殘卷·伯二六一六》，第137頁。《周易注疏》，兩浙東路茶鹽司刻八行本，第323頁。《周易兼義》，明李元陽刻本，卷二第5b頁。《周易兼義》，汲古閣毛氏刻本，卷二第5b頁。《周易兼義》，中華書局影印南昌府學嘉慶原刊本，中華書局2009年版，第46頁。

⑩ 焦循嘗購得汲古閣本《十三經注疏》，仔細點讀，十分珍惜，其題記謂："乾隆辛丑，買得此本，珍之不啻珠玉。時肆業安定書院中，宿學舍，夜秉燭閲之……購此書時，實無資，書肆索錢五千，僅得二千，謀諸婦，以珠十餘粒質。三年，珠價實值數倍，以易贖寡取之然究未能贖也……"（閔爾昌纂《焦理堂年譜》，見《北京圖書館藏珍本年譜叢刊》第127册，第36頁。）

⑪ 史徵《周易口訣義》，《叢書集成初編》本，中華書局1985年版，第8頁。

⑫ 《周易》，第14頁。《周易注疏》，第355頁。

⑬ 《周易兼義》，中華書局影印南昌府學嘉慶原刊本，第89頁。下文所引據此版本。

⑭ 阮元《校勘記》之文選樓本，初印于嘉慶十三年（1808），《周易補疏》成于嘉慶十七年（1812），焦循為阮元常有交通，阮元當有贈送。又嘉慶二十年阮元刻十行本《十三經注疏》，焦循《答阮芸臺先生》謂："十行本刻行，爲功不淺，宜成之爲妙。《十三經校勘記》《經籍纂詁》兩書，並大有功于經學，省人無限力氣，開人無限知識，循頗得此兩書之力。工欲善其事，必先利其器，此誠利器也。"（《焦循詩文集》，廣陵書社2009年版，第690頁。）是焦循曾得見《校勘記》也。然其《補疏》竟屏之不用，殊可怪也。

⑮ 《周易兼義》，第31頁。

⑯ 慧琳《一切經音義》，影印日本獅古本，上海古籍出版社1986年版，第12頁。

⑰ 《敦煌周易殘卷·伯二五三〇》，《續修四庫全書》第1册，第131頁。《周易》，《四部叢刊》本，19頁。《周易兼義》，第93頁。

⑱ 陳壽《三國志》,中華書局 1959 年版,第 196 頁。

⑲ 同上書,第 1320 頁。

⑳ 孔穎達《禮記正義》,上海古籍出版社影印世界書局縮印本,上海古籍出版社 1997 年版,第 1276 頁。

㉑《周易兼義》,第 211 頁。

㉒ 蕭統編《文選》,影印胡克家刻本,中華書局 1997 年版,第 58 頁。

㉓《周易兼義》,第 76 頁。

㉔ 同上書,第 78 頁。

㉕ 段玉裁《説文解字注》,上海古籍出版社 1988 年版,第 455 頁。

㉖《周易兼義》,211 頁。

㉗ 李鼎祚《周易集解》,北京出版社《易學精華》1996 年第 1 册,第 295 頁。

㉘《周易兼義》,第 211 頁。

㉙ 何寧《淮南子集釋》,中華書局 1998 年版,第 1363 頁。

㉚《周易兼義》,第 82 頁。

㉛ 朱駿聲《説文通訓定聲》,《萬有文庫》影印同治刻本,商務印書館 1937 年版,第 1169 頁。

㉜ 王引之《經傳釋詞》,影印王氏家刻本,江蘇古籍出版社 2000 年版,第 82 頁。

㉝ 按,此句《周易集解》引作"消息之位,坤位于亥,下有伏乾"。

㉞《周易兼義》,第 33 頁。

㉟ 同上書,第 73 頁。

㊱ 同上書,第 87 頁。

㊲ 李鼎祚《周易集解》,第 305 頁。

㊳《周易兼義》,第 213 頁。

㊴ 同上書,第 101 頁。

㊵ 同上書,第 102 頁。

㊶《周易》,《四部叢刊》本,第 64 頁。

㊷《周易兼義》,第 155 頁。

㊸《敦煌周易殘卷·伯二六一九》,《續修四庫全書》第 1 册,第 141 頁。《周易》,第 41 頁。《周易注疏》,第 442 頁。

㊹《周易兼義》,第 126 頁。

黄道周《三易洞璣》的成書與版本

翟奎鳳

【提要】《三易洞璣》是明末大儒黄道周的重要易學代表作,收入《四庫全書》子部術數類。該書創作前後歷經十年,1633年前已刊刻流行。目前有明刻本、康熙鄭開極刻本、《四庫》本等多個版本傳世。清華大學圖書館、南京圖書館所藏明刻本内容一致,皆爲十三卷。上海圖書館明刻本爲十六卷,這是目前所能看到的最好的刻本。《三易洞璣》把《周易》、天文曆算、樂律、中醫等傳統文化知識融爲一體,是中國易學史上一部非常奇特的著作。

一 黄道周的生平與學術

黄道周(1585—1646),福建漳浦人,字幼玄,號石齋,生於萬曆十三年(1585),南明唐王隆武二年即清順治三年(1646)因抗清不屈,就義于南京。黄道周38歲中天啓二年(1622)進士,歷任崇禎朝翰林院編修、少詹事,南明弘光朝禮部尚書、隆武朝内閣首輔等職。乾隆四十一年(1776)諭文稱黄道周爲"一代完人",道光五年(1825)禮部又奏文以黄道周從祀孔廟。

黄道周是明末著名學問家、易學家和書法家,在明末政治舞臺上也有著重要影響。徐霞客品評當時的文化名流時,曾說:"至人惟一石齋,其字畫爲館閣第一,文章爲國朝第一,人品爲海宇第一,其學問直接周孔爲古今第一。"[①]此可見黄道周在明末社會的廣泛影響。他和劉宗周後來都因抗清而死,二人學問氣節

翟奎鳳 山東大學儒學高等研究院

都很接近,清初常稱他們爲"二周",並有"蓋宗周以誠意爲主而歸功於慎獨,能闡王守仁之緒言,而救其流弊;道周以致知爲宗而止宿於至善,確守朱熹之道脈,而獨遡宗傳","至其生平講學浙閩,以格致爲宗,而歸宿於至善。與劉宗周之以誠意爲宗,而歸本於慎獨,學術洵爲相等"的説法②。民國容肇祖《明代思想史》和近人侯外廬的《宋明理學史》均以相當大的篇幅介紹黄道周的思想。近代以來,學人多推尊顧炎武、黄宗羲、王夫之,以爲明末三大家,陳來先生認爲,"顧、黄、王皆于清初成學名,若論晚明之際,則不得不讓于二周","東林之後,明末大儒公推劉宗周與黄道周。明末公論的所謂大儒,受東林餘風的影響,也是兼涵忠義與學術兩種意義而言"③。

近些年來,儒學界多推尊劉宗周爲宋明理學的殿軍,而于黄道周的學術思想則相對少有研究。其中的一個重要原因是,與劉宗周以理學見長、有系統的理學思想之構造相比,黄道周的貢獻則主要在易學領域。由於他的易學象數氣息濃厚,更雜以天文曆算、樂律等知識,顯得非常艱深難讀和玄奥莫測,給人以如同天書之感。同時,他的易學受到漢代今文經學天人感應思想的影響,也頗有神秘主義氣息,與近代以來的現代學術理性精神不大一致,這是他的易學長期以來研究不多的重要原因。黄道周一生著述甚豐,僅《四庫全書》就收其個人著述達十部之多,這十部著作中有兩部是易學方面的,即《易象正》(經部《易》類)和《三易洞璣》(子部術數類)。從其年譜來看,他的易學著述還不止這些,目前流傳下來的還有其早年所著《易本象》。就其易學專著來看,他一生有三部易學專著目前可以看到,其中《易本象》約成書于25歲時,《三易洞璣》約成書於35歲至45歲期間,而《易象正》約成書於56歲至57歲期間。可以看出,這三部著作也大致分別對應於其早年、中年和晚年時期,分別約有十年的間隔差。

二 《三易洞璣》的成書時間及其最早刻印年代

黄道周少年時就對律吕陰陽、天文曆算、鉛汞丹道有著濃厚的興趣和廣泛的涉獵,這爲他後來創作《三易洞璣》打下了堅實的基礎。1619年(萬曆四十七年己未),35歲的黄道周會試落第後回到漳浦,閉門讀書不輟。洪思和莊起儔所作

《黃道周年譜》都記載這一年他開始作《三易洞璣》。36歲這年,洪思所作年譜記載説:"復杜門作《三易洞璣》,未成。晝測治忽,夜測星漢,楗户無外交。有書與紹和云:'某寡特之士,與六親澹泛,自以一身飄泊塵海,獨守廬舍,似無人聲,動二三月也。'"④可見其創作之辛苦,同時也可看出《三易洞璣》很多資料和説法是有實測根據的,不是空想出來的架構。

38歲這年(天啓二年)黃道周中進士,授庶吉士;40歲遷翰林院編修,但不久因憤于魏忠賢當道,就辭官回鄉,此後的五年裏一直在漳浦老家繼續創作《三易洞璣》。45歲這年(崇禎二年己巳,1629)冬,黃道周聞金兵入關,慨然出山赴京。出山前,完成《三易洞璣》一書,並邀僧樗華討論之,時有五律《料理〈三易〉稍已從緒,約僧樗華尋其涯際,夜拈八章》。黃道周從35歲開始作《三易洞璣》,至此前後歷時十餘年乃成。看來完成《三易洞璣》後,黃道周感慨良多,所以寫下此詩來表達當時的心情,該詩收入清道光十年陳壽祺所編《黃漳浦集》卷三九,全文如下:

　　天地久玄莫,殷勤付古賢。千春容道盡,白日不教言。
　　龜蓍江河下,精靈俎豆前。分明木舌敝,猶是結繩年。

　　有韻聞天樂,無言顯道威。日中懸玉尺,星界動金徽。
　　已織自然采,因裁帝者衣。不知思慮表,誰與證同歸。

　　仰坐愁弟子,高堅苦後生。一朝新夢寐,垂老屈精誠。
　　衣帶銀河水,蘿圖赤玉衡。莫言蒲席里,團結得分明。

　　得後乃還定,定前百慮憧。眼光牛背上,石髓硬泥中。
　　交膝歸名母,掉頭謝法空。請看雞唱外,別是一番風。

　　藥樹覆天下,上池洞一方。未嘗更毒手,安敢定醫皇。
　　春至魚龍擾,霜高草木凉。個中分毫髮,不得語汪洋。

朝聞何遽早，歸説不蜉蝣。探岱還金策，量沙去海籌，
電光明暈日，精氣射濤頭。勿以蘧廬舍，翻爲主客遊。

愛惡平風雨，無端涸列星。疾留燈炙火，遲速岸移舲。
鬼哭晝前鬧，魚唏晚後青。未應疑負墜，萬里坐羚羟。

羲農行不遠，復坐已更端。季札遲歸魯，仲尼初制冠。
朱明陽德盛，赤帝幅員寬。何處無爲法，能分擊壤歡。

這首詩用典甚多，有些似比較隱晦，恕筆者寡陋，不能具體解析，但總體看來，這首詩的玄學味、仙學味與道學氣息濃厚，其中三昧實非一般儒者所能窺，顯示了黃道周思想體系的複雜性和神秘性。

那麼《三易洞璣》到底是什麼時候開始刊印的呢？目前已無確切資料可資考證，只能從一些間接材料來推測。侯真平在《黃道周紀念著述書畫考》中認爲崇禎十三年（1640）以前就已經刊印，他説：

> 道周大滌弟子朱朝瑛崇禎十六年（1643）題《易象正》説："瑛先歲見《三易洞璣》，玩之未有所得，既在旌德，邑小事稀，山清水穆，乃稍探討，別爲《三易》與《洞璣》參契。壬午（崇禎十五年）夏月，先生來大滌山中，瑛以《三易》請正，先生以爲不謬……"考道周《三易洞璣》成於崇禎二年（1629）冬聞警出山前夕，次年八月主試浙江鄉闈，錄取朱朝瑛等人，崇禎十一年冬朱朝瑛首次在大滌書院從道周問業，十三年春成進士，授安徽旌德知縣，這時重讀道周《三易洞璣》，已有所見解，所以道周《三易洞璣》很可能在崇禎十三年（1640）以前已經刊印。⑤

筆者認爲，侯真平先生依據上述材料所作出的推斷是有些保守的。以黃道周在當時的聲望及晚明印刷業的發達，按理説1629年《三易洞璣》書成後不久就可能付印了，不可能書成十年後，直到1640年才刻印。

事實上，該書在1633年以前就已經刊印流行了。筆者所依據的材料是黃道

周另一弟子陳薹謨給黃道周的信。陳薹謨,字獻可,號礦庵,浙江嘉興人,生平年月不詳,明末數學家,著述有《皇極圖韻》《象林》《洞璣式象》《度測》《開平説》《開立方説》《度算解》《礦庵槧》等。陳薹謨在結識黃道周之前,就非常喜歡黃道周的制藝文章,通讀過黃道周的《駢枝別集》《冰天小草》等文集,對黃道周的爲人爲學很敬仰。後又聽説黃道周有《三易洞璣》一書行世,於是四處搜求。崇禎六年癸酉(1633),陳薹謨弄到《三易洞璣》一部,如獲至寶⑥。大概如癡如醉地研讀了一年,陳薹謨自覺甚有心得,對黃道周及其《三易洞璣》推崇得五體投地。激動之餘,陳薹謨很狂熱地給黃道周寫下《上石齋黃先生論〈洞璣〉書》,談自己讀《三易洞璣》的心得體會。《礦庵槧》一卷,主要内容就是陳薹謨的這封信及黃道周的回信。1633年,《三易洞璣》已經在社會上流傳,而其刊刻肯定在此之前了,這樣的話,也就是説在《三易洞璣》寫成後的四年内,該書就已經刻印了。

三 關於明刻本《三易洞璣》

侯真平在《黃道周紀年著述書畫考》中列出了七個《三易洞璣》的版本,分別是:稿本、原刊本、明洪思《石齋十二書》本、清鄭開極輯刊《石齋先生經傳九種》本(康熙三十二年)、《四庫全書》底本(福建巡撫採進本)、《四庫全書》本、清"楝亭曹氏刊本"⑦,他認爲目前能見到的只有清鄭開極輯刊《石齋先生經傳九種》本、《四庫全書》本兩個版本。筆者很長時間内也以爲只有這兩個版本,後來才注意到上海圖書館古籍部、清華大學圖書館古籍部、南京圖書館古籍部皆藏有明刻本《三易洞璣》。

上海圖書館所藏《三易洞璣》共十六卷,除卷首有"上海圖書館藏"印記外,無其他歷史收藏印章,各卷順序是《宓圖經緯》三卷、《文圖經緯》三卷、《孔圖經緯》三卷、《雜圖經緯》三卷、《餘圖總緯》一卷、《貞圖經緯》三卷。雖具體收藏信息不詳,但這是目前所能看到的最爲珍貴的明刻本,因爲清華與南圖所藏明刻本只有十三卷,都没有貞圖經緯三卷。《四庫》與康熙刻本《三易洞璣·貞圖經緯》三卷中的一些缺字正是靠上圖明刻本才得以補全。

上圖明刻本《三易洞璣》的流傳及歷史收藏情況已無從考證,相對來講清華

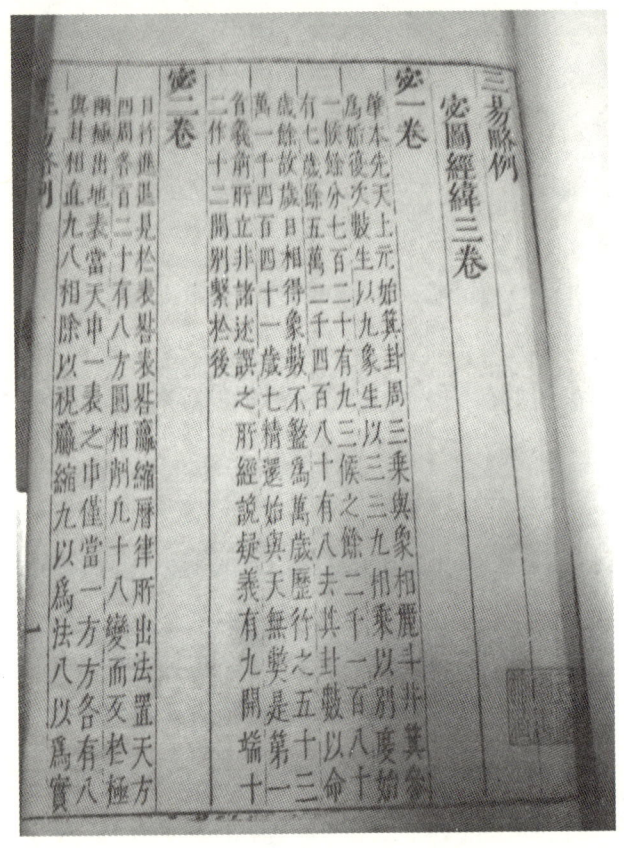

上海圖書館藏明刻本《三易洞璣》

藏明刻本有較爲詳細的收藏信息。

清華藏明刻本《三易洞璣》共有六冊二函十三卷,版式是十行二十一字,白口,四週單邊。扉頁浮籤是關於黃道周的讚語:"道周學貫古今,所至學者雲集,銅山在孤島中,有石室,道周自幼常臥其中,故學者稱爲石齋先生,精天文曆數、《皇極》諸書,所著《易象正》《三易洞璣》及《太函經》等,學者窮年不能通其説。歿後,家人得其小冊,自稱終於丙戌年六十二,始信其能知來也。"這段話基本來自《明史·黃道周傳》。扉頁浮籤所用紙爲楊復特別製作的稿紙,紙的網底有個很大的"楊"字,及"摹梁焦山瘞鶴銘字,復盦自製楮,復盦(印)"字樣,對頁是大大的"豐華堂書庫寶藏印"。下面是扉頁浮籤影印:

"豐華堂"爲民國藏書家楊復的藏書樓。楊復,字劍星,一作見心,浙江杭州人,楊文瑩之子,官中書舍人。光緒二十九年(1903),汪康年創辦"浙江藏書

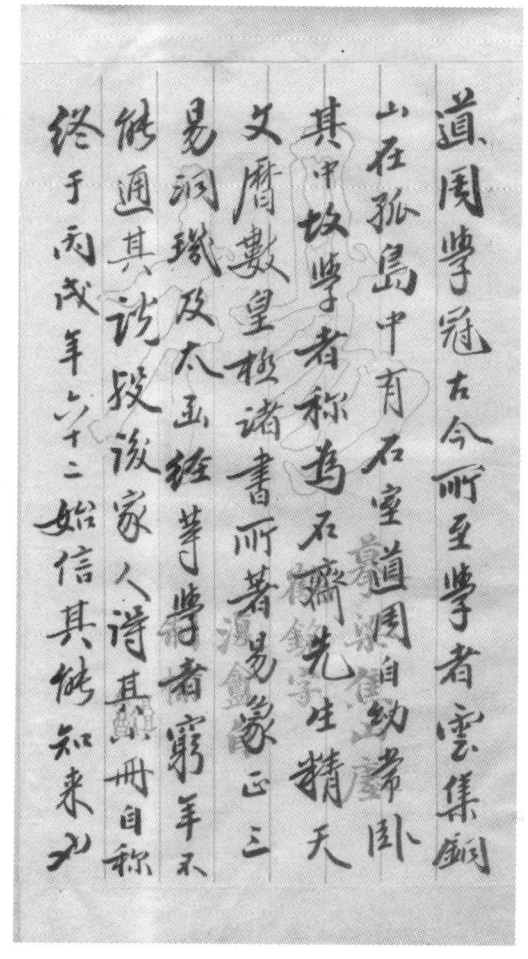

清華藏明刻本《三易洞璣》扉頁浮籤楊復題詞

樓",曾聘其任主事。楊氏藏書始自楊文瑩,在任職貴州學政時,購書頗多。楊復繼承父志,雅好聚書,與藏書大家繆荃孫、丁丙等相往來,諮詢其版本目錄之事,並大肆網羅圖籍。清末民初,戰亂紛起,江南故家藏書多有散出,他搜購更加勤奮,名其藏書樓爲"豐華堂""幸草亭""太玄洞天之讀書亭",藏書頗具規模。會稽魯氏"貴讀樓"、黟山李氏"娛園"藏書被全部購入,甚至丁氏"八千卷樓"藏書也有少量流入"豐華堂"。1921年以後收書量最多,尤重全國府縣志書,共收善本5700多種。吳昌綬曾爲其撰有《豐華堂藏書記》,記其藏書用心之專、搜集之廣,以浙江地方誌爲專門和系統。楊復曾自述"家風儒素,節衣縮食,藏書逾20餘年",撰有《豐華堂舊藏浙江地方誌目錄》,著錄5000餘種。但不久就有債務纏身,只得售書還債。清華大學校長羅家倫南遊時,得知楊氏藏書消息,即派圖書館主任洪有豐前往辦理,終以 34000 元成交,計有宋版 2 種 7 册,元版 6 種 24 册,明版 400 餘種 4859 册,抄稿本 200 餘種 2161 册,清版及民國以後刊本 4000 餘種,總共 47546 册。1930 年假期整理完竣運回北平。現藏於清華大學圖書館。⑧

清華大學圖書館劉薔先生認爲:

> 有關金石文字的收藏亦是豐華堂藏書的一大特色。楊復篤好金石,家藏 262 種金石方面的書籍均未鈐"豐華堂書庫寶藏印",而是鈐以"復庵鑒藏金石文字"朱文方印或"復庵讀碑記"朱文長印以示區別。並且大多濃圈密點,滿布校勘題跋,所用的浮籤也是專用的印有"復庵言事"字樣的籤紙,這些都顯示出主人的興趣所在和格外喜愛之情。⑨

這樣看來,楊復對所藏《三易洞璣》也非常珍視,浮籤用的是他自製的精緻稿紙,黃道周讚語也當是他親筆寫上去的。

清華藏《三易洞璣·略例》第一頁有三個印章分別是"休寧汪季青家藏書籍""陸慶咸印"及"虛庵印"。

汪季青即汪文柏,字季青,號柯庭,一作柯亭,(康熙時)休寧人。清代詩人、畫家、藏書家。康熙間官兵馬司指揮。性好習靜,工詩、畫、墨蘭雅秀絕俗,點綴坡石,落落大方。山水蕭疎簡澹。精鑒賞,晚年手定詩稿《柯亭餘習》,朱彝尊序之,又有《古香樓吟稿》,家有藏書樓"古香樓""摘藻堂""擁書樓"。

但是"陸慶咸""虛庵"爲何人不詳,目前很難找到相關線索。卷一三的最後一頁有三個印章,分別是"摘藻堂""陸容仲收藏印""國立清華大學圖書館藏"。

"摘藻堂"即汪文柏藏書號,從刻章章法來看"陸容仲"和"陸慶咸"當爲一人,但其具體情況不詳。

南京圖書館也藏有一套明刻本《三易洞璣》,封面有手寫"摩西珍藏"四字,《略例》第一頁有兩個印章"讀未見書樓""松陵范文安禮堂收藏圖章"。從版式上來看,南京圖書館和清華圖書館所藏應爲一個刻本,皆爲十三卷。

關於《三易洞璣》的卷數,明人朱睦㮮《授經圖》載有《三易洞璣》,但無具體

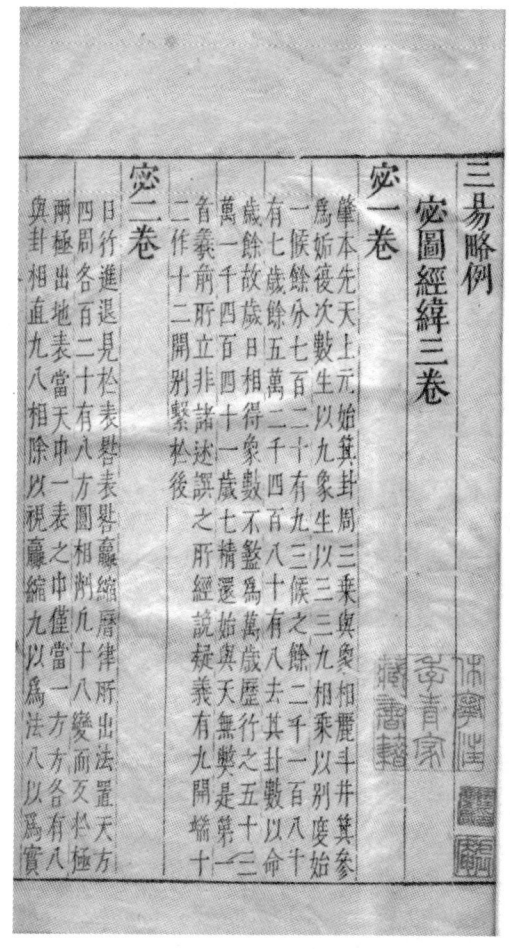

清華藏《三易洞璣》首頁《略例》

卷數。清人阮元《文選樓藏書記》、徐乾學《傳是樓書目》皆記爲十三卷,而丁仁《八千卷樓書目》、嵇璜《續文獻通考》《續通志》、永瑢《四庫全書總目》、張廷玉《明史》皆作十六卷,黃虞稷《千頃堂書目》、萬斯同《明史》皆記爲十五卷。十五卷本《三易洞璣》至今未看到,疑爲十六卷的誤記。我們現在能看到的上圖藏明刻本、康熙刻本和《四庫》本都是十六卷,但奇怪的是,這三個本子只有前十三卷的略例,《貞圖經緯》三卷無相應略例。就是說,《三易洞璣·略例》部分,十三卷本與十六卷本同,止不過在内容部分十六卷本多出《貞圖經緯》三卷。從《三易洞璣》體例來,似乎到第十三卷《餘圖總緯》就已經結束了。但從《貞圖經緯》三卷的語言風格和思想内容來看,又不像爲後人所加。道光十年陳壽祺所刻《黃

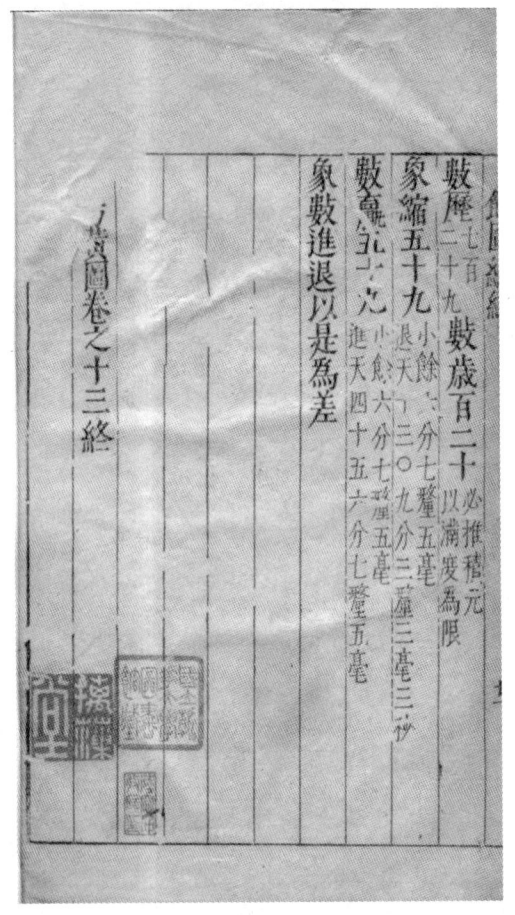

清華藏《三易洞璣》末頁

漳浦集》卷二〇《三易洞璣序》與上圖明刻本及康熙刻本、《四庫》本《三易洞璣·略例》相同,也没有《貞圖經緯》三卷的略例。但是《黄漳浦集·三易洞璣序》在"雜圖序"前面注有"貞圖序闕"四字,最後是"餘圖序",而上圖明刻本、康熙本、庫本《三易洞璣》都是《貞圖經緯》三卷放在最後。

阮元《文選樓藏書記》卷一説:"《三易洞璣》十三卷,明左諭德黄道周著,漳海人刊本。是書《宓圖經緯》三卷,《孔圖經緯》三卷,《雜圖經緯》三卷,《餘圖總緯》三卷",[10]那麽清華和南圖所藏十三卷本《三易洞璣》很有可能就是阮元這裏所説的"漳海人刊本"。

關於《三易洞璣》的版本問題,最後要補充一點的是,清人邵晉之的手抄本《三易洞璣》,該抄本以康熙年間鄭開極刻本爲底本,但個別字作者感覺明顯有

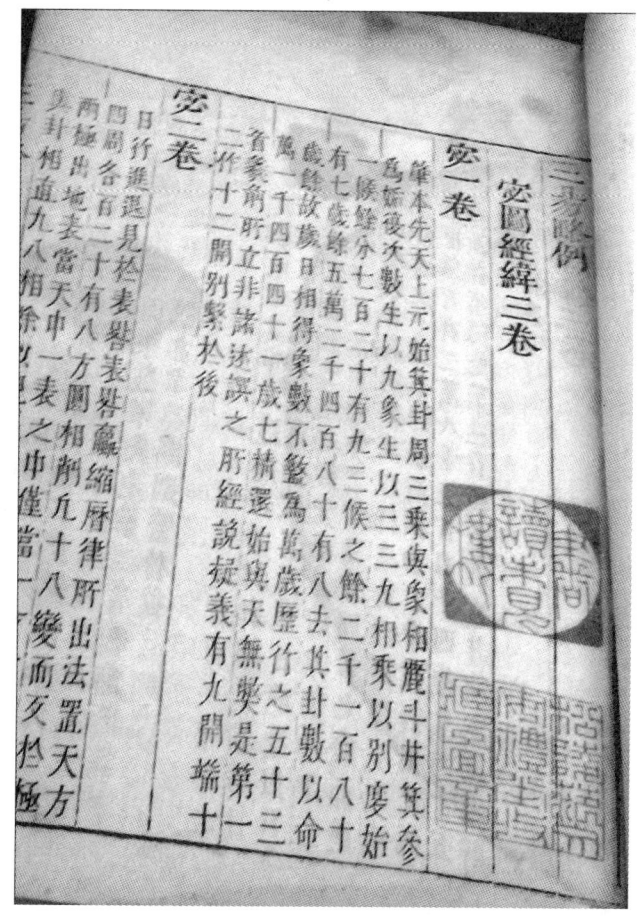

南圖藏《三易洞璣》首頁〈略例〉

誤的地方也作了直接改動。本書點校個別地方也參考了這個手抄本。

三　主要內容、思想特色與歷代評價

"三易"一詞源于《周禮·春官》："太僕掌三易之法，一曰《連山》，二曰《歸藏》，三曰《周易》。"但是《周禮》，包括所有先秦文獻都沒有關於三易具體內容及其思想特徵的說明。兩漢以來不斷有人對"三易"作出種種解釋，也不斷有所謂的"三易"文獻的出現和記載。就《四庫全書》來看，易學史上專論"三易"，並以"三易"為書名的易學著述至少有兩部，一是南宋朱元昇的《三易備遺》，二是明末黃道周的《三易洞璣》。朱元昇的"三易"說在形式上還是延續了《周禮》所載《連山》《歸藏》《周易》的三易說法,而黃道周的三易說與《周禮》差別很大。黃道周的三易指伏羲易、文王易、孔子易,不談《連山》《歸藏》。班固《漢書》曾用"人更三聖,世歷三古"來概說易學的源流,韋昭注"三聖"爲伏羲、文王、孔子,孟康注"三古"爲伏羲上古、文王中古、孔子下古⑪。這樣,黃道周的三易在形式上和班固、韋昭、孟康的說法接近。

《四庫全書總目提要》在介紹《三易洞璣》的主要內容時說:

> 是編蓋約天文曆數歸之于易。其曰三易者,謂伏羲之易、文王之易、孔子之易也;曰洞璣者,璣衡乃測天之器,謂以易測天,毫忽不爽也。一卷二卷三卷爲《宓圖經緯》上中下,即陳、邵所傳之先天圖。四卷五卷六卷爲《文圖經緯》上中下,即《周易》上下經次序。七卷八卷九卷爲《孔圖經緯》上中下,即《說卦傳》"出震齊巽"之方位。十卷十一卷十二卷爲《雜圖經緯》上中下,則《雜卦傳》之義。十三卷爲《餘圖總緯》,則因《周官》太卜而及於占夢之六夢、眠祲之十輝以及後世奇門太乙之術。十四卷十五卷十六卷爲《貞圖經緯》上中下,與《雜圖》相准,有衡有倚有環,衡者平也,倚者立也,環者圖也。⑫

以上基本概括了《三易洞璣》的主要內容,其中釋"璣"爲"測天之器",用"以易測天"來解釋"洞璣",體現了《三易洞璣》一書的思想特色。

《四庫全書總目》評價《三易洞璣》時說:

> 故是書之作,意欲網羅古今,囊括三才,盡入其中。雖其失者,時時流於機祥,入於駁雜。然易道廣大,不泥於數,不滯於一端,而亦不遺於一端,縱橫推之,各有其理。唐李鼎祚《周易集解》序云:"鄭多參天象,王全釋人事。"天道難明,人事易習。《易》之爲道,豈偏滯於天人哉?故道周此書,乍觀似屬創獲,然鄭康成解《隨》之初九云:"震爲大塗,又爲日門,當春分陰陽之所交",此道周言歲氣之所本也,故云"晷益則日損,晷損則日益"。康成解《比》之初六云:"有孚盈缶,爻辰在未上,值東井。井之水,人所汲,故用缶",此道周言星名之所本也,故云:"《坤》爲箕,《復》爲尾⑬,斗之禽舌則爲《噬嗑》,牛之任重致遠則爲《隨》。"卦氣值日,始于京房,充之則爲元會之

運。推策定曆,詳于一行,衍之則爲章蔀之紀。推其源流,各有端緒。⑭

以曆解《易》是易學的一個流派,在漢代曾一度很盛行,京房、鄭玄等都曾借助天文曆法來解《易》。邵雍《皇極經世》元會運世以十二、三十反復相乘的象數思想也源自於一年十二月、一月三十天的日月運行規律。在中國天文曆算史上,有好幾部著名曆法,如劉歆的《三統曆》、劉洪的《乾象曆》、僧一行的《大衍曆》等也都不同程度地用到《易》象數來推演曆法。誠如《四庫總目》所論,黃道周《三易洞璣》確實受到這些思想的影響,但是我們看到,其實黃道周的《三易洞璣》與京房、鄭玄、僧一行、邵雍的思想有著很大的差别。《三易洞璣》最大的特點可以概括爲以曆解《易》、《易》曆相融,所以《四庫提要》用"以易測天"來把握《三易洞璣》的思想主旨還是很準確的。但就此評述來看,也可知提要作者也只是僅僅粗略翻閱了《三易洞璣》,並無深入研究,所以有些地方也就難免說得似是而非。

莊子説"《易》以道陰陽"⑮,魏伯陽説"日月爲易"⑯,《繫辭上》也説"陰陽之義配日月""懸象著明莫大乎日月",因此,説《易》就離不開陰陽,説陰陽就離不開日月,日月是現象界最大的陰陽,而日月運行及其規律正是天文曆法中最主要的内容,所以《易》和天文曆法有著天然的内在聯繫。與《易》密切相關的還有樂律,在中國文化體系裏,《易》、曆、律是相互關聯的,都根於陰陽,也因此在中國史書裏,律曆志是通常放在一起來討論的,這也是中國文化的一個特色。也同樣是由於根於陰陽這個古老的命題,中國的醫學和易學在歷史上也產生了密切的關聯,又出現了以《易》解醫的流派。天文曆法、律吕、中醫等是《三易洞璣》涉及最多的知識領域,其他如地理堪輿、占夢望氣等也有不同程度的涉及,誠如《四庫提要》所説"是書之作,意欲網羅古今,囊括三才,盡入其中",蓋《易》道廣大,無所不包,所謂"範圍天地之化而不過,曲成萬物而不遺"(《繫辭上》)是也。在傳統文化中,易學幾乎和任何一門知識領域了都發生了不同程度的關聯,在這個意義上可以説易學是中國根本之哲學。易學和中國自然科學的關係,一定程度上可以轉化成現代意義上的哲學與自然科學的關係。衆所周知,哲學既要探討人文之道也研究自然之理。那麽,我們完全可以説易學既是人文的也是自然的。易學中的義理派偏重人文之道,而象數派則偏重自然之道。所以,象數易學要研究天文曆法、律吕、中醫、堪輿等領域的知識既是正常的,也是必需的。但是,在易學和自然科學具體結合過程中，若生搬硬套，往往會給人牽強附會之感，黃道周的《三易洞璣》可能也存在著這種不恰當的比附和比擬。可是我們也不應該因噎廢食，對《三易洞璣》不加研究地全部否定。"神無方而易無體"，《易》是對宇宙和人生整體根本之道的模擬，易學是宇宙觀，是人生觀，也是一種積極的思維方式。易學研究不應局限於人文領域，也應延伸到自然科學領域，就是說既要有人文易也要有科學易[17]。人文和自然是整體之道，不可割裂，而整體性思維無疑是易學和易道最根本的特徵之一。融會人文與自然，貫通義理與象數，是現代易學發展的必由之路。易學和中國文化如何在現代科學的發展中發揮出其積極的作用，至今這仍是一個很沉重的課題，這也是要復興中國傳統文化所繞不開的一個問題。《三易洞璣》通過《易》象數的方式來積極探索宇宙和生命的內在規律，無論如何，這種精神都是可取的。

《三易洞璣·略例》有"觀三易要引"七點，從中可見黃道周獨特的思想旨趣，黃道周說：

> 凡觀是書，須先明三五，略覽七精九衡之動，然後開《易》，依其緯序，作十三圖，求其經說。

> 凡觀是書，須備集墳典，自經傳史籍雜緯而下，別其紕誤，然後引經，原要始終，以聖爲法。

> 凡觀是書，須篤信周孔，知自端符而後，微言俱絕，不食不寢，仰思待旦，然後尋味知所入首。

> 凡觀是書，須弘納前哲，知甘、石、平、閎、焦、京、尋、奉、雄、衡、馬、鄭、宣、洪、管、郭，皆合經之一體，然後漸次以領道趣。

> 凡觀是書，須迸棄俗學，知東漢稱道不及前漢，宋不如唐，唐不如晉。遁甲奇門、六壬太乙，諸俱傭妄，爲城旦書，然後專寡，漸解妙言。

> 凡觀是書，須先除我見，盡千百帙，不存一字。唯仰九環，虛空交會，作百世史，然後開卷，夜見文字。

> 凡觀是書，須洗心研慮，以敬靜爲本，履仁蹈義，迸絕嗜欲，不求世人名譽，然後可固聰明，損益百世。

從這七條"要引",可見《三易洞璣》氣魄之大,大有集象數易學之大成的氣象。第一條強調要熟悉天文曆算才能走進《三易洞璣》,第二條強調要熟悉歷史經籍,第三條強調周孔之道的重要性,第四條強調要匯通從兩漢到魏晉十六位易學家、曆算學家和大儒(分別是甘德、石申、鄧平、落下閎、焦延壽、京房、李尋、翼奉、揚雄、張衡、馬融、鄭玄、劉洪、管輅、郭璞,其中"宣"指誰待考)的思想,第五條是對唐以後所流傳的應用術數及命理學的排斥,第六條強調要打破成見和俗見,第七條強調要有很好的心性道德修養。第七條所云"敬靜爲本,履仁蹈義"也可見黃道周作爲理學家的思想風格。這些都說明了黃道周欲會通漢宋、返本周孔的思想格局。

黃道周在世時沒有刻意培養自己在易學上的傳人,雖然朱朝英、陳蓋謨、李世熊等弟子對其易學有較爲深入的研究,但並未能對黃道周的易學發揚光大,影響有限。師承黃道周並有重大影響的學者,可能要推黃宗羲,他對黃道周的學問非常崇敬,稱"漳浦之學如武庫,無所不備,而尤邃于《易》曆"[18],認爲"百年以來窮經之士,黃石齋(黃道周)、郝楚望(郝敬)及公(何楷)而三耳"[19]。黃宗羲還向自己的學生[20]傳授當世許多學者窮年都不能通其說的《三易洞璣》,說明黃宗羲對《三易洞璣》應該是精通的。全祖望稱黃宗羲"軼出念台之藩,而窺漳浦之室"[21],曹國慶認爲此"道出了他(黃宗羲)私淑黃道周的事實"[22]。

黃道周作爲明末大儒,思想極其複雜,他的學術有綜合漢宋、返本孔孟的大氣象,但他對漢學的繼承跟後來清人的考據學不同的是,漢代今文經學中的天人感應思想甚至讖緯、災異學説對黃道周影響很大。比如西漢《詩經》學有一派是齊學,就是通過《詩經》來講災異和歷史氣數,後來翼奉傳承齊詩,有"四始五際"說,此後怪異的齊詩學就衰絕了,很少有人再能理解其內在旨趣。黃道周在《易象正》和《三易洞璣》中多處深入討論了"四始五際"說,陳喬樅在《齊詩翼氏學疏證》指出"漳浦學貫天人,根極理數,至深且奧,《三易洞璣·雜圖經下》,以雜卦爲序,中分乾坤上下三十二卦,上爲《詩》之五際,下爲《春秋》三軌,以《易》《詩》《春秋》合推際會之終始,意即本於翼氏一際七十六歲,此古法所謂十九歲爲一章,四章七十六歲爲一紀者也";又說"漳浦言《詩》,大旨以四始、五際爲宗,皆本齊說,亦詩家之絕學也"[23]。章太炎先生認爲《三易洞璣》爲陰陽家,他說:

"如楊雄之《太玄》、司馬光之《潛虛》、邵雍之《皇極經世》、黄道周之《三易洞璣》,皆應在陰陽家,而不應在儒家六藝家,此與蓍龜形法之屬,高下固殊絶矣。"[24]所謂"蓍龜形法之屬"爲占卜術數之流,太炎先生認爲陰陽家有其理論,而占卜術數往往没有系統的學説。太炎先生在與支偉成的信中論及魏源,認爲魏源是以黄道周《三易洞璣》來解説《洪範》[25]。這些都説明《三易洞璣》雖古奥艱深,少人問津,但仍受到近現代學者的不斷關注。

　　總體上看,與收入《四庫全書》經部《易》類的《易象正》相比,收入《四庫》子部術數類的《三易洞璣》在歷史上的爭議比較大。雖然門生弟子如朱朝瑛、陳薦夫、李世熊,甚至包括黄宗羲等對黄道周的《三易洞璣》推崇備至,但以李光地爲首的清初學者也對《三易洞璣》予以了比較尖鋭的批評。近現代以來的相關著述也有對黄道周易學的一些評論,但總體上來看,這些評論都是皮相之論,並未深入研究過《三易洞璣》一書[26]。今人比較瞭解《三易洞璣》的要數李樹菁先生,他認爲黄道周的易學"把幾千年來的象數和經典術數理論模式融匯於一爐,並以表的形式加以系統化,編成博大精深的'易曆'體系,堪稱元象數學(像匯總一切數學成一個統一體系元數學那樣),是在形式上高於《皇極經世》的象數著作。可惜,由於學習和應用者後繼無人,《三易洞璣》仍是空架子而無人問津,實應深入研究與發揚"[27];又説"黄道周的《三易洞璣》就可能成爲當前科學中西結合開發研究方面的稀世珍寶。可惜,《四庫》館臣在《四庫全書總目》中,帶著極大偏見,將《三易洞璣》編入術數類中,故後來研究其書的人很少。術數家以算命等實用爲目的,對深奥的《三易洞璣》看不懂,也敬而遠之。明清以來的易學家以理派爲主,即使惠棟、焦循、張惠言這些象數派易學家,則陷入訓詁,挖掘歷代漢易材料的工作,而不研討當時認爲是'旁門邪道'的《三易洞璣》。從而將如此重要的著作,打入冷宫"[28]。李樹菁先生對《三易洞璣》雖然評價很高,但對其具體内容也無深入研究和詳細闡發。近年也有古天文學界和中醫學界的學者關注到黄道周的《三易洞璣》,並對其先進而奇特的天文思想和中醫學説給予了很高的評價[29],這些自然科學研究的成果可以説改變了我們傳統上對《三易洞璣》的偏見和成見,提醒我們不能簡單地斥之以"野狐禪説《易》"而拋之九霄雲外,提醒我們要抱著同情理解的態度重新去審視冰凍塵封了幾百年的《三易洞璣》。雖然拙著《以易測天:黄道周易學思想研究》對《三易洞璣》的主要内容作了具體介紹和初步闡發,但對其精義也無深刻認識,缺乏高屋建瓴式的概況和評述。要讀懂《三易洞璣》,不僅要有一定易學基礎,還需要對古天文曆算、中醫、樂律、地理、道家、術數等多方面的國學知識有一定深入的瞭解,做到這些是很不容易的,這是幾百年來《三易洞璣》少人問津的重要原因[30]。

　　＊本文爲國家社科基金青年項目"黄道周易學思想研究"(11CZX039)階段性成果之一。

注　釋

① 《滇遊日記七》,《徐霞客遊記》卷七下,褚紹唐、吴應壽整理,上海古籍出版社2007年版,第879頁。
② 《道光五年二月十六日禮部謹奏爲遵旨議奏事》,《黄漳浦集》卷首。本文所用《黄漳浦集》均爲清道光十年福州陳壽祺刻本。
③ 陳來《黄道周的生平與思想》,《國學研究》第十一卷,北京大學出版社2003年,第87頁。
④ 《黄子年譜》,(明)洪思編,侯真平、婁曾泉校點,福建人民出版社1999年版,第9頁。
⑤ 侯真平《黄道周紀年著述書畫考》,厦門大學出版社1995年版,第494頁。
⑥ 參見陳藎謨《上石齋黄先生論〈洞璣〉書》:"時聞夫子有《三易洞璣》而求之如驪龍頷珠,驟不易得。殆癸酉春(1633年)始獲,如駟馬拱璧而後知夫子直繼宓文孔三聖而起。"載《礦庵槧》,《四庫全書存目叢書》子部第59册第18頁,據中科院圖書館藏明崇禎本影印。
⑦ 侯真平《黄道周紀年著述書畫考》,厦門大學出版社1995年版,第494—495頁。
⑧ 參見《中國藏書家通典》,李玉安、黄正雨編著,中國國際文化出版社2005年版,第763頁。
⑨ 劉薔《杭州豐華堂藏書考》,《清華大學學報》哲學社會科學版1998年第1期,第80頁。
⑩ 阮元《文選樓藏書記》卷一,王愛亭、趙嫄點校,上海古籍出版社2009年版,第3頁。這裏《三易洞璣》分卷介紹明顯有誤,應該是"《宓圖經緯》三卷,《文圖經緯》三卷,《孔圖經緯》三卷,《餘圖總緯》一卷"。
⑪ 《前漢書·藝文志》,顔師古注,中華書局1962年版,第1704頁。
⑫ 《四庫全書總目》卷一〇八,河北人民出版社2000年版,第2771頁。
⑬ 從《三易洞璣·宓圖經上》來看,當是"《坤》爲尾,《復》爲箕"。
⑭ 《四庫全書總目》卷一〇八,第2771—2772頁。

⑮ 見《莊子·天下篇》。

⑯ 見《周易參同契·乾坤設位章第二》。

⑰ 關於"人文易"與"科學易"的討論可參閱蕭萐父《人文易與民族魂》,《周易研究》1991年04期;趙定理:《科學易》,《周易研究》1988年02期。

⑱ 《朱康流先生墓誌銘》,見《黃宗羲全集》第十冊,浙江古籍出版社2005年版,第346頁。

⑲ 《思舊錄·何楷》,見《黃宗羲全集》第一冊,第360頁。

⑳ 指許三禮,參見黃宗羲《兵部督捕右侍郎西山許先生墓誌銘》:"余自丙辰(康熙十五年)至庚申(康熙十九年)五年,皆在海甯奉先生(許三禮)之教,而先生又從余受黃石齋先生《三易洞璣》及《授時》、西、回三曆。"

㉑ 《鮚埼亭集外編》卷四四,《梨洲先生神道碑文》,《四部叢刊》本,第7頁。

㉒ 曹國慶《曠世大儒·黃宗羲》,河北人民出版社2000年版,第57頁。

㉓ 轉引自《四庫全書總目提要補正》,胡玉縉撰,王欣夫輯,中華書局1964年版,第345頁。

㉔ 章太炎《論諸子學》,選自《革故鼎新的哲理·章太炎文選》,董玢編選,上海遠東出版社1996年版,第167—168頁。

㉕ 《章太炎書信集》,馬勇編,河北人民出版社2003年版,第829頁。

㉖ 參見翟奎鳳《以易測天——黃道周易學思想研究》,中國社會科學出版社2012版,第309—350頁。

㉗ 李樹菁遺著《周易象數通論》,商宏寬整理,光明出版社2004年版,第34頁。

㉘ 同上書,第61頁。

㉙ 參見石雲里《從黃道周到洪大容——17、18世紀中期地動學說的比較研究》,《自然辯證法通訊》1997年第4期,吳新明《黃道周〈三易洞璣〉有關中醫藏象理論淺析》,《中國中醫基礎學雜誌》2009年第6期。

㉚ 筆者近來注意到網上流傳的風水學名著《玉函通秘》(玄空理氣最早的版本,原書來源自元朝耶律楚材的《玉鑰匙》與《插泥劍》,此書從明至清都爲秘傳,到清末方才刻版刊行),其最後一卷《經天緯地書》與黃道周《三易洞璣》卷一《宓圖緯上》的圖表非常相近,筆者懷疑其參考借鑒或者說因襲了黃道周的《三易洞璣》。

《明儒學案·姚江學案》的文本問題

朱鴻林

【提要】 劉宗周選錄王陽明文字爲《陽明傳信錄》，黃宗羲據之爲《明儒學案》卷一〇之《姚江學案》。本文以《姚江學案》文本比勘《陽明傳信錄》及王守仁《王陽明全集》原文，以見劉宗周節取王陽明文字的情形，黃宗羲刪改損益劉宗周所選文字的情形，並且反映後者在編輯加工上可能導致讀者誤解王陽明意旨之處。

《明儒學案》卷一〇《姚江學案》所錄王陽明文字，根據的是劉宗周選錄的《陽明傳信錄》，並非如黃宗羲在《明儒學案·發凡》中所說的"是編皆從全集纂要鉤玄，未嘗襲前人之舊本也"。黃宗羲徑取劉宗周的選編，並且連劉宗周的評語也一併抄錄，雖然他無所說明，原因卻不難理解。劉宗周不止是他的老師，還是對陽明學說有真切理解的儒者。從《陽明傳信錄》書前《小引》所說此書的選錄原則和編纂目的看，此書應是正確反映陽明思想的精粹之作，是認識陽明的學術準則和學說宗旨的有用之書。黃宗羲捨己從人，徑用《陽明傳信錄》，反而是有識見之舉。

可是，《姚江學案》所載，畢竟是編選的文字，除了所選是否恰當之外，還有在過錄時有否因編輯加工而導致意思改變的問題。劉宗周《陽明傳信錄》中的陽明文字，是以某篇文章或某條語錄作單元的。這些單元的文字是否便如陽明原書一樣，還是個中存在增刪改動的情形，影響到讀者對陽明的理解？這個問題同樣存在於黃宗羲《明儒學案》抄錄的《陽明傳信錄》文本中。

朱鴻林　香港理工大學中國文化學系

我們經過文本對比發現，其實劉宗周在抄錄陽明文章和語錄、黃宗羲在抄錄劉宗周的選錄文字時，都並非照抄所據原文，而是對之各作損益刪節。這樣做的理由，劉、黃二氏都沒有說明，我們只能以理度之。但其後果，卻往往導致陽明原意表述不足或被錯誤理解。最明顯之處是，黃宗羲並未全部取錄劉宗周所選錄的文字。《陽明傳信錄》共有三卷，分別旨在表述陽明的"學則""教法"和"宗旨"，抄錄陽明長短文字凡166條（卷一47條、卷二26條、卷三93條），其中附有劉宗周評語者凡113條（卷一31條、卷二20條、卷三62條），而評語則共有118條（卷一31條、卷二21條、卷三66條）。《明儒學案·姚江學案》止抄錄了《陽明傳信錄》的第一卷（《語錄》）和第三卷（《傳習錄》）。第一卷止抄錄了劉氏原書47條中的45條，評語則止抄錄了這45條中原有的30條的28條。第三卷止抄錄了劉氏原書93條中的71條，評語則止抄錄了這71條中原有的51條中的43條，其中還有2條是被節取的。由此可見，《姚江學案》之於《陽明傳信錄》是有選擇的。更嚴重的問題，則是文字上的刪節。

本文以《明儒學案·姚江學案》中的《陽明傳信錄》文字、《劉宗周全集》中該書的同條文字以及《王陽明全集》中被選抄的同篇文字進行比較，顯示其差異，並試提揭差異可能導致的後果。下文依照《明儒學案》所載《陽明傳信錄》的次序，先比較其中的《語錄》部分，再比較隨後的《傳習錄》部分。《傳習錄》部分篇幅較大，本文止選取其中尤能顯示問題所在的二十多條，以作說例。

本文所用《明儒學案》文本，爲乾隆鄭氏二老閣刊本之光緒修補印本，加以現代標點，並參考康熙賈氏紫筠齋刊本之雍正印本。據以比勘的用書有：（一）劉宗周《陽明傳信錄》，戴璉璋、吳光主編，《劉宗周全集》（臺北，中國文哲研究所籌備處1996年版）第四冊，《遺編》卷一一、一三（卷一二《明儒學案》未見抄錄）。（二）王守仁《王陽明全集》，吳光等編校本（杭州：浙江古籍出版社2011年版）；收入《四部叢刊》的明萬曆元年（1573）南京刊本《王文成公全書》本。

本文校勘凡例如下：

（一）以《明儒學案》與《陽明傳信錄》《王陽明全集》參校。

（二）各條編號以分隔號（／）標示其分別見於《明儒學案》及《陽明傳信錄》的順序。

（三）凡《明儒學案》文字與《陽明傳信録》原書文字别異之處，《明儒學案》取代《陽明傳信録》的以圓括號（　）標示，《陽明傳信録》原文用方括號【　】標示。

（四）《陽明傳信録》《明儒學案》文字與《王陽明全集》無異者不標示，異者標示；《王陽明全集》原文，見於附注。

（五）先列《姚江學案》原文，其中劉宗周評語用别樣字體，隨後爲差異之處之提揭或略論，依問題在條文中出現之先後爲次序。

一　文本比較①

（一）《陽明傳信録·小引》

　　暇日讀《陽明先生集》，摘其要語，得三卷。首《語録》，録先生與門弟子論學諸書，存學則也；次《文録》，録先生贈遺雜著，存教法也；又次《傳習録》，録諸門弟子所口授於先生之爲言學言教者，存宗旨也。

　　先生之學，始出詞章，繼逃佛、老，終乃求之《六經》，而一變至道，世未有善學如先生者也，是謂學則。先生教人，吃緊在去人欲而存天理，進之以知行合一之説，其要歸於致良知，雖累千百言，不出此三言爲轉註，凡以使學者截去之②繞，尋向上去而已，世未有善教如先生者也，是謂教法。而先生之言良知也，近本之孔、孟之説，遠遡之精一之傳，蓋自程、朱一綫中絶，而後補偏救弊，契聖歸宗，未有若先生之深切著明者也，是謂宗旨。則後之學先生者，從可知已。不學其所悟而學其所悔，舍天理而求良知，陰以叛孔、孟之道而不顧，又其弊也。説知説行，先後兩截；言悟言參，轉增學慮，吾不知於先生之道爲何如！間嘗求其故而不得，意者先生因病立方，時時權實互用，後人不得其解，未免轉增離岐乎？宗周因於手抄之餘，有可以發明先生之藴者，僭存一二管窺，以質所疑，冀得藉手以就正於有道，庶幾有善學先生者出，而先生之道傳之久而無弊也。因題之曰"傳信"云。【時】崇禎【歲在】己卯【秋】七月（既）望【後二日】，後學劉宗周書【於朱氏山房之解吟軒】。

　　按，《姚江學案》所抄《陽明傳信録·小引》的落款句，文字有所删改。大概出於節省文字、去除不必要資訊的負擔之故,加之刪節後的文字對於瞭解劉宗周的意思也没有影響,所以黄宗羲作了如上節省。但這對於研究劉宗周的"學術思想史"則無幫助,因爲著書地點這一重要資訊因而不見。

(二) 語録

(1/1) 刊落聲華③,務於切己處著實用力。所(謂)【云】靜坐事④,非欲坐禪入定,蓋因吾輩平日爲事物紛拏,未知爲己,欲以此補小學收放心一段(功)【工】夫耳。明道云:"纔學便須知有著力處,既學便須知有得力處。"⑤諸友宜於此處著力,方有進步,異時始有得力處也。"學要鞭辟近裏著己""君子之道,闇然而日章""爲名與爲利,雖清濁不同,然其利心則一""謙受益""不求異於人而求同於理",此數(語)【言】⑥宜書之壁間,常目在之。舉業不患妨功,惟患奪志,只如前日所約,循循爲之,亦自兩無相礙。所謂"知得,則灑掃應對便是精義入神也"⑦。【以上】《與辰中諸生》

刊落聲華,是學人第一義。

1. 正文之後注引文出處之"《與辰中諸生》",其前原書有"以上"二字。此處刪去,蓋因此前與同一受者之另一條並未抄録。

2. 以"謂"代"云",有泛言與專指之别。"所云靜坐事",《王陽明全集》作"前在寺中所云靜坐事"。此處省文遂失事情背景。

3. "言",《王陽明全集》同《姚江學案》作"語"。可見《學案》有取陽明原集校勘。

(2/2) 志道懇切⑧,固是誠意,然急迫求之,則反爲私己,不可不察也。日用間何莫非天理流行,但此心常存而不放,則義理自熟。孟子所謂"勿忘勿助,深造自得"者矣⑨。《答徐成之》

此語自是印過程、朱。

此條省去首句之前文字,故不能知劉宗周評語之理據。

(3/3) 聖人之心⑩,纖翳自無所容,自不消磨刮。若常人之心,如斑垢駁雜之鏡,須痛加刮磨一番,盡去其駁蝕,然後纖塵即見,纔拂便去,亦自不消費力,到此已是識得仁體矣。若駁雜未去,其間固(去)【自】有一點明處,塵埃之落,固亦見得,亦纔拂便去。至於堆積於駁蝕之上,終弗之能見也。此學利困勉之所由異,幸弗以爲煩難而疑之也。凡人情好易而惡難,其間亦自有私意氣習纏蔽,在識破後,自然不見其難矣。古之人至有出萬死而樂爲之者,亦見得耳。向時未見得向裏面意思,此工夫自無可講處,今已見此一層,卻恐好易惡難,便流入禪釋去也。昨論儒、釋之異,明道所謂"敬以直内則有之,義以方外則未",畢竟連敬以直内亦不是者,已說到八九分矣。《答黃宗賢、應元忠》

　　已見後方知難,政爲此鏡子時時不廢拂拭在。儒、釋之辨,明道尚泛調停,至先生始一刀截斷。

"固去有"原文作"固自有",文意明白,"去"字沒意思,或者屬於形似致誤。

　　(4/4)僕近時與朋友論學⑪,惟說立誠二字。殺人須就咽喉上著刀,吾人爲學當從心髓入微處用力,自然篤實光輝,雖私欲之萌,真是(紅)【洪】爐點雪,天下之大本立矣。若就標末(粧)【妝】綴比擬,凡平日所謂學問思辨者,適足以爲長傲遂非之資,自以爲進於高明光大,而不知陷於(狠)【狼】戾險嫉,亦誠可哀也已。⑫

　　誠無爲,便是心髓入微處,良知即從此發竅者,故謂之立天下之大本。看來良知猶是第二義也。

"狠""狼"形似,《王陽明全集》正作"狼"字,《陽明傳信錄》自是手民之誤。

　　(5/5)吾輩通患⑬,正如池面浮萍,隨開隨蔽。未論江海,但在活水,浮萍即不能蔽。何者?活水有源,池水無源,有源者由己,無源者從物,故凡不息者有源,作輟者皆無源故耳。以上《與黃宗賢》

　　開處不是源,莫錯認。

　　(6/6)　　變化氣質⑭,居常無所見,惟當利害、經變故、遭屈辱,平時憤怒者到此能不憤怒,憂惶失措者到此能不憂惶失措,始是得力處⑮,亦便是用力處。天下事雖萬變,吾所以應之,不出乎喜怒哀樂四者。此爲學之要,而爲政亦在其中矣⑯。

　　工夫止是致中和。

"始是得力處",《王陽明全集》作"始是能有得力處",可見《陽明傳信録》已有省文,文句删節後意義亦稍有不同。

(7/7) 在物爲理[17],處物爲義,在性爲善,因所指而異其名,實皆吾之心也。心外無物,心外無(言)【事】,心外無理,心外無義,心外無善。吾心之處事物,純乎理而無人(僞)【欲】[18]之雜謂之善,非在事物有定所【之】可求也。處物爲義,是吾心之得其宜也,義非在外可襲而取也。格者,格此也。致者,致此也。必曰事事物物上求箇至善,是離而二之也。伊川所云"纔明彼,即曉此",是猶謂之二。性無彼此,理無彼此,善無彼此也[19]。以上《與王純甫》

先生恢復心體,一齊俱了,真是有大功於聖門,與孟子性善之説同。

1. "心外無言"在此没有意義,"言"字應爲"事"字形似之誤。
2. "僞"字,《王陽明全集》同,可見《姚江學案》有取陽明原集校勘處。
3. "之"字删去,句意或可改變。"非在事物有定所可求也"句,意思是由"非在事物有定"與"所可求也"組成,"非在事物有定所之可求也"句,意思是由"非在事物有定所"與"之可求也"組成。陽明之意,實謂事物之理,惟在變動不居之吾心,實無"定所"可求而得之。

(8/8)《大學》之所謂誠意[20],即《中庸》之所謂誠身也。《大學》之所謂格物致知,即《中庸》之所謂明善也。博學、審問、慎思、明辨、篤行,皆所以明善而爲誠身之功也,非明善之外别有所謂誠身之功也。格物致知之外,又豈别有所謂誠意之功乎?《書》之所謂精一,《語》之所謂博文約禮,《中庸》之所謂尊德性而道問學,皆若此而已[21]。《答王天宇》

先生既言格致即《中庸》明善之功,不離學問思辨行,則與朱子之説何異?至又云"格其物之不正以歸於正",則不免自相齟齬,未知孰是。

(9/9) 學絶道喪[22],俗之陷溺,如人在大海波濤中,且須援之登岸,然後可授之衣而與之食。若以衣食投之波濤中,是適重其溺,彼將不以爲德而反以爲尤矣。故凡居今之時,且須隨機導引,因事啓沃,寬心平氣以薰陶之,俟其感發興起,而後開之以其説,是故爲力易而收效溥[23]。《寄李道夫》

今且識援之登岸是何物。

（10/10）使在我果無功利之心㉔,雖錢穀兵甲,搬柴運水,何往而非實學,何事而非天理,況子史詩文之類乎？使在我尚（有）【存】功利之心,則雖日談道德仁義,亦止是功利之事,況子史詩文之類乎？一切屏絶之説,猶是㉕泥於舊（聞）【習】,平日用功未有得力處㉖。《與陸元靜》

勘得到。

1. 以"有"代"存",應是形似之誤。
2. "猶是",《王陽明全集》作"是猶"。按,兩者意思稍有分别,改動或因此句在陽明原集意思尚未終止。
3. 改"舊習"爲"舊聞",殆以此條之後尚有"請一洗俗見"（未抄）之文之故。但"習"字意思較重,而"平日用功未有得力處",正是"習"之證明。

（11/11）數年切磋㉗,只得立志辨義利。若於此未有得力處,却是平日所講盡成虚（話）【語】,平日所見皆非實得㉘。

義利二字,是學問大關鍵,亦即儒、釋分途處。

以"話"代"語",稍有口語與文語之别；亦有可能是字形相近致誤。

（12/12）經一蹶者長一智,今日之失,未必不爲後日之得,但已落第二義。須從第一義上著力,一真一切真㉙。以上皆《與薛尚謙》

識得第一義,即遷善改過皆第一義。

（13/13）理無内外㉚,性無内外,故學無内外。講習討論,未嘗非内也；反觀内省,未嘗遺外也。夫謂學必資於外求,是以己性爲有外也,是義外也,用智者也。謂反觀内省爲求之於内,是以己性爲有内也,是有我也,自私者也。是皆不知性之無内外也。故曰："精義入神,以致用也；利用安身,以崇德也"；"性之德也,合内外之道也"。此可以知格物之學矣。格物者,《大學》之實下手處,徹首徹尾,自始學至聖人,只此工夫而已,非但入門之際有此一段也。夫正心、誠意、致知、格物,皆所以修身,而格物者,其所以用力日㉛可見之地。故格物者,格其心之物也,格其意之物也,格其知之物也；正

心者,正其物之心也;誠意者,誠其物之意也;致知者,致其物之知也。此豈有內外彼此之分哉㉜?《答羅整菴少宰》

整菴又有答先生書云:"前三物爲物三,後三物爲物一",爲自相矛盾。要之物一也,而不能不(散)【毂】而爲兩,散而爲萬。先生之言,自是八面玲瓏。

評語中以"散"代"毂",應是改正形似之誤,亦於義爲長。

(14/14) 昔夫子謂子貢曰㉝:"賜也,(汝)【女】㉞以予爲多學而識之者與?"對曰:"然。非與?"子曰:"非也。予一以貫之。"然則聖人之學,乃不有要乎?彼釋氏之外人倫、遺物理,而墮於空寂者,固不得謂之明其心矣。若世儒之外務講求考索,而不知本諸(身)【心】者㉟,其亦可㊱謂窮理乎㊲?《與夏敦夫》

洙、泗淵源,原是如此。得曾子發明,更是樸實頭地。曾子就誠處指點,先生就明處指點,一而已矣。

1. "女"王集作"汝",可見《姚江學案》有參考陽明原集處。
2. "諸"與"心"間,《王陽明全集》有"其"字。
3. 以"身"代"心",理念大異。"本諸身"要求見諸躬行,"本諸心"要求自我反省,求證於心。兩者各有道理,但陽明原意是要學者"本諸其心"。
4. 末句"其亦可謂窮理乎?"《王陽明全集》"可謂"二字之間有"以"字,於意思關係不大。

(15/15) 心無動靜者也㊳。其靜也者,以言其體也;其動也者,以言其用也,故君子之學,無間於動靜。其靜也,常覺而未嘗無也,故常應;其動也,常定而未嘗有也,故常寂。常應常寂,動靜皆有事焉,是之謂集義。集義故能無祗悔,所謂動亦定、靜亦定者也。心一而已,靜其體也,而復求靜根焉,是撓其體也;動其用也,而懼其易動焉,是廢其用也。故求靜之心即動也;惡動之心非靜也。是之謂動亦動,靜亦動,將迎起伏,相尋於無窮矣。故循理之謂靜,從欲之謂動。欲也者,非必聲色貨利外誘也,有心之私皆欲也。故循理焉,雖酬酢萬變,皆靜也。濂溪所謂"主靜",無欲之謂也,是謂集義者

也。從欲焉,雖心齋坐忘,亦動也。告子之強制,正助之謂也,是外義者也㊴。《答倫彥式》

與《定性書》相爲表裏。

(16/16) 且㊵以所見者實體諸心㊶,必將有疑;果無疑,必將有得;果無得,又必有見㊷。《答方叔賢》

如此用功,真不怕不長進。

"實體諸心",《王陽明全集》作"實體諸身"。此處關係理解甚大,《姚江學案》卻未據改,可見校讎、抄錄都有問題。

(17/17) 孟子云㊸:"是非之心,智㊹也";"是非之心,人皆有之",即所謂良知也。孰無是良知乎?但不能致之耳。(曷)【《易》】謂:"知至,至之。"知至者,知也;至之者,致知也,此知行之所以一也。㊺

良知之智,實自惻隱之仁來。

原文無誤,"曷"是"易"字的形似之誤。"知至至之"是《易·乾文言》語。"曷"字作問句,與末句不相應,而前引孟子,此引《易經》以說明道理,自然而合理。又按,"智"字《王陽明全集》作"知",兩字通用,故《姚江學案》亦未見改。

(18/18) 妄心則動也㊻,照心非動也。恆照則恆動恆靜,天地之所以恆久而不已也。照心固照也,妄心亦照也,其爲物不貳,則其生物不息,有刻暫停則息矣,非至誠無息之學矣。

(19/19) 心之本體,無起無不起,雖妄念之發,而良知未嘗不在,但人不知存,則有時而或放耳。雖昏塞之極,而良知未嘗不明,但人不知察,則有時而或蔽耳。雖有時而或放,其體實未嘗不在也,存之而已耳。雖有時而或蔽,其體實未嘗不明也,察之而已耳㊼。

(20/20) 性無不善,故知無不良。良知即是未發之中,即是廓然大公,寂然不動之本體,人人之所同具者也。但不能不昏蔽於物欲,故須學以去其昏蔽,然於良知之本體,初不能有加損於毫末也㊽。

(21/21) 理,無動者也。常知常存,常主於理,即不睹不聞、無思無爲之謂也。不睹不聞、無思無爲,非槁木死灰之謂也。睹聞思爲一於理,而未嘗有所睹聞思爲,即是動而未嘗動也。所謂"動亦定,靜亦定",體用一原者也。

（22/22）未發之中,即良知也,無前後內外而渾然一體者也。有事無事,可以言動靜,而良知無分於有事無事也;寂然感通,可以言動靜,而良知無分於寂然感通也。動靜者所遇之時,心之本體固無分於動靜也。理,無動者也,動即爲欲。循理,則雖酬酢萬變而未嘗動也;從欲,則雖槁心一念而未嘗靜也。

（此）【能】戒慎恐懼者是良知。

評語以"此"代"能",導致意義不清。評語著重的是良知的自然能力。改字句則將良知的能力限定在"戒慎恐懼"上。

（23/23）照心非動者,以其發於本體明覺之自然,而未嘗有所動也。有所動,即妄矣。妄心亦照者,以其本體明覺之自然者,未嘗不（存）【在】於其中,但有所動耳。無所動,即照矣。無妄無照,非以妄爲照,以照爲妄也。照心爲照,妄心爲妄,是猶有妄有照也。有妄有照,則（有）【猶】（二）【貳】也,（二）【貳】則息矣。無妄無照,則不貳,不貳則不息矣。

1. "存"與"在"形似而意近,稍有輕重及一般與確定之別。
2. 以"有"代"猶",或因二字音近所致。"猶"有表示程度含義,其後之狀態爲更高,此處用之,符合句意。

（24/24）必欲此心純乎天理,而無一毫人欲之私,此作聖之功也。必欲此心純乎天理,而無一毫人欲之私,非防於未萌之先,而克於方萌之際,不能也。防於未萌之先,而克於方萌之際,此正《中庸》戒慎恐懼、《大學》致知格物之功,舍此之外,無別功矣[49]。

（25/25）不思善不思惡時認本來面目,此佛氏爲未識本來面目者設此方便。本來面目,即吾聖門所謂良知。今既認得良知明白,即已不消如此説矣。隨物而格,是致知之功,即佛氏之常惺惺,亦是常存他本來面目耳。體段(功)【工】夫大略相似，但佛氏有箇自私自利之心，所以便有不同。

（26/26）病瘧之人㊾，瘧雖未發，而病根自在，則亦安可以其瘧之未發，而遂忘其服藥調理之功乎？若必待瘧發而後服藥調理，則既晚矣㊿。以上皆《答陸元靜》

"照心固照，妄心亦照"二語，先生自爲註疏已明，讀者幸無作玄會。未病服藥之説，大是可思。

（27/27）君子之所謂敬畏者㉕，非有所恐懼憂患之謂也，乃戒慎不睹、恐懼不聞之謂耳。君子之所謂灑落者，非曠蕩放逸、縱情肆意之謂也，乃其心體不累於欲、無入而不自得之謂耳。夫心之本體，即天理也；天理之昭明靈覺，所謂良知也。君子之戒慎恐懼，惟恐其昭明靈覺者，或有所昏昧放逸，流於非僻邪妄，而失其本體之正耳。戒慎恐懼之功無時或間，則天理常存，而其昭明靈覺之本體無所虧蔽，無所牽擾，無所恐懼憂患，無所好樂忿懥，無所意必固我，無所歉餒愧怍；和融瑩徹，充塞流行，動容周旋而中禮，從心所欲而不踰，斯乃所謂真灑落矣。是灑落生於天理之常存，天理常存生於戒慎恐懼之無間，孰謂敬畏之增，【乃】反爲（樂）【灑落】之累耶㉝！《（與）【答】舒國用》

最(是)【足】發明宋儒主敬之説。

1. 去"乃"字，意在省練，卻失去劉宗周原有的強調。

2. 改"灑落"爲"樂"，有自我定義，私換主題之病。灑落固然是樂，但本條主題與全文説的都是灑落。

3. 評語之以"是"代"足"，應是文字形似之誤。

（28/28）《繫》言"何思何慮"㊄，是言所思所慮止是一箇天理，更無别思别慮耳，非謂無思無慮也，故曰："同歸而殊（途）【塗】，一致而百慮，天下何思何慮。"云殊途，云百慮，則豈謂無思無慮耶？心之本體即是天理，止是一箇㊅，更何思慮得㊆！天理原（自）【是】寂然不動㊇，原自感而遂通，學者用功，雖千思萬慮，止是要復他本來體用而已，不是以私意去安排思索出來，故明道云："君子之學，莫若廓然而大公，物來而順應。"若以私意【去】安排思

索,便是用智自私矣。何思何慮,正是工夫,在聖人分上便是自然的,在學者分上便是勉然的[58]。(《答周道通》)

如此,方與不思善惡之説迥異。

1. "止是一個"句前,《王陽明全集》有"天理"二字。無此二字,"止是一個"或將被認作"心之本體"。

2. "更何",《王陽明全集》作"更有何可"。

3. "原自",《王陽明全集》相同,異於劉宗周原書之"原是",可見劉宗周於所抄原文有改動處;但亦可能是形似之誤。

4. 原書前因有"不是以私意去安排思索出來"句,故後有"若以私意【去】安排思索"句,形成排比對稱。《姚江學案》於後句刪"去"字,更覺凝練。

(29/29) 性善之端[59],須在氣上始見得,若無氣,亦無可見矣。惻隱、羞惡、辭讓、是非即是氣。程子謂"論性不論氣不備,論氣不論性不明",亦是爲學者各執[60]一邊,只得如此説。若見得自性明白時,氣即是性,性即是氣,原無性氣之可分也。以上《答周道通》

先生之見,已到八九分。但云"性即是氣,氣即是性",則合更有商量在。

"各執一邊",《王陽明全集》作"各認一邊"。按,"認"與"執",形容上有輕重之別,而"執"字較重。此處劉宗周改陽明原集文字,而黄宗羲未之察覺或處理。

(30/30) 謹獨即是致良知[61]。《與黄勉之》

【千聖同符】

此條劉宗周評語被刪除,不知何意。

(31/31) 凡謂之行者,止是著實去做這件事,若著實做學問思辨【的】工夫,則學問思辨亦便是行矣。學是學做這件事,問是問做這件事,思辨是思辨做這件事,則行亦便是學問思辨矣。若謂學問思辨之,然(后)【後】去行,却如何懸空先去學問思辨得?行時又如何去得(個)【箇】學問思辨的事[62]?

行之明覺精察處便是知,知之真切篤實處便是行。若行而不能(明覺精察)【精察明覺】,便是冥行,便是"學而不思則罔",所以必須說(個)【箇】知;知而不能真切篤實,便是妄想,便是"思而不學則殆",所以必須說(個)【箇】行。(原)【元】來止是一箇工夫。凡古人說知行,皆是就一(個)【箇】工夫上補偏救弊說,不似今人截然分作兩件事做。某今說知行合一,雖亦是就今時補偏救弊說,然知行體段亦本來如是㊳。【《答友人問》】

1. "行時又如何去得(個)【箇】學問思辨的事"句,"個"字《王陽明全集》作"做"。此處是劉宗周改陽明原集,而黃宗羲未之察改。原文"去得做",在使分"學問思辨"與"行"為二之矛盾顯得更為明顯。改作"去得個",此意不能表達。

2. 改"精察明覺"作"明覺精察",或以上文已有"明覺精察"之文。但這是就"行"而"知"的結果而言。"精察明覺"是就"行"本身的展開而言。不能先精察,便無由明覺;有明覺又自能精察,才是"知",否則"便是冥行"。原文符合陽明一貫重行的思想。

3. 注文刪"《答友人問》",因同題見於下條。

(32/32) 知行原是兩(個)【箇】字說一箇工夫,這一(個)【箇】工夫,須(着)【著】此兩箇字,方說得完全無弊病。若頭腦處見得分明,見得原是一箇頭腦,則雖把知行分作兩(個)【箇】說,畢竟將來做那一箇工夫,則始或未便融會,終所謂百慮而一致矣。若頭腦見得不分明,原看做兩(個)【箇】了,則雖把知行合作一(個)【箇】說,亦恐終未有湊泊處。況又分作兩截去做,則是從頭至尾更沒討下落處也。(已上)《答友人問》

所謂頭腦,(是)【只】良知二字。

評語以"是"代"足",失卻原有強調。

(33/33) 夫物理不外於吾心㊴,【外吾心】而求物理,無物理矣。遺物理而求吾心,吾心又何物耶?心之體,性也,性即理也。故有孝親之心,即有孝之理;無孝親之心,即無孝之理矣。有忠君之心,即有忠之理;無忠君之心,即無忠之理矣。理豈外(于)【於】吾心耶?晦菴謂人之所以為學者,心與理而已。心雖主乎一身,而實管乎天下之理;理雖散(于)【在】萬事,而實不外乎一人之心。是其一分一合之間,而未免已啓學者心理爲二之弊。【此後世所以有專求本心,遂遺物理之患,正由不知心即理耳。夫外心以求物理,是以有闇而不達之處。此告子義外之説,孟子所以謂之不知義也。心一而已,以其全體惻怛而言謂之仁,以其得宜而言謂之義,以其條理而言謂之理。不可外心以求仁,不可外心以求義,獨可外心以求理乎?外心以求理,此知行之所以二也。求理於吾心,此聖門知行合一之教,吾子又何疑乎?】

【吾心之良知,即所謂天理也。】

1. 此條只節録《陽明傳信録》所録前半段文字,而《陽明傳信録》則只取録陽明原文之中間一段。《陽明傳信録》原文之後段,是説"專求本心,遂遺物理之患,正由不知心即理耳"之意。"夫物理不外於吾心,【外吾心】而求物理,無物理矣"句,去"外吾心",難以成句,且有"直求吾心"之誤會。此處或可見刻意省文之過。

2. "理雖散(于)【在】萬事"句,"于""在"二字意同,而"于"雅於"在"。

3. 此條連劉宗周的評語亦刪。按,《陽明傳信録》内劉宗周評語中有"天理"一詞者,多條被刪,黃宗羲似乎對"天理"二字有所顧慮。

(34/35) 明道云⑥:"只窮理,便盡性至命。"故必仁極仁,而後謂之能窮仁之理;義極義,而後謂之能窮義之理。仁極仁,則盡仁之性矣⑥。學至於窮理,至矣,而尚未措之於行,天下寧有是耶?是故知不行之不可以爲學,則知不行之不可以爲窮理矣。知不行之不可以爲窮理,則知知行之合一並進,而不可以分爲兩節事矣。夫萬事萬物之理不外於吾心,而必曰窮天下之理,是殆以吾心之良知爲未足,而必外求於天下之廣,以(稗)【裨】補增益之,是猶析心與理而爲二也。夫學、問、思、辨、篤行之功,雖其困勉至於人一己百,而擴充之極至於盡性知天,亦不過致吾心之良知而已,良知之外,豈復有加於毫末乎?今必曰窮天下之理,而不知反求諸其心,則凡所謂善惡之機,真妄之辨者,舍吾心之良知,亦將何以⑥致其體察乎⑥?

1. 以"稗"代"裨",明顯錯誤,殆屬形似而致的手民之誤。
2. 末句"何以致"《全陽明全集》作"何所致",意義稍有別。"何所"猶"何處"。

(35/36) 夫良知之於節目事變,⁶⁹猶規矩尺度之于方圓長短也。節目事變之不可預定,猶方圓長短之不可勝窮也。故規矩誠立,則不可欺以方圓,而天下之方圓不可勝用矣。尺度誠陳,則不可欺以長短,而天下之長短不可勝用矣。良知誠致,則不可欺以節目(事)【時】變,而天下之節目(事)【時】變不可勝應矣。毫釐千里之謬,不於吾心良知一念之微而察之,亦將何所用其學乎?是不以規矩而欲定天下之方圓,不以尺度而欲盡天下之長短,吾見其乖張謬戾,日勞而無成也已。吾子謂語孝於溫凊定省,孰不知之?然而能致其知者鮮矣。若謂粗知溫凊定省之儀節,而遂謂之能致其知,則凡知君之當仁者,皆可謂之能致其仁之知,知臣之當忠者,皆可謂之能致其忠之知,則天下孰非致知者耶?以是而言,可以知致知之必在於行,而不行之不可以爲致知也明矣。知行合一之體,不益較然矣乎?夫舜之不告而娶,豈舜之前已有不告而娶者爲之準則,故舜得以考之何典、問諸何人而爲此耶?抑亦求諸其心一念之良知,權輕重之宜,不得已而爲此(耶)【邪】?武之不葬而興師,豈武之前已有不葬而興師者爲之準則,故武得以考之何典、問(諸)【之】何人而爲此(耶)【邪】?抑亦求諸其心一念之良知,權輕重之宜,不得已而爲此(耶)【邪】?使舜之心而非誠(于)【於】爲無後,武之心而非誠於爲救民,則其不告而娶與不葬而興師,乃不孝不忠之大者,而後之人不務致其良知,以精察義理於此心感應酬酢之間,顧欲懸空討論此等變常之事,執之以爲制事之本,以求臨事之無失,其亦遠矣。以上【皆】《答顧東橋》

良知之説,只説得(個)【箇】即心即理,即知即行,更無別法。

以"事變"代"時變",殆因起句便有"節目事變"之文。但陽明原集此條"事變"之文皆作"時變"。可見劉宗周有更改陽明原文處,而《姚江學案》從劉宗周過錄後又有所徑改,並未參校陽明原集。

(36/37) 天下古今之人⁷⁰,其情一而已矣。先王制禮,皆因人情而爲之節文,是以行之萬世而皆準。其或反之吾心而有所未安者,非其傳記之訛(缺)【闕】,則必古今【之】風氣習俗之異宜者矣。此雖先王未之有,亦可以義起,三王之所以不相襲禮也。若徒拘泥於古,不得於心而冥行焉,是乃非禮之禮,行不著而習不察者矣㉑。

一部禮經,皆【當】如此看。

1. 首句《王陽明全集》以"蓋"字起句。"則必古今風氣習俗之異宜者矣"句"古今"後之"之"字,亦同《王陽明全集》。前起是劉宗周刪陽明原文,後起是《姚江學案》刪劉宗周録文【亦即刪陽明原文】,反映校讎之不一律。

2. 評語去"當"字,失原有的肯定之意。

(37/38) 學絶道喪之餘,苟有興起向慕於學者㉒,皆可以爲同志,不必銖稱寸度而求其盡合於此。以之待人可也,若在我之所以爲造端立命者,則不容有毫髮之或爽矣。道,一而已。仁者見【之謂之】仁,知者見【之謂之】知。釋氏之所以爲釋,老氏之所以爲老,百姓日用而不知,皆是道也,寧有二乎？今古學術之誠僞邪正,何啻碔砆美玉,【然】有眩惑終身而不能(辨)【辯】者,正以此道之無二,而其變動不拘,充塞無間,縱橫顛倒,皆可推之而通。世之儒者各就其一偏之見,而又飾之以比擬倣像之功,文之以章句假借之訓,其爲習熟既足以自信,而條目又足以自安,此其所以誑己誑人,終身没溺而不悟焉耳。然其毫釐之差,而乃致千里之謬,非誠有求爲聖人之志而從事於惟精惟一之學者,莫能得其受病之源,而發其神奸之所由伏也。若某之不肖,蓋亦嘗陷溺於其間者幾年,倀倀然既自以爲是矣。賴天之靈,偶有悟於良知之學,然後悔其向之所爲者,固包藏禍機,作僞於外,而心勞日拙者也。十餘年來,雖痛自洗剔創艾,而病根深痼,萌(蘖)【蘖】時生。所幸良知在我,操得其要,譬猶舟之得舵,雖驚風巨浪,顛沛不無,尚猶得免於傾覆者也。夫舊習之溺人,雖已覺悔悟,而其克治之功尚且其難若此,又况溺而不悟,日益以深者,亦將何所(抵)【底】㉓極乎？(已)【以】上《寄鄒謙之》

只一僞字,是神奸攸伏處。以先生之善變也,經如許(煅)【鍛】鍊而渣滓未盡,猶然不廢【工】力如此。

1. "苟有興起向慕於學者"句,《王陽明全集》"學者"之前有"是"字,未見校補。此字關係大,使此句不是泛言學,而是指定説理學、心學之學。

2. "仁者見仁,知者見知",省去原書兩處"之謂之"三字,屬於省文之故。

3. "有眩惑終身而不能(辨)【辯】者"句,省原書句首"然"字,失卻不應然而然之意。

4. "蘖"爲"糵"之誤,是形似所致。

5. "辨"與"辯"可通用,但以"抵"代"底",卻使意思改變。"抵"是到達意,"底"有到達而不遷的完成意義。陽明用的是後者之意。

6. 注文以"已"代"以",顯然之誤。

7. 評語"猶然不廢力如此"句,缺"工"字。按,《陽明傳信錄》在功夫、功力等詞上,都以"工"字代"功"字。故省"工"字,作"不廢力",遂使前後文意自相矛盾。作"不費工力【功力】",始合上文發展之理。

(38/39) 人者㉔,天地萬物之心也;心者,天地萬物之主也。心即天,言心則天地萬物皆舉之矣㉕。《答(李)【季】明德》

注文"李""季"爲形似的手民之誤,"季"字是。"季明德"即季本。

(39/40) 大抵學問工夫,只要主意頭腦的當㉖,若主意頭腦專以致良知爲事,則凡多聞多見,莫非致良知之功。蓋日用之間,見聞酬酢,雖千頭萬緒,莫非良知之發用流行。除卻見聞酬酢,亦無良知可致矣。㉗《答歐陽崇一》

"的當",《王陽明全集》作"是當",劉宗周逕改,黃宗羲亦未校改。

(40/41) 【近來講】學者往往【多】說"勿忘勿助"工夫甚難㉘,【問之,則云:】才著意便是助,才不(着)【著】意便是忘㉙。【"因】問之云㉚:"忘是忘箇甚麼? 助是助箇甚麼?"其人默然無對㉛。因與說㉜:"我此間講學,卻只說個'必有事焉',不說'勿忘勿助'。必有事焉者,止是時時去集義。若時時去用必有事的工夫,而或有時間斷,此便是忘了,即須勿忘;時時去用必有事的工夫,而或有時欲速求效,此便是助了,即須勿助。【其】工夫全在必有事【焉】上【用】,勿忘勿助只就其間提撕警覺而已。若工夫原不間斷,【即】不須更說勿忘;原不欲速求效,【即】不須更說勿助。今却不去必有事上用工,而乃懸空守(着)【著】一(個)【箇】勿忘勿助,此【正】如燒鍋煮飯,鍋內不曾漬水下米,而乃專去添柴放火[83],吾恐火候未及調停而鍋【已】先破裂矣。[84](所謂時時去集義者,)【夫必有事焉止是集義,集義】止是致良知。説集義,則一時未見頭腦;説致良知,【即】當下便有(用工實地)【實地步可用工】。(《答聶文蔚》)

致良知,止是存天理之本然。

1. 此條删節甚多,但不害意,而有特色——文從字順、文省意賅、改對話爲獨白論述之文雅。

2. "才不(着)【著】意便是忘"句後,《王陽明全集》有"所以甚難,區區"六字【然後接劉宗周所抄,"問之云"前原集有"因"字】;"其人默然無對"句後,《王陽明全集》有"始請問,區區"五字,《明儒學案》皆改對話爲陳述。此後删原書八字,皆爲省文之故,而末尾兩句乃至改寫。

3. "所謂時時去集義者,止是致良知。説集義,則一時未見頭腦;説致良知,當下便有用工實地"句(35 字),原書爲"夫必有事焉止是集義,集義止是致良知。説集義,則一時未見頭腦;説致良知,即當下便有實地步可用工。"(41 字)可見《明儒學案》綜撮改寫之處,並省 6 字。

(41/42) 良知止是一(個)【箇】,隨(他)【地】[85]發見流行處,當下具足,更無去來,不須假借。然其發見流行處,卻自有輕重厚薄,毫髮不容增減者,所謂天然自有之中也。雖則輕重厚薄毫髮不容增減,而原(來)【又】止是一(個)【箇】。[86](同上)【以上皆《答聶文蔚》】

1. "他""地"二字形似,《王陽明全集》作"他",作"地"或出劉宗周徑改,或因手民之誤所致。

2. 以"來"代"又",是黄宗羲改劉宗周而改王陽明,但卻失强調語氣。

(42/43) 明道云:"吾學雖有所受,然天理二字卻是自家體認出來。"良知即是天理。體認者,實有諸己之謂耳。《與馬子莘》

此是先生的派明道處。

(43/44) 凡人言語正到快意時,便截然能忍默得;意氣正到發揚時,便翕然能收斂得;憤怒嗜欲正到騰沸時,便廓然能消化得,此非天下之大勇⁸⁷不能也。然見得良知親切時,其工夫又自不難。⁸⁸《與宗賢》

(44/45)《象山文集》所載⁸⁹,未嘗不教其徒讀書窮理,而自謂理會文字頗與人異者,則其意實欲體之於身。其亟所稱述以誨人者,曰"居處恭,執事敬,與人忠";曰"克己復禮";曰"萬物皆備於我,反身而誠,樂莫大焉";曰"學問之道無他,求其放心而已";曰"先立乎其大者,而小者不能奪"。是數言者,孔【子】、孟【軻】之言也,(惡)【烏】在其爲空虛者乎?獨其易簡覺悟之說,頗爲當時所疑。然易簡之說出於《繫辭》,覺悟之說雖有同於釋氏,然釋氏之說,亦自有同於吾儒而不害其爲異者,惟在於幾微毫(忽)【髮】⁹⁰之間而已。晦菴之言,⁹¹曰"居敬窮理";曰"非存心無以致知";曰"君子之心常存敬畏,雖不見聞,亦不敢忽,所以存天理之本然,而不使離於須臾之頃也"。是其爲言雖未盡瑩,亦何嘗不以尊德性爲事,而又(惡)【烏】在其爲支離者乎?獨其平日汲汲於訓解,雖韓文、《楚(辭)【詞】》⁹²、《陰符》《參同》之屬,亦必與之註釋考辨,而論者遂疑其玩物。又其心慮【恐】學者之躐等,而或失之於妄作,使必先之以格致而無不明,然後有以實之於誠正而無所謬。世之學者(挂)【掛】一漏萬,求之愈繁而失之愈遠,至有(疲)【敝】力終身,苦其難而卒無所入,則遂議其支離,不知此乃後世學者之弊,【而】當時晦菴之自爲,【則】亦豈至是乎?⁹³僕嘗以爲晦菴之與象山,雖其所爲學者若有不同,而要皆不失爲聖人之徒。今晦菴之學,天下之人童而習之,既已人人之深,有不容(于)【於】論辨者。【而】獨【惟】象山之學,則以其(常)【嘗】與晦菴之有言,而遂藩籬之。使若由⁹⁴、賜之殊科焉,則可矣,乃【遂】擯放廢斥,⁹⁵若碔砆之與美玉,則豈不過甚矣乎?夫晦菴折衷群儒之說,以發明《六經》《語》《孟》之旨於天下,其嘉惠後學之心,真有不可得而議者。而象山辨義利之分,立大本,求放心,以示後學篤實爲己之道,其功亦寧可得而盡誣之?而世之儒者附和雷同,不究其實而概目之以禪學,則誠可冤也已。《答徐成之》

1. 此條所有省略原書文字,主要爲省文。
2. 以"毫忽"代"毫髮",同《王陽明全集》所見,劉宗周改"忽"爲"髮",以粗幼代輕重、多少代大小，意思便稍不同。

3."晦菴之言",《王陽明全集》作"然晦庵之言"。

4.以"楚辭"代"楚詞",是;《王陽明全集》亦作"楚辭"。

5.以"慮"代"恐",以"疲"代"敝",均減輕原文所意的輕重程度。

6."使若由、賜之殊科焉,則可矣"數句,"由"字《陽明傳信錄》原書作"繇",蓋避明熹宗朱由校、明思宗朱由檢名諱所致。

7."使若由、賜之殊科焉,則可矣;乃【遂】擯放廢斥,若砥砆之與美玉,則豈不過甚矣乎"諸句,劉宗周原書文字與《王陽明全集》皆同,但"乃【遂】擯放廢斥"句"乃"字,《王陽明全集》作"而"字,輕重不同。

(45/46) 凡工夫止是要簡易真切。愈真切,愈簡易,愈簡易,愈真切。
《寄安福諸同志》

簡易真切,是良知【二字】做手法。

評語刪"二字"二字,失卻概念專指之意。

(三)《傳習錄》

【徐愛記 字曰仁,餘姚人】各條

(2/2) 愛問:"至善只求諸心,恐于天下事理有不能盡。"【先生】曰:"心即理也。⑯此心無私欲之蔽,即是天理,不須外面添一分。以此純乎天理之心,發之事父便是孝,發之事君便是忠,發之交友治民便是信與仁,只在此心去人欲、存天理上用功便是。"愛曰:"如事父一事,其間溫凊定省之類有許多節目,【不知】亦須講求否?"⑰【先生】曰:"如何不講求？止是有個頭腦,只就⑱此心去人欲、存天理上講求。如講求冬溫,⑲也止是要盡此心之孝,恐怕有一毫人欲間雜;講求夏凊,也止是要盡此心之孝,恐怕有一毫人欲間雜。⑳此心若無人欲,純是天理,是個誠於孝親(之)【的】心,冬時自然思量父母寒,自去求【個】溫的道理;㉑夏時自然思量父母熱,自去求【個】凊的道理。㉒【這都是那誠孝的心發出來的條件。㉓】譬之樹木,這誠孝的心便是根,許多條件便是枝葉,須先有根然後有枝葉,不是先尋了枝葉然後去種根。《禮記》【言:】'孝子之有深愛者,必有和氣;有和氣者,必有愉色;有愉色者,

必有婉容。'便是如此。"⁽¹⁰⁴⁾

至善本在吾心,首賴先生恢復。

1.此條"先生"二字均被省略,二字之省略,通及全文,凡"先生曰"都只存"曰"。這個節省,有時卻會引起說者是誰問題。

2.以"之"代"的",省"個"字,都是改口語爲文言之作。

3.刪去"這都是那誠孝的心發出來的條件"句,卻使隨後的"許多條件便是枝葉"句,顯得突兀。

(3/3)(愛問:)"【愛因未會先生"知行合一"之訓,與宗賢、惟賢往復辯論,未能決,以問於先生。先生曰:"試舉看。"愛曰:"【如】今人儘有知【得】父當孝、兄當弟者,卻不能孝、不能弟,【便是】知【與】行分明是兩件。"【先生】曰:"此已被私欲(間)【隔】斷,不是知行本體【了】。⁽¹⁰⁵⁾未有知而不行者,知而不行,止是未知,聖賢教人知行,正是要復那本體。⁽¹⁰⁶⁾故《大學》指個真知行與人看,説'如好好色,如惡惡臭'。見好色屬知,好好色屬行;只見【那】好色時已自好了,不是見【了】後又立個心去好。聞惡臭屬知,惡惡臭屬行;只聞【那】惡臭時已自惡了,不是聞【了】後別立個心去惡。"愛曰:"古人(分)【說】知行(爲兩)【做兩個】,亦是要人見(得)【個】分曉。一行(工夫做知)【做知的工夫】,一行(工夫做行)【做行的工夫】,(則)【即】工夫始有下落。"【先生】曰:"此卻失了古人宗旨【也】。某嘗説知是行的主意,行是知的工夫;知是行之始,行是知之成。若會得時,只説一個知,已自有行在;只説一個行,已自有知在。古人所以既説知又説行者,⁽¹⁰⁷⁾只爲世間有一種人,懵懵懂懂,任意去做,⁽¹⁰⁸⁾全不解思維省察,止是個冥行妄作,⁽¹⁰⁹⁾所以必説個知,方纔行得是。又有一種人,茫茫蕩蕩,懸空去思索,全不肯(着)【著】⁽¹¹⁰⁾實躬行,止是個揣摩影響,⁽¹¹¹⁾所以必説一個行,方纔知得真。此是古人不得已補偏救弊的説話。⁽¹¹²⁾今若知得宗旨,即説兩個亦不妨,亦止是一個;若不會宗旨,便説一個亦濟得甚事?止是閒説話。

只見那好色時已是好了,不是見了後又立個心去好。只聞那惡臭時已是惡了,不是聞了後又立個心去惡。【此語最分明。】此是先生洞見心體處,既不是又立個心去好惡,則决不是起個意去好惡可知,固知意不可以起滅言(也)。

1. 此條起頭的刪節,失卻開頭便能清楚提揭以下要論說的是"知行合一"要旨。

2. 各處的單字省略,以及後半段之改"說"爲"分",改"做兩個"爲"爲兩",改"見個"爲"見得",都是改口語爲文言之作。

3. 改"一行做知的工夫,一行做行的工夫"爲"一行工夫做知,一行工夫做行",文句更見鍛煉,但意思或有小異。

4. "古人所以既說知又說行者"句,參校《王陽明全集》,可見劉宗周已有省文之作。

5. 評語部分,兩個"那"字卻不如所引原文之被刪去。可見二字在正文之被刪,也屬隨意。似是在不影響原意的情況下,使文字趨於凝練和淨潔。評語中刪去"此語最分明"句,道理一樣。

(5/5)【先生曰:】⑬知是心之本體,心自然會知。見父自然知孝,見兄自然知弟,見孺子入井自然知惻隱,此便是良知,不假外求。若良知之發,更無私意障礙,即所謂充其惻隱之心,而仁不可勝用矣。【然在】常人不能無私意【障礙】,所以須用致知格物之功,勝私復(禮)。【理,即心之】良知更無障礙,得以充塞流行,便是致其知。知致則意誠。

既云至善是心之本體,又云知是心之本體,(蓋)【益】知止是知善知惡,知善知惡正是心之至善處。

既謂之良知,決然私意障礙不得,常人與聖人同。

1. 此條改原文"勝私復理,即心之良知更無障礙"爲"勝私復禮。良知更無障礙",既以"禮"代"理",亦因而改變句讀。但以"禮"代"理",自爲一句,卻不合原意。陽明是從"心即理"理念論說,這裏主要也沒有"克己復禮"的涵義。"理"作"禮",有可能是二字同音而默寫致誤。

2. 評語以"蓋"代"益",應是因形似而致的手民之誤。

(6/6)(問"博約"。)【愛問:"先生以博文爲約禮功夫,深思之未能得,略請開示。"先生】曰:"禮字即是理字。理之發見可見者謂之文,文之隱微不可見者謂之理，止是一物。約禮止是要此心純是一個天理，要此心純是天理，須就理之發見處用功。如發見(于)【於】事親時，就在事親上學存此天理；發見(于)【於】事君時，就在事君上學存此天理；【發見於處富貴貧賤時，就在處富貴貧賤上學存此天理；發見於處患難夷狄時，就在處患難夷狄上學存此天理；】至于作止語默，無處不然，^⑭這便是博學於文，便是約禮的(工)【功】夫。^⑮博文即是惟精，約禮即是惟一。

1. 以"博約"二字代替起頭24字，省去閑字，主題更見明晰。
2. 删"發見於處富貴貧賤時，就在處富貴貧賤上學存此天理；發見於處患難夷狄時，就在處患難夷狄上學存此天理"兩對句，因爲大旨已見，同樣意義的例子不用盡列。或者亦因避免"夷狄"一詞而删。

(8/8) 愛因舊說汩没，始聞先生之教，【實是】駭愕不定，無入頭處。其後聞之既(熟)【久】，【漸知】反身實踐，【然後】始信先生之學爲孔門嫡傳，舍是皆旁^⑯蹊小徑、斷港絕河矣。如説格物是誠意【的】工夫，明善是誠身【的】工夫，窮理是盡性【的】工夫，道問學是尊德性【的】工夫，博文是約禮【的】工夫，惟精是惟一【的】工夫，(諸如)此類，始皆落落難合，(久之)【其後思之既久，】不覺手舞足蹈。

愚按：曰仁爲先生入室(弟子)【首座】，所記【先生】《語録》，其言去人欲、存天理者，不一而足。又曰："至善是心之本體，然未嘗離事物。"又曰："即盡乎天理之極處。"則先生心宗教法，居然止是宋儒(矩矱)【衣缽】，但先(生)^⑰提得頭腦清楚耳。

1. 此條所删單字，均收文字淨潔，改口語爲文言的雅馴之效。以"久之"綜攝"其後思之既久"，更是點睛之筆。
2. 評語中以"矩矱"代"衣缽"，或旨在避免佛教用語。

【陸澄記_{字元靜，歸安人}】各條

(10/10) 孟源有自是好名之病，先生【屢責之。一日警責方已，一友自陳日來工夫請正。源從傍曰："此方是尋著源舊時家當。"先生曰："爾病又

發。"源色變,擬議欲有所辯。⑱先生曰:"爾病又發。"因】喻之曰:"此是汝一生大病根。譬如方丈地内種此一大樹,雨露之滋,土脈之力,只滋養得這個大根。四旁縱要種些嘉穀,上【面】被此樹【葉】遮覆,下【面】被此樹【根】盤結,如何生長得成?須(是)【用】伐去此樹,纖根勿留,方可種植嘉種。不然,任汝耕耘培壅,只【是】滋養得此根。"

1. 此處首數句被删節,不足以見删後首句"此是汝一生大病根"之何爲而言。

2. "面""葉"兩處被删,意思並未改變,均可以意會之而不失所指。

(19/21)問:"(知至)【致知】⑲然後可以言(意誠)【誠意】,今天理人欲知之未盡,如何用得克己(工)【功】夫?"【先生】曰:"人若真實切己用功不已,則(于)【於】此心天理之精微,日見一日,私欲之細微,亦日見一日。若不用克己工夫,【終日止是説話而已,】天理(私欲)終不自見。⑳如【人】走路一般,走得一段方認得一段,走到歧路處,有疑便問,問了又走,方(纔)【漸】能到【得所到之處】。㉑今【人】(于)【於】已知之天理不肯存,已知之人欲不肯去,【且】只管愁不能盡知,【只管】閒講,何益【之有】?且待克得自己無私可克,方愁不能盡知,亦未遲在。"

1. 改"致知""誠意"爲"知至""意誠",連同下句理解,王陽明是從工夫之開始上説,黃宗羲是從工夫之結果上説。但從陽明下句説"今天理人欲知之未盡",可見之前説的應是"致知、誠意"的工夫而已。

2. 從"終日止是説話而已"句被删起之省文改句,皆見文省而意賅之美。

3. "天理(私欲)終不自見"句,以"私欲"插入"天理"之後,形成對立統一,令到前後的相對之意緊密呼應。

(21/23)【曰"】澄於中字之義尚未明。曰:"此須自心體認出來,非言語所能喻。中止是天理。"【曰:"何者爲天理?"曰:"去得人欲,便識天理。"】曰:"天理何以謂之中?"曰:"無所偏倚。"曰:"無所偏倚【是】何等氣象?"曰:"如明鏡【然,】全體瑩徹,【略】無纖塵(點)染【著】㉒。"曰:"(當其已發,或着在好色好利名上,方見偏倚)偏倚是有所染著。如著在好色、好利、好名等項上，方見得偏倚】。若未發時，【美色名利皆未相著，】何以【便】知其有所偏倚？"曰："【雖未相著，然】平日（美色名利）【好色、好利、好名】之心，（原未嘗無，病根不除，則暫時潛伏，偏倚仍在。須是平日私心蕩除潔淨，廓然純乎天理，方可謂中）。【既未嘗無，即謂之有；既謂之有，則亦不可謂無偏倚。譬之病瘧之人，雖有時不發，而病根原不曾除，則亦不得謂之無病之人矣。須是平日好色、好利、好名等項一應私心，掃除蕩滌，無復纖毫留滯，而此心全體廓然，純是天理，方可謂之喜怒哀樂未發之中，方是天下之大本。】"

【此即朱子"至靜之中，無少偏倚"之說，先生則直以良知二字貫之，終不著靜時一項功夫。平日二字亦約略言之耳。】

1. 此條多刪去問句，略去單字多處。

2. 以"點染"代"染著"，也有避開佛教詞彙（觀念）之意。

3. 改句——以"當其已發，或着在好色好利名上，方見偏倚"取代"偏倚是有所染著。如著在好色、好利、好名等項上，方見得偏倚"——導出"已發"觀念，因爲以下有"若未發時"語，亦因原文結局爲"方可謂之喜怒哀樂未發之中，方是天下之大本"，可見前後呼應，亦不失哲學之深意。但綜撮長句，加以改寫，文省而意有時轉弱，如以"平日美色名利之心"代"平日好色、好利、好名之心"之類，刪除"病瘧"數句（以33字代105字），都不如原文親切。

4. 後段大半被改寫，以"原未嘗無，病根不除，則暫時潛伏，偏倚仍在。須是平日私心蕩除潔淨，廓然純乎天理，方可謂中"綜撮原文"既未嘗無"起文字。

5. 評語刪去，即不能見陽明與朱子無異之處，亦失陽明自有之特點。

（24/27）問："程子云'仁者以天地萬物爲一體'，何墨氏兼愛反不得謂之仁？"【先生】曰："【此亦甚難言，須是諸君自體認〔出來〕始得。】仁是造化生生不息之理，雖（彌）【瀰】漫周遍，無處不是，然其流行發生亦（自有）【止是個】漸。⑫【所以生生不息。如冬至一陽生，必自一陽生，而後〔漸漸〕至於六陽，若無一陽之生，豈有六陽？惟陰亦然。】惟其（有）漸，所以（必）【便】有〔個〕發端處；惟〔其〕有個發端處，所以生（生不息）。【惟其生，所以不息。】譬之(於)木,其始抽芽便是【木之】生意發端處,(然後有幹有枝葉)【抽芽然後發榦,發榦然後生枝生葉⑭】。父子兄弟之愛,【便】是人心生意發端處,如木之抽芽;自此而仁民而愛物,(如木之有幹有枝葉也)【便是發榦生枝生葉】。墨氏【兼愛,】⑮將【自家】父子兄弟與途人一(例)【般看】,便【自】沒了發端處,⑯安能生生【不息】?⑰安得謂之仁?【孝弟爲仁之本,卻是仁理從裏面發生出來。】"

只此便可勘佛氏之學。【墨子曰:"施由親始",佛氏併不樂聞。】

1. 數處省文,原文所欲辨析的"漸"意,不免減弱。

2. "譬之(於)木,其始抽芽便是【木之】生意發端處,(然後有幹有枝葉)【抽芽然後發榦,發榦然後生枝生葉】。父子兄弟之愛,【便】是人心生意發端處,如木之抽芽;自此而仁民而愛物,(如木之有幹有枝葉也)【便是發榦生枝生葉】"等句各處之改寫,稍省原文之字數,亦稍失原文所示的發生次序。

3. 整篇可見盡力去閑言浮詞,使口語趨於文言的做法。

【薛侃記字尚謙,揭陽人】條

(26/30)【希淵問:"聖人可學而至。然伯夷、伊尹於孔子,才力終不同,其同謂之聖者安在?"先生曰:】聖人之所以爲聖,止是此心純乎天理而無人欲之雜,猶精金之所以爲精,但以其成色足而無銅鉛之雜也。人到純乎天理方是聖,金到足色方是精。然聖人之才力亦有大小不同,猶金之分兩有輕重。【堯、舜猶萬鎰,文王、孔子猶九千鎰,禹、湯、武王猶七八千鎰,伯夷、伊尹猶四五千鎰。才力不同,而純乎天理則同,皆可謂之聖人。猶分兩雖不同,而足色則同,皆可謂之精金。以五千鎰者而入於萬鎰之中,其足色同也;以夷、尹而廁之堯、孔之間,其純乎天理同也。蓋】所以爲精金者,在足色而不在分兩;所以爲聖者,在純乎天理而不在才力也。【故雖凡人而肯爲學,使此心純乎天理,則亦可爲聖人。猶一兩之金比之萬鎰,分兩雖懸絕,而其到足色處可以無愧。故曰'人皆可以爲堯、舜'者以此。】學者學聖人,不過是去人欲而存天理【耳】,猶鍊金而求其足色(耳)。【金之成色所爭不多,則煅煉之工省而功易成,成色愈下而煅煉愈難。人之氣質,清濁粹駁,有中人以上,中人以下,其於道有生知安行,學知利行,其下者必須人一己百,人十己千,及其成功則一。】後世不知作聖之本【是純乎天理】,却專去知識才能上求聖人,【以爲聖人無所不知,無所不能,我須是將聖人許多知識才能,逐一理會始得。故不務去天理上著工夫,徒】敝精竭力[128],從册子上鑽研,名物上考索,形迹上比擬,知識愈廣而人欲愈滋,才力愈多而天理愈蔽。正如見人有萬鎰精金,不務煅(鍊)【煉】成色,【求無愧於彼之精純,】而乃妄希分兩,【務同彼之萬鎰,】錫鉛銅(鋧)【鐵】雜然【而】投(之),分兩愈增而成色愈下,(及)【既】其(稍)【梢】末,無復有金矣。"【時曰仁在旁[129],曰:"先生此喻,足以破世儒支離之惑,大有功於後學。"先生又曰:"吾輩用功,只求日減,不求日增。減得一分人欲,便是復得一分天理。何等輕快脱洒!何等簡易!"】(薛侃記)

【又只舉天理比勘,真是曠古眼孔。】

1. 此條删節甚多,其中"堯、舜猶萬鎰,文王、孔子猶九千鎰"一段,尤爲引起陽明被批評之處。删節的具體情形,反映只見道理,不盡細節的節録原則。又,被省去文句,頗多屬於閑句。

2. "故雖凡人而肯爲學,使此心純乎天理"一節被删,少了人皆可以爲堯舜的鼓勵之意。

3. "金之成色所爭不多,則煅煉之工省而功易成"一節被删,失卻人可以透過努力而變化氣質之意。

4. 最後被删"吾輩用功,只求日減,不求日增"一節,失卻存天理、去人欲的一個基本方法。

5. 評語被删,"天理"二字因而不見。

(27/31)侃去花間草,【因】曰:"天地間何善難培,惡難去?"先生曰:【"未培未去耳。"少間,曰:】"此等看善惡,皆從軀殼起念,【便會錯。"侃未達。曰:"】天地生意,花草一般,何曾有善惡之分?子欲觀花,則以花爲善,以草爲惡;如欲用草時,(復)【則】以草爲善矣。[130]曰:"然則無善無惡乎?"曰:"無善無惡者理之靜,有善有惡者氣之動,不動(于)【於】氣,即無善無惡,是謂至善。"曰:"佛氏亦無善無惡,何以異?"曰:"佛氏(着)【著】在無【善無惡】上,便一切【都】不管【,不可以治天下】。聖人無善無惡,止是無有作好、無有作惡,(此之謂)不動(于)【於】氣。【然遵王之道,會其有極,便自一循天理,便有個裁成輔相。】"曰:"草既非惡,(是)【即】草不宜去矣!"曰:"如此卻是佛、老意見,草若有礙,(理亦宜去)【何妨汝去】。"曰:"如此又是作好作惡?"曰:"不作好惡,非是全無好惡,㉝止是好惡一循(于)【於】理,不去(着)【又著】一分意思,即是不曾好惡一般。"【曰:"去草如何是一循於理,不著意思?"曰:"草有妨礙,理亦宜去,去之而已。偶未即去,亦不累心。若著了一分意思,即心體便有貽累,便有許多動氣處。"】曰:"然則善惡全不在物?"曰:"只在汝心。循理便是善,動氣便是惡。"曰:"畢竟物無善惡。"曰:"在心如此,在物亦然。世儒惟不知此,舍心逐物,將格物之學錯看了。【終日馳求於外,只做得個義襲而取,終身行不著,習不察"。曰:"'如好好色,如惡惡臭',則何如?"曰:"此正是一循於理。是天理合如此,本無私意作好作惡。"曰:"'如好好色,如惡惡臭',安得非意?"曰:"卻是誠意,不是私意。誠意止是循天理。雖是循天理,亦著不得一分意,故有所忿懥好樂,則不得其正,須是廓然大公,方是心之本體。知此即知未發之中。"伯生曰:"先生云,'草有妨礙,理亦宜去',緣何又是軀殼起念?"曰:"此須汝心自體當。汝要去草,是甚麼心?周茂叔牕㉝前草不除,是甚麼心?"】

先生之言自是端的,與天泉證道之說迥異。

1. 删"然遵王之道"數句,失去陽明論說的政治涵義元素。

2. 此條是《傳習錄》中重要一條,可見陽明之善惡決定於心的良知論,其中"無善無惡者理之靜"一言,是黃宗羲引以反駁王畿的"四無論"的主要根據,也是他判斷四句教首句"無善無惡心之體"之言應非出於陽明的理據。但從這段全文看,此言屬陽明。

3. 删去"草有妨礙,理亦宜,去之而已"前後數句,即隱約了"無善無惡心之體"的涵義。按,陽明說的心體,是超善惡的,也是他所說的"至善";之所以有惡,是"氣"的運動之故。

4. 删去原文最後的"終日馳求於外,只做得個義襲而取"一大段,也失去陽明説中對心決定善惡是非的中心論點。

5. 此條的諸多刪節,能使文章簡潔緊湊,但論辨之細微深入,也相應褪色不少。通讀全文,能引起的思考更多,此條則黃宗羲的"引導性"較多。

(30/34) 梁日孚問("主一")【:"居敬窮理是兩事,先生以為一事,何如"?先生曰:"天地間只有此一事,安有兩事?若論萬殊,禮儀三百,威儀三千,又何止兩?公且道居敬是如何?窮理是如何?"曰:"居敬是存養工夫,窮理是窮事物之理"。曰:"存養個甚?"曰:"是存養此心之天理。"曰:"如此亦止是窮理矣。且道如何窮事物之理^⑬?"曰:"如事親,便要窮孝之理;事君,便要窮忠之理。"曰:"忠與孝之理,在君親身上?在自己心上?若在自己心上,亦止是窮此心之理矣。且道如何是敬?"曰:"止是主一。""如何是主一?"曰:"如讀書,便一心在讀書上;接事,便一心在接事上。"曰:"如此^⑭卻是逐物,成甚居敬功夫?"日孚請問】。曰:"一者,天理。主一,是一心在天理上。若只知主一,不知一即是理,有事時便^⑮逐物,無事時便是(著)【著】空。惟其有事無事,一心皆在天理上用功,所以居敬亦即是窮理。就窮理專一處説,便謂之居敬;就居敬精密處説,便謂之窮理,【卻】不是居敬了别有個心窮理,窮理時别有個心居敬。名雖不同,(工)【功】夫止是一事。"^⑯【問:"窮理何以即是盡性?"曰:"心之體,性也,性即理也。窮仁之理,直要仁極仁;窮義之理,直要義極義。仁義止是吾性,故窮理即是盡性^⑰。"日孚曰:"先儒謂'一草一木亦皆有理,不可不察',如何?"先生曰:"夫我則不暇。公且先去理會自己性情,須能盡人之性,然後能盡物之性。"日孚悚然有悟。】

1. 此條刪節首尾文字甚多,只集中表現"主一"即止是主於天理,"一心皆在天理上用功",故居敬窮理止是一回事之意。又,整段問答辯論變成個人獨白説理。

2. 刪去首段,因而亦略去居敬窮理的工夫論,也減弱了所抄錄的陽明之説的理論力度。抄錄的是集中表現陽明之説之法,失卻對比參照,卻看不到其説所以有力之故。

（31/35）正之問："戒懼是己所不知時工夫，慎獨是己所獨知時工夫。"⁽¹³⁸⁾【先生】曰："止是一個工夫。無事時固是獨知，有事時亦是獨知。（于此用功）【人若不知於此獨知之地用力，只在人所共知處用功，便是作偽，便是'見君子而後厭然'。此獨知處便是誠的萌芽。此處不論善念惡念，更無虛假，一是百是，一錯百錯，正是王霸義利、誠偽善惡界頭。於此一立立定】，便是端本澄源，便是立誠⁽¹³⁹⁾。（若只在人所共知處用功，便是作偽。）今若又分戒懼爲己所不知，【即】工夫便支離⁽¹⁴⁰⁾。既戒懼，即是知（己。"曰："）【己若不知，是誰戒懼？如此見解，便要流入斷滅禪定。"曰："不論善念惡念，更無虛假，則】獨知之地，更無無念時耶？"曰："【戒懼亦是念。】戒懼之念，無時可息。若戒懼之心稍有不存，不是昏瞶，便已流入惡念。"⁽¹⁴¹⁾

【無虛假便是誠，便是善，更何惡念。】

戒懼不是念，可言是思。思止是思誠。思是心之本官，思而動（于）【於】欲爲念。故念當除而思不可除。後人專喜言無思，至（于）【於】念，則以爲是心之妙用，不可除。是倒說了，他只要除理障耳。

1. 此條是刪節而改寫之例。首見的刪節文字，以"于此用功"的自己文字開頭，原句中的"只在人所共知處用功，便是作偽"來總括改寫他句。

2. 評語兩條，都是對陽明所說"念"的意思不表同意。首條是不以"念"值得考慮，故刪；第二條則是引申陽明之意，故存。

（32/40）蔡希淵問："【文公】《大學》新本先格致而後誠意，工夫似與首章次第相合，（若）【如】⁽¹⁴²⁾先生從舊本【之說】，【即】誠意反在格致之前（矣）【，於此尚未釋然】。"【先生】曰："《大學》工夫即是明明德，明明德（只）【即】⁽¹⁴³⁾是個誠意，誠意工夫止是格【物】致【知】。若以誠意爲主，去用格【物】致【知】工夫⁽¹⁴⁴⁾，工夫始有下落⁽¹⁴⁵⁾，即爲善去惡，無非是誠意的事。如新本先去窮格事物之理，即茫茫蕩蕩都無（着）【著】落處，須【用】添個敬字，方才牽扯得【向】身心上來，【然】終【是】沒根源。（且既）【若】須【用添個】敬字，緣何孔門倒將【一個】最（要緊）【緊要】的【字】落了，直待千餘年後【要】人（添）【來】補【出】？正謂以誠意爲主，即不須添敬字。（此）【提出個誠意⑭,正是】學問大頭腦⑭,於此不察,真(是)【所謂毫釐之差,】千里之謬。大抵《中庸》工夫止是誠身,誠身之極便是至誠;《大學》工夫止是誠意,誠意之極便是至善。【工夫】總是一般。【今說這裏補個敬字,那裏⑭補個誠字,未免畫蛇添足。】"(已上俱薛侃記。)

先生疏《大學》,惟此段最端的無病。明明德止是個誠意,若意字看得分曉,【委的】不必說正心更有工夫(矣)【了】。

1. 此條省略各字,主要在使文章凝練淨潔,無不必要之語。可見其讀者對象爲深造之學者。

2. 評語去"委的"二字,劉宗周強調之意因而減低。

【黄直記】各條

(41/53) 問:"儒者(夜氣)【到三更時分】,胸中思慮⑭,空空靜靜,與釋氏之靜(却)【只】一般,【兩下皆不用,】此時何所分別?"【先生】曰:"動靜止是一個,那(夜氣)【三更時分】空空靜靜【的】,【止是存】天理(在中),即是應事接物的心⑭。應事接物的心亦是循【此】天理,便是(夜氣)【三更時分】空空靜靜的心⑭。故動靜【止是一個,】分別不得,知得動靜合一,釋氏毫釐差處亦自莫(掩)【撐】矣⑭。"

1. 以"夜氣"代"到三更時分",即以儒者熟悉的特定概念,代替需要尋繹的一般意思。此條刪節可見改口語爲文言之跡。

2. 此條文字、文句刪節後,陽明的動詞語氣因之不顯。

【黄修易記】各條

(43/55)【先生嘗言:"】佛氏不(着)【著】相,其實(着)【著了】相;吾儒(着)【著】相,其實不(着)【著】相。【"請問。曰:"】佛怕父子累,卻逃了父子;怕君臣累,卻逃了君臣;怕夫婦累,卻逃了夫婦,都是(着)【爲個君臣、父子、夫婦著了】相,便須逃避。【如】吾儒有個父子,還他以仁;有個君臣,還他以義;有個夫婦,還他以別,何曾(着)【著】父子、君臣、夫婦的相?"

先生(于)【於】佛氏一言而內外夾攻,更無剩義。

此條見改問答爲獨白之跡。

(45/57)【先生曰："】諸君(工)【功】夫最不可助長。上智絕少,學者無超入聖人之理,一起一伏,一進一退,自是(工)【功】夫節次,不可以我前日(曾)用【得】(工)【功】夫【了】,今却不濟,便要矯強做出一個没破綻的模樣,這便是助長,連前些子(工)【功】夫都壞了。只要常常懷個'遁世無悶,不見是而無悶'之心,依此良知,忍耐做去,不管(毁譽榮辱)【人非笑,不管人毁謗,不管人榮辱,任他功夫有進有退,我止是致良知】,久久自然有得力處。【"又曰:"人若著實用功,隨人毁謗,隨人欺慢,處處得益,處處是進德之資;若不用功,止是魔也,終被累倒。"】

此條見改口語爲文言之跡,亦是盡去不必要之詞。

【錢德洪記】各條

(46/58)（言立志。）【何廷仁、黄正之、李侯璧、汝中、德洪侍坐。先生顧而言曰:"汝輩學問不得長進,止是未立志。"侯璧起而對曰:"珙亦願立志。"先生曰:"難說不立,未是必爲聖人之志耳。"對曰:"願立必爲聖人之志。"先生】曰:"【你】真有聖人之志,良知上更無不盡。良知上留得些子別念(挂)【掛】帶,便非必爲聖人之志矣。"

以"言立志"取代緣起的一段問答,而只記陽明回答之言,主題明白,要旨具在,然卻失卻語境。

(54/66)【朱本思】問:"人有虛靈,方有良知,若草木瓦石之類,亦有良知否?"【先生】曰:"人的良知就是草木瓦石的良知,若草木瓦石無人的良知,不可以爲草木瓦石矣。豈惟草木瓦石爲然,天地無人的良知,亦不可爲天地矣。蓋天地萬物與人原是一體,其發竅之最精處,是人心一點靈明,【風雨露雷、日月星辰、禽獸草木、山川土石,與人原是一體。】故五穀禽獸之類皆可以養人,藥石之類皆可以療疾,只爲同此一氣,故能相通耳。"

只爲性體原是萬物一源,故如人參溫,能補人,便是遇父子而知親;大黄苦,能瀉人,便是遇君臣而知義,如何無良知?又如人參能退邪火,便是遇君臣而知義;大黃能順陰氣,便是遇父子而知親,如何說此良知又是人得其全,物得其偏者?

1. 刪"朱本思"三字,於整條主旨無大礙,然卻生問者或爲此錄的記者錢德洪之誤會。

2. 刪去"風雨露雷、日月星辰、禽獸草木、山川土石,與人原是一體"數句,整段的邏輯因果、例子的合理性都不能彰顯。

(55/67)問:"【大】人與物同體,如何《大學》又說個厚薄?"【先生】曰:"【惟是】道理自有厚薄,比如身是一體,把手足捍頭目,豈是【偏要】薄手足?其道理合如此。禽獸與草木同是愛的,把草木去養禽獸,又忍得?人與禽獸同是愛的,宰禽獸以養親,【與】供祭祀,燕賓客,心又忍得?至親與路人同是愛的,(顛沛患難之際)【如簞食豆羹,得則生,不得則死】,不能兩全,寧救至親,不救路人,心又忍得?這是道理(合)該如此⑥。及至吾身與至親,更不得分【別】彼此厚薄,蓋以仁民愛物皆從此出,此處可忍,更無所不忍矣。《大學》所謂厚薄,是良知上自然的條理,【不可踰越,此】便謂之義;順這個條理,便謂之禮;知此條理,便謂之智;終始⑥這條理,便謂之信。"

既是自然的條理,則不如此便是勉然的,更何條理?所以佛氏一切胡亂,只得粉碎虛空,歸之儱侗。

1. 此條刪改,意在改口語爲文言,使文字更趨馴雅,但卻令應有之意思不足。如以"顛沛患難之際"代"如簞食豆羹,得則生,不得則死",是以籠統語代具體語,不能使隨後的"不能兩全"顯得實在。

2. "《大學》所謂厚薄,是良知上自然的條理","不可踰越此"才是義,對這個條件的其他反應,才是禮智信,可見"不可踰越"之刪去,會令意思不明。

(66/84)(門人)【薛尚謙、鄒謙之、馬子莘、王汝止侍坐。因】歎先生自征寧藩(以)【已】來,天下謗議益衆。【請各言其故。有言先生功業勢位日隆,天下忌之者日衆;有言先生之學日明,故爲宋儒争是非者亦日博;有言先生自南都以後,同志信從者日衆,而四方排阻者日益力。先生曰:"諸君之言,信皆有之。但吾一段自知處,諸君俱未道及耳。"諸友請問】先生曰:

"我在南都(以)【已】前,尚有些子鄉愿⁽¹⁵⁹⁾意思在。⁽¹⁶⁰⁾今信得(這)【個】良知⁽¹⁶¹⁾真是真非,信手行去,更不(着)【著】些覆藏,⁽¹⁶²⁾纔做得個狂者【的】胸次,(故)⁽¹⁶³⁾【天下之】人都説我行不揜言也【罷】。"【尚謙出曰:"信得此過,方是聖人真血脉。"】(已上俱錢德洪記)

讀此,方知先生晚年真面目,我輩如何容易打過關捩子也。然向後正大有事在。

1. 此處主要在突出陽明個人之見。首次"先生曰"之後文字被刪,遂使此條之語境頓失,而各種可能的其他原因因而不見。
2. 末句以"故"代"天下之"以及刪去"罷",文章語氣因而異於原來。

【黃以方記(黃以方即黃直)】各條

(68/86)【門人】有言【邵端峰論】童子不能格物,只教以灑掃應對【之説】。【先生】曰:"灑掃應對就是物⁽¹⁶⁴⁾,童子良知只到此,(只)【便】教去灑掃應對,(便)【就】是致他這一點良知【了】。(又)如童子(之)【知】畏先生長者,此亦是他良知處,故雖(遨嬉)【嬉戲中】,見了先生長者,便去作揖恭敬,是他能格物以致敬師長之良知⁽¹⁶⁵⁾。【童子自有童子的格物致知。"又曰:"】我這裏【言】格物,自童子以至聖人,皆是此等工夫。但聖人格物,便(更)【是】⁽¹⁶⁶⁾熟得些子,不消費力。⁽¹⁶⁷⁾"

此條刪略,主要是令文字趨於馴雅。

(69/88)【門人問曰:"知行如何得合一?且如《中庸》言'博學之',又說個'篤行之',分明知行是兩件。"先生曰:"博學止是事事學存此天理,篤行止是學之不已之意。"又問:"易'學以聚之',又言'仁以行之',如何?"先生曰:"也是如此。事事去學存此天理,則此心更無放失時,故曰'學以聚之'。然常常學存此天理,更無私欲間斷,此即是此心不息處,故曰'仁以行之'。"又問:"孔子言'知及之,仁不能守之',知行卻是兩個了?"先生曰:"說'及之',已是行了,但不能常常行,已爲私欲間斷,便是'仁不能守'。"又】⁽¹⁶⁸⁾問:"【心即理之説,】程子云'在物爲理',如何(云)【謂】'心即理'?"

【先生】曰："在物爲理,在字上當添一心字,此心在物則爲理。如此心在事父則爲孝,在事君則爲忠之類(是也)。【"先生因謂之曰:"】諸君要識得我立言宗旨。我如今說個心即理⑩,只爲世人分心與理爲二⑪,便有許多病痛。如五(霸)【伯】攘夷狄,尊周室,都是一個私心,便不當理。人却說他做得當理,只心有未純,往往慕悅其所爲,要來外面做得好看,卻與心全不相干。分心與理爲二,其流至(于)【於】(霸)【伯】道之僞而不自知,故我說個心即理,要使知心理是一個,便來心上做工夫,不去襲取(于)【於】義⑪,便是王道之真⑫。"【又問:"聖賢言語許多,如何卻要打做一個?"曰:"夫道⑬,一而已矣。"又曰:"其爲物不貳,則其生物不測。天地聖人皆是一個,如何二得?"】

【看此宗旨二字,見先生洞視千古血性。知行合一之說更無可疑。】

1. 此條刪去上半,遂使質疑知行合一之說的各種提法不見,因而亦不能見王陽明回答之是否有力。

2. 此條只取陽明論"心即理"事一段。

3. 刪去下半結尾數句,不見陽明的萬象合一觀,也失去原有對於首段的呼應。按,"心即理"說得虛,"知行合一"說得實,自有分別。

4. 評語被刪,因爲關於"知行合一"的文字並未抄錄。

【王畿記】唯一一條

(71/93) 丁亥年九月,先生起【復】征思、田。【將命行時,】德洪與汝中論學,(德洪)【汝中】舉先生教言曰:"無善無惡心之體⑭,有善有惡意之動⑮,知善知惡是良知,爲善去惡是格物。"【德洪曰:"此意如何?"】汝中曰:"此恐未是究竟話頭。若說心體是無善無惡,意亦是無善無惡⑯,知亦是無善無惡⑰,物亦是無善無惡矣⑱。若說意有善惡,畢竟心體還有善惡在。"德洪曰:"心體是天命之性,原無善惡⑲,但人有習心,意念上見有善惡在。格致誠正修,(此)【正】是⑳復⑳性體(工)【功】夫,若原無善惡,(工)【功】夫亦不消說矣。"是夕【侍】坐天泉橋,各舉請正。先生曰:"【我今將行,正要你們講破此意㉒。】二君之見正好相資㉓,不可各執一邊。我這裏接人原有二種,利根之人,直從本源上悟入。人心本體原是明瑩無滯㉔,原是個未發之中。

利根之人一悟本體，即是(工)【功】夫，人己内外一齊俱透⑱。其次不免有習心在，本體受蔽，故且教在意念上實落爲善去惡，(工)【功】夫熟後，渣滓去【得】盡⑱，本體亦明(淨)【盡】了。汝中之見，是我⑱接利根人的；德洪之見，是我爲其次立法的⑱。【二君】相取爲用，則中人上下皆可引入(于)【於】道。【若各執一邊，眼前便有失人，便於道體各有未盡。】"既而曰："已後【與朋友】講學，【切】不可失了我的宗旨：無善無惡心之體⑱，有善有惡意之動⑲，知善知惡是良知⑲，爲善去惡是格物⑫。這話頭隨人指點，自没病痛⑬，原是徹上徹下(工)【功】夫。利根之人，世亦難遇，【本體功夫，一悟盡透，此顏子、明道所不敢當，豈可輕易望人！】人有習心，不教他在良知上實用爲善去惡(工)【功】夫，只去懸空想個本體，一切事爲俱不(着)【著】實，不過養成一個虛寂，【此個】病痛不是小小，不可不早説破。"【是日德洪、汝中俱有省。】(王畿《天泉證道記》)

先生每言，至善是心之本體。又曰："至善止是盡乎天理之極，而無一毫人欲之私。"又曰："良知即天理。"録中言"天理"二字，不一而足，有時説"無善無惡者理之静"，亦未(嘗)【曾】徑説"無善無惡是心體"，若心體果是無善無惡，則有善有惡之意又從何處來？知善知惡之知又從何處來？爲善去惡之功又從何處(起)【來】？無乃語語(斷流絕港乎?)【絶流斷港?】快哉，四無之論！先生當(于)【於】何處作答？卻又有"上根下根"之説，謂"教上根人只在心上用工夫，下根人只在意上用工夫"，又豈《大學》八目一貫之旨？又曰："其次且教在意念上(着)【著】實用爲善去惡工夫，久之心體自明。"蒙謂繞(着)【著】念時，便非本體，人若只在念起念滅上用工夫，一世合不上本體【了】，【正】所謂南轅而北轍也。先生解《大學》，(于)【於】"意"字原看不清楚，所以(于)【於】四條目處未免架屋疊牀至此。及門之士一再摹之，益失本色矣。先生他日有言曰："心意知物止是一事。"此是定論。既是一事，決不是一事皆無。蒙因爲龍溪易一字曰："心是有善無惡之心，則意亦是有善無惡之意，知亦是有善無惡之知，物亦是有善無惡之物。"不知先生首肯否？或曰："如何定要説個有善無惡？"曰："《大學》只説致知，如何先生定要説個致良知，多這良字？"其人默然。學術所關，不敢不辯。

1. 此條首句删"復"字,因而不知這是陽明父喪服闋之後之事;再删"將命行時",因而不見其爲臨發之時之事,整個事情的語境因而不明。

2. "先生起【復】征思、田。【將命行時,】德洪與汝中論學,(德洪)【汝中】舉先生教言曰:'無善無惡心之體,有善有惡意之動,知善知惡是良知,爲善去惡是格物。'【德洪曰:'此意如何?'】"此句將首先提出四句教問題的王畿改爲錢德洪,影響對事實的判斷甚大。按《傳習錄》所記,《陽明年譜》亦同,均因王畿起疑而發問於陽明。《明儒學案》此處之張冠李戴,不知何意。但從原書可見,四句教確是陽明之教,陽明認爲絶無弊病,王畿則有所質疑。王畿對這教義止是不滿,四句卻非出於王畿或其學者之杜撰。

3. 王畿、錢德洪的辯論内容以及王陽明的回答,所删單字及語句,影響意思不大,主要是淨潔文章之故。

二 《姚江學案》《語錄》部分未錄之《陽明傳信錄》語錄兩條及跋語

(一)《陽明傳信錄》原書《語錄》第34條(出《傳習錄》卷二《答顧東橋書》中之一段):

【此段大略略似是而非,蓋承沿舊說之弊,不可以不辨也。夫學、】問、思、辨、行,皆所以爲學,未有學而不行者也。如言學孝,則必服勞奉養,躬行孝道,而後謂之學,豈徒懸空口耳講說,而遂可以謂之學孝乎?學射則必張弓挾矢,引滿中的;學書則必伸紙執筆,操觚染翰。盡天下之學無有不行而可以言學者,則學之始固已即是行矣。篤者,敦實篤厚之意,已行矣,而敦篤其行,不息其功之謂(爾)【耳】。蓋學之不能以無疑,則有問,問即學也,即行也;又不能無疑,則有思,思即學也,即行也;又不能無疑,則有辨,辨即學也,即行也。辨既明矣,思既慎矣,問既審矣,學既能矣,又從而不息其功焉,斯之謂篤行,非謂學、問、思、辨之後而始措之於行也。是故以求能其事而言謂之學,以求解其惑而言謂之問,以求通其(說)【理】而言謂之思,以求精其察而言謂之辨,以求履其實而言謂之行。蓋析其功而言則有五,合其事而言則一而已。此區區心理合一之體,知行並進之功,所以異於後世之説者,(正在於是)【此也】。

按,此條首句《陽明傳信錄》原書誤闕"學"字,遂使句意不完。又,此條《陽明傳信錄》原書此下有字數相若文字,別爲一條,即原書第35條,《姚江學案》内《語錄》部分順序之第34條,而《姚江學案》於其前後之文又均有所删節,如見於以下方括號内者。

【今吾子特舉學、問、思、辨以窮天下之理,而不及篤行,是專以學、問、思、辨爲知,而謂窮理爲無行也已。天下豈有不行而學者邪?豈有不行而遂可謂之窮理者邪?】……(上見的《姚江學案》《語錄》部分第34條文字)……【不務服藥調理以治其目,而徒悵悵然求明於其外,明豈可以自外而得哉?任情恣意之害,亦以不能精察天理於此心之良知而已。此誠毫釐千里之謬者,不容於不辨,吾子毋謂其論之太刻也。】

按,《姚江學案》未抄之《陽明傳信錄》第34條文字,與《學案》錄爲第34條之文字,各有意旨。未抄的一條闡釋的是知行合一、知行並進之旨。所抄的一條著重闡釋心與理爲一之義。兩條並存,亦似無妨。

(二)《陽明傳信錄》原書《語錄》第47條:

昔有十家之村,皆荒其百畝,而日惟轉糴於市,取其贏餘以贍朝夕者。鄰村之農勸之曰:"爾朝夕轉糴,勞費無期,曷若三年耕可餘一年之食,數年耕可積而富矣。"其二人聽之,舍糴而田。八家之人競相非沮遏,室人老幼亦交遍歸謫曰:"我朝不糴則無以爲饗,暮不糴則無以爲飧,朝夕不保,安能待秋而食乎?"其一人力田不顧,卒成富家;其一人不得已復棄而糴,竟貧餒終身焉。今天下之人,方皆轉糴於市,忽有舍糴而田者,寧能免於非謫乎?要在深信勿疑,力田而不顧,乃克有成耳。《答毛以乘》

按,此條大意在説要專心誠心,立志獨行,不爲外界所動搖影響。但所傳達之意思不明顯,亦不直接,故不抄錄似亦無妨。

(三)《陽明傳信錄》原書卷末陳奕昌跋語:

《陽明傳信錄》三卷,蕺山子劉子手定,吾師梨洲先生《學案》百卷,此其一也。有明之學,白沙開其端,至陽明而聞性道之蘊,今日學脈嗣續而不絶者,伊誰之力歟?陽明其人也。於歿後,其門下持論不無過高,即教法四句已不能歸一,故其後流弊以情識爲良知,以想像爲本體,由擇焉而不精也。子劉子悉加辯正,名之曰《傳信》,所謂澄源端本,學者庶乎無他岐之惑矣。故先爲校刻以告天下。康熙戊午年十月既望,海寧學人陳奕昌謹跋。

按,此條在《明儒學案》體例而言,不録爲是。此處可注意者,是"吾師梨洲先生《學案》百卷,此其一也"句。由此可見康熙十七年(1678)初冬《明儒學案》初稿已成,而初稿爲一百卷。今本六十二卷,是繼後的編訂。

三　賈本之異同

(一)康熙紫筠齋賈本《姚江學案》多出《許半圭先生璋》《王黄轝先生文轅》兩個傳記,即上虞許璋傳、山陰王文轅傳。

(二)許璋傳記:"許璋字半圭,越之上(餘)【虞】人。"此處"上餘"是"上虞"之誤。按,此傳鄭本所無,故誤在賈本,中華書局本已經改正。

(三)賈本無《陽明傳信錄》之《小引》。

(四)《語録》部分,賈本無鄭本所見如下各條之劉宗周評語:(第2條)"志道懇切,固是誠意";(第5條)"吾輩通患,正如池面浮萍"條;(第6條)"變化氣質,居常無所見"條;(第9條)"學絶道喪,俗之陷溺,如人在大海波濤中"條;(第10條)"使在我果無功利之心,雖錢穀兵甲"條;(第16條)"且以所見者實體諸心,必將有疑"條;(第22條)"未發之中,即良知也,無前後内外而渾然一體者也"條;(第26條)"病瘧之人,瘧雖未發,而病根自在";(第33條)"知行原是兩(個)【箇】字説一箇工夫"【鄭本亦因截去後半,連評語亦删】。

(五)《語録》部分,賈本將鄭本第18條與第23條連爲一條。第18條全文如下:"妄心則動也,照心非動也。恆照則恆動恆靜,天地之所以恆久而不已也。照心固照也,妄心亦照也,其爲物不貳,則其生物不息,有刻暫停則息矣,非至誠無息之學矣。"第23條全文如下:"照心非動者,以其發於本體明覺之自然,而未嘗有所動也。有所動,即妄矣。妄心亦照者,以其本體明覺之自然者,未嘗不(存)【在】於其中,但有所動耳。無所動,即照矣。無妄無照,非以妄爲照,以照爲妄也。照心爲照,妄心爲妄,是猶有妄有照也。有妄有照,則(有)【猶】(二)【貳】也,(二)【貳】則息矣。無妄無照,則不貳,不貳則不息矣。"按,賈本合二爲一,是將論説妄心、照心者合一論説。但劉宗周《陽明傳信録》原書並不如此,可見賈本改動鄭本;賈本全書文字較鄭本約少四分之一,則鄭本當爲原稿。

(六)《語録》部分,賈本將鄭本第24條與第25條連爲一條。第24條全文如下:"必欲此心純乎天理,而無一毫人欲之私,此作聖之功也。必欲此心純乎天理,而無一毫人欲之私,非防於未萌之先,而克於方萌之際,不能也。防於未萌之先,而克於方萌之際,此正《中庸》戒慎恐懼、《大學》致知格物之功,舍此之外,無别功矣。"第25條全文如下:"不思善,不思惡,時認本來面目,此佛氏爲未識本來面目者設此方便。本來面目,即吾聖門所謂良知。今既認得良知明白,即已不消如此説矣。隨物而格,是致知之功,即佛氏之常惺惺,亦是常存他本來面目耳。體段(功)【工】夫大略相似,但佛氏有箇自私自利之心,所以便有不同。"按,此兩條意旨不一而連爲一條,其故難説。

(七)《語録》部分,賈本節録鄭本第33條,並連第35條爲一條。第33條——"夫物理不外於吾心,【外吾心】而求物理,無物理矣"條,賈本節録至"是其一分一合之間,而未免已啓學者心理爲二之弊"句,連接第34條——"明道云:'只窮理,便盡性至命'"條爲一條,未見道理所在。

(八)《語録》部分,鄭本第27條——"君子之所謂敬畏者,非有所恐懼憂患之謂也"條,劉宗周評語"最(是)【足】發明宋儒主敬之説"之文,賈本誤連於正文。

(九)《語録》部分,賈本徑改者,亦可能根據他書。如鄭本第13條——"理無內外,性無內外,故學無內外"條,内文"夫正心、誠意、致知、格物,皆所以修身而格物者,其所以用力日可見之地"句。"日"字,《劉宗周全集》本《陽明傳信録》、《王陽明全集》本《傳習録》所載皆同;陳榮捷《王陽明傳習録詳註集評》卷二據施本、俞本改爲"實"字。《明儒學案》中華整理本亦據賈本改爲"實"。

（十）《傳習錄》部分,賈本無鄭本所見如下各條之劉宗周評語:（第7條）"愛問:道心常爲一身之主"條;（第9條）"澄問:主一之功"條;（第13條）"問:寧靜存心時可爲未發之中否"條;（第16條）"唐詡問:立志是長存個善念"條;（第42條）:"文公格物之説,止是少頭腦"條;（第60條）"良知是個是非之心,是非止是個好惡"條。

（十一）《傳習錄》部分,有劉宗周評語見於鄭本而爲賈本删節者:（第2條）"愛問:至善求諸心"條;（第35條）"崇一曰:先生致知之旨"條;（第51條）"問:釋氏亦務養心"條;（第54條）"問:人有虛靈,方有良知"條;（第71條）"丁亥年九月,先生起征思、田"條。

（十二）鄭本未抄錄之文字,賈本亦未抄,又有鄭本抄而賈本未見者,包括鄭本《語錄》部分第1條（"刊落聲華,務於切己處著實用功"條）與第20條（"性無不善,故知無不良"條）;《傳習錄》部分第48條（"不睹不聞是説本體,戒慎恐懼是説工夫否"條）及劉宗周評語（"此非玄語"……）;第58條（"問:孔子所謂遠慮,周公夜以繼日"條）及劉宗周評語（"又攝在天理二字内"……）。

結　語

通過以上比勘至少可見,《姚江學案》及其所據的《陽明傳信錄》文字差異頗多,在研究者而言實在不容忽視。首先牽涉的是節取原文的問題。劉宗周選抄陽明文字時,已經對原文有所節錄,黃宗羲錄取劉宗周的選本時,又再作了删節。從整個選錄情形看,《語錄》部分黃宗羲選錄的比劉宗周原選的只少了2條,但《傳習錄》部分卻少了很多,只從《陽明傳信錄》的93條中選取71條。劉宗周删節《語錄》及《傳習錄》的原文整體較少,但黃宗羲删節劉宗周抄錄的文字卻所在多有,而且改動字句之處也多;連帶劉宗周的評語,也有多條被删或被節。選本删節原文本來自有無可奈何甚至無可厚非的原因:工費之省和文章之美都要求篇幅删繁就簡。但删節的結果,往往先會失去文字的語境,又會導致曲解原意。所以要儘量不失原意,編錄者和讀者都要倍加小心。

從《姚江學案》的文本來看,黃宗羲改動的單字有兩類,第一類屬於俗字、通用字和異體字,第二類是意義有別的文字。第一類是一致的,各條所見均同,可能是出於當時的寫刻習慣。以下各字都是顯而易見的。我們依照《姚江學案》/《陽明傳信錄》各條的次序(以下的各類對比,排列相同),先標示原書之字(包括本文未列舉的各條),再標示《姚江學案》所改之字。(一律改的,只顯示首次出現之處。)《語錄》部分所見如下:(第4/1條)"云"作"謂",(第4/4條)"洪"作"紅",(第4/4條)"妝"作【"米女"】,(第14/14條)"女"作"汝",(第23/23條)"貳"作"二",(第25/25條)"工夫"作"功夫"【一律】,(第28/28條)"塗"作"途",(第31/31條)"後"作"后"【一律】,(第31/31條)"箇"作"個"【一律】,(第31/31條)"元"作"原",(第32/32條)"著"作"着"【一律】,(第33/33條)"於"作"于"【一律】,(第35/36條)"邪"作"耶"【一律】,(第36/37條)"闕"作"缺",(第37/38條)"辯"作"辨",(第44/45條)"烏"作"惡",(第44/45條)"掛"作"挂"。《傳習錄》部分所見如下:(第3/3條)"著"作"着"【一律】,(第6/6條)"於"作"于"【一律】,(第6/6條)"功夫"作"工夫"【一律】,(第11/11條)"才"作"纔",(第12/12條)"豫"作"與",(第23/26條)"他日"作"它日",(第23/26條)"予"作"余",(第23/26條)"止"作"只",(第24/27條)"瀰"作"彌",(第25/28條)"他"作"它",(第26/30條)"煅煉"作"煅鍊",(第26/30條)"鐵"作"銕",(第36/48條)"也"作"亦",(第38/50條)"從"作"隨",(第41/53條)"撑"作"掩",(第44/56條)"鬥"作"鬭",(第57/71條)"的"作"之",(第58/72條,評語)"説"作"言",(第69/88條)"謂"作"云",(第69/88條)"五伯"作"五霸",(第69/88條)"的"作"者",(第71/93條)"曾"作"嘗"。其他"是、即""如、若""個、箇"的互用,亦隨處可見。

意義有別的異字,有的應是源於手民,多以字形相似、聲音相同致誤。見於《語錄》部分的例如:(第3/3條)"自"誤作"去"【形似之誤?】,(第10/10條)"存"誤作"有"【形似之誤?】,(第11/11條)"語"誤作"話"【形似之誤】,(第13/13條,評語)"殽"誤作"散"【形似之誤】,(第17/17條)"易"誤作"曷"【形似之誤】,(第23/23條)"在"誤作"存"【形似之誤】,(第34/35條)"禆"誤作"稗"【形似之誤】,(第37/38條)"蘖"誤作"蘗"【形似之誤】,(第44/45條)"嘗與"

誤作"常與"【音同之誤】。見於《傳習錄》部分的例如：（第5/5條）"理"誤作"禮"【音同之誤】，（第5條，評語）"益"誤作"蓋"【形似之誤】，（第13/14條、評語）"切"誤作"功"【形似之誤】，（第26/30條）"既"誤作"及"【音同之誤】，（第26/30條）"梢"誤作"稍"【形似之誤】，（第84條）"已"誤作"以"【音同之誤】。

這些文字別異反映了《姚江學案》原書之校勘不精。《姚江學案》應是參校過陽明原集，但並不精細、也不一致，這從《陽明傳信錄》與《王陽明全集》出現異體字或俗字時，《姚江學案》並非全同於王集可見。文字的差異有的應是出於編者、錄者、校者的更改。更改應是源於認爲原文有誤，但結果卻是改者自生誤解在先，讀者爲之誤導在後。

其他異於原書的文字，絕多源於編者有意的改動。以下仍照《姚江學案》/《陽明傳信錄》的排列次序，但先列原書之文，以見改變所在。見於《語錄》部分的例：【原書——改變】（第7/7條）"心外無事——心外無言"，（第10/10條）"泥於舊習——泥於舊聞"，（第14/14條）"本諸心者——本諸身者"，（第22/22條，評語）"能戒慎恐懼者是良知——此戒慎恐懼者是良知"，（第23/23條）"則猶貳也——則有二也"，（第27/27條）"【乃】反爲灑落之累耶——【乃】反爲樂之累耶"，（第31/31條）"精察明覺——明覺精察"，（第35/36條）"節目時變——節目事變"，（第41/42條）"而原又止是一箇——而原來止是一個"。見於《傳習錄》部分的包括：【原書——改變】（第7/7條）"天理——天命"，（第8/8條）"聞之既久——聞之既熟"，（第19/21條）"方漸能到——方纔能到"，（第21/23條）"染著——點染"，（第27/31條）"則以——復以"，（第35/45條）"淪埋——埋沒"，（第38/50條）"分限——分量"，（第48/60條，評語）"齊明盛服——齋明盛服"，（第50/62條）"貌象——象貌"，（第61/76條，評語）"勘得破——看得破"，（第66/84條）"信得個良知——信得這良知"，（第68/86條）"嬉戲——遨嬉"，（第68/86條）"便是——便更"，（第71/93條）"何處來——何處起"，（第71/93條，評語）"絕流斷港——斷流絕港"。這些差異文字本來意義不同，徑改之後便令原意遭到歪曲或改變，原來的強調被減弱，原來的因果關係不見彰顯，原來的經典文字變樣，原來的措辭次序倒轉。

個別文字省略及文句改寫，其原因主要應是出於"文章"的考慮。黃宗羲或其"執行編輯",大抵認爲透過文字的潤色,可以達到文從字順和文省意賅的效果,同時能夠使一些口語文言化,收文字雅馴之美,所以勇於徑改。整體上看,《姚江學案》的改動和加工,有對有錯,有精有粗,有簡練也有誤導,但明顯有改口語爲文語使文字趨於雅馴的表現。至於有没有透過文字損益而故令原意改變,引導讀者別有解悟,我們不能遽下判斷,只好存而不論。可以肯定的是,以黄宗羲對王陽明之尊崇,以《姚江學案》在《明儒學案》中的重要地位,居然出現了如本文所披示的文本差異情形,和因而産生的意義不一,卻是出乎一般的想像所及,所以《明儒學案》仍待精校,學者才能安心使用。

＊本文爲香港特區研究資助局(Research Grants Council)優配研究金542110號研究項目"從《明儒學案》整理開始的明代儒學研究上之文本重建"的部分成果。初稿曾經分兩部分在以下兩個學術會議上發表:(1)《〈明儒學案·姚江學案〉的文本問題初探(一)》,2012年10月19—21日中國社會科學院歷史研究所舉行第三屆中國古文獻與傳統文化國際研討會;(2)《〈明儒學案·姚江學案〉的文本問題初探(二)》,2012年11月31日—12月2日浙江省餘姚市舉行第二屆國際陽明學研討會。

注　釋

① 本文爲比勘而抄録的《明儒學案》文字以及《陽明傳信録》和《王陽明全集》文字,由劉勇、洪國強、鄧霆諸君幫助完成,謹表感謝。

②《劉宗周全集》本《陽明傳信録》之校勘記云:"底本'去'字下原缺一字,應爲'纏'字。"按,《明儒學案》所據劉氏原書則爲"之"字,亦於義爲長。

③ "刊落聲華"前,《王陽明全集》(以下簡稱《王集》)有"謫居兩年,無可與語者,歸途乃得諸友,何幸何幸! 方以爲喜,又遽爾別去,極怏怏也。絶學之餘,求道者少,一齊衆楚,最易摇奪,自非豪傑,鮮有卓然不變者。諸友宜相砥礪夾持,務期有成。近世士夫亦有稍知求道者,皆因實德未成而先揭標榜,以來世俗之謗,是以往往隳墮無立,反爲斯道之梗,諸友宜以是爲鑒"等文字。《與辰中諸生》一文,見《王集》卷四,第156—157頁。

④ "所云静坐事",《王集》作"前在寺中所云静坐事"。

⑤ "得力處",《王集》作"著力處",查《萬曆元年本王文成公全書》(以下簡稱《萬曆王集》),正作"得力處"。

⑥《王集》同《學案》作"語"。

⑦此句《王集》作"所謂知得灑掃應對，便是精義入神也"。

⑧"志道懇切"前，《王集》有"汝華相見於逆旅，聞成之啓居甚悉，然無因一面，徒增悒怏。吾鄉學者幾人，求其篤信好學如吾成之者誰歟？求其喜聞過，忠告善道如吾成之者誰歟？過而莫吾告也，學而莫吾與也，非吾成之之思而誰思歟？嗟吾成之，幸自愛重！自人之失其所好，仁之難成也久矣。向吾成之在鄉黨中，刻厲自立，衆皆非笑，以爲迂腐，成之不爲少變。僕時雖稍知愛敬，不從衆非笑，然尚未知成之難得如此也。今知成之難得，則又不獲朝夕相與，豈非大可憾歟！修己治人，本無二道。政事雖劇，亦皆學問之地，諒吾成之隨在有得。然何從一聞至論，以洗凡近之見乎？愛莫爲助。近爲成之思進學之功，微覺過苦。先儒所謂"等文字。《答徐成之》一文，見於《王集》卷四，第157頁。

⑨"自得者矣"後，《王集》有"學問之功何可緩，但恐著意把持振作，縱復有得，居之恐不能安耳。成之之學，想亦正不如此。以僕所見，微覺其有近似者，是以不敢不盡。亦以成之平日之樂聞，且欲以是求教也"等文字。

⑩"聖人之心"前，《王集》有"昨晚言似太多，然遇二君亦不得不多耳。其間以造詣未熟，言之未瑩則有之，然卻自是吾儕一段的實工夫。思之未合，請勿輕放過，當有豁然處也"等文字。《答黃宗賢應元忠》一文，見《王集》卷四，第158頁。

⑪"僕近時"前，《王集》有"書來，及純甫事，懇懇不一而足，足知朋友忠愛之至。世衰俗降，友朋中雖平日最所愛敬者，亦多改頭換面，持兩端之説，以希俗取容，意思殊爲衰颯可憫。若吾兄真可謂信道之篤而執德之弘矣，何幸何幸！僕在留都，與純甫住密邇，或一月一見，或間月不一見，輒有所規切，皆發於誠愛懇惻，中心未嘗懷纖毫較計。純甫或有所疎外，此心直可質諸鬼神。其後純甫轉官北上，始覺其有恝然者。尋亦痛自悔責，以爲吾人相與，豈宜有如此芥蒂，卻有【《萬曆王集》作'是'】墮入世間較計坑陷中，亦成何等胸次！當下冰消霧釋矣。其後人言屢屢而至，至有爲我憤辭屬色者。僕皆惟以前意處之，實是未忍一日而忘純甫。蓋平日相愛之極，情之所鍾，自如此也。旬日【《萬曆王集》作'月'】間復有相知自北京來，備傳純甫所論。僕竊疑有浮薄之徒，幸吾黨間隙，鼓弄交構，增飾其間，未必盡出於純甫之口。僕非矯爲此説，實是故人情厚，不忍以此相疑耳。僕平日之厚純甫，本非私厚，縱純甫今日薄我，當亦非私薄。然則僕未嘗厚純甫，純甫未嘗薄僕也，亦何所容心於其間哉！往往見世俗朋友易生嫌隙，以爲彼盖苟合於外，而非有性分之契，是以如此，私竊嘆憫【《萬曆王集》作'間'】。自謂吾黨數人，縱使散處敵國仇家，當亦斷不至是。不謂今日亦有此等議論，此亦惟宜自反自責而已。孟子云：'愛人不親反其仁，行有不得者，皆反求諸己。'自非履涉親切，應未識斯言味永而意懇也"等文字。《與黃宗賢五》（癸酉，1513）一文，見《王集》

卷四,第164—165頁。

⑫ "也已"後,《王集》有"以近事觀之,益見得吾儕徃時所論,自是向裏。此蓋聖學的傳,惜乎淪落堙埋已久,往時見得,猶自恍惚。僕近來無所進,只於此處看較分曉,直是痛快,無復可疑"等文字。

⑬ "吾輩"前,《王集》有"別後工夫,無因一扣,如書中所云,大略知之。'用力習熟,然後居山'之說,昔人嘗有此,然亦須得其源"等文字,《與黃宗賢六》,見《王集》卷四,第165—166頁。

⑭ "變化氣質"前,《王集》有"別後,有人自武城來,云純甫始到家,尊翁頗不喜,歸計尚多牴牾。始聞而惋然,已而復大喜。久之,又有人自南都來者,云'純甫已蒞任,上下多不相能'。始聞而惋然,已而復大喜。吾之惋然者,世俗之私情;所爲大喜者,純甫當自知之。吾安能小不忍於純甫,不使動心忍性,以大其所就乎?譬之金之在冶,經烈熖,受鉗錘,當此之時,爲金者甚苦,然自他人視之,方喜金之益精煉,而惟恐火力錘煅之不至。既其出冶,金亦自喜其挫折煅煉之有成矣。某平日亦每有傲視行輩、輕忽世故之心,後雖稍知懲創,亦惟支持抵塞於外而已。及謫貴州三年,百難備嘗,然後能有所見,始信孟氏'生於憂患'之言非欺我也。嘗以爲'君子素其位而行,不願乎其外。素富貴,行乎富貴;素貧賤,行乎貧賤;素患難,行乎患難,故無入而不自得'。後之君子,亦當素其位而學,不願乎其外。素富貴,學處乎富貴;素貧賤患難,學處乎貧賤患難,則亦可以無入而不自得。向嘗爲純甫言之,純甫深以爲然,不審邇來用力卻如何耳。近日相與講學者,宗賢之外,亦復數人,每相聚,輒嘆純甫之高明。今復遭時磨勵若此,其進益不可量,純甫勉之!汪景顏近亦出宰大名,臨行請益,某告以"等文字,《與王純甫》一文,見《王集》卷四,第166—167頁。

⑮ "始是得力處",《王集》作"始是能有得力處"。

⑯ "其中矣"後,《王集》有"景顏聞之,躍然如有所得也。甘泉近有書來,已卜居蕭山之湘湖,去陽明洞方數十里耳,書屋亦將落成,聞之喜極。誠得良友相聚會,共進此道,人間更復有何樂!區區在外之榮辱得喪,又足掛之齒牙間哉"等文字。

⑰ "在物爲理"前,《王集》有"純甫所問,辭則謙下,而語意之間,實自以爲是矣。夫既自以爲是,則非求益之心矣。吾初不欲答,恐答之亦無所入也。故前書因發其端,以俟明春渡江而悉。既而思之,人生聚散無常,純甫之自是,蓋其心尚有所惑而然,亦非自知其非而又故爲自是以要我者,吾何可以遂已?故復備舉其説以告純甫。來書云:'學以明善誠身,固也。但不知何者謂之善?原從何處得來?今在何處?其明之之功當何如?入頭當何如?與誠身有先後次第否?誠是誠箇甚的?此等處細微曲折,儘欲扣求啓發,而因獻所疑,以自附於助我者。'反覆此語,則純甫近來得力處在此,其受病處亦在此矣。純甫平日徒知存心之說,而未嘗實加克治之功,故未能動靜合一,而遇事輒有紛擾之患。今乃能推究若此,必以漸悟

往日之墮空虛矣。故曰純甫近來用功得力處在此。然已失之支離外馳而不覺矣。夫心主於身,性具於心,善原於性,孟子之言性善是也。善即吾之性,無形體可指,無方所可定,夫豈自爲一物,可從何處得來者乎? 故曰受病處亦在此。純甫之意,蓋未察夫聖門之實學,而尚狃於後世之訓詁,以爲事事物物,各有至善,必湏從事事物物求箇至善,而後謂之明善,故有'原從何處得來,今在何處'之語。純甫之心,殆亦疑我之或墮於空虛也,故假是説以發我之蔽。吾亦非不知感純甫此意,其實不然也。夫"等文字。《與王純甫二》,見《王集》卷四,第167—169頁。

⑱《王集》作"偭"。

⑲ "彼此也"後,《王集》有"純甫所謂'明之之功當何如? 入頭處當何如? 與誠身有先後次第否? 誠是誠箇甚的?'且純甫之意,必以明善自有明善之功,誠身又有誠身之功也。若區區之意,則以明善爲誠身之功也。夫誠者,無妄之謂。誠身之誠,則欲其無妄之謂。誠之功,則明善是也。故博學者,學此也;審問者,問此也;慎思者,思此也;明辯者,辯此也;篤行者,行此也。皆所以明善而爲誠之之功也。故誠身有道,明善者,誠身之道也;不明乎善,不誠乎身矣。非明善之外別有所謂誠身之功也。誠身之始,身猶未誠也,故謂之明善;明善之極,則身誠矣。若謂自有明善之功,又有誠身之功,是離而二之也,難乎免於毫釐千里之謬矣"等文字。

⑳ "《大學》"前,《王集》有"又云:'格物之說,昔人以扞去外物爲言矣。扞去外物則此心存矣。心存,則所以致知者,皆是爲已。'如此説,即是'扞去外物'爲一事,'致知'又爲一事。'扞去外物'之説,亦未爲甚害,然止捍禦於其外,則亦未有拔去病根之意,非所謂克己求仁之功矣。區區格物之説亦不如此"等文字,《答王天宇二》,見《王集》卷四,第176—178頁。

㉑ "而已"後,《王集》有"是乃學問用功之要,所謂毫釐之差,千里之謬者也"等文字。

㉒ "學絶"前,《王集》有"此學不講久矣。鄙人之見,自謂於此頗有發明。而聞者往往詆以爲異,獨執事傾心相信,確然不疑,其爲喜慰,何啻空谷之足音! 別後時聞士夫傳説,近又徐曰仁自西江還,益得備聞執事任道之勇,執德之堅,令人起躍奮迅。'士不可以不弘毅,任重而道遠',誠得弘毅如執事者二三人,自足以爲天下倡。彼依阿偭儞之徒雖多,亦奚以爲哉? 幸甚幸甚! 比聞列郡之始,即欲以此學爲教。仁者之心,自然若此,僕誠甚爲執事喜,然又甚爲執事憂也"等文字。《寄李道夫》一文,見《王集》卷四,第178—179頁。

㉓ "收效溥"後,《王集》有"不然,將有扞格不勝之患,而且爲君子愛人之累。不知尊意以爲何如耶"等文字。

㉔ "使在我"前,《王集》有"所問《大學》《中庸》註,向嘗略具草稿,自以所養未純,未免務外欲速之病,尋已焚毀。近雖覺稍進,意亦未敢便以爲至,姑俟異日山中與諸賢商量共成之,故

皆未有書。其意旨大略,則固平日已爲清伯言之矣。因是益加體認研究,當自有見;汲汲求此,恐猶未免舊日之病也。'博學'之説,向已詳論。今猶牽制若此,何邪?此亦恐是志不堅定,爲世習所撓之故"等文字。《與陸原靜》一文,見《王集》卷四,第179—180頁。

㉕ "猶是",《王集》作"是猶"。

㉖ "得力處"後,《王集》有"故云爾。請一洗俗見,還復初志,更思平日飲食養身之喻,種樹栽培灌溉之喻,自當釋然融解矣。'物有本末,事有終始,知所先後,則近道矣。'吾子之言,是猶未是終始本末之一致也,是不循本末終始天然之序,而欲以私意速成之也"等文字。

㉗ "數年"前,《王集》有"沿途意思如何?得無亦有走作否"等文字,《寄薛尚謙》,見《王集》卷四,第183頁。

㉘ "實得"後,《王集》有"不可以不猛省也"等文字。

㉙ "一切真"後,《王集》有"若這些子既是,更無討不是處矣。此間朋友聚集漸衆,比舊頗覺興起。尚謙既去,仕德又往,歐陽崇一病歸,獨惟乾留此,精神亦不足。諸友中未有倚靠得者,苦於接濟乏人耳。乞休本至今未回,未免坐待。尚謙更靜養幾月,若進步欠力,更來火坑中乘涼,如何"等文字。

㉚ "理無內外"前,《王集》有"來教謂:'如必以學不資於外求,但當反觀內省以爲務,則正心誠意四字亦何不盡之有?何必於入門之際,便困以格物一段工夫也?'誠然誠然。若語其要,則'脩身'二字亦足矣,何必又言'正心'?'正心'二字亦足矣,何必又言'誠意'?'誠意'二字亦足矣,何必又言'致知',又言'格物'?惟其工夫之詳密,而要之只是一事,此所以爲精一之學,此正不可不思者也。夫"等文字。《答羅整庵少宰書》,見《王集》卷二,第82—83頁。此條出自《傳習錄》。

㉛ "日",《劉宗周全集》本《陽明傳信錄》、《王陽明全集》本《傳習錄》所載皆同,陳榮捷《王陽明傳習錄詳注集評》卷二據施本、俞本改爲"實";《學案》中華整理本據賈本亦改爲"實"。

㉜ "彼此之分哉"後,《王集》有"理一而已。以其理之凝聚而言,則謂之性;以其凝聚之主宰而言,則謂之心;以其主宰之發動而言,則謂之意;以其發動之明覺而言,則謂之知;以其明覺之感應而言,則謂之物。故就物而言謂之格,就知而言謂之致,就意而言謂之誠,就心而言謂之正。正者,正此也;誠者,誠此也;致者,致此也;格者,格此也。皆所謂窮理以盡性也。天下無性外之理,無性外之物。學之不明,皆由世之儒者認理爲外,認物爲外,而不知義外之説,孟子蓋嘗闢之,乃至襲陷其內而不覺,豈非亦有似是而難明者歟?不可以不察也"等文字。

㉝ "昔夫子"前,《王集》有"不相見者幾時,每念吾兄忠信篤厚之資,學得其要,斷能一日千里。惜無因亟會,親睹其所謂歷塊過都者以爲快耳"等文字。《與夏敦夫》,見《王集》卷五,第

192 頁。

㉞《王集》作"汝"。

㉟"諸"與"心"間,《王集》有"其"字。

㊱"可"字後,《王集》有"以"字。

㊲"窮理乎"後,《王集》有"此區區之心,深欲就正於有道者。因便輒及之,幸有以教我也"等文字。

㊳"心無動靜者也"後,《王集》有"論及'學無靜根,感物易動,處事多悔',即是三言,尤是【《萬曆王集》作'見'】近時用工之實。僕罔所知識,何足以辱賢者之問？大抵三言者,病亦相因。惟學而別求靜根,故感物而懼其易動；感物而懼其易動,是故處事而多悔也。"等文字。《答倫彦式》,見《王集》卷五,第 195 頁。

㊴"者也"後,《王集》有"雖然,僕蓋從事於此而未之能焉,聊爲賢者陳其所見云爾"等文字。

㊵"以所見者"前,《王集》有"承示《大學原》,知用心於此深密矣。道一而已,論其大本大原,則六經、四書無不可推之而同者,又不特洪範之於《大學》而已。此意亦僕平日於朋友中所常言者。譬之草木,其同者,生意也；其花實之疏密,枝葉之高下,亦欲盡比而同之,吾恐化工不如是之雕刻也。今吾兄方自喜以爲獨見新得,鋭意主張是説,雖素蒙信愛如鄙人者,一時論説當亦未能遽入。且願吾兄"等文字,《答方叔賢》,見《王集》卷五,第 197 頁。"且"字,《王集》無。

㊶"心",《王集》作"身"。

㊷"有見"後,《王集》有"然後鄙説可得而進也。學之不明幾百年矣。近幸同志如甘泉、如吾兄者,相與切磋講求,頗有端緒。而吾兄忽復牽滯文義若此,吾又將誰望乎？君子論學,固惟是之從,非以必同爲貴。至於入門下手處,則有不容於不辯者,所謂毫釐之差,千里之謬矣。致知格物,甘泉之説與僕尚微有異,然不害其爲大同。若吾兄之説,似又與甘泉異矣"等文字。

㊸"孟子"前,《王集》有"致知之説,向與惟濬及崇一諸友極論於江西,近日楊仕鳴來過,亦嘗一及,頗爲詳悉。今原忠、宗賢二君復往,諸君更相與細心體究一番,當無餘藴矣"等文字。《與陸原靜二》,見《王集》卷五,第 202 頁。

㊹"智",《王集》作"知"。

㊺"一也"後,《王集》有"近世格物致知之説,只一知字尚未有下落,若致字工夫,全不曾道著矣。此知行之所以二也"等文字。

㊻"妄心"前,《王集》有"來書云：'下手工夫,覺此心無時寧靜。妄心固動也,照心亦動也；心既恒動,則無刻暫停也。是有意於求寧靜,是以愈不寧靜耳。'夫"等文字。《答陸原靜書》,

見《王集》卷二,第67—77頁。按,此實出《傳習錄》。《答陸原靜》部分多省略來書內容,以下這些省略內容不出,僅出陽明所言。

㊼ "已耳"後,《王集》有"若謂良知亦有起處,則是有時而不在也,非其本體之謂矣"等文字。

㊽ "毫末"後,《王集》有"知無不良,而中、寂、大公未能全者,是昏蔽之未盡去,而存之未純耳。體即良知之體,用即良知之用,寧復有超然於體用之外者乎?"等文字。

㊾ "功矣"後,《王集》有"夫謂'滅於東而生於西''引犬上堂而逐之'者,是自私自利,將迎意必之為累,而非克治洗蕩之為患也。今曰'養生以清心寡欲為要',只'養生'二字,便是自私自利,將迎意必之根。有此病根潛伏於中,宜其有'滅於東而生於西''引犬上堂而逐之'之患也"等文字。

㊿ "病瘧"前,《王集》有"聖人致知之功至誠無息,其良知之體皦如明鏡,略無纖翳。妍媸之來,隨物見形,而明鏡曾無留染,所謂'情順萬事而無情'也。'無所住而生其心',佛氏曾有是言,未為非也。明鏡之應物,妍者妍,媸者媸,一照而皆真,即是生其心處。妍者妍,媸者媸,一過而不留,即是無所住處。病瘧之喻,既已見其精切,則此節所問可以釋然"等文字。

㉕ "晚矣"後,《王集》有"致知之功無間於有事無事,而豈論於病之已發、未發邪?大抵原靜所疑,前後雖若不一,然皆起於自私自利,將迎意必之為祟。此根一去,則前後所疑自將冰消霧釋,有不待於問辨者矣"等文字。

㉖ "君子"前,《王集》有"夫謂'敬畏之增,不能不為灑落之累',又謂'敬畏為有心,如何可以無心?而出於自然,不疑其所行。'凡此皆吾所謂欲速助長之為病也。夫"等文字。《答舒國用》,見《王集》卷五,第203—204頁。

㉗ "累耶"後,《王集》有"惟夫不知灑落為吾心之體,敬畏為灑落之功,岐為二物而分用其心,是以互相牴牾,動多拂戾而流於欲速助長。是國用之所謂'敬畏'者,乃《大學》之'恐懼憂患',非《中庸》'戒慎恐懼'之謂矣。程子常言:'人言無心,只可言無私心,不可言無心。'戒慎不睹,恐懼不聞,是心,不可無也。有所恐懼,有所憂患,是私心,不可有也。堯舜之兢兢業業,文王之小心翼翼,皆敬畏之謂也,皆出乎其心體之自然也。出乎心體,非有所為而為之者,自然之謂也。敬畏之功無間於動靜,是所謂'敬以直內,義以方外'也。敬義立而天道達,則不疑其所行矣"等文字。

㉘ "《繫》言"前,《王集》有"所論亦相去不遠矣,只是契悟未盡。上蔡之問與伊川之答,亦只是上蔡、伊川之意,與孔子繫辭原旨稍有不同"等文字。《啟問道通書》,見《王集》卷二,第62—66頁。

㉙ "只"字前,《王集》有"天理"二字。

㉚ "更何",《王集》作"更有何可"。

(57)《王集》作"自"。

(58)"勉然的"後,《王集》有"伊川卻是把作效驗看了,所以有'發得太早'之説。既而云'卻好用功',則已自覺其前言之有未盡矣。濂溪'主静'之論,亦是此意。今道通之言雖已不爲無見,然亦未免尚有兩事也"等文字。

(59)"性善"前,《王集》有"'生之謂性','生'字即是'氣'字,猶言'氣即是性'也。氣即是性,'人生而静以上不容説',才説'氣即是性',即已落在一邊,不是性之本原矣。孟子'性善',是從本原上説。然"等文字。

(60)"執",《王集》作"認"。

(61)"謹獨"前,《王集》有"樂是心之本體。仁人之心,以天地萬物爲一體,訢合和暢,原無間隔。來書謂'人之生理,本自和暢,本無不樂,但爲客氣物欲攪此和暢之氣,始有間斷不樂'是也。時習者,求復此心之本體也。悦則本體漸復矣。朋來則本體之訢合和暢,充周無間。本體之訢合和暢,本來如是,初未嘗有所增也。就使無朋來而天下莫我知焉,亦未嘗有所減也。來書云'無間斷'意思亦是。聖人亦只是至誠無息而已,其工夫只是時習。時習之要,只是謹獨"等文字。《與黄勉之》,見《王集》卷五,第207—208頁。

(62)"個",《王集》作"做"。《答友人問》,見《王集》卷六,第222—224頁。

(63)"如是"後,《王集》有"吾契但著實就身心上體履,當下便自知得。今卻只從言語文義上窺測,所以牽制支離,轉説糊塗,正是不能知行合一之弊耳"等文字。

(64)"夫物理"前,《王集》有"知之真切篤實處,即是行;行之明覺精察處,即是知;知行工夫本不可離。只爲後世學者分作兩截用功,失卻知行本體,故有合一並進之説。真知即所以爲行,不行不足謂之知,即如來書所云'知食乃食'等説可見,前已略言之矣。此雖吃緊救弊而發,然知行之體本來如是,非以己意抑揚其間,姑爲是説以苟一時之效者也。'專求本心,遂遺物理',此蓋失其本心者也"等文字,《答顧東橋書》,見《王集》卷二,第46—62頁。按,此實出《傳習録》。

(65)"明道"前,《王集》有"夫學問思辨行,皆所以爲學,未有學而不行者也。如言學孝,則必服勞奉養,躬行孝道,然後謂之學,豈徒懸空口耳講説,而遂可以謂之學孝乎?學射則必張弓挾矢,引滿中的;學書則必伸紙執筆,操觚染翰;盡天下之學無有不行而可以言學者,則學之始固已即是行矣。篤者,敦實篤厚之意,已行矣,而敦篤其行,不息其功之謂爾。蓋學之不能以無疑,則有問,問即學也,即行也;又不能無疑,則有思,思即學也,即行也;又不能無疑,則有辨,辨即學也,即行也。辨既【《萬曆王集》作'即'】明矣,思既慎矣,問既審矣,學既能矣,又從而不息其功焉,斯之謂篤行,非謂學、問、思、辨之後而始措之於行也。是故以求能其事而言謂之學,以求解其惑而言謂之問,以求通其説而言謂之思,以求精其察而言謂之辨，以求履其實而言謂之行。蓋析其功而言則有五，合其事而言則一而已。此區區心理合一之體，知行並進之功，所以異於後世之說者，正在於是。今吾子特舉學、問、思、辨以窮天下之理，而不及篤行，是專以學、問、思、辨爲知，而謂窮理爲無行也已。天下豈有不行而學者邪？豈有不行而遂可謂之窮理者邪"等文字。

⑥⑥ "仁之性矣"後，《王集》有"義極義則盡義之性矣"等文字。

⑥⑦ "以"，《王集》作"所"。

⑥⑧ "乎"後，《王集》有"吾子所謂'氣拘物蔽'者，拘此蔽此而已。今欲去此之蔽，不知致力於此，而欲以外求，是猶目之不明者，不務服藥調理以治其目，而徒悵悵然求明於其外，明豈可以自外而得哉？任情恣意之害，亦以不能精察天理於此心之良知而已。此誠毫釐千里之謬者，不容於不辨，吾子毋謂其論之太刻也"等文字。

⑥⑨ 《王集》卷二《答顧東橋》作"夫良知之於節目時變"，第54頁。"夫良知"前，《王集》有"'道之大端易於明白'，此語誠然。顧後之學者，忽其易於明白者而弗由，而求其難於明白者以爲學，此其所以'道在邇而求諸遠，事在易而求諸難'也。孟子云'夫道若大路然，豈難知哉？人病不由耳！'良知良能，愚夫愚婦與聖人同。但惟聖人能致其良知，而愚夫愚婦不能致，此聖愚之所由分也。節目時變，聖人夫豈不知，但不專以此爲學，而其所謂學者，正惟致其良知以精察此心之天理，而與後世之學不同耳。吾子未暇良知之致，而汲汲焉顧是之憂，此正求其難於明白者以爲學之弊也。"

⑦⑩ "天下"前，《王集》卷六《寄鄒謙之》有"蓋"，第215頁。

⑦① 此句後尚有"後世心學不講，人失其情，難乎與之言禮。然良知之在人心，則萬古如一日，苟順吾心之良知以致之，則所謂不知足而爲屨，我知其不爲蕢矣"等文字。

⑦② "學"字前，《王集》卷六《寄鄒謙之》有"是"字，第214頁。

⑦③ 《王集》作"抵"字。

⑦④ 此句前省"其間又云：'人之爲學，求盡乎天而已。'此明德之意，本欲合天人而爲一，而未免反離而二之也"等文字。見《王集》卷六《答季明德》（丙戌），第228頁。

⑦⑤ 此句後尚有"而又親切簡易。故不若言人之爲學，求盡乎心而已"等文字。

⑦⑥ "的"字，《王集》作"是"。見《全集》卷二《答歐陽崇一》。此句前省文頗多，此段主要回答歐陽德論見聞亦良知之用。崇一來書云："師云：'德性之良知，非由於聞見，若曰多聞擇其善者而從之，多見而識之，則是專求之見聞之末，而已落在第二義。'竊意良知雖不由見聞而有，然學者之知未嘗不由見聞而發；滯於見聞固非，而見聞亦良知之用也。今曰'落在第二義'，恐爲專以見聞爲學者而言。若致其良知而求之見聞，似亦知行合一之功矣。如何？"

⑦⑦ 此句後尚有"故只是一。若曰致其良知而求之見聞，則語意之間未免爲二，此與專求之見聞

之末者雖稍不同，其爲未得精一之旨，則一而已。'多聞擇其善者而從之，多見而識之'，既云'擇'，又云'識'，其良知亦未嘗不行於其間，但其用意乃專在多聞多見上去擇識，則已失卻頭腦矣"等文字。

⑱《王集》作"近歲來山中學者，往往多説勿忘勿助工夫甚難"。

⑲"忘"字後，《王集》尚有"所以甚難"。

⑳《王集》作"區區因問之云"。

㉑"對"字後，《王集》尚有"始請問"。

㉒《王集》作"區區因與説"。

㉓"火"字後，《王集》尚有"不知畢竟煮出個甚麼物來"。

㉔《王集》此處頗多文字被省："近日一種專在勿忘勿助上用工者，其病正是如此。終日懸空去做個勿忘，又懸空去做箇勿助，濟濟蕩蕩，全無實落下手處，究竟工夫只做得箇沉空守寂……"。

㉕《王集》卷二《答聶文蔚》作"他"，第92頁。

㉖《王集》此句後尚有"雖則只是一個，而其間輕重厚薄又毫髮不容增減，若可得增減，若須假借，即已非其真誠惻怛之本體矣"等文字。

㉗"大勇"後，《王集》卷六《與宗賢》（丁亥）有"者"字。

㉘《王集》此句後尚有"緣此數病，良知之所本無，只因良知昏昧蔽塞而後有。若良知一提醒時，即如白日一出，而魍魎自消矣"等文字。

㉙"象"字前，《王集》卷二一《答徐成之》（二、壬午）有"今觀"二字，第845頁。

㉚《王集》作"忽"，此處有省文，至下句前有"吾兄是晦庵，而謂其專以道問學爲事"。

㉛《王集》作"然晦庵之言"。

㉜《王集》作"《辭》"。

㉝《王集》此下尚有"是吾兄之是晦庵，固猶未盡其所以是也"至"不得於心而惟外信於人以爲學，烏在其爲學也已"等文字。

㉞"由"，《劉宗周全集》本《陽明傳信録》作"繇"。

㉟《王集》作"而遂擯放廢斥"。

㊱此句之前，《王集》有"心即理也，天下又有心外之事、心外之理乎？"至"都只在此心"等文字，見《王集》卷一，第2—3頁。

㊲此句《王集》作"不亦須講求否"，見《王集》卷一，第3頁。

㊳"只就"字後，《王集》有"只是就"，見《王集》卷一，第3頁。

㊴此句《王集》作"就如講求冬温"，見《王集》卷一，第3頁。

⑩ 此句之後,《王集》尚有"只是講求得此心"句,見《王集》卷一,第3頁。

⑩① 此句《王集》作"便自要去求個溫的道理",見《王集》卷一,第3頁。

⑩② 此句《王集》作"便自要去求個清的道理",見《王集》卷一,第3頁。

⑩③ 此句之後,《王集》尚有"卻須是有這誠孝的心,然後又這條件發出來"等文字,見《王集》卷一,第3頁。

⑩④ 此句《王集》作"須是有個深愛做根,便自然如此",見《王集》卷一,第3頁。

⑩⑤ 此句《王集》作"不是知行的本體了",見《王集》卷一,第4頁。

⑩⑥ 此句之後,《王集》尚有"不是着你只恁的便罷"句,見《王集》卷一,第4頁。

⑩⑦ 此句《王集》作"古人所以既説一個知又説一個行者",見《王集》卷一,第5頁。

⑩⑧ 此處《王集》作"懵懵懂懂的任意去做",見《王集》卷一,第5頁。

⑩⑨ 此句《王集》作"也只是個冥行妄作",見《王集》卷一,第5頁。

⑩⑩ 《陽明傳信録》"著"字,《王集》皆作"着",《明儒學案》皆與之相同。

⑪⑪ 此句《王集》作"也只是個揣摩影響"。見《王集》卷一,第5頁。

⑪② 此句之後,《王集》有"若見得這箇意時,即一言而足。今人却就將知行分作兩件去做,以爲必先知了,然後能行,我如今且去講習討論,做知的工夫,待知得真了,方去做行的工夫,故遂終身不行,亦遂終身不知。此不是小病痛,其來已非一日矣。某今説箇知行合一,正是對病的藥,又不是某鑿空杜撰,知行本體原是如此"等文字,見《王集》卷一,第5頁。

⑪③ "先生曰"《王集》作"又曰",見《王集》卷一,第7頁。按,此條爲徐愛與陽明討論格物之義的末條。

⑪④ 此句後,《王集》尚有"隨他發見處,即就那上面學個存天理"等文字,見《王集》卷一,第7頁。

⑪⑤ 此句《王集》作"這便是博學之於文",見《王集》卷一,第7頁。

⑪⑥ "旁"字《王集》作"傍",見《王集》卷一,第12頁。

⑪⑦ 《陽明傳信録》無"生"字。

⑪⑧ 此句《王集》作"議擬欲有所辯",見《王集》卷一,第12頁。

⑪⑨ 此處《王集》作"知至",見《王集》卷一,第22頁。

⑫⓪ 此句《王集》作"天理終不自見,私欲亦終不自見",見《王集》卷一,第22頁。

⑫① 此句《王集》作"方漸到得欲到之處",見《王集》卷一,第22頁。

⑫② "著"字《王集》作"着"。此段其他"著"字亦然,見《王集》卷一,第25頁。

⑫③ 此句《王集》作"然其流行發生,亦只有個漸",見《王集》卷一,第28頁。

⑫④ 《傳習録》原文此句下尚有"然後是生生不息。若無芽,何以有幹有枝葉?能抽芽,必是下面

有個根在。有根方生,無根便死。無根何從抽芽",見《王集》卷一,第28頁。

⑫ 此句《王集》作"墨氏兼愛無差等",見《王集》卷一,第28頁。

⑫ 此句之後,《王集》尚有"不抽芽便知得他無根"句,因而其前句之逗號應爲句號。

⑫ 此句《王集》作"便不是生生之息",見《王集》卷一,第28頁。

⑫ "敝"字《王集》作"弊",見《王集》卷一,第31頁。

⑫ "旁"字《王集》作"傍",見《王集》卷一,第31頁。

⑬ 此句之後,《王集》尚有"此等善惡,皆由汝心好惡所生,故知是錯"等文字,見《王集》卷一,第31頁。

⑬ 此句之後,《王集》尚有"卻是無知覺的人。謂之不作者"等文字,見《王集》卷一,第32頁。

⑬ "牎"字《王集》作"窗",見《王集》卷一,第33頁。

⑬ 此句之後,《王集》有一"曰"字,見《王集》卷一,第36頁。按,此"曰"字疑爲衍文。

⑬ "如此"之後,《王集》有"則飲酒,便一心在飲酒上;好色,便一心在好色上"等文字,見《王集》卷一,第36頁。

⑬ "便"之後《王集》有"是"字,見《王集》卷一,第36頁。

⑬ 此句之後,《王集》有"就如易言'敬以直内,義以方外',敬即是無事時義,義即是有事時敬,兩句合説一件。如孔子言'修己以敬',即不須言義;孟子言'集義',則不須言敬。會得時,橫説豎説,工夫總是一般。若泥文逐句,不識本領,即支離決裂,工夫都無下落"等文字,見《王集》卷一,第36—37頁。

⑬ 此句之後,《王集》有"如孟子説'充其惻隱之心,至仁不可勝用',這便是窮理工夫"等文字,見《王集》卷一,第37頁。

⑬ 此句之後,《王集》有"此説如何"句,見《王集》卷一,第38頁。

⑬ 此句之後,《王集》有"古人許多誠身的工夫,精神命脉全體只在此處,真是莫見莫顯,無時無處,無終無始,只是此個工夫"等文字,見《王集》卷一,第38頁。

⑭ 此句之後,《王集》有"亦有間斷"句,見《王集》卷一,第38頁。

⑭ 此句之後,《王集》有"自朝至暮,自少至老,若要無念,即是已不知。此除是昏睡,除是槁木死灰"等文字,見《王集》卷一,第38頁。

⑭ "若如"兩字,《王集》均有,見《王集》卷一,第42頁。

⑭ "即"字《王集》作"只",見《王集》卷一,第42頁。

⑭ "知"字之後,《王集》有"的"字,見《王集》卷一,第42頁。

⑭ "工夫"之後,《王集》有"即"字,見《王集》卷一,第42頁。

⑭ 此句《王集》作"所以提出個誠意來説",見《王集》卷一,第42頁。

⑭⑦ "大頭腦"後,《王集》有"處"字,見《王集》卷一,第 42 頁。

⑭⑧ 《劉宗周全集》本《陽明傳信錄》校勘記云:"裏",底本作"理",據《王集》改。

⑭⑨ "胸中"之前,《王集》有"掃蕩"二字,見《王集》卷三,第 107 頁。

⑮⓪ "即是"之後,《王集》有"如今"二字,見《王集》卷三,第 107 頁。

⑮① "三更"之前,《王集》有"那"字,見《王集》卷三,第 107 頁。

⑮② "撐"字《王集》作"掩",見《王集》卷三,第 107 頁。

⑮③ 此句之後,《王集》有"此非小過,譬如行路的人,遭一蹶跌,起來便走,不要欺人做那不曾跌倒的樣子出來。諸君"等文字,見《王集》卷三,第 111 頁。

⑮④ 此句之後,《王集》有"的主宰不息"五字,見《王集》卷三,第 111 頁。

⑮⑤ 此句之後,《王集》有"洪初聞時心若未服,聽説到此不覺悚汗"等文字,見《王集》卷三,第 115 頁。

⑮⑥ 此句《王集》作"與人原只一體",見《王集》卷三,第 118 頁。

⑮⑦ "合"字《王集》有,見《王集》卷三,第 118—119 頁。

⑮⑧ "終始"之後,《王集》有"是"字,見《王集》卷三,第 119 頁。

⑮⑨ "鄉愿"之後,《王集》有"的"字,見《王集》卷三,第 127 頁。

⑯⓪ "今"字前,《王集》有"我"字,見《王集》卷三,第 127 頁。

⑯① "這個良知"《王集》作"這良知",見《王集》卷三,第 127 頁。

⑯② "覆藏"之後,《王集》有"我今"二字,見《王集》卷三,第 127 頁。

⑯③ "故"字《王集》作"使",見《王集》卷三,第 127 頁。

⑯④ "就是"之後,《王集》有"一件"二字,卷《王集》三,第 132 頁。

⑯⑤ "良知"之後,《王集》有"了"字,見《王集》卷三,第 132 頁。

⑯⑥ "是"字《王集》作"更",見《王集》卷三,第 132 頁。

⑯⑦ "費力"後,《王集》尚有"如此格物,雖賣柴人亦是做得,雖公卿大夫以至天子,皆是如此做"等文字,見《王集》卷三,第 132 頁。

⑯⑧ "又"字後,《王集》尚有——門人問曰:"知、行如何得合一?且如中庸言'博學之',又説個'篤行之',分明知、行是兩件。"先生曰:"博學只是事事學存此天理,篤行只是學之不已之意。"又問:"易'學以聚之',又言'仁以行之',此是如何?"先生曰:"也是如此。事事去學存此天理,則此心更無放失時,故曰'學以聚之'。然常常學存此天理,更無私欲間斷,此即是此心不息處,故曰'仁以行之'。"又問:"孔子言'知及之,仁不能守之',知行卻是兩個了?"先生曰:"説'及之',已是行了,但不能常常行,已爲私欲間斷,便是'仁不能守'。又"等字,見《王集》卷三,第 132—133 頁。

⑯⑨ "心即理"之後,《王集》有"是如何"三字,見《王集》卷三,第133頁。

⑰⓪ "便有"之前,《王集》有"故"字,見《王集》卷三,第133頁。

⑰① 此句《王集》作"不去襲義於外",見《王集》卷三,第133頁。

⑰② 此句之後,《王集》有"此我立言宗旨"句,見《王集》卷三,第133頁。

⑰③ "曰"字後,《王集》有"我不是要打做一個,如曰"等字,見《王集》卷三,第133頁。

⑰④ "無善無惡"之後,《王集》有"是"字,見《王集》卷三,第128頁。

⑰⑤ "有善有惡"之後,《王集》有"是"字,見《王集》卷三,第128頁。

⑰⑥ 此句之後,《王集》有"的意"二字,見《王集》卷三,第128頁。

⑰⑦ 此句之後,《王集》有"的知"二字,見《王集》卷三,第128頁。

⑰⑧ 此句之後,《王集》有"的物"二字,見《王集》卷三,第128頁。

⑰⑨ 此句《王集》作"原是無善無惡的",見《王集》卷三,第128頁。

⑱⓪ "正是"《王集》作"此正是",見《王集》卷三,第128頁。

⑱① "復"字後《王集》有"那"字,見《王集》卷三,第128頁。

⑱② "你們"後,《王集》有"來"字,見《王集》卷三,第128頁。

⑱③ "相資"後,《王集》有"爲用"二字,見《王集》卷三,第128頁。

⑱④ "無滯"後,《王集》有"的"字,見《王集》卷三,第129頁。

⑱⑤ "俱透"後,《王集》有"了"字,見《王集》卷三,第129頁。

⑱⑥ "盡"字後《王集》有"時"字,見《王集》卷三,第129頁。

⑱⑦ "是我"之後,《王集》有"這裏"二字,見《王集》卷三,第129頁。

⑱⑧ "是我"之後,《王集》有"這裏"二字,見《王集》卷三,第129頁。

⑱⑨ "無善無惡"之後,《王集》有"是"字,見《王集》卷三,第129頁。

⑲⓪ "有善有惡"之後,《王集》有"是"字,見《王集》卷三,第129頁。

⑲① "知善知惡"之後,《王集》有"的"字,見《王集》卷三,第129頁。

⑲② "這話頭"之前,《王集》有"只依我"三字,見《王集》卷三,第129頁。

⑲③ "原是"之前,《王集》有"此"字,見《王集》卷三,第129頁。

⑲④ 《姚江學案》異於《陽明傳信錄》的文字,也有與《王集》相同者,可見曾以《王集》校勘:如【原書——改變】《語錄》(第1條)此數言——此數語;(第7條)純乎理而無人欲——純乎理而無人僞;(第28條)天理原是寂然不動——天理原自寂然不動;(第41條)隨地發見流行處——隨他發見流行處,凡改變之文字,皆同《王集》。

⑲⑤ 《姚江學案》《傳習錄》部分第35條最後一句——"知來本無知,覺來本無覺,然不知,則遂淪埋",《陽明傳信錄》別爲一條,編次爲第45條。

試論章學誠在"漢學""宋學"之間的處境與應對

祁 梁

【提要】 章學誠(字實齋,以下統稱章實齋或實齋)青年時期自從結識戴震之後,發現自己在訓詁考據方面遠遠不如戴震,遂產生了極爲嚴重的"認同危機"(Identity Crisis)。他46歲那年寫下了足以名世的《原道》,發明了"六經皆史"之説,這一學説徹底打破了"漢學"與"宋學"之間的藩籬,徹底破壞了考據派的理論基石(可稱爲"即經見道論"),申明一代之史藴含一代之道,而不必皆求道於六經。自此,章學誠的"漢宋觀"定型,也對後代產生了一定影響。

章實齋作爲清代的"歷史哲學家"極其重要,但仍有若干疑團揮之不去。首先是章實齋時代之學術風氣,正值乾嘉考據鼎盛時期,實齋何以迥異於衆人而獨爲"文史校讎"之業?其次是"漢宋"之争問題至江鄭堂(藩)、方植之(東樹)二人趨於白熱化,《漢學師承記》與《漢學商兑》兩書足見兩派門户溝壑之深。"漢宋"之争固爲縈繞清代學術揮之不去的一大陰影,那麽章實齋時代是否有"漢宋"的問題?如果有,實齋眼中的"漢宋"又是何樣面目,"漢宋"問題對實齋學問是否構成影響?這些問題直接影響了筆者的探索興趣、態度及方式。

實齋歿後,注意到實齋生平及學問的學者十分稀少。據余英時先生的看法,至晚在清末孫仲嶼(寶瑄)時,實齋已開始爲人所注意[①]。若按照余先生的老師錢賓四(穆)先生的看法,則曾入客朱竹君(筠)皖署的包慎伯(世臣)以及其後

祁梁 復旦大學歷史學系

的龔定盦（自珍）業已對於實齋學說"陰用其言,陽更其貌"②。

　　拋開這些不論,近代意義上對於章實齋的研究,大抵肇始於内藤湖南先生,同時國内梁任公（啓超）、胡適之（適）亦開始研究實齋,内藤先生的《章實齋年譜》後來被迻譯到中國用以增補胡適之所作年譜,負責這項工作的則是姚達人（名達）先生。之後中外學界紛紛開始對實齋進行研究,可謂做到幾無題外之義。所可注意的研究成果,大略而言,如法國漢學家戴密微（Paul Demiéville）、美國漢學家倪德衛（David S. Nivison）的研究③,國内學者周予同先生、湯志鈞先生的研究④以及近年來倉修良先生的研究⑤,等等,實難畢舉。

　　近世以來對章實齋的研究最著名者主要有三種,一是胡適之著、姚達人增補的《章實齋年譜》,一是錢賓四先生在《中國近三百年學術史》中的會覽通説,一是余英時先生在專著《論戴震與章學誠》中的深入論析。至於這三種研究對於筆者的助益,實難盡言,當隨篇而注明。於此略加申説。胡適之、姚達人的《章實齋年譜》,乃筆者最先參閲者。蓋實齋生前身後皆聲名闃寂,加之彼又未任疆吏,故不得入於正史,則欲瞭解其生平著作年代,必藉年譜之功⑥,此筆者探索胡適之著作之最初原由。錢賓四先生在《中國近三百年學術史》中專闢一章談實齋之學,分爲十個小專題,分别是"文史通義與經學""浙東學派與浙西學派""經學與史學""學問與功力""纂類與著述""性情與風氣""方法與門路""校讎與著錄"等,然後論述實齋學風之影響,談其學可謂無不賅備矣,且内中多精辟之見。至於余英時先生的研究,因《論戴震與章學誠》爲論文之集合,涉及多層面之範疇,難以簡單説明。大體説來,他提出"儒家智識主義"（Confucian Intellectualism）之觀念,用"狐狸"和"刺蝟"之比喻論述博雅與專家之别,對實齋區分"浙東""浙西"之學的心態進行判斷,以及更重要的,能站在學術史的立場上從宋明儒學的發展論述清代思想史,因而提出"尊德性"向"道問學"轉化成爲樸學興起的"内在理路",諸如這些都可看出余先生恢宏廣闊的視野以及綿密細緻的思路。止是余先生對於章實齋心中存在針對戴震的"認同危機"的論斷,大致適用于章的青年時代,而他在中年以後的心態則有所變化,下文將予以詳細説明。其餘如梁任公先生在《清代學術概論》中亦曾提到實齋⑦,但僅是將之與桐城派一同論述,篇幅不多⑧;近年來有日本學者山口久和先生著《章學誠的知識論——

以考證學批判爲中心》⑨一書,對於實齋之"知識論"研究多有發凡起例之功,且一反日本漢學界注重文獻學研究和史料梳理的理路,頗注意概念模型的建立以及思辨精神的發揮,其以爲實齋對於知識的培養較著重所謂"知識的主觀契機"⑩,可供進一步參閲思考。以上諸位學人對筆者認識一個血肉飽滿的章實齋都起到極大作用,筆者欲討論實齋之于"漢宋"的問題亦實需考慮前人的開拓和制約因素。

"漢宋"問題實在是一個糾纏複雜的問題,在各時代都與不同人事相牽連並呈現出不同面相。質言之,本文所探討之"漢宋"僅限於清代學術史背景下的"漢宋",而具體層面則又落實到實齋個人的身上。這樣似乎可以使此概念依附於歷史的具體的實際,但個中仍有若干糾葛⑪,不得不隨文本而解析,以顯現出實齋思想的大致脈絡。

上文曾提到了本文的探討方法,並申明了一些基本假定,藉以爲今人與古人之間相溝通、相理解的内在核心。實齋《文史通義》内篇全書直接提及"漢學""宋學"字眼者共有兩處,一是卷三内篇三《天喻》:

> 天下渾然而無名者也。三垣、七曜、二十八宿、一十二次、三百六十五度、黄道、赤道、曆家强名之以紀數爾。古今以來,合之爲文質損益,分之爲學業事功,文章性命。當其始也,但有見於當然,而爲乎其所不得不爲,渾然無定名也。其分條别類,而名文名質,名爲學業事功,文章性命,而不可合併者,皆因偏救弊,有所舉而詔示於人,不得已而强爲之名,定趨向爾。後人不察其故而徇於其名,以謂是可自命其流品,而紛紛有入主出奴之勢焉。漢學宋學之交譏,訓詁辭章之互詆,德性學問之紛争,是皆知其然而不知其所以然也。⑫

還有一則是卷四内篇四《浙東學術》:

> 天人性命之學,不可以空言講也。故司馬遷本董氏天人性命之説,而爲經世之書。儒者欲尊德性,而空言義理以爲功,此宋學之所以見譏于大雅也。夫子曰:"我欲托之空言,不如見諸行事之深切著明也。"此《春秋》之所以經世也。聖如孔子,言爲天鐸,猶且不以空言制勝,况他人乎?故善言天

人性命,未有不切於人事者。三代學術,知有史而不知有經,切人事也。後人貴經術,以其即三代之史耳。近儒談經,似於人事之外,別有所謂義理矣。浙東之學,言性命者必究于史,此其所以卓也。⑬

首先分析《天喻》之言。實齋此處析名論實,以爲古今之"文質"本無定名,分之爲"學業事功、文章性命"之名者乃"因偏救弊"的不得已之舉,後人以出奴入主之見淪於循名,故以"訓詁""學問"爲"漢學"之特徵,以"辭章"⑭"德性"爲"宋學"之特徵,門户乃立。實齋以循名責實之説,欲打破門户之見。

其次分析《浙東學術》之言。實齋先將"尊德性""言義理"歸於"宋學"麾下,然後以"六經皆史"之論申説"言天人性命"必須"經世"的道理,並擡出"孔子—董仲舒—司馬遷"的系譜爲其説張本,指出"經世之書"必爲"史",所以"言性命者必究于史"。並暗諷"近儒"舍史而論經,已乖聖人本意,所謂"人事之外別有義理"則明指針對六經的訓詁考據因其不切"人事"之實際而無法探得聖人之"義理"了。可見實齋此處不僅否定了"漢學—訓詁"和"宋學—義理"門户之見的合理性,並且突出了尊史抑經的意味,較之上篇説理更清晰透徹了。

以上兩例爲實齋于《文史通義》内篇中明言"漢學""宋學"之僅有兩例。而通過考察後可以坐實,筆者基本假定——實齋眼中"漢學"與"訓詁""學問"等相關涉⑮,"宋學"與"義理""德性"等相關涉——是基本可以成立的。但這種關涉因爲以上兩篇著作皆出於實齋晚年⑯,所以很難涵蓋其早年的看法。不過,他晚年形成的這種觀念必有早年經歷的淵源濫觴,而且其沿襲前人之"漢宋"分法並耳薰目染於周遭環境,於這方面固早有敏感。那麽循此思路而探討,我們須以時間爲順序,分別探討實齋在各時期內的與此相關之看法,庶幾梳理出他的"漢宋"觀的脈絡。筆者姑以青年、中年、晚年爲線索,分別以《與族孫汝楠論學書》《文史通義·朱陸》《文史通義·浙東學術》諸篇爲中心,追源溯流,詳加論析。

(一) 青年戴震與"認同危機":實齋青年時期"漢宋"觀

《與族孫汝楠論學書》成於實齋29歲⑰,内中有言:

> 學問之途,有流有別。尚考證者薄詞章,索義理者略征實,隨其性之所近,而各標獨得。則服、鄭訓詁,韓、歐文章,程、朱語錄,固已角牴鼎峙,而不

能相下。必欲各分門户,交相譏議,則義理入於虛無,考證徒爲糟粕,文章只爲玩物。漢唐以來,楚失齊得,至今囂囂,有未易臨决者。惟自通人論之則不然。考證即以實此義理,而文章乃所以達之之具,事非有異,何爲紛然自同鷸蚌,而使異端俗學得以坐享漁人之利哉? 往僕以讀書當得大意,又年少氣鋭,專務涉獵,四部九流,泛覽不見涯涘;又好立議論,高而不切,攻排訓詁,馳鶩空虛,蓋未嘗不閑然自喜,以爲得之。獨怪休寕戴東原振臂而呼曰:"今之學者,無論學問文章,先坐不曾識字。"僕駭其説,就而問之,則曰:"予弗能究先天後天,河洛精藴,即不敢讀元亨利貞;弗能知星躔歲差,天象地表,即不敢讀欽若敬授;弗能辨聲音律吕,古今韻法,即不敢讀關關雎鳩;弗能考三統正朔,周官典禮,即不敢讀春王正月。"僕重媿其言。因憶向日曾語足下所謂"學者只患讀書太易、作文太工、義理太貫"之説,指雖有異,理實無殊。充類至盡,我輩於四書一經,正乃未嘗開卷卒業,可爲寒心。近從朱先生遊,亦言甚惡輕儁後生,枵腹空談義理,故凡所指授,皆欲學者先求征實,後議擴充,所謂"不能信古,安能疑經",斯言實中癥結。

此段文字十分緊要,可謂其年輕時期於"漢宋"問題的態度寫照。文中首先承用方望溪"義理、辭章、考據"之分類範疇,然後以"考證即以實此義理,而文章乃所以達之之具"的説法爲"漢宋"持平之論。蓋這時實齋的"六經皆史"説尚未發明,故其調和之論仍顯得蒼白而陳腐。另一方面,戴東原、朱竹君的訓詁考據傾向使青年實齋内心受到極大刺激,這在促成他"六經皆史"説、"朱陸異同"論發明的同時也給他造成余英時先生所謂强烈的"認同危機"[18],以致於他的"漢宋"持平態度不能一以貫之,馬上便勸章汝楠勤於讀經,並以昔日曾對章汝楠所言"學者止患讀書太易、作文太工、義理太貫"來印證戴、朱二人的"漢學"意見了。這同時亦對實齋造成極大的挫傷,如余英時先生所言,實齋在考據這條路上是走不通的[19],所以他對戴、朱二人之論的屈服只能是一種無奈委屈的屈服,而這一點也爲他後來論述"學問必資於性情"之説埋下伏筆,從而有錢賓四先生所謂類似于王陽明(守仁)"拔本塞原論"之學説的産生[20]。

同時期還有實齋作於35歲的《上辛楣宫詹書》可資參考[21],這篇文章是實齋對當時享盛名的考據學家錢竹汀(大昕)論述自己學問及評騭戴東原的一封書

信。可注意的是:

> 學誠從事于文史校讎,蓋將有所發明。然辯論之開,頗乖時人好惡,故不欲多爲人知,所上敝帚,豈勿爲外人道也。……惟世俗風尚,必有所偏,達人顯貴之所主持,聰明才雋之所奔赴,其中流弊,必不在小。載筆之士,不思救挽,無爲貴著述矣。苟欲有所救挽,則必逆于時趨。時趨可畏,甚于刑曹之法令也。

該段文字所透露出的重要資訊有兩點。一是實齋已對自己的資質漸培養出充分的自覺與自信,故敢於向當時的考據學重鎮錢竹汀[22],申明自己的學問路數是"文史校讎"之學;但同時可看出他仍未從前幾年"認同危機"的陰影中走出來,所以不想讓自己的學問爲外人所知,並且認爲"時趨可畏,甚于刑曹之法令",説明他内心對考據和"文史校讎"二者仍有劇烈的掙扎。另一則是他沿襲了前幾年"漢宋"持平的説法,"達人顯貴之所主持,聰明才雋之所奔赴"一句前指朝廷所提倡的"義理"之宋學,後指衆人所從事的"考據"之漢學,他以爲二者皆有流弊須"救挽",但仍對"救挽"之法語焉未詳,則此時雖有自覺,而苦無參透之論足以發明之。

(二)"六經皆史"與超越漢宋:實齋中年時期"漢宋"觀

《文史通義·朱陸》作於實齋40歲,看似辨别朱陸門户之異同,排列朱學傳承之系譜,而其實則如實齋書於篇後之言,是爲質難戴東原而作。從"漢宋"角度看,其可注意者有:

> 宋儒有朱、陸,千古不可合之同異,亦千古不可無之同異也,末流無識,爭相詬罵,與夫勉爲解紛,調停兩可,皆多事也。然謂朱子偏於道問學,故爲陸氏之學者,攻朱氏之近於支離;謂陸氏之偏於尊德性,故爲朱氏之學者,攻陸氏之流於虚無;各以所畸重者,爭其門户,是亦人情之常也。但既自承朱氏之授受,而攻陸、王,必且博學多聞,通經服古,若西山(真德秀)、鶴山(魏了翁)、東發(黄震)、伯厚(王應麟)諸公之勤業,然後充其所見,當以空言德性爲虚無也。今攻陸、王之學者,不出博洽之儒,而出荒俚無稽之學究,則其所攻,與其所業相反也。問其何爲不學問,則曰支離也;詰其何爲守專陋,則

曰性命也。是攻陸、王者,未嘗得朱之近似,即僞陸、王以攻真陸、王也,是亦可謂不自度矣。

朱子之形似必繁密,陸、王之形似必空靈,一定之理也。而自來門户之交攻,俱是專已守殘,束書不觀,而高談性天之流也。……黃、蔡、真、魏,皆承朱子而務爲實學,則自無暇及于門户異同之見,亦自不致隨於消長盛衰之風氣也。是則朱子之流別,優於陸、王也。

蓋性命、事功、學問、文章,合而爲一,朱子之學也。求一貫於多學而識,而約禮于博文,是本末之兼該也。

貶朱者之即出朱學,其力深沉,不以源流互質,言行交推;世有好學而無真識者,鮮不從風而靡矣。

夫實學求是,與空談性天不同科也,考古易差,解經易失,如天象之難以一端盡也。曆象之學,後人必勝前人,勢使然也。因後人之密而貶羲、和,不知即羲、和之遺法也。今承朱氏數傳之後,所見出於前人,不知即是前人之遺緒,是以後曆而貶羲、和也。蓋其所見,能過前人者,慧有餘也。抑亦後起之智慮所應爾也,不知即是前人遺蘊者,識不足也。

實齋將朱陸的異同轉化爲"道問學"與"尊德性"之間的異同,確如余英時先生所論,是挖空了宋儒"學問"基於"德性"的内涵,而貫之以純然的知識論内涵㉓,這説明清代學術至於實齋時期已將主題移形换步,標誌著所謂"儒家智識主義"的興起。

實齋此處又將朱子塑造成爲"性命、事功、學問、文章"合一的化身,認爲戴學根源于朱子;但戴東原止是"慧有餘"而"識不足"之輩,他"以後人之密"而貶朱子,不但飲水忘源,而且止是繼承了朱子"學問"的一方面,在其他"性命、事功、文章"諸方面哪堪與朱子相比肩呢?所以我們可以看出實齋的兩點隱義:一是實齋在朱陸的比較當中,明顯認爲"朱子優於陸王",换言之即是認爲"道問學"優於"尊德性",那麽朱陸宋儒之對立在實齋處儼然成爲"漢宋"之對立;雖然朱子是"性命、事功、學問、文章"合一的化身而顯現出"漢宋"兼采的傾向,但這裏實齋相對於陸王而言肯定的卻是朱子"漢學"的層面,此其一。其二,實齋又將朱戴相比較,這裏似乎相對於上面的比較呈現出一個反悖的狀態,即是實齋在肯定"漢學"作爲基準的前提下,又對"服古通經"卻貶斥朱子的戴東原表示了不滿;朱子"求一貫於多學而識,而約禮于博文,是本末之兼該",是想由博返約,最終志存于聞道,("本"似指"一貫""約禮",而"末"似指"多學而識""博文",可注意)而戴東原似乎只論"實學求是"卻不繼續談"明道"的問題了[24],於是在這裏我們又看到實齋對朱子"宋學"層面的肯定。綜上所述,筆者通過對實齋在《朱陸》中做出的兩個比較考察後,姑且認爲實齋此時欲在肯定"漢學"的基本前提下,繼續維持"漢宋"持平之論。而實齋的這種態度與青年時期亦可謂有內在的隱然聯繫。

同時期亦有實齋的三篇書信可供參考,分別是《又與正甫論文》[25]、《與陳監亭論學》[26]以及《與朱滄湄中瀚論學書》[27]。這三篇書信均作於實齋46歲時,以下將分別析之。

先看《又與正甫論文》。此信主要談學問與功力之別,錢賓四先生業已就該問題探討過[28],不過尚可注意者有:

> 而學問中之功力,萬變不同。《爾雅》注蟲魚,固可求學問;讀書但觀大意,亦未始不可求學問,但要中有自得之資耳。有自得之實,則從入之途,或疏或密,皆可入門……近日言學問者,戴東原氏實爲之最。以其責有見於古人大體,非徒矜考訂而求博雅也。然戴氏之言猶有過者。戴氏言曰:"誦《堯典》至乃命羲和,不知恒星七政,則不卒業;誦《周南》《召南》,不知古音則失讀;誦古《禮》經,先士冠禮,不知古者宮室衣服等制,則迷其方。"戴氏深通訓詁,長於制數,又得古人之所以然,故因考索而成學問,其言是也。然以此概人,謂比如其所舉,始能誦經,則是數端皆出專門絕業,古今寥寥不數人耳,猶複此糾彼訟,未能一定,將遂古今無誦五經之人,豈不誣乎?……馬、班之史,韓、柳之文,其與於道,猶馬、鄭之訓詁,賈、孔之疏義也。戴氏則謂彼皆藝而非道,此猶資舟楫以入京都,而謂陸程非京路也。

實齋在這裏又巧妙地將"學問"一詞注入了自己的含義。觀其言則知此時實齋已將文、史二業與經學並立,皆當作求道之途;再對比他30歲時對待戴東原訓詁考據主張的態度,我們看到實齋已基本從"認同危機"中逐漸走出,雖時常將戴東原作爲自己學問的參照系,但已基本確立了文史校讎之業可以與經學相抗衡的信心,從而認爲"讀書但觀大意"也可求學問了。筆者不禁疑惑,實齋認爲文史校讎與訓詁考據相抗衡的原由在哪里呢?換言之,實齋是借助怎樣的新認識而爲持平"漢宋"且超越門户之見找到了新依據呢?這種新依據必不同於桐城派"義理、辭章、考據"三者相統一之舊説。

再看《與陳監亭論學》,其中有句云:

辱諭鄙著《原道》諸趣。

此句後面皆詳談《文史通義·原道》之議論發揮諸問題。按胡適之《章實齋年譜》考訂《原道》三篇爲實齋52歲所作[29],錢賓四之考訂亦同[30]。但若按此信所論,則《原道》三篇於實齋46歲時已經定稿,所謂"庚戌鈔存"者實有舊稿在其内,而《原道》恐即隸屬之。

《原道下》也有一極緊要語[31]:

夫道備於六經,義藴之匿於前者,章句訓詁足以發明之。事變之出於後者,六經不能言,固貴約六經之旨,而隨時撰述以究大道也。

此語如余英時先生所言,是實齋"六經皆史"説的核心論述[32]。關於"六經皆史"説的討論實在不勝其煩。要言之,則六經所載之"道"爲三代之"道","道"因時而損益,且附於各時代不同之"器"上,六經爲三代載"道"之"器",而六經爲三代之史;故欲究今之"道"者必究於今之"器",此"器"正爲今之史耳!於是戴東原之輩即六經以求"道"的夢想在此便被粉碎了,則訓詁考據之學恐只淪爲認識過去之"道"的工具,其於經世致用之"道",乃渺不相涉也。所以我們便看到了《又與正甫論文》中實齋堅持文史校讎之業的自信來源!是故"漢宋"之門户於"六經皆史"説前皆成破碎虛空之争,而實齋此時已若涅槃重生矣!則《與朱滄湄中瀚論學書》中遍談"經史之業"異同所透出的自信亦可以想見其原矣!

(三)桐城餘韻與"宋學"偏向:實齋晚年時期"漢宋"觀

實齋晚年著作極宏富,《文史通義》内篇多半是50歲之後所作,而考察《原學》《博約》《經解》以及同時期諸篇書信[33],可以發見其論學思路實基於46歲《原道》三篇"六經皆史"説。雖然如此,筆者仍能從其更晚時期之諸篇著作探得其先前所未深論述之旨。先前著述蓋講訓詁考據之弊端甚多,此已爲上文所揭示。但其所爲"漢宋"持平之論,早年尚未脫桐城方望溪"義理、辭章、考據"合一之藩籬,是故常受人以"襲宋儒陳腐語録習氣"之譏[34];而自"六經皆史"説一出,則實齋對方望溪等人之學説,遂抱愛恨交織之複雜態度,一面不斷申説藉通曉古文辭亦可"因文見道"之理,表露對韓、歐諸子之欽敬,另一面又著《古文十弊》[35],表達對方望溪等人的不滿。考察實齋60歲左右之著述,有多篇文章圍繞此點而發。筆者不禁疑惑,實齋既已超拔"漢宋"門户之陋見,"六經皆史"乃至"因器見道"之論適足以點破求"道"之迷津——求"道"之手段既可資於尊德性,亦可資於道問學,換言之,"道"因時損益而附于當今作爲"器"之史,則欲識當今之史者無論訓詁考據抑或闡發義理,其所本之精神必歸於"經世致用"四字——那麽爲何實齋還要汲汲於考論被人目爲"宋學"的桐城辭章之學説呢?個中是否有實齋無法擺脱的早年影響?且先考察一下作于戴東原歿十餘年後的《書〈朱陸篇〉後》[36]之文。

> 凡戴君所學,深通訓詁,究於名物制度,而得其所以然,將以明道也。時人方貴博雅考訂,見其訓詁名物,有合時好,以謂戴之絶詣在此。及戴著《論性》《原善》諸篇,於天人理氣,實有發前人所未發者,時人則謂空説義理,可以無作,是固不知戴學者矣。

> 其(戴東原)于史學義例、古文法度,實無所解,而久遊江湖,恥其有所不知,往往強爲解事,應人之求,又不安于習故,妄矜獨斷……又有請學古文辭者,則曰:"古文可以無學而能。余生平不解古文辭,後忽欲爲之而不知其道,乃取古人之文,反覆思之,忘寢食者數日,一夕忽有所司,翼日取所欲爲文者,振筆而書,不假思索而成,其文即遠出《左》《國》《史》《漢》之上。"雖諸馮敬信有素,聞此亦頗疑之。蓋其意初不過聞大興朱先生輩論爲文辭不可有意求工,而實未嘗其甘苦。又覺朱先生言平淡無奇,遂恢怪出之,冀聳人聽,而不知妄誕至此,見由自欺而至於欺人,心已忍矣。

《書〈朱陸篇〉後》一文爲實齋晚年對戴東原學術之定論,如上文中注釋所論[37],固已超拔於其40歲時之見解。而本篇可注意之增益處即包括所引之談論戴東原與古文辭者。我們看到此時實齋不僅如40歲時討論戴學源于朱子和東原對朱子的反叛等內容,而兼及他對東原《論性》《原善》的評價和他對東原文辭的評價。這令筆者直接聯想到方望溪"義理、辭章、考據"合一之論對實齋的影響。而今實齋舉此標的以權衡東原學術,分明表達了他隱約向方望溪致敬之心理,也表現了實齋文史校讎之業中"文"的一面,也許更與其學術之形成過程中的"宋學"淵源[38]有聯繫。

作於實齋59歲至61歲之間可注意的書信還有《與汪龍莊書》[39]、《與吳胥石簡》[40],以及一篇年代未定但觀其文路可確定爲實齋晚年之作的《與林秀才》[41]。

先看《與林秀才》。本篇主談學問與功力之別,但卻有韓子"因文見道"之論:

《易》曰:"修辭立其誠。"辭不能不出於修,近日學者,正坐偏學而不知文耳。孟子曰:"博學而詳說之,將以反說約也。"夫博約自是學問,乃必云"詳說",又云"說約",所謂"說"者,非文而何?宋人譏韓子爲因文見道,然如宋人語錄,又豈可爲文乎?因文見道,又復何害?孔孟言道,亦未嘗離于文也。但成者爲道,未成者爲功力,學問之事,則由功力以至於道之梯航也。文章者,隨時表其學問爲所見之具也。

而《與汪龍莊書》中則有:

近日學者風氣,征實太多,發揮太少,有如桑蠶食葉,而不能抽絲。故近日頗勸同志諸君多作古文辭。而古文辭必由紀傳史學進步,方能有得。蓋古人無所謂古文之學,但論人才,則有善於辭命之科,而《經解》篇言:"比事屬辭,《春秋》教也。"因悟《論語》"不學詩,無以言。誦詩不能專對,雖多奚爲?"乃知辭命之文出於《詩》教;敍事之文,出於《春秋》比事屬辭之教也。左邱明,古文之祖也……韓子文起八代之衰,而古文失傳亦始韓子。蓋韓子之學,宗經而不宗史。經之流別,必入于史,又韓子之所未喻也。

《與吳胥石簡》中則有:

噫,古文故不易言。自來評選之家,類多不解古文原委,豈敢輕加責備,但知亭林(顧炎武)而不知梨洲,知愚山(施閏章)、堯峰(林佶)、湛園(姜宸英)、竹垞(朱彝尊),而不知西河(毛奇齡)、念魯(邵廷采),且方望溪選至二十,而李穆堂寥寥七篇,已駭人矣。……古人本學問而發爲文章,其志將以明道。安有所謂考據與古文之分哉?學問文章,皆是形下之器,其所以爲之者道也。彼不知道,而以文爲道,以考爲器,乃是夏畦一流,爭論中書堂事,其謬不待辨也。

這三段文字對於我們瞭解實齋晚年的文辭觀很有幫助。《與林秀才》中盛讚韓子"因文見道"之論,但實齋隨即在《與汪龍莊書》中點出了韓子的弊病,即知文而不知史。個中三昧,尚可細論。蓋此時實齋已參破"漢宋"界限而徑可明"道"于史,但一則實齋受桐城"宋學"濡染極深,不可須臾間而自拔,二則又須自別于方望溪之論,故其所採取之策略即是雖盛表彰古文辭,而仍强調古文辭後必有實學,此實學之基即是史學。至於《與吳胥石簡》中"考據""古文"相標舉而非"考據""義理"相標舉者,則又實齋受影響於桐城"宋學"之明證也。

明乎此點以及上文注釋中所提到的實齋與姚江(王守仁)、習齋(顏元)之間的關係[42],則庶能對實齋晚年之學術定論《文史通義·浙東學術》有更好的理解。

浙東之學,雖出婺源,然自三袁之流,多宗江西陸氏,而通經服古,絕不空言德性,故不悖于朱子之教,至陽明王子,揭孟子之良知,複與朱子抵牾;蕺山劉氏(劉宗周),本良知而發明慎獨,與朱子不合,亦不相詆也。梨洲黃氏,出蕺山劉氏之門,而開萬氏弟兄(萬斯同、萬斯大)經史之學;以至全氏祖望輩尚存其意,宗陸而不悖于朱者也。

世推顧亭林氏爲開國儒宗,然自是浙西之學。不知同時有黃梨洲氏,出於浙東,雖與顧氏並峙,而上宗王、劉,下開二萬,較之顧氏,源遠而流長矣。顧氏宗朱,而黃氏宗陸。蓋非講學專家,各持門戶之見者,故互相推服,而不相非詆。學者不可無宗主,而必不可有門戶,故浙東、浙西,道並行而不悖也。浙東貴專家,浙西尚博雅,各因其習而習也。

朱陸異同,干戈門戶,千古桎梏之府,亦千古荊棘之林也。究其所以紛論,則惟騰空言而不切於人事耳。知史學之本於《春秋》,知《春秋》之將以經世,則知性命無可空言,而講學者必有事事,不特無門戶可持,亦且無以持門戶矣。浙東之學雖源流不異,而所遇不同。故其見於世者,陽明得之爲事功,蕺山得之爲節義,梨洲得之爲隱逸,萬氏兄弟得之爲經術史裁。授受雖出於一,而面目迥殊,以其各有事事故也。彼不事所事,而但空言德性,空言問學,則黃茅白葦、極面目雷同,不得不殊門戶,以爲自見地耳。故惟陋儒則爭門戶也。

實齋在此處出於對40歲時《朱陸》篇講朱多而言陸少的補充,將自己的學術淵源追述到陽明之學,其所爲之不符事實以及此舉之心理已爲錢賓四先生、余英時先生所昭揭[43]。若承上文而論,則一如本文在探討實齋書中"漢宋"語彙時所分析的,此時實齋之論較之早年已明晰萬分,其立論之點亦與先前相去甚遠矣。但實齋受早年影響太深,而且若欲達到與戴學相抗衡的效果,戴學追溯到顧亭林乃至朱子,則實齋之學追溯到方望溪恐自己亦難認可,而邵念魯亦難匹敵亭林,則實齋述學必由黃梨洲至於王陽明。此一方面出於對抗戴學之策略,另一方面又能保留自己早年影響的連續性,還可以藉梨洲、萬氏兄弟來安置自己"六經皆史"説之地位,真可謂一舉三得矣。考察上文《與林秀才》諸書信及《書〈貫道堂文集〉後》之文,則可對於後兩"得"有更深刻之理解。實齋之于"漢宋",始則爲其所困而不知所從,再則發明獨見而超拔之,終則藉述學策略而有以自藏,實經歷一由困窘到遊刃有餘而不逾矩之過程。然後人不究事之本末,而空以爲實齋同空談心性之宋儒無甚分別,誠爲其表象所蒙蔽者。

以上通過對實齋不同時期的著述進行分類、篩選、考辨,試圖回顧實齋從青年時期直至晚年對"漢宋"問題態度的變遷。實齋一生命運多舛,常常依附於州府做幕僚或塾師以維持生計,余英時先生認爲其理論之肇萌實得力于編纂方志、《史籍考》甚多[44],此言誠是。實齋對"漢宋"問題的觀察應該說是敏鋭而富有創見性的,而對該問題之糾纏恐亦影響到他一生學問之演變和各項主張的確立。至於實齋對同時代學者之褒貶,則備見於論汪容甫(中)、袁簡齋(枚)之文辭[45]。

最後試對實齋在清學史上之地位做一臆詮。儒家自孟子揭"法先王"之櫫,到了漢代,"法先王"的具體方式就是對於先王遺留下來的經典"六經"進行訓詁考證或者心傳家法,從而獲得先王之"大義",這便是所謂"通經致用"。從六經當中尋求治國安邦的道理,一直是儒家牢不可破的信仰。到了宋代,濂洛關閩諸先生受到佛學的影響,紛紛講求對於六經進行直抒胸臆的發揮解釋和體驗證悟,從而"上窺道體"。這便是對於經典的兩種不同詮釋方法——"漢學"與"宋學"的大致由來。而對"漢學"與"宋學"進行區分的恰恰是清代人[46]。

到了章實齋所處的乾隆嘉慶時期,正是考據學的鼎盛階段,其中戴震正是一代考據學宗師,他顯然認爲"求道"的方法就是對六經進行嚴格的訓詁考辨,從而領悟聖賢本意,以收治國平天下之效,這方面的心血凝結即是其《孟子字義疏證》。而章實齋的"六經皆史"說則徹底破壞了考據派的理論基石——我們姑且稱之爲"即經見道論"。六經如果止是先王對於三代歷史的記載,是"政典",那麼其有效性不過持續在三代時期而已,我們如果要瞭解三代的歷史則必須考辨六經,但是如果要知道當今之"道",要六經何用?按照先王的啓示,我們如果要求當今之"道",只能從當今的歷史記錄去尋,所謂一代之史蘊含一代之道而已。這對於清代考據派還是正統程朱派來說是多麼大的震撼!這一種境界豈是"漢學"抑或"宋學"所能夢見的?此論一出,"漢宋之爭"止是虛空破碎之爭而已。

如果說戴東原之學代表了清初至清中葉訓詁考據學或"漢學"之理論的最高水準,屬於承顧亭林"經學即理學"而深化其意;則章實齋之學實繼絕開來,而其超越"漢宋"之觀察導"經世致用"之先,堪稱後來龔定盦等人"今文經學派"之端緒。[47]

當然,上述見解很大程度上存在後見之明,章學誠的學術旨趣與學術路徑正因爲異于當時漢學主流,而備受冷遇,在去世久遠的清末民初之時才受到内藤湖南、胡適之等人的重視,有關章實齋的研究也在此時開始興起。余英時先生《論戴震與章學誠》一書影響巨大,有關章學誠"認同危機"心理的論斷也令人印象深刻。通過本文的梳理和考論,可以看出"認同危機"很大程度上適用於章青年時期的心態,而在他發明"六經皆史"說之後,已對戴震恢復了自信,在他看來"六經皆史"已動搖了戴震的學術根基。

注　釋

① 余英時《論戴震與章學誠》，三聯書店 2000 年版，第 163 頁。

② 錢穆《中國近三百年學術史》，商務印書館 1997 年版，第 432 頁至第 433 頁。

③ Paul Demiéville, "Chang Hsueh-ch'eng and His Historiography," in W. g. Beasley and E. G. Pulleyblank, eds., Historians of China and Japan, p. 173; David S. Nivison, *The Life and Thought of Chang Hsueh-ch'eng*, Stanford University Press, 1966.

④ 周予同、湯志鈞《章學誠六經皆史説初探》，《中華文史論叢》，1962 年第 1 期。

⑤ 倉修良《章學誠和〈文史通義〉》，中華書局 1984 年版。以及倉修良、葉建華《章學誠評傳》，南京大學出版社 1996 年版。

⑥ 關於實齋的著作年代之考訂問題，錢賓四先生亦據現存兩種《章氏遺書》的版本予以說明，且與胡適之所做年譜小有異同，參閲錢穆《中國近三百年學術史》，商務印書館 1997 年版，第 460—472 頁。

⑦ 梁啓超《清代學術概論》，上海世紀出版集團 2005 年版，第 56—59 頁。

⑧ 錢賓四先生以爲，梁任公先生于實齋最緊要之理論"六經皆史説"亦解錯，當作"賣豬肉鋪櫃上的賬簿也可作史料，用來研究當時的社會經濟或其他情況"，則遑論對實齋其他學說之理解。錢先生復以爲胡適之先生之研究亦屬不得要領，根源出在實齋之學問實得於《漢書·藝文志》及鄭樵《通志》者甚力，故其主張"六藝出於王官之學"，而胡適之先生則主張"諸子不出於王官論"，豈不與實齋直接相抵牾？胡適之先生提倡實齋之學還能提倡出些什麼呢？參見錢穆《中國史學名著》，三聯書店 2005 年版，第 303—304 頁。類似錢先生之論者亦可參閲余英時《論戴震與章學誠》，三聯書店，第 250 頁注 1。

⑨ 山口久和《章學誠的知識論——以考證學批判爲中心》，王標譯，上海古籍出版社 2006 年版。

⑩ 筆者以爲這種"知識的主觀契機"實與宋儒的直抒胸臆、談性論理有同輒之嫌，如此則山口先生實認爲實齋同宋學尤其是陸王一派有很大關係，此問題待下文討論。

⑪ 舉例言之，實齋對於排訓詁之説必追溯到他與戴東原（震）的關係，而排義理之説則必須回顧他和桐城派方望溪（苞）、姚姬傳（鼐）的關係；而這兩者又與其"六經皆史"説、"因器見道"説相聯繫，可謂藤蘿纏繞、因緣迭起。

⑫ 章學誠《天喻》，《章學誠遺書》，文物出版社 1985 年版，第 310 頁。

⑬ 章學誠《浙東學術》，《章學誠遺書》，第 523 頁。

⑭ 此處暗指習古文辭之桐城派，非指宋儒。宋儒騰説義理，采體語録，正不在意於辭章；方望溪、姚姬傳諸人襲韓退之（愈）"文以載道"之言，固欲因文見道，極重形式，而其原必究

于宋學。

⑮ 此處必須說明的是,"漢學"在清人的語境中專指東漢古文經學,所以他們常常提及服虔、賈逵、鄭玄、馬融諸人,將之當作訓詁考據的權威;而西漢今文公羊之學則因章句繁瑣、讖緯妖異而被清代漢學家所唾棄。(實際上,據錢賓四先生考辨,東漢經學家未必如清人所想像的那麽爲學專精,而多是今古文並習,爲學駁雜不醇,參閱錢穆《國學概論》,商務印書館1997年版,第80—121頁)

⑯ 據《章實齋年譜》考訂,《天喻》成於實齋52歲,《浙東學術》成於實齋63歲,參見胡適《章實齋年譜、齊白石年譜》,安徽教育出版社2006年版,第75、124—125頁。《文史通義》葉瑛校注及錢穆《中國近三百年學術史》之考訂與胡俱同。以下凡涉及實齋著作年代之考訂者率類此。

⑰ 章學誠《與族孫汝楠論學書》,《章學誠遺書》,第249—250頁。

⑱ 同注①,第79頁。

⑲ 同注①,第83—86頁。

⑳ 同注②,第448頁。

㉑ 章學誠《上辛楣宮詹書》,《章學誠遺書》,第357頁。

㉒ 錢竹汀甚重劄記之功,有《十駕齋養新錄》傳世,(實齋於此書不甚以爲然,蓋他論史著主張"體圓用神""有以獨斷于一心",故對於劄記這種著作只看成"功力"而非"學問",其所許可之劄記著作唯有顧寧人炎武《日知錄》,參閱錢穆:《章實齋與孫淵如觀察論學十規》,《中國近三百年學術史》,商務印書館1997年版,第489—498頁。而"功力"一詞之微妙用意,如余英時先生所述,也同實齋對王陽明、黃梨洲宗羲之學的理解有莫大關係,屬於實齋對抗考據學的策略,參閱余英時《論戴震與章學誠》,第89頁。)錢氏雖被看成考據學重鎮,但同戴東原之輩比較而言,還有一些差異,即是他特重考史,《廿二史考異》即其代表著作,他曾責怪戴東原"史學之不講";但以實齋之"別識心裁""神解精識"而論,則錢竹汀同實齋仍不是一路人。

㉓ 同注①,第89頁。

㉔ 當然戴東原《原善》《原性》及《孟子字義疏證》是繼續談"明道"問題的,實齋在《書〈朱陸篇〉後》中談的很分明。此處爲實齋40歲時之評論,當與後有别。參閱章學誠《書〈朱陸篇〉後》,《文史通義校注》,葉瑛校注,中華書局1994年版,第274—277頁。

㉕ 章學誠《又與正甫論文》,《章學誠遺書》,第362—363頁。

㉖ 章學誠《與陳鑒亭論學》,《章學誠遺書》,第110—111頁。

㉗ 章學誠《與朱滄湄中瀚論學書》,《章學誠遺書》,第108—109頁。

㉘ 同注②,第433—436頁。

㉙ 胡適《章實齋年譜、齊白石年譜》,安徽教育出版社2006年版,第75頁。

㉚ 同注②,第466頁。

㉛ 章學誠《原道下》,《文史通義校注》,第138—147頁。

㉜ 同注①,第52頁。

㉝ 章學誠《章學誠遺書》,卷九《答沈楓墀論學》、卷二二《又答沈楓墀》、卷九《家書》、卷二二《與朱少白書》、卷二二《又答朱少白》等,《章學誠遺書》,文物出版社1985年版。

㉞ 章學誠《原道下》,《文史通義校注》,第140頁。邵二雲(晋涵)說《原道》發表後京師之人皆以之爲"蹈宋人語錄習氣",而實齋早年恐亦難免罹此譏誚。

㉟ 章學誠《古文十弊》,《文史通義校注》,第504—522頁。

㊱ 參閱注㉔。

㊲ 參閱注㉔。

㊳ 錢賓四先生以爲實齋之學問上可溯至陽明,亦可溯至清代顔李學派。其受顔李學派影響之明證在《書〈貫道堂文集〉後》,《貫道堂文集》爲費錫璜所作,而費則爲李恕谷(塨)之弟子,參閱錢穆《中國近三百年學術史》,第441—444頁。亦可參閱章學誠《書〈貫道堂文集〉後》,《章學誠遺書》,第96—97頁。

㊴ 章學誠《與汪龍莊書》,《章學誠遺書》,第107—108頁。

㊵ 章學誠《與吳胥石簡》,《章學誠遺書》,第103—104頁。

㊶ 章學誠《與林秀才》,《章學誠遺書》,第114頁。

㊷ 參見注㊳。

㊸ 錢穆《中國史學名著》,第302頁。另參閱余英時《論戴震與章學誠》內篇五第62—72頁。

㊹ 同注①,第61頁。

㊺ 同注②,第472—488頁。

㊻ 區分的理由也就是清代學術思想史上的一大關節,牽涉到清代考據學興起的原因,梁啓超與錢穆諸先賢分別有解釋,此處不枝蔓。

㊼ 陳援庵(垣)先生雖然認爲章實齋學問較差,屬於冬烘者流。然一則陳先生是以考據家之眼光評判實齋,而對其文史校讎之學不甚以爲然,二則實齋之重要著作《史籍考》亡佚,未得傳世,是以其考據功力不得爲後人所見,遂爲所輕。

北京大學國學研究院大事記
（2014 年 1—6 月）

1 月 10 日

"新編新注十三經"課題組舉行研討會,討論《莊子新注》樣稿。先由作者説明,認爲所選用的版本是現有最好的一種;字詞解釋多引用前人註釋,因《莊子》研究成果很多,只能選擇作者贊同的幾家註釋,限於篇幅,不作彙校;對《莊子》思想的分析集中於本書前言之中,本章較少涉及。與會學者對樣稿展開了熱烈的討論,指出:作者治學態度認真,樣稿資料豐富,行文合乎規範,但引文羅列較多,有些重複,缺乏提煉、甄别、判斷;體例方面應增加"辨析"部分,與"題解"相呼應,加强義理分析,集中展示"新編新注"的"新意";要根據《莊子》一書多寓言表有識之士的寫作特點,把握好虛實之間的度,字詞註釋與思想分析不可太坐實。孫欽善、何晋、常森、王錦民、王博、劉玉才以及張繼海、程蘇東先後發言。袁行霈院長因病未能與會,由吴同瑞副院長代爲主持,轉達了袁先生對樣稿的意見。朱邦芳出席會議,並爲會議的召開做了周到的準備。

1 月 19 日

按照學校的統一安排,國學研究院辦公室、資料室遷出靜園一院,暫時安置在太平洋大廈。搬遷工作任務繁重,由秘書處何淑雲、耿琴等負責籌劃,委託博士班同學孟飛等人實際操作,同學們付出了辛勤的勞動。

2 月 26 日

航鵬海洋環保服務有限公司董事長林振芳先生向北京大學國學研究院捐贈 200 萬元,設立"袁行霈國學研究基金",向北大人文學部捐贈 300 萬元,設立"北大人文學科航鵬獎學金"。同時,中國人民解放軍武警部隊原副司令、副政委劉世民中將向北大國學研究院贈送《中華經典系列詠誦作品》一百套;中華作協原書記處書記田滋茂先生向北大國學研究院贈送《四書五經書法長卷》一百套。2

月26日,北京大學教育基金會在北大學術交流中心舉行捐贈儀式。北大常務副校長吳志攀教授、林振芳先生、田滋茂先生、劉世民先生、北大國學研究院博士生代表和袁行霈先生先後致辭。諸位發言情真意切,内容感人至深。北大國學研究院導師嚴文明、樓宇烈,副院長吳同瑞,副秘書長耿琴以及部分博士生出席了會議。中文、歷史、哲學、考古等院系負責人也參加了儀式。會後,北大黨委書記朱善璐會見了林振芳、劉世民、田滋茂一行,對他們慷慨捐贈的善舉表示誠摯的謝意。

3月22日

美國總統夫人米歇爾蒞臨北大並發表演講。北大黨委書記朱善璐贈予米歇爾英文版《中華文明史》作紀念。據悉,北大將校内專家撰寫的、具有代表性的學術著作贈予來訪的尊貴客人已成慣例。

4月20日

國學研究院對初試成績合格的博士班考生進行加試和面試。閻步克導師負責加試,通過標點古文考察文言文閱讀能力。袁行霈院長、吳同瑞副院長先後主持面試。導師嚴文明、樓宇烈以及耿琴、程蘇東出席。導師們注重考察考生的科研潛力、知識面和中國傳統文化基本功,對考生們提出了較高的期望和要求。例如,學文學的考生不僅要懂得欣賞古典詩詞,而且要能作詩填詞;學歷史的考生不僅要熟練閱讀古文,還要能標點古文,寫作文言文。有6位考生參加面試,經綜合考評,擬錄取5名。

4月28日

經研究決定,國學研究院增聘哲學系張學智教授爲"中國傳統文化研究"博士生導師,徵得本人同意後,報研究生院備案。

5月8日

《中華文明史》被列爲馬克思主義理論研究和建設工程重點教材,北大國學研究院承擔了編寫此項教材的任務。袁行霈院長委託張帆教授主持編寫工作。5月8日,教材編寫課題組向教育部重點教材審議委員會彙報編寫提綱,聽取專家們的意見。編寫組張帆、王錦民和吳同瑞副院長出席了彙報會。

5月23日

應北大國學研究院的邀請,中國人民解放軍武警部隊原副司令、副政委劉世民中將以及表演藝術家和青年演員方明、聞齊、王麗達、李宏偉、張星月、杜喆、喻越越、王鶴翔一行來北大。劉將軍十分熱愛中國傳統文化,由他發起並親自執筆,將中國傳統文化經典的精義編寫成系列吟誦作品,用人民群衆喜聞樂見的文藝形式和現代傳媒手段傳播中華文化的精髓。劉將軍在北大作了題爲"弘揚優秀傳統文化,培育踐行核心價值觀"的學術報告,其間穿插了各位藝術家們的詩詞朗誦和演唱,非常精彩、生動,正如袁行霈院長所說,這是一次別開生面的國學課。北大黨委副書記葉靜漪主持報告會,張傳璽、嚴文明、吳同瑞等出席,數百名北大師生聆聽了報告和吟誦,反響熱烈。

6月9—11日

國學研究院博士生在班主任李四龍老師、耿琴老師的帶領下,前往河南洛陽等地開展了文化考察活動。到達洛陽當日,師生們相繼參觀了龍門石窟、香山寺、白園、關林等文化景區。次日,國學院師生來到嵩山少林寺,方丈釋永信接待了國學院考察團,並與師生們進行了深入的交流。其後,國學院師生又前往參觀了嵩陽書院。第三日上午,國學院師生分別參觀了洛陽博物館和白馬寺。在白馬寺,由清韻法師引領,師生們遊覽了正在修建的國際佛教交流區,泰式與印式的佛教建築令人印象深刻。下午,師生們參觀了位於邙山腳下塚頭村的中國古代藝術博物館。洛陽是名副其實的文物古都,國學院師生此番考察大飽眼福,均感到獲益匪淺、虛往而實歸,希望以後能有機會再度赴洛,感受中華文明之光。

6月13日

"新編新注十三經"課題組舉行研究會,討論《韓非子新注》部分書稿。作者首先介紹了寫作過程,書稿在資料搜集方面下了很大功夫,已成《韓非子》長編千萬多字,在研究大量資料(特別是臺灣、日本等地區的資料)的基礎上,確定了底本,對某些字義的解析有所出新。與會學者認爲,該書稿較爲成熟。作者擅長語言文字解釋和內容考釋,字詞的解釋精當,史實考證明晰,題解扼要中肯,體例較爲規範。不足之處在於義理分析不夠充分,建議每章在"題解""註釋"之外,增加"辨析"部分,進行思想分析,尤其注重法家思想與儒家思想的對比。有些字詞註釋之後,還要進行串講和疏通。要在彙集前人重要研究成果的基礎上進行取舍,表明作者的觀點,力求展現新意。袁行霈院長因病未能與會,委托吴同瑞副院長代爲主持。樓宇烈、孫欽善、張文儒、邵永海、常森、劉玉才、章啓群、王錦民、張繼海、朱邦芳、程蘇東、孟飛出席了會議。

6月30日

　　國學研究院召開《國學研究》編委會,討論三十四卷用稿情况。袁行霈主編因故未能參加,會議由吴同瑞副院長主持。特約編委許逸民做編務報告,介紹了三十四卷用稿的總體狀况和各篇特色。本卷共編入12篇論文,其中北大學者的論文共有4篇。編委老師在討論中提出,限於期刊容量,須對來稿字數有所限制,單篇論文應控制在六萬字以内,有重要學術價值的論文可以酌情考慮分期刊登。許逸民先生建議編委老師在論文初審階段把好學術關,對於需要修改的稿件,要有明確的修改建議。北大出版社編輯也提出,希望作者投稿能嚴格遵守本刊稿件格式規範。嚴文明、吴同瑞、蔣紹愚、高崇文、王小甫、錢志熙、張學智等編委,以及耿琴、徐丹麗、孟飛出席了會議。

徵 稿 啟 事

一、本刊由北京大學國學研究院中國傳統文化研究中心主辦。

二、本刊爲綜合性學術刊物，旨在弘揚中華民族優秀的傳統文化，倡導實事求是的學風，鼓勵在學術問題上大膽探索、努力創新。

三、本刊登載有關中國傳統文化的學術論文，跨學科的綜合研究與各學科的專題研究並重。内容涉及以下學科：古代文學、近代文學、古代文論、文字學、音韻學、訓詁學、目錄學、版本學、校勘學、古代史、近代史、史學史、敦煌吐魯番學、思想史、哲學史、宗教史、法律思想史、政治思想史、經濟思想史、軍事思想史、科技史、美學史、倫理學史、文化史、考古學、中外文化比較研究、中外文化交流史等。

四、來稿請按本刊所登"書寫格式"的要求一律用中文書寫，務請認真核對引文，並請附中文提要一份，提要限二百字以内。

五、本刊熱誠歡迎國内外學者賜稿。

六、來稿均由編委會送呈校内外至少兩位具有權威性的學者審閱，審稿人寫出審稿意見書，編委會逐一討論決定是否採用。撰稿人與審閱人之姓名互不透露。

七、編委會對準備采用之稿件有删改權，或提出修改意見、退作者自行修改，或徑作必要的編輯加工。如作者不願删改，請事先説明。

八、稿件如涉及版權問題由作者負責。

九、來稿如被採用，將及時通知作者。若半年後仍未收到採用通知，作者可自行處理。

十、來稿請注明姓名、工作單位、通信地址、電話及傳真號碼,以便聯繫。

十一、請勿一稿兩投。

十二、本刊自 2002 年起,每年出版兩卷,每卷約四十萬字。

十三、來稿刊出後,贈刊物一册、抽印本二十册。稿酬從優。

十四、來稿請寄:

郵編 100871

北京大學中國傳統文化研究中心《國學研究》編委會

耿 琴 收

《國學研究》編輯委員會

來稿書寫格式

一、採用橫格稿紙單面繁體書寫;字體規範,工整清晰。

二、作者姓名置於論文題目下,居中書寫。作者姓名、單位寫在文章首頁下端。

三、各章節或内容層次的序號,一般依一、(一)、1、(1)……順序表示;個別專業可依該專業的習慣排列。

四、一律使用新式標點符號。

(一)除破折號、省略號各佔兩格外,其他標點符號各佔一格;

(二)書籍、文件、報刊、文章等名稱,均用書名號《 》;

(三)書名和篇名連用時,中間加間隔號,例如:《史記·趙世家》;

(四)書名或篇名之中又含有書名或篇名的,後者加單角括號〈 〉,例如:《從水滸戲看〈水滸傳〉》;

（五）正文中的引文用雙引號" "；如果引文中又有引文，後者用單引號' '。

五、正文每段第一行起首空二格；文中獨立段落的引文，首行另起空四格，回行空二格排齊。獨立段落的引文首尾不必加引號。

六、第一次提及帝王年號，須附加公元紀年，不必出"公元"二字，例如：漢武帝元狩二年（前121），宋仁宗皇祐五年（1053）。

七、所有圖表必須清晰，並標明編號，例如：圖一，圖二……或：表一，表二……；同時須在正文第一次提及時，隨即列出，或注明圖表編號，如：（見圖一），（見圖二）……或：（見表一），（見表二）……圖内文字請用繁體。

八、注釋採取篇末注形式，注釋號碼用阿拉伯數字表示，如：①、②……

九、注釋號碼位置規定如下：注各句者，注釋號碼置於各句標點符號前；注引文者，如引文爲完整段落，則注釋號碼置於句號、引號之後；如引文爲斷句，則注釋號碼應寫在稿紙方格内的右上方。

十、注釋應採用下列格式：

（一）引用古籍，應標明著者、書名、版本卷數，例如：

（明）毛裈《初唐四子集》卷四〇，明崇禎十三年（1640）張燮、曹佺刻本。

（清）王夫之《唐詩評選》卷二，民國間《船山遺書》本。

（二）引用專書及新版古籍，應標明著者、書名、章節或卷數、出版者及版次、頁碼，例如：

朱自清《詩言志辨·賦詩言志》，《朱自清全集》第六册，江蘇教育出版社1990年版，第144頁。

任繼愈主編《中國佛教史》第三卷第一章第二節，中國社會科學出版社1988年版，第22—25頁。

王叔岷《古籍虛字廣義》，臺北，華正書局1990年版，第430頁。

（明）胡震亨《唐音癸籤》卷四，上海古籍出版社1981年版，第29頁。

Joseph Needhan, *Science and Clvilisation in China* Volume II, Cambridge University Press, 1956, pp. 10-13.

（三）引用期刊論文，應標明期刊名、年代卷次、頁碼，例如：

聞一多《東皇太一考》，《文學遺產》1980年第1期，第3頁。

張岱年《中國古代哲學中關於德力、剛柔的論爭》，《國學研究》第一卷，北京大學出版社1993年版,第3頁。

(四)引用報章論文,應標明報章名稱、發行日期和版面,例如:

錢仲聯《清詩簡論》,1983年12月27日《光明日報》第3版。

(五)爲避免繁複,再次徵引時可用下列方式表示:

1. 用簡化方式處理,例如:

① 王利器《文鏡秘府論校注》,中國社會科學出版社1983年版,第10頁。

② 同前注。(書名、頁碼完全相同。)

③ 同上書,第9頁。(書名相同,頁碼不同。)

2. 如果再次徵引的注不接續,可作:

④ 同注①,第11頁。(與注①書名相同,頁碼不同。)